Reisetipps A–Z

Inseln und Bewohner

Korfu

Paxos

Lefkáda

Kefaloniá

Itháki

Zákynthos

Anhang

125ko Foto: vb

Margret van Blokland
Korfu, Ionische Inseln

Ein weißer Glanz ruht über Land und Meer
und duftend schwebt der Äther ohne Wolken
und nur die höchsten Nymphen des Gebirgs
erfreuen sich des leichten Schnees auf kurze Zeit.

Johann Wolfgang von Goethe

Impressum

Margret van Blokland
Korfu, Ionische Inseln
erschienen im
Reise Know-How Verlag Peter Rump GmbH
Osnabrücker Str. 79, 33649 Bielefeld

6., neu bearbeitete und komplett aktualisierte Auflage 2012

Gestaltung
Umschlag: G. Pawlak, P. Rump (Layout)
Inhalt: Günter Pawlak (Layout),
Angelika Schneidewind (Realisierung)
Karten: Catherine Raisin, der Verlag
Fotos: die Autorin (vb), Andrea Hesse (ah)
Titelfoto: die Autorin (Motiv: Strand auf Lefkáda)

Lektorat: Anja Fröhlich
Lektorat (Aktualisierung): Andrea Hesse

Druck und Bindung: Media Print, Paderborn

ISBN 978-3-8317-2129-0
Printed in Germany

Dieses Buch ist erhältlich in jeder Buchhandlung Deutschlands, der Schweiz, Österreichs, Belgiens und der Niederlande. Bitte informieren Sie Ihren Buchhändler über folgende Bezugsadressen:

Deutschland
Prolit GmbH, Postfach 9, D-35461 Fernwald (Annerod)
sowie alle Barsortimente
Schweiz
AVA Verlagsauslieferung AG, Postfach 27, CH-8910 Affoltern
Österreich
Mohr Morawa Buchvertrieb GmbH, Sulzengasse 2, A-1230 Wien
Niederlande, Belgien
Willems Adventure, www.willemsadventure.nl

Wer im Buchhandel trotzdem kein Glück hat, bekommt unsere Bücher auch über unseren **Büchershop im Internet:**
www.reise-know-how.de

Wir freuen uns über Kritik, Kommentare und Verbesserungsvorschläge, gern auch per E-Mail an info@reise-know-how.de.
Alle Informationen in diesem Buch sind von der Autorin mit größter Sorgfalt gesammelt und vom Lektorat des Verlages gewissenhaft bearbeitet und überprüft worden. Da inhaltliche und sachliche Fehler nicht ausgeschlossen werden können, erklärt der Verlag, dass alle Angaben im Sinne der Produkthaftung ohne Garantie erfolgen und dass Verlag wie Autorin keinerlei Verantwortung und Haftung für inhaltliche und sachliche Fehler übernehmen. Die Nennung von Firmen und ihren Produkten und ihre Reihenfolge sind als Beispiel ohne Wertung gegenüber anderen anzusehen. Qualitäts- und Quantitätsangaben sind rein subjektive Einschätzungen der Autorin und dienen keinesfalls der Bewerbung von Firmen oder Produkten.

700ko Foto: vb

VORWORT

Korfu – die Insel der Phäaken, Zákynthos – die Blume der Levante, Kefaloniá – die Insel der Naturphänomene, Itháki – die Insel des Odysseus, und Lefkáda – die Insel der weißen Felsen: Jede der Ionischen Inseln ist eine Welt für sich. Jahrhundertelang wurden die Eilande von Venedig aus beherrscht. Die Türken schafften es nicht, sich hier dauerhaft einzurichten. Daher entwickelten sich die Inseln ganz anders als das restliche Griechenland. Italien stehen sie nicht nur klimatisch und geografisch nahe: Ob in der Musik, in den Karnevalsbräuchen oder in der Malerei, der Einfluss der Venezianer ist heute noch vielerorts spürbar.

Neben schönen Stränden bietet Korfu gute Wandermöglichkeiten und kulturelle Ziele. Zákynthos ist landschaftlich sehr reizvoll, obwohl es zuletzt unter Waldbränden gelitten hat. Der Nationalpark auf Kefaloniá am tannenbedeckten Berg Énos gehört zu den schönsten Wandergebieten. Ganz dem legendären mythologischen Helden Odysseus verhaftet präsentiert sich die kleine Insel Itháki. Weiße Sandstrände und türkisblaues Wasser sind die Attraktionen von Lefkáda.

Ich möchte Ihnen mit diesem Buch die Möglichkeit geben, die Inseln in ihrer Vielfalt kennenzulernen. Jeder wird hier sein Lieblingsplätzchen finden. Es gibt ruhige Ecken zur Erholung, aber auch lebendige Fleckchen; man kann Komfort, aber auch noch ursprüngliche Einfachheit genießen, trifft auf einsame Naturgebiete, erschlossene Sandstrände mit Wassersportangeboten, ruhige Klöster, gut besuchte Tropfsteinhöhlen und Häfen mit Ausflugsbooten. Tauchen Sie ein in die Welt der dichten Olivenwälder, bizarren Felsen und prächtigen Blumen. Lassen Sie sich am feinen Sandstrand die leichte Brise um die Ohren wehen oder genießen Sie die Aussicht von den Bergen.

Καλο ταξιδι – gute Reise!

Margret van Blokland

INHALT

Vorwort 7
Kartenverzeichnis 11
Was bieten die Inseln? 12
Welche Art Urlaub ist wo möglich? 15

Praktische Reisetipps A–Z

(unter Mitarbeit von E. H. M. Gilissen)

Anreise und Verbindungen 18
Behinderte unterwegs 25
Dokumente 25
Einkaufen 26
Essen und Trinken 28
Feste und Feiertage 32
FKK 34
Geldangelegenheiten 35
Gesundheit 37
Hygiene 38
Informationen 38
Internet 39
Karten 40
Kinder 41
Klima und Reisezeit 42
Mietfahrzeuge 43
Nachtleben 46
Notfälle 47
Öffentliche Verkehrsmittel 50
Post 51
Sicherheit 51
Sport und Vergnügen 52
Sprache 57
Telefonieren 58
Unterkunft 60
Verhaltenstipps 64
Versicherungen 66
Zeitungen 69
Zeitverschiebung 70
Zoll 70

Die Inseln und ihre Bewohner

Geografie 74
Flora und Fauna 76
Umweltschutz 81
Geschichte 83
Die orthodoxe Kirche 97
Feste und Bräuche 99
Griechische Mentalität 101

Korfu

Überblick 104
Korfu-Stadt 104
Die Region Mesis 132
Der Nordosten 158
Der Nordwesten 180
Südkorfu 200
Rundfahrten 210

Paxos

Überblick 219
Gáios und der Süden 222
Von Gáios nach Longós 229
Lákka und der Norden 233

Lefkáda

Überblick 237
Lefkáda-Stadt 237
Die Ostküste 249
Der Süden 262
Die Steilküste im Südwesten 268
Der Nordwesten 273
Das zentrale Bergland 278
Rundfahrt 282

EXKURSE

Die Deutsche Wehrmacht auf Kefaloniá 92
Die Bauherrin Sissi 145
Lawrence Durrell 164
Die Legende vom Kloster Pantokrátoras bei Nymphes 178
James Bond in Pági 187
Der Schlangenkult in Markópoulo 309
Die Byzantinische Malerei, der Kretische Stil und die Ionische Schule . . .386

Kefaloniá

Überblick 284
Argostóli und Umgebung 285
Die Halbinsel Livathos 298
Der Süden 305
Die Inselmitte 328
Der Norden 341
Lixoúri und
die Halbinsel Paliki 349
Rundfahrten 356

Itháki

Überblick 360
Vathí und der Süden 362
Die Inselmitte 369
Der Norden 373

Zákynthos

Überblick 380
Zante 380
Argási und der Osten 396
Laganás und
die südliche Ebene 402
Die Nordostküste und ihr
Hinterland:
Tsiliví, Alykés, Skinári 409
Die Bergdörfer 416

Anhang

Literaturtipps 432
Kleine Sprachhilfe 433
Register 447
Die Autorin 456

Internetadressen im Buch

Internet- und E-Mail-Adressen, die über zwei Textzeilen verlaufen, werden nur dort mit **Bindestrich** geschrieben, wo dieser zur Adresse gehört.

WANDERUNGEN

Auf Korfu **Blattschnitt s.S. 106**
1 Rundwanderung um Benítses 148
2 Wanderung auf den Berg Prasoúdi bei Ag. Matthäos 154
3 Küstenwanderung bei Nissáki........ 163
4 Wanderung am Berg Pantokrátoras........ 177
5 Rundwanderung bei Paleokastrítsa 193
6 Von Paleokastrítsa nach Doukádes 196
7 Wanderung von Kávos aufs Kap Arkoudila 209

Auf Paxos **Blattschnitt s.S. 220**
1 Wanderung zum Felsentor Tripitos 227

Auf Lefkáda **Blattschnitt s.S. 236**
1 Rundwanderung in den Bergen bei Perigiáli 253

Auf Kefaloniá **Blattschnitt s.S. 286**
1 Wanderung von Póros nach Tzanáta........ 317
2 Wanderung am Berg Pyrovouni........ 319
3 Tour 1 auf den Berg Énos 322
4 Tour 2 auf den Berg Énos 325
5 Rundwanderung am Berg Roúdi 326
6 Rundwanderung bei Sámi........ 333
7 Rundwanderung um Pouláta 335
8 Wanderung von Divaráta nach Ag. Efimía 338
9 Rundwanderung auf der Festung Assos 344

Auf Itháki **Blattschnitt s.S. 361**
1 Wanderung um Exogí........ 376
2 Wanderung auf die Berge hinter Exogí 378

Auf Zákynthos **Blattschnitt s.S. 382**
1 Wanderung zur Kirche Panagía Skopiótissa........ 398
2 Rundwanderung um Kerí 419
3 Rundwanderung um Loúcha 423

KARTENVERZEICHNIS

Inselkarten

Ionische Inseln .... Umschlag hinten
Itháki 361
Kefaloniá 286
Korfu 106
Korfu, Nord .... Umschlag vorn
Korfu, Süd .... Umschlag hinten
Lefkáda 236
Paxos 220
Zákynthos 382

Stadtpläne

Argostóli 288
Korfu-Altstadt 122
Korfu-Stadt 110
Lefkáda-Stadt 240
Zante 381

Wanderkarten

Rundwanderung um Benítses 149
Wanderung bei Ag. Matthäos 155
Wanderung bei Nissáki 162
Wanderung am Berg Pantokrátoras 179
Wanderung bei Paleokastrítsa 195
Wanderung bei Doukádes 197
Wanderung bei Perigiáli 254
Wanderungen bei Póros 318
Wanderungen am Énos 323
Wanderung am Roúdi 327
Wanderung bei Pouláta 336
Wanderung bei Exogí 377
Wanderungen bei Kerí 420
Wanderung bei Loúcha 424

WAS BIETEN DIE INSELN?

Korfu

Als nördlichste der Ionischen Inseln liegt Korfu westlich des griechischen Festlandes z.T. schon vor der Küste Albaniens. Olivenhaine prägen das Landschaftsbild des hügeligen bis bergigen Eilandes im Ionischen Meer.

Im **Nordosten** der Insel erhebt sich das Massiv um den höchsten Inselberg, den Pantokrátoras. Nach Süden fällt das Gebirge steil zum Meer hin ab, zahlreiche kleine Kieselbuchten sind von Zypressen und terrassierten Olivenhainen umgeben. In dieser reizvollen Ecke findet man verlassene Bergdörfer, die teils noch zu venezianischer Zeit entstanden sind. An der Nordküste trifft man auf einen schilfumgebenen Lagunensee und lange Sandstrände mit schöner Aussicht auf die Berge Südalbaniens.

An den Sandstränden im **Nordwesten** zwischen Paleokastrítsa und Sidári haben sich neue Urlaubsorte entwickelt. Bizarr sind die Felsformationen am Canal d'Amour und am Kap Drastís. Paleokastrítsa und Umgebung zählen zu den schönsten Flecken der Insel.

Einige der Hauptattraktionen finden sich in **Mittelkorfu,** so etwa das Schloss Achillion oder das malerische Kloster Vlachérna und die Mäuseinsel. Korfu-Stadt gehört zu den schönsten Städten Griechenlands. Am Stadtrand befindet sich der Flughafen. Viele landschaftlich schöne Strände sind leider mit größeren Hotelanlagen zugebaut. Ruhe ist dagegen im südlichen Teil der Westküste angesagt. Der Norden Mittelkorfus und die Umgebung der Stadt sind flach bis hügelig, der Süden und die Westküste eher bergig.

Von Messongí, Ag. Georgios Argirandes und Kávos einmal abgesehen, ist der **Süden** Korfus ruhig und beschaulich. Schon wenige Kilometer außerhalb dieser Orte trifft man auf kleine Dörfer und lange einsame Sandstrände. Landschaftlich äußerst reizvoll ist die Küste bei Boúkaris. Auch Südkorfu ist von Feldern und Olivenbäumen überzogen, jedoch ist die Landschaft hier trockener als im Norden, wo überall Quellen sprudeln. Richtig ausgedörrt ist die wüstenartige Dünenlandschaft um den Límni Korissia.

Paxos

Die südlich von Korfu gelegene Insel Paxos scheint aus den Bausünden der großen Schwester gelernt zu haben: Alte, renovierte Bauernhäuser und Neubauten aus Naturstein schaffen eine **angenehme Atmosphäre.** Kleine Kiesstrände, wilde Felsen mit Wasserhöhlen, Inseln und Felsentore an der Westküste, malerische Dörfer – was will man mehr? Kulturell kann Paxos Korfu natürlich nicht das Wasser reichen, aber viele Individualisten fühlen sich hier sehr wohl. Man kann die kleine Insel gut zu Fuß beim Wandern über alte Pfade und durch Olivenhaine kennen lernen; „viel los" ist auf Paxos allerdings nicht.

Zákynthos

Zákynthos ist **zweigeteilt:** Im Osten breitet sich eine von Olivenbäumen überzogene, leicht hügelige und dichter besiedelte Ebene aus, während sich im westlichen Teil der Insel ein Bergmassiv erhebt, das an der Küste schroff zum Meer abfällt. Wer Ruhe sucht, kann sie manchmal oben in den Bergen in kleinen Tälern und auf sanften Bergrücken abseits der großen Ausflugsziele finden, während in den Küstenorten viele Urlauber die schönste Zeit des Jahres verbringen. Die Hoffnung auf einen einsamen Strand muss man hier zumindest im Sommer schnell begraben.

Aber nicht nur Urlauber wissen die Insel zu schätzen, auch die Wasserschildkröte Caretta caretta ist hier zu Hause. Um ihr das Überleben trotz steigender Feriengästezahlen zu ermöglichen, wurde vor wenigen Jahren ein **Meeresnationalpark** an der Südküste eingerichtet.

Zákynthos ist keine unberührte Insel mehr, aber die Bewohner lassen sich von den Touristen kaum aus der Ruhe bringen. Nach wie vor gehen sie am späten Abend in ihre Kneipen, trinken den Inselwein und singen ihre Kantaten, Lieder, die an italienische Volksmusik erinnern.

Kefaloniá

Ganz anders präsentiert sich Kefaloniá. Die große Insel ist vielseitig und wild zerklüftet. Im **Norden** um Fiskárdo prägen sanfte, mit Macchia, Olivenbäumen und Zypressen bewachsene Hügel das Bild. Nach Süden hin werden sie schroffer und steigen zum Gebirge an. Die kahle Westküste ist felsig und fällt steil zum Meer ab. An der Ostküste liegen kleine Kieselbuchten.

Um **Sámi** herum erinnert die Landschaft an die Toskana: knorrige Olivenbäume in roter Erde, schwarze und hellgraue Böden, Zypressen, alte Steineichen und grüne Täler. Spektakulär sind die Tropfsteinhöhlen dieser Gegend. Im Zentrum der Insel erstreckt sich felsiges Gebirge.

Argostóli, die Inselhauptstadt, befindet sich im Südwesten von Kefaloniá, an einem Golf, vom offenen Meer abgewandt. Die Küste am **Golf von Argostóli** um Fársa ist felsig und kahl. Hier werden Fischzuchtfarmen betrieben. Bei Livádi fällt das Land dagegen flach ins Meer ab. Sumpf und überflutetes Schwemmland prägen das Bild. Die Ostküste der Halbinsel Paliki ist landschaftlich weniger reizvoll. Im Süden der Halbinsel trifft man dagegen auf rote Sandstrände und bizarre Erosionsfelsen. Die Westküste von Paliki ist felsig mit einzelnen Sandstrandbuchten.

Südlich von Argostóli erstreckt sich die dicht besiedelte **Halbinsel Livathos** mit zahlreichen Sandstränden. Im Landesinnern erhebt sich die Festung Ag. Georgios. Im **Süden** ragen die höchsten Berge direkt hinter der Küste über 1600 m aus dem Meer. Im Nationalpark an den Bergen Enos und Roudi wächst Tannenwald. In der Hochebene um Valsamáta wird Wein angebaut.

Gebirgig und grün präsentiert sich auch die Landschaft um Póros im **Osten,** während die **Südostspitze** von Kefaloniá um Skála relativ flach und trocken ist. Das Kap Moúnda ist von kilometerlangen Sandstränden umgeben. Kefaloniá war lange Jahre relativ ruhig. In den letzten Jahren haben vor allem Engländer das Eiland entdeckt. Aber die Insel ist groß, und die Urlauber verteilen sich. Es gibt nach wie vor ruhige Ecken, auch im August.

Itháki

Itháki liegt gleich gegenüber von Kefaloniá. Das Meer zwischen den beiden Inseln wirkt wie ein großer Gebirgssee. Auf Itháki findet man **nette kleine Dörfer** mit hübschen Häusern und kleine Kieselstrände. Im Juli und August ist der Küstenort Kióni genauso wie Vathí völlig ausgebucht. Auch auf Itháki gedeihen Olivenbäume, aber die Insel wirkt deutlich trockener als ihre Nachbarn. Viele Urlauber wandeln auf den Spuren von Odysseus, der jedoch nicht allzu viel hinterlassen hat.

Lefkáda

Lefkáda ist an seinem nördlichsten Punkt über eine Straße **mit dem Festland verbunden.** Im Norden thront auch die gemütliche, vom Meer umgebene Inselhauptstadt in toller Lage. Lefkáda ist eine bergige Insel, das Gebirge fällt an der Westküste über weiße Felswände steil ins Meer ab. Schöne Strände mit türkisblauem Wasser wurden in dieser Gegend erst in den letzten Jahren erschlossen. Nur Nidrí, Nikiána, Vasilikí, Ag. Ioánnis und Ag. Nikítas sind fest in touristischer Hand. Kulturell bietet die Insel nicht viel, aber die bezaubernde Landschaft und nette Bewohner machen sie zu einem lohnenden Reiseziel. Hierher zieht es wegen der günstigen Windverhältnisse auch viele Surfer, Paraglider und Kiter.

Welche Art Urlaub ist wo möglich?

Individualreise

Die Planung für einen Urlaub auf den Ionischen Inseln kann man **gut selbst in die Hand nehmen.** Wer in den Monaten Juli und August reist, sollte sich jedoch vor Antritt der Reise nach einer Unterkunft umsehen und sie reservieren. Zu anderen Zeiten ist es problemlos möglich, erst auf der Insel eine Bleibe zu suchen. Eine Jugendherberge gibt es auf den Ionischen Inseln nicht mehr.

Pauschalreise

Fast in jedem Reisebüro werden Hotels und Pauschalreisen nach **Korfu** oder **Zákynthos** angeboten. Deutlich weniger Unternehmen haben hingegen Kefaloniá und Lefkáda im Programm, aber auch diesen Inselurlaub kann man pauschal buchen. Auf Itháki arbeiten nur wenige Unterkünfte, mit internationalen Reiseveranstaltern zusammen.

Cluburlaub ist auf Korfu, Zákynthos und Kefaloniá möglich. **Tauchurlaub** wird auf mehreren Inseln angeboten, **Surfurlaub** dagegen vor allem auf Lefkáda.

Camping

Auch mit dem Zelt, Wohnwagen oder Wohnmobil kann man einen Urlaub auf den Ionischen Inseln verbringen. Abgesehen von Paxos und Itháki gibt es auf allen Inseln **Campingplätze,** obwohl in den letzten Jahren einige Einrichtungen geschlossen wurden. Die meisten Plätze liegen auf Korfu, Lefkáda und Zákynthos. Auf Kefaloniá findet man zwei Campingplätze.

001ko Foto: vb

PRAKTISCHE REISETIPPS VON A BIS Z

Anreise und Verbindungen zwischen den Inseln

Am schnellsten und bequemsten gelangt man mit dem Flugzeug auf die Ionischen Inseln. Es ist aber auch möglich, mit dem eigenen Fahrzeug oder mit dem Zug über Italien anzureisen und dann mit der Fähre weiterzufahren. Dazu benötigt man allerdings viel Zeit. Da Mietfahrzeuge auf den Ionischen Inseln nicht überall günstig angeboten werden, hängt die preisgünstigere Variante auch davon ab, was man im Urlaub unternehmen möchte.

In den letzten Jahren wurden zahlreiche **Charterflüge** nach Griechenland **gestrichen.** Und da die Billigflieger Griechenland nicht häufig anfliegen, kam es immer wieder zu Engpässen. **Last-Minute-Flugangebote** findet man so gut wie gar nicht mehr. Ich traf auf meinen Recherchereisen häufig Urlauber mit Auto, die lieber geflogen wären, aber keine günstigen Flüge gefunden haben.

Flug

Wer sich für die Anreise mit dem Flugzeug entscheidet, sollte bei einem **Preisvergleich** darauf achten, ob in den Angeboten auch alle Kosten enthalten sind. Die griechischen Flughäfen erheben nämlich eine recht hohe Gebühr.

Bei allen Flügen darf man nicht vergessen, sich rund zwei Tage vor dem Rückflug eine **Rückbestätigung** *(reconfirmation)* des Fluges geben zu lassen, d.h. man muss bei der entsprechenden Flug- oder Chartergesellschaft anrufen. Die Telefonnummer für die Rückbestätigung erhält man normalerweise schon im Reisebüro beim Ticketkauf. Man kann sie aber auch beim Hinflug oder am Zielflughafen erfragen. Bei Linien- und Charterflügen ist es grundsätzlich möglich, den Rückflug auch nach Antritt der Reise umzubuchen, aber gegen Aufpreis und nur dann, wenn die gewünschte Maschine nicht schon ausgebucht ist.

Seite 16/17: Blick von der Festung Tekes nach Lefkáda

Linienflug/ Billigfluglinien

Vom Ausland aus gibt es **keine direkten Linienflüge** zu den Ionischen Inseln. Linienflugzeuge (Aegean Airlines) fliegen nur von Athen aus nach Korfu, Kefaloniá oder Preveza bei Lefkáda, d.h. man muss **in Athen umsteigen.** Die billigsten Linienflüge nach Athen kosten zwischen 300 und 400 €. Dazu kommt noch der Inlandflug.

Billigfluglinien erobern in Griechenland nur langsam den Markt. Sie bieten ihre Flüge nur über das Internet an. 2011 konnte man unter www.germanwings.com, www.tuifly.com, www.easyjet.com und www.airberlin.com fündig werden. Allerdings lagen die Preise oft genauso hoch wie bei normalen Charterflügen.

Charterflüge

Die Flughäfen von **Korfu** und **Zákynthos** sind per Charterflug von vielen deutschen Flughäfen sowie von Österreich und der Schweiz direkt erreichbar. Charterflüge nach **Kefaloniá** werden von Wien, Prag und Amsterdam aus angeboten, von Deutschland aus besteht keine direkte Verbindung. Der Vorteil von Charterflügen ist die kurze Flugdauer. Sie sind inzwischen jedoch nicht mehr viel billiger als Linienflüge. Man bezahlt zwischen 300 und 400 €.

Wer eine Pauschalreise bucht, bekommt dabei meist einen Charterflug inklusive Unterkunft und Transfer vom Flughafen zu einem Endpreis angeboten; hierbei schlägt sich v.a. die Art des Hotels und die Verpflegung nieder.

Flughäfen und Weiterreise

- **Flughafen Araxas** (Tel. 26930-23598). Von hier erreicht man die Häfen von **Patras** und **Kyllini** in rund einer Stunde; interessant, wenn man nach Kefaloniá oder Itháki reist, die von Deutschland aus nicht direkt angeflogen werden.
- Der **Flughafen von Korfu** (Tel. 26610-37398) liegt nur wenige Kilometer von Korfu-Stadt entfernt. Man kann dort Geld wechseln und Fahrzeuge mieten. Es fährt ein Bus der blauen Linie für 1,50 € in die Stadt. Das Taxi ins Stadtzentrum kostet 10 €.
- Der **Flughafen von Zákynthos** (Tel. 26950-27252) befindet sich nahe Zante unweit von Laganás. Es gibt dort keinen Geldwechselschalter, keine Bushaltestelle, aber Fahrzeugvermieter. Ein Taxi zum Stadtzentrum kostet 13 €.
- Der **Flughafen von Kefaloniá** (Tel. 26710-29900) liegt bei Argostóli. Hier fährt kein Bus, man kann Geld wechseln und Fahrzeuge mieten. Das Taxi in die Stadt kostet 20 €.
- 25 km von **Lefkáda** entfernt befindet sich der **Flughafen von Preveza/Aktion** (Tel. 26820-22355). Ein Taxi kostet nach Lefkáda

30 €. Achtung: Ich habe mit Taxifahrern auf den Ionischen Inseln nicht nur gute Erfahrungen gemacht. Achten Sie darauf, dass das **Taxameter** eingeschaltet ist!

Zwischenstopp in Athen

Flughafen Der neue Athener Flughafen (Tel. 210-3530000) ist verkehrstechnisch gut angebunden. Infos erhält man unter www.aia.gr. Es fahren von 4.30 bis 24 Uhr mehrmals stündlich Züge, Metros und Expressbusse. Der **Zug** benötigt 38 Minuten vom Hauptbahnhof Larissis aus. Die **Metrolinie 3** fährt von der Station Monastiraki aus zum Flughafen, Informationen unter www.athenscity.gr/metro_timetable.html.

Unterkunft In Athen sind Hotels relativ teuer. Reservierungen sind ratsam. Folgende einfache Mittelklassehotels bieten sich an:

- **Hotel Acropolis House,** Tel. 210-3222344, Fax 3244143, www.acropolishouse.gr, EZ 52–70 €, DZ 65–87 €, Dreier-Zimmer 113,50 € mit Frühstück.
- **Hotel Attalos,** Tel. 210-3212801, Fax 324314, www.attalos.gr, EZ 50–70 €, DZ 60–85 €, Dreier-Zimmer 74–99 €, Frühstück 8 € pro Person. Angenehmes Haus.
- **Hotel Omiros,** Tel. 210-3235486, Fax 3228059, www.omiroshotel.gr, EZ 70–76 €, DZ 85–94 €, Dreier-Zimmer 99–110 €, Vierer-Zimmer 134 €.
- **Hotel Metropolis,** Tel./Fax 210-3217871, www.hotelmetropolis.gr, EZ 35–70 €, DZ 40–80 €, Dreier-Zimmer 50–90 €, Frühstück 5 € pro Person. Einfacheres Hotel, Zimmer mit AC, TV, WLAN, teils mit Balkon.

Per Bus von Athen auf die Inseln Um **von Athen per Bus** auf die Ionischen Inseln zu gelangen, muss man zum Busbahnhof Kifissou. Stadtbus Nr. 51 fährt von der Ecke Odos Menandrou/Odos Zinonos (200 m vom zentralen Omonia-Platz entfernt) dorthin. Von diesem Busbahnhof fahren Fernbusse mehrmals täglich direkt auf die Inseln. Das Gepäck bleibt während der Fährüberfahrt im Bus. Das Fährticket muss getrennt vom Busticket beim Besteigen der Fähre gelöst werden. Informationen zum Fahrplan für den Bus nach Zákynthos Tel. 210-5129432, Kefaloniá und Itháki Tel. 210-5150785, Korfu Tel. 210-5129443, Lefkáda Tel. 210-5150108.

Verkehrsregeln in Griechenland

- **Höchstgeschwindigkeit:** auf Autobahnen 120 km/h, Motorräder 90 km/h, auf Schnellstraßen 110 km/h für Pkw, 90 km/h für Motorräder, auf Landstraßen 90 km/h für Pkw, 70 km/h für Motorräder, in Ortschaften 50 km/h, Motorräder 40 km/h
- **Alkoholgrenze:** 0,5 Promille
- **Handys am Steuer:** verboten
- **Gelbe Striche am Straßenrand:** Parkverbot, Achtung in den Fährhafenstädten!

Adressen, Telefonnummern

- **Touristeninformation:** EOT, Odos Amerikis 2, Tel. 210-322311, 322311-2 bis -9, Mo–Fr 9–19 Uhr, Sa 9–14 Uhr.
- **Notruf:** Tel. 166.
- **Krankenhäuser:** Tel. 210-646781119, 8219391, 8014411.
- **Polizei:** Tel. 210-7705711.
- **Touristenpolizei:** Tel. 171.
- **Fundbüro:** Tel. 210-7705771.
- **Hafenbehörde Piräus:** Tel. 210-4511311.
- **ADAC Athen:** Tel. 210-9601266.
- **Pannenservice ELPA:** Tel. 104.

Anreise mit Pkw und Fähre

Papiere, Kosten

Für die Anreise mit dem Pkw benötigt man den **Führerschein** und die **grüne Versicherungskarte.** Man fährt per Auto bis nach Italien und reist dann per Fähre direkt nach Korfu, Igoumenítsa oder Pátras weiter. (**Achtung:** In Ländern der EU muss man ein **Warnweste,** in Griechenland zudem auch einen **Feuerlöscher** im Auto mitführen.) Die durch Maut, Benzin und Fähre entstehenden **Kosten** liegen bei 600 bis 1500 €. Benzin kostet in Österreich weniger als in Deutschland, in Italien sind die Benzinpreise etwas höher. Auch in Griechenland ist der Kraftstoff ca. 10 Prozent teurer als hierzulande.

Route, Fahrtzeit

Die **Fahrtroute** hängt vom Ausgangsort und von persönlichen Vorlieben ab. Wer nicht gerne auf dem Schiff übernachtet, muss mit dem Auto bis Bari oder Brindisi fahren. Die **Fahrtzeit** München – Brindisi beträgt rund 14 Stunden, die Fahrtzeit München – Venedig 6 Stunden ohne Stau. Die Fähre benötigt für Brindisi –

Korfu 7, für Bari – Pátras 12–16 Stunden, für Ancona – Pátras 20–30, für Venedig – Pátras 33–35 und für Venedig – Korfu 22–26 Stunden, abhängig vom Schiffstyp. **Tickets** sind in Reisebüros, bei den Fährgesellschaften, übers Internet oder bei Automobilclubs erhältlich. Es empfiehlt sich eine Buchung einige Monate vor Reisebeginn. Bei Hin- und Rückfahrt mit derselben Fährlinie gibt es oft Rabatt. Wichtig ist es, zwei Stunden vor Abfahrt des Schiffs am Hafen zu sein. Dort erhält man im Reedereibüro die Embarcation Card. Am besten packt man alles fürs Schiff schon vorher zusammen, im Schiffsbauch muss es schnell gehen. Man sollte keine Wertgegenstände im Auto zurücklassen. Je nach Jahreszeit variieren die Preise stark; am besten informiert man sich im Internet.

Fährverbindungen Italien – Griechenland

Zwischen Venedig, Ancona, Bari und Brindisi verkehren ganzjährig und zuverlässig beinahe täglich Fähren nach Korfu, Igoumenítsa und Pátras. Informationen zu den Verbindungen zwischen Italien und Griechenland erhält man übers Internet unter **www.greekferries.gr** und **www.ferries.gr**. Diese Tickets werden auch in deutschen Reisebüros angeboten.

Während der **Hauptsaison** bestehen außerdem Fährverbindungen direkt von Brindisi oder Bari nach Paxos, Kefaloniá und nach Zákynthos.

Fähr-, Flug- und Schiffsverbindungen zwischen den Inseln

Fährverbindungen Preis pro Pkw/pro Person

- **Korfu – Igoumenítsa:** täglich mehrmals, 38/9,50 €.
- **Korfu – Páxos:** dreimal wöchentlich, 62,50/13,50 €.
- **Páxos – Igoumenítsa:** dreimal wöchentlich, 45/8 €.
- **Lefkáda** (Vasilikí o. Nidrí) **– Kefaloniá** (Fiskárdo o. Sámi): täglich Mai bis Oktober, nicht bei starkem Wind, 38/8 €.
- **Lefkáda** (Vasilikí o. Nidrí) **– Itháki** (Fríkes o. Píso Aetós): täglich Mai bis Oktober, nicht bei starkem Wind, 38/8 €.
- **Lefkáda** (Nirdí) **– Meganísi:** täglich mehrmals, 14/2 €.
- **Lefkími – Igoumenítsa:** einmal täglich, 30/8 €.
- **Kefaloniá** (Sámi) **– Itháki** (Píso Aetós): tgl. mehrmals, 17/3 €.
- **Kefaloniá** (Argostóli) **– Lixoúri:** stündlich, 5/2,40 €.
- **Kefaloniá** (Pesáda) – **Zakynthos** (Skinári): täglich zweimal, Mai bis Oktober, nicht bei starkem Wind, 31/8 €.
- **Kefaloniá** (Póros) **– Kylíni:** täglich zweimal, 49,50/11,50 €.
- **Kefaloniá** (Sámi) **– Pátras:** täglich, 63,90/18,80 €.

100ko Foto: vb

- **Itháki** (Vathí) – **Pátras:** täglich, 63,90/18,80 €.
- **Zakynthos – Kylíni:** täglich mehrmals, nicht bei starkem Wind, 38/10,50 €.

Die Fahrpläne kann man zuverlässig erst ein bis zwei Wochen vor Fahrtbeginn telefonisch erfahren (↗„Infos und Reservierung").

Andere Verbindungen

Es verkehren **Tragflügelboote** der Ionian Cruises zwischen Mai und Oktober von Korfu nach Albanien, Páxos, Lefkáda und Kefaloniá, Infos unter www.ionian-cruises.com, Tel. 0030-26610-38690 oder 25155.

- **Aegean Airlines,** www.aegeanair.com, fliegt nach Korfu und Kefaloniá.

Infos und Reservierung

- Im Herbst 2011 wurden zahlreiche **Schiffsverbindungen** in ganz Griechenland **eingestellt.** Sie sollen aber 2012 wieder aufgenommen werden. Daher sollte man, wenn man plant, Schiffe zu nutzen, kurz vor der Reise Kontakt zur griechischen Fremdenverkehrszentrale in Frankfurt oder Wien aufnehmen und den aktuellen Stand der Dinge erfragen. Dort erhält man dann auch Informationen zu den Fahrplänen und Preisen.

Blick von der Alten Festung in Korfu-Stadt

- Infos zu Fährverbindungen nach **Páxos** erhält man unter Tel. 26620-32256 (Gaios), 26650-22235 (Igoumenítsa), 26610-32655 oder 23876 (Korfu); im Internet werden Tickets von verschiedenen Reisebüros angeboten, eine offizielle Website gibt es bisher nicht.
- Auch nicht präsent im Internet sind die **Four Island Ferries,** hier kann man sich nur telefonisch informieren und reservieren, und zwar in Fiskárdo, Tel. 26740-41440, Fríkes, Tel. 26740-32107, Vasilikí, Tel. 26450-31520, Sami-Piso Aetos, Tel. 26740-23405 oder 32104, und Athen, Tel. 210-4122530. Die meisten der kleineren Schiffe dieser Reederei laufen bei windigem Wetter und in den Wintermonaten nicht aus. Sie verbinden **Lefkáda** (Vasilikí, Nidrí) mit **Meganísi,** mit **Itháki** (Fríkes, Píso Aetós) und mit **Kefaloniá** (Fiskárdo, Sámi) sowie **Itháki** mit **Kefaloniá.**
- Eine ebenfalls unsichere Fährverbindung besteht in den Sommermonaten zwischen **Kefaloniá** (Pesáda) und **Zákynthos** (Ag. Nikolaos Skinári) zweimal täglich. Auch hier sind Reservierungen und Informationen sind nur telefonisch möglich, Kefaloniá, Tel. 26710-25151, Zákynthos, Tel. 26950-42556.
- Sehr zuverlässig ist die stündlich verkehrende Fähre zwischen **Argostóli** und **Lixoúri** auf **Kefaloniá.** Die Strecke verläuft durch den windgeschützten Golf von Argostóli und nicht durchs offene Meer, Tel. 26710-91281.
- Die Reederei **Ionian Ferries,** www.ionianferries.gr, verbindet **Kylíni** (ein auf den Peloponnes 80 km von Pátras entfernt gelegener Hafen), Tel. 26230-92013 zuverlässig mit **Kefaloniá** (Póros, Tel. 26740-72250, Argostóli, Tel. 26710-27621) und eher unzuverlässig mit **Zákynthos-Stadt,** Tel. 26950-22083 oder 26230-92100 in Kyllíni (bei Sturm ist Zákynthos mit seinem dem Ost- und Nordwind ausgesetzten Hafen manchmal ein bis zwei Tage von der Außenwelt abgeschnitten). 2011 waren die Fahrpläne in Kylliní teils aufeinander abgestimmt, und man musste nicht, wie in den vergangenen Jahren, stundenlang dort auf den Anschluss warten.
- Zuverlässig ist die Verbindung von **Pátras** nach **Itháki** (Vathí) und nach **Kefaloniá** (Sámi), somit also auch die Verbindung zwischen Itháki und Kefaloniá. Informationen unter www.ferries.gr, entweder Blue Star Ferries oder Strintzis Ferries, Tel. 21042-25000.

Häfen

- **Korfu:** Korfu-Stadt, Tel. 26610-32655 und 40002.
- **Paxos:** Gaios, Tel. 26620-32533.
- **Lefkáda:** Lefkáda-Stadt, Tel. 26450-22322, Nídri, Tel. 26450-92509.

- **Kefaloniá:** Fiskárdo, Tel. 26740-41400, Sámi, Tel. 26740-22031, Póros, Tel. 26740-72460, Argostóli, Tel. 26710-22224, Lixoúri, Tel. 26710-94100.
- **Itháki:** Vathí, Tel. 26740-32909.
- **Zákynthos:** Zákynthos-Stadt, Tel. 26950-28117.
- **Festland:** Igoumenítsa, Tel. 26650-99460, Kyllíni, Tel. 26230-92211, Pátras, Tel. 26103-41002.

Behinderte unterwegs

Rollstuhlfahrern sei gesagt, dass Griechenland ein Land mit vielen **Schwellen und Stufen** ist und dass die Griechen auf Gehbehinderungen sehr schlecht eingestellt sind. Die Gehwege griechischer Städte sind schmal, und Bordsteine können 20 bis 25 cm hoch sein. Es ist leider üblich, das Mofa auf dem Gehweg zu parken, sodass Rollstuhlfahrern gar nichts anderes übrig bleibt, als auf der Straße zu fahren.

In **Korfu-Stadt** ist ein Teil des Zentrums als Fußgängerzone gestaltet und mit einem Rollstuhl gut befahrbar. Im hinteren Teil der Altstadt gibt es allerdings zahlreiche kleine Gassen mit Treppen.

Das Straßennetz auf **Korfu** ist gut ausgebaut, sodass man vom Fahrzeug aus viel von der Insel sieht. Mehrere Hotels sind auf Behinderungen eingerichtet, z.B. das Potamaki in Benítses oder das flughafennahe Hilton in Kanóni.

Gutes wurde mir von einem Rollstuhlfahrer vom Hotel Chandris in Dassiá berichtet. Einen Reisebericht über Korfu mit Rolli kann man im Web unter www.corfu.de/korfu-reisebericht-rollstuhl.htm finden. Mit Informationen weiterhelfen kann auch der Bundesverband für Körper- und Mehrfachbehinderte e.V., Tel. 0211-640040, Fax -20, www.bvkm.de.

Dokumente

EU-Bürger benötigen zur Einreise einen mindestens noch sechs Monate gültigen **Personalausweis oder Reisepass.** Schweizer benötigen einen Pass oder eine gültige Identitätskarte, die nach 1995 ausgestellt worden ist. Kinder, die keinen eigenen Ausweis haben, müssen bei einem Elternteil im Pass eingetragen sein.

In Deutschland, Österreich oder der Schweiz lebende Nicht-EU-Bürger, die unter Umständen ein Visum für Griechenland benötigen, sollten sich an die zuständige diplomatische Vertretung Griechenlands wenden:

- **Deutschland:** Tel. 030-206260, Jägerstraße 54–55, 10117 Berlin www.griechische-botschaft.de.
- **Österreich:** Tel. 01-50615, Argentinierstraße 14, 1040 Wien, www.griechische-botschaft.at.
- **Schweiz:** Weltpoststrasse 4, Postfach 246, 3000 Bern 15, www.mfa.gr/bern.

Hund und Katze

Für die EU-Länder gilt, dass man eine **Tollwutschutzimpfung** und einen **EU-Heimtierausweis** *(Pet Passport)* für Hund oder Katze haben muss. Dieser gilt in allen EU-Staaten und in der Schweiz und kostet ca. 15 bis 25 €. Darüber hinaus muss das Tier mit einem **Microchip** gekennzeichnet sein (für Tiere die vor dem 3. Juli 2011 registriert wurden, reicht ihre bestehende Tätowierung aus, wenn diese gut lesbar ist). Weitere Informationen gibt es beim Tierarzt.

Einkaufen

Für den täglichen Bedarf

In kleineren Orten trifft man nach wie vor nur auf **Tante-Emma-Läden.** In den letzten Jahren scheint sich der Handel jedoch mehr und mehr in den **Supermarkt** zu verlagern. Auf den Inseln findet man fast überall Lidl-Märkte, deren Preise deutlich günstiger als die anderer Geschäfte sind, etwa so wie in Deutschland.

Die meisten Güter werden in Griechenland **teurer** verkauft als in Deutschland. Das gilt insbesondere für Filme, Drogerieartikel sowie für Obst und Gemüse.

Günstig kann man manchmal beim **Händler am Straßenrand** einkaufen, der mit Pick-up-Fahrzeug und Megafon herumzieht und nicht zu übersehen, vor allem aber nicht zu überhören ist.

Relativ günstig kann man auch auf dem *laiki agora,* dem **Volksmarkt** von Korfu-Stadt, einkaufen. Er findet außer an Sonn- und Feiertagen jeden Vormittag hinter der Neuen Festung beim Hotel Hermes statt. Auch auf Zákynthos findet man einen Volksmarkt unweit des Hafens.

Souvenirs und Kunsthandwerk

Olivenholzprodukte

Olivenholzprodukte werden auf Korfu in Souvenirgeschäften angeboten. Eine gute Adresse ist das Olive Wood House, Odos Filelinou, in Korfu-Stadt. Bei Ag. Markos kann man am Straßenrand handgefertigte **Holzgefäße** wie Salatschüsseln kaufen. Auch in Afionas oder Makrádes kann man fündig werden. **Schnitzereien** werden mittlerweile recht häufig mit maschineller Unterstützung hergestellt.

Die starke Nachfrage nach Olivenholzprodukten hat in den letzten Jahren auf den Ionischen Inseln dazu geführt, dass häufig alte, aber **noch gesunde Bäume gefällt** werden. Naturschützer beklagen diesen durch den Souvenirhandel ausgelösten Raubbau an der Natur.

Teppiche, Spitzen

Oft werden **„Handarbeiten"** angeboten, die aus der Fabrik stammen. Wer sich für gewobene Teppiche oder Spitzen interessiert, sollte genau hinsehen.

Wein

Kleinere Mitbringsel wie Honig, Kräuter und Wein erfreuen sich bei Urlaubern großer Beliebtheit. Oft werden diese Produkte am Straßenrand angeboten. Ein guter Wein ist der weiße **Robola San Gerasimo** aus Kefaloniá.

Mandolato

Mandolato und andere klebrige **Süßigkeiten** werden überall auf den Ionischen Inseln angeboten. Wer Angst um seine Zähne hat, sollte einen Bogen um diese Spezialität machen, die die Venezianer auf die Inseln brachten.

Kumquats

Kumquats sind kleine **Zitrusfrüchte,** die während der englischen Herrschaft von Japan aus nach Korfu eingeführt wurden. Dort experimentierte der bekannte Gärtner *Merlin* mit den Südfrüchten und züchtete Sorten, die im Klima der Insel besonders gut gedeihen. Inzwischen haben sich Kumquats zum beliebten Souvenir entwickelt. Sie werden zu Likör, Marmelade und kandierten Früchten verarbeitet und in zahlreichen Souvenirshops offeriert.

Wurstwaren

Lefkáda ist bekannt für seine luftgetrocknete **Salami.** Die schmackhafte Wurst wird in zahlreichen Läden in Lefkáda-Stadt verkauft.

Essen und Trinken

Essenszeiten

In Griechenland existiert **Frühstück** nicht wie bei uns, aber mittlerweile hat es sich auf den Ionischen Inseln herumgesprochen, dass viele Urlauber darauf großen Wert legen. Es wird immer häufiger in Cafés und Pensionen angeboten. Traditionell essen die Bauern gegen 10 Uhr Schafskäse, Tomaten und Oliven mit Brot. Wenn die Fischer am späten Vormittag vom Meer zurückkommen, verspeisen sie Fisch und trinken Ouzo dazu. Obwohl es eigentlich keine Essenszeit ist, werden um die **Mittagszeit** fast überall Speisen angeboten. Die Griechen essen gegen 16 Uhr zu Hause eher eine Kleinigkeit. Sehr spät gehen sie zum **Abendessen** aus, meist nicht vor 22 Uhr. Ausländische Urlauber essen in der Regel gegen 20 Uhr, was den Tavernenwirten natürlich gefällt, denn wenn die Ausländer fertig sind, kommen die Einheimischen.

Lokale

Auch auf den Ionischen Inseln zeichnen sich touristische Orte vor allem durch **internationale Küche** aus. Echt griechische Tavernen sind nur noch recht selten zu finden. Überall bekommt man Pizza, Spaghetti, Schnitzel, Filet, Toast, Hamburger und was der Urlauber sonst noch zu mögen scheint. Dagegen wird in den abgelegenen Dörfern in der **Taverne** einfache, griechische Kost angeboten, z.B. Souvláki, Bauernsalat und Tsatsíki.

Speisekarten

Man findet recht häufig Speisekarten auf **Englisch und Deutsch.** Ziemlich selten gibt es nur eine griechische oder gar keine Karte oder eine Kreidetafel mit krakeliger Handschrift, die schwer lesbar ist. In diesem Fall sollte man sich nicht scheuen, die Küche in Augenschein zu nehmen.

Speisen

Vorspeisen und Salate

Als Vorspeisen werden u.a. *tsatsíki* (Joghurtknoblauchsoße), *taramá* (Fischeierpaste), *melizanosalata* (Auberginensalat), *skordaliá* (viel Knoblauch), *féta* (Schafskäse), *gigántes* (weiße Bohnen), Peperoni, *eliés* (Oliven), *dolmádes* (gefüllte Weinblätter) und Oktopus-Salat serviert. Es gibt spezielle Vorspeisenteller, *mesé* oder *pikilía* genannt, auf denen man von allem etwas findet.

Choriatikí nennt man den typischen Bauernsalat mit Tomaten, Gurken, Schafskäse, Zwiebeln und Oliven. Außerdem werden

003ko Foto: vb

Zum Trocknen aufgehängte Oktopusse

Thunfisch-Salat, russischer Salat, gebratene Zucchini und Auberginen, frittierte Zucchini- und Käsebällchen, *marídes* (Sardellen), *garídes* (Garnelen) und *fáva* (Kichererbsenpüree) serviert. *Chórta* ist ein spinatähnliches Gemüse, das gut zu Fisch passt.

Fisch

Wer Fisch essen möchte, erkundigt sich besser vorher nach dem Preis, er kann recht teuer sein. Als Hauptgerichte werden folgende Fische angeboten: *xifías* (Schwertfisch), *kalamarákia* (Tintenfisch), *ochtapódi* (Oktopus), *gavrosplakía* (kleine Sardinen), *barboúnia* (Barben), *astakós* (Hummer), *xinadrítha, tsiopoúra, lethrínia* (verschiedene Brassenarten), *garídes* (Garnelen) und manchmal auch Haifisch, z.B. *galéos* (Neunauge) sowie *tóna* (Thunfisch), *mídia* (Muscheln) und Makrelen. *Saláchi* (Rochen) wird oft als Salat angeboten. Preisgünstige Fische sind *chópes* und *melanoúria*.

Fleischgerichte

Folgende Fleischgerichte findet man häufig: *stifádo* (Ragout mit Zwiebeln und Zimt), *souvláki* (gegrillte Spieße), *biftéki* und *kefthédes* (Hackfleischbällchen gegrillt oder gebraten), *souzoukákia* (Hackfleischbällchen gebraten in Soße), *brisóles* (Koteletts), *arní* oder *arnáki* (Lammfleisch) *lemonáto* oder *kokkinistó* (in Zitronen- oder roter Tomatensoße), *paidákia* (Lammkotelett), *gazíka* (Ziegenfleisch), entweder vom Grill, *lemonáto* oder *kokkinistó,* sowie *kotópoula* (Hühnchen), *gýros* (Schweinefleisch in kleinen Stücken vom Grill), *kleftikó* (eine Art Ratatouille), *mos chári kokkinistó* (Rindfleisch in rötlicher Soße aus dem Backofen), *chirinó* (Schweinefleisch). *Kokorétsi* sind Innereien, die in der Regel gegrillt werden. *Kontosoúvli* ist mariniertes Schweine- oder Hammelfleisch, auf dem Drehspieß gegrillt. *Sikóti* ist Leber.

Aufläufe

Gemüse-Hackfleischgerichte sind *moussaká* (Auflauf mit Kartoffeln und Auberginen, oben Bechamelsoße), *papoutsákia* und *melitsánes imam* (gefüllte Auberginen), *pastízio* (Nudelauflauf), *kolokithákia jemistá* (gefüllte Zucchini), *jemistés* (gefüllte Paprika oder Tomaten). *Briám* ist ein Gemüseeintopf mit Kartoffeln ohne Fleisch, *fasolákia* sind Bohnen. Ein Auflauf aus dem Ofen mit Rind- oder Lammfleisch und Teigwaren in einer Soße ist *giuvétsi* (sprich: tschüwétsi). Je nach Dorfmetzger kann auch *lukánika* (Wurst) sehr lecker sein, sie wird meist gebraten serviert. *Spetsofai* ist ein Wursteintopf mit Tomaten und Paprika.

Desserts und Gebäck

Nachtisch gibt es relativ wenig in den Tavernen, manchmal *baklavá* (Blätterteig mit Nusspüree, Honig und Zimt, sehr süß), *froúta* (Früchte) und gelegentlich *pachotá* (Eis) oder *chalvá* (manchmal Grießpudding, aber meist aus Sesam gemachter Stollen, sehr süß).

In der *Sacharoplastío* (Konditorei) oder beim Bäcker findet man zahlreiche klebrige Süßigkeiten. Lecker ist auch der süße Reispudding, *risógalo* genannt.

Spezifisch Ionisches

Die **venezianische Herrschaft** hat auch kulinarische Spuren hinterlassen. Folgende italienisch beeinflusste Speisen werden fast ausschließlich auf den Ionischen Inseln angeboten: *bourdéto* (Fischfilet, oft Kabeljau, in rötlicher Soße, manchmal scharf gewürzt), *pastitsáda* (Huhn oder Rindfleisch in rötlicher Soße, schmeckt ähnlich wie *giuvétsi* und ist mit Zimt und Nelken gewürzt, wird aber mit Spaghetti serviert), *sofríto* (gebratenes Rindfleisch in einer hellen Knoblauchsoße), *pazétta jemistó* (gefüllter Rollbraten), *boutsoúnia* (Vorspeise aus Auberginen mit Oliven und Knoblauch), *skordostoupi* (Vorspeise aus Auberginen in Tomatensoße mit Knoblauch), *paximádi* (Vorspeise aus Knoblauchbrot mit Tomaten und Schafskäse).

Getränke

Kaffee Die Griechen trinken viel Kaffee, meist den *kafé elinikó,* den kleinen Schwarzen in der Mokkatasse mit Satz. *Skéto* bedeutet „ohne Zucker", *métrio* „mit mäßig viel Zucker" und *glikó* „mit viel Zucker". Filterkaffee findet man nicht überall, *nescafé sestó* (heiß) dagegen schon. *Frappé* ist kalter Nescafé mit Eis verquirlt, *me chála* bedeutet „mit Milch".

Tee *Tschai* (Tee) trinken die Griechen im Allgemeinen nur, wenn sie krank sind. Beim Bestellen von *tschai tou vounoú* (Bergtee, guter Kräutertee) erntet man gar mitleidige Blicke. Er schmeckt jedoch recht gut.

Wasser und Limonade Wasser wird meist in 0,5- oder 1,5-Liter-Plastikflaschen verkauft und hat keine Kohlensäure. Wasser mit Kohlensäure wird *Soda* genannt. Die bei uns üblichen Limonaden sind fast überall zu bekommen. Auch Orangensaft wird häufig angeboten.

Bier Je nach Ort stehen mehr oder weniger Biersorten im Angebot. Löwenbräu und die holländischen Marken Amstel und Heineken werden oft serviert. Bei Griechen ist auch das Mythos sehr beliebt.

Wein Im Restaurant der gehobenen Klasse sind natürlich **Spitzenweine** zu bekommen. Hier wird beispielsweise der aus Kefaloniá kommende Robola San Gerasimo ausgeschenkt, ein mehrfach ausgezeichneter Weißwein. In der Taverne von nebenan werden dagegen oft **einfache Weine** angeboten. Mit dem Hauswein wird man unterschiedliche Erfahrungen machen. Auch auf den anderen Inseln wird Wein angebaut, am bekanntesten ist aber der von Kefaloniá.

Mávro krassí oder *kokkinó krassí* ist Rotwein, *áspro krassí* Weißwein. **Retsína** ist roter oder weißer Harzwein, meist ist er weiß (roter wird auch *kokkinéli* genannt). Der Harzgehalt im Wein ist inzwischen durch eine EU-Richtlinie geregelt, er enthält heute meist weniger Harz als noch vor ein paar Jahren. Ursprünglich war dieses in den Rebensaft gegeben worden, um ihn haltbar zu machen. Heute erledigen dies die handelsüblichen Konservierungsstoffe.

Retsína ist billiger, die meisten anderen griechischen Weine haben internationales **Preisniveau.** Im Restaurant wird Wein flaschenweise relativ preisgünstig angeboten.

Viele griechische Weinsorten sind fruchtig oder lieblich. Wer trockenere Sorten liebt, sollte danach fragen: „to krassí ine xiró?" heißt „Ist der Wein trocken?". Trockene Weißweine sind **Vertzamo** (Lefkáda), **Verdea** (Zákynthos) und **Robola** (Kefaloniá). Die Bezeichnung steht für die Traubensorte. Aus den Trauben können aber Weine von sehr unterschiedlicher Qualität entstehen. Der „San Gerasimo" ist ein Robola, aber kein Qualitätswein, sondern eine Auslese. Er ist teurer als die anderen Sorten Robola, Kenner werden den Unterschied jedoch zu schätzen wissen.

Feste und Feiertage

In Griechenland sind die meisten Feste und Feiertage kirchlichen Ursprungs. An gesetzlichen Feiertagen bleiben die Läden geschlossen. Aber auch wenn große Kirchfeste, wie z.B. das von Ag. Spiridon auf Korfu oder das von Ag. Gerasimos auf Kefaloniá stattfinden, ruhen die Geschäfte.

Gesetzliche Feiertage

- **1. Januar:** Neujahrsfest.
- **6. Januar:** Fóta (auch Theofania genannt), es wird die Taufe Christi gefeiert.
- **Rosenmontag:** Karneval nach dem orthodoxen Kalender, 17.3.2013, 3.3.2014, 25.2.2015.
- **25. März:** Griechischer Nationalfeiertag zum Gedenken an den Beginn des Befreiungskriegs gegen die Türkei 1821.
- **Karfreitag:** nach dem orthodoxen Kalender, 13.4.2012, 1.5.2013, 18.4. 2014, 10.4.2015.
- **Ostern:** nach dem orthodoxen Kalender, 15.4.2012, 3.5.2013, 20.4.2014, 12.4.2015.
- **1. Mai:** Tag der Arbeit.
- **Pfingsten** nach dem orthodoxen Kalender, 4.6.2012, 22.6.2013, 9.6.2014, 1.6.2015.
- **15. August:** Mariä Himmelfahrt, viele Feste.
- **28. Oktober:** Ochi-Tag, die Griechen feiern das „Nein", mit dem *Metaxas* eine Zusammenarbeit mit *Hitler* ablehnte.
- **25./26. Dezember:** Weihnachten nach orthodoxem Brauch, der **24.12.** ist ein halber gesetzlicher Feiertag.
- **31. Dezember:** Silvester, halber gesetzlicher Feiertag.

004ko Foto: vb

Feste auf den Ionischen Inseln

- **8. Mai:** Prozession u. Kirchenfest in Kassiópi u. Kanóni (Korfu).
- **21. Mai:** Beitritt der Ionischen Inseln zu Griechenland.
- **8. Juni:** Klosterfest Moní Faneroménis (Lefkáda).
- **23./24. Juni:** Kirchenfeste in allen Ag. Ioánnis-Kirchen.
- **28./29. Juni:** Kirchweih Peter und Paul in Gáios (Paxos).
- **29./30. Juni:** Kirchweih in Fríkes (Itháki).
- **1./2. Juli:** Festtag Panagía Vlachérna in Acharávi (Korfu).
- **6./7. Juli:** Kirchweih Ag. Kyriakí in Nidrí u. Sívota (Lefkáda).
- **7./8. Juli:** Kirchweih Ag. Prokopius in Lefkími (Korfu).
- **10./11. Juli:** Kirchfest in Ag. Efimía (Kefaloniá).
- **12. Juli:** Kirchweih Ag. Spiridon, großes Fest auch am 13. Juli in Korfu-Stadt.

Besuch der Kirchenprominenz am Klosterfeiertag auf Kefaloniá, in der Mitte der frühere Erzbischof von Athen, Christodoúlos

- **16./17. Juli:** Kirchfest in Kirchen namens Ag. Marina.
- **19./20. Juli:** Kirchfest in Kirchen namens Profítis Ilías.
- **25./26. Juli:** Kirchfest in Kirchen namens Ag. Paraskeví.
- **26./27. Juli:** Kirchfest in Kirchen namens Ag. Panteleimonas.
- **5./6. August:** Kirchweih Ag. Sotiras in Podikonísi und Strinílas auf Korfu (dort Fest vom 1. bis 6. August) sowie auf dem Pantokrátoras-Kloster (Korfu) und in Stavros (Itháki).
- **10. August:** Fischerfest Varkarola in Garitsa (Korfu).
- **11. August:** Festtag von Ag. Spiridon, mit Prozession in Korfu-Stadt.
- **16. August:** Klosterfest Moní Ag. Gerasimou (Kefaloniá).
- **22./23. August:** Kirchweih in Pélekas, Lefkími (Korfu) und Sámi (Kefaloniá).
- **24. August:** Kirchenfest Ag. Dionysios auf Zakynthos.
- **7./8. September:** Marias Geburtstag, Kirchweih in Ag. Markos, Lefkími und Sinarádes (Korfu) und Klosterfest Moní Katharón (Itháki).
- **13./14. September:** Kirchweih in Sidári (Korfu).
- **24. September:** Kirchweih im Moní Myrtiotissa (Korfu).
- **20. Oktober:** Kirchfest Moní Ag. Gerasimou (Kefaloniá).
- **6. Dezember:** Kirchweih Ag. Nikólaos in vielen Orten.
- **12. Dezember:** Feiertag Ag. Spiridon (Korfu).
- **17. Dezember:** großes Kirchfest Ag. Dionysios in Zante (Zákynthos).

FKK

FKK ist in Griechenland **grundsätzlich verboten,** und die meisten Griechen mögen es nicht, wenn nackt gebadet wird. Noch vor wenigen Jahren wurden Nackedeis an griechischen Stränden von der Polizei abgeführt. Damit muss man heute nicht mehr rechnen. Trotzdem sollte man sich dessen bewusst sein, dass die Freikörperkultur einen Verstoß gegen die Landessitten darstellt. Es gibt daher auch keinen offiziellen FKK-Strand. In traditionelleren Gegenden der Ionischen Inseln ist es schon eine Provokation, wenn das Bikinioberteil fehlt. Auf jeden Fall sollten Frauen vermeiden, sich in Blickweite einer Kapelle oder Kirche zu entblößen. Dies gilt als Beleidigung des Heiligen, der dort verehrt wird.

GELDANGELEGENHEITEN

Euro

Es ist das gleiche Papiergeld wie bei uns im Umlauf, die Münzen haben auf ihrer Rückseite jedoch andere Motive, z.B. eine athenische 4-Drachmen-Münze aus dem 5. Jh. v. Chr. oder die Entführung der Europa durch Zeus.

Zahlungsmittel

Man sollte nicht auf ein Zahlungsmittel allein setzen. Es empfiehlt sich, **Kreditkarte, Maestro-(EC-)Karte** und **Bargeld** mitzunehmen. Obwohl natürlich ein gewisses Risiko besteht, dass es unterwegs abhanden kommt, sollte man auf Letzteres nicht ganz verzichten. Reiseschecks werden bei Diebstahl ersetzt.

Geldwechsel

Beim Geldwechsel muss oft der Pass oder Personalausweis vorgelegt werden. **Banken** tauschen Bargeld und Reiseschecks und akzeptieren Maestro-(EC-) und Kreditkarten. Sie sind Mo–Do 8–14 Uhr und Fr 8–13.30 Uhr geöffnet.

Auch **große Hotels** und **Reisebüros** bieten manchmal die Möglichkeit, Geld zu wechseln. Der Nachteil ist die höhere Provision.

Wechselkurs (Stand bei Drucklegung dieses Buches, Februar 2012): 1 € = 1,21 SFr, 1 Sfr = 0,82 €.

Maestro-(EC-)Karte

Mit der Bankkarte (auch EC-Karte genannt) kann unter Angabe der PIN-Nummer an **Bankautomaten** Geld abgehoben werden. In Korfu-Stadt findet man z.B. immer einen funktionierenden Automaten. Auf den Dörfern kann man sich jedoch nicht darauf verlassen, dass im Bedarfsfall ein funktionierender Automat am Wegesrand steht.

Wer bereits eine Bankkarte mit dem neuen **V PAY-Logo** hat, kann bereits bei Millionen Händlern und Tausenden Automaten in Europa bezahlen und Geldabheben. Das Maestro-System ist derzeit jedoch noch weiter verbreitet.

Sperrnummern bei Diebstahl und Verlust ⇗„Notfall“.

Kreditkarten

Kreditkarten werden von großen Hotels, internationalen Autovermietern und einigen Souvenirshops akzeptiert, in vielen Restaurants sind sie jedoch unbrauchbar. Auf gar keinen Fall sollte man auf die Kreditkarte als einziges Zahlungsmittel vertrauen! Karten wie American Express, Visa oder MasterCard sind am weitesten verbreitet.

Kosten

Ob und wie hoch die **Kosten für die Barabhebung** sind, ist abhängig von der kartenausstellenden Bank und von der Bank, bei der die Abhebung erfolgt. Man sollte sich daher vor der Reise bei seiner Hausbank informieren, mit welcher griechischen Bank sie zusammenarbeitet. Im ungünstigsten Fall wird pro Abhebung eine Gebühr von bis zu 1 % des Abhebungsbetrags per Maestro-(EC-) Karte oder gar 5,5 % des Abhebungsbetrags per Kreditkarte berechnet.

Für das bargeldlose **Zahlen per Kreditkarte** innerhalb der Euro-Länder darf die Hausbank keine Gebühr für den Auslandseinsatz veranschlagen; für Schweizer wird ein Entgelt von 1–2 % des Umsatzes berechnet.

Reisekosten

Griechenland ist **kein Billigreiseland.** Die wöchentlichen Kosten für Übernachtung in Privatzimmern, Mietmofa und einen Tavernenbesuch am Tag kann man grob wie folgt veranschlagen:

- **Nebensaison:** allein 450 €, Paar 350 € pro Person.
- **Hauptsaison:** allein 600 €, Paar 550 € pro Person.

Zur Hauptsaison zählen neben den Monaten Juli und August in den Hauptorten auch die Karnevals- und Osterzeit.

Wer etwas mehr Komfort bei der Unterkunft schätzt, einen Jeep mieten möchte, gerne einkauft und vielleicht Wassersport treibt, muss mit mehr rechnen. **Lebensmittel** sind meist teuer, aber das Selberkochen ist immer noch günstiger als allabendliche Gänge ins Restaurant.

Grundsätzlich ist noch zu sagen, dass Preise von Mietfahrzeugen, Pensionen und Hotelzimmern **verhandelbar** sind, vor allem in der Nebensaison. Busse, Museen und Tavernen haben feste Preise.

Gesundheit

Apotheken

Apotheken sind einfach zu erkennen: Grüne oder rote Kreuze weisen den Weg. „Apotheke" heißt auf Griechisch **Farmakíon** (ΦΑΡ–ΜΑΚΕΙΟΝ). Die meisten sind vormittags, manche auch abends geöffnet, und für den Notfall haben in den Inselhauptstädten einzelne Apotheken Nacht- und Wochenenddienste.

Ärzte

Adressen von Ärzten erhält man beim Touristenbüro EOT und bei der Touristenpolizei.

Krankenhäuser

Die meisten griechischen Krankenhäuser sind nicht so ausgerüstet, wie man es von daheim gewöhnt ist. Schwere Fälle werden per Hubschrauber nach Athen gebracht, die dortigen Spezialkliniken besitzen moderne Gerätschaften. Im Notfall wird man kostenlos und gewissenhaft behandelt. Längere **Krankenhausaufenthalte** in Griechenland haben aber Nachteile, v.a. wenn man alleine ist. Denn sobald die direkte ärztliche Behandlung abgeschlossen ist, bleibt man sich weitestgehend selbst überlassen. Abhilfe kann eine „kleine Aufmerksamkeit" für das Pflegepersonal bewirken.

Versicherungskarte

In griechischen Krankenhäusern werden Mitglieder der gesetzlichen Krankenkassen, die eine **Europäische Versicherungskarte** (nähere Informationen erteilen die Krankenkassen) mit sich führen, kostenlos behandelt. Die meisten praktizierenden Ärzte sind aber privat niedergelassen. Kassenpatienten ist aus diesem Grund dringend der Abschluss einer **Auslandskrankenversicherung** zu empfehlen (⇗„Versicherungen"). Privat niedergelassene Ärzte stellen eine Rechnung, die man zunächst direkt bezahlen muss.

Schlangenbisse und Skorpione

Im Falle eines Schlangenbisses (der nicht häufig vorkommt und meist ungefährlich ist) sollte man sich schnellstmöglich an einen Arzt wenden, meist war die Panik umsonst. Aber es gibt in Griechenland **Vipernarten,** die giftig sind und deren Bisse, wenn sie unbehandelt bleiben, zum Tode führen können. Auch nach einem engeren Kontakt mit **Skorpionen** sollte man den Arzt aufsuchen.

Hygiene

„Pu íne tualéta?“ heißt es, falls man ein gewisses Örtchen sucht. Männlein halten sich in Richtung *andron,* Weiblein in Richtung *ginaikon* (sprich: jinäkon). Folgende Gebrauchsanweisung sei für **griechische Toiletten** mit auf den Weg gegeben: Klopapier, das man *chartí ijías* nennt, gehört nicht ins Klo, sondern in den Eimer daneben, denn Kläranlagen sind in Griechenland selten, und die Abwasserrohre sind meist ziemlich filigran und schnell verstopft.

Wer einfachere Herbergen mit **Gemeinschaftsduschen** aufsucht, sollte sich Badeschlappen für die Dusche mitnehmen. Die Bäder werden zwar fast überall täglich geputzt, aber bei Etagenbädern reicht ein Mitbenutzer, der so richtig planscht, und schon schwimmt das ganze Bad.

Die Ionischen Inseln gehören zwar zu den wasserreichsten Gebieten Griechenlands, aber da die Niederschläge überwiegend im Winter fallen, kann es im Sommer immer wieder zu Wasserknappheit kommen, obwohl in den letzten Jahren versucht wird, Wasser in Stauseen aufzufangen. Korfu ist relativ wasserreich, Paxos muss hingegen im Sommer mit dem Tankschiff versorgt werden. Auch auf Kefaloniá und Zákynthos fließt mancherorts Brackwasser aus der Leitung, wenn das Süßwasser ausgeht. Beim Duschen sollte der **sparsame Umgang mit Wasser** also eine Selbstverständlichkeit sein – was nicht heißen soll, dass man auf die Dusche verzichten muss.

Informationen

Griechische Zentrale für Fremdenverkehr, EOT

Deutschland
- Neue Mainzer Str. 22, 60311 **Frankfurt,** Tel. 069-2578270, Fax 25782729, info@gzf-eot.de.

Österreich
- Opernring 8a, 1010 **Wien,** Tel. 01-51253170, Fax 5139189, grect@vienna.at.

Schweiz
Das Schweizer Büro wurde **2011 geschlossen.** Schweizer können sich nun in Frankfurt oder Wien informieren.

Informationsstellen auf den Inseln

Korfu

EOT, Ecke Odos Evangelismos/Odos Kola am Rathausplatz direkt neben der Loggia Nobile, Tel. 26610-37520, 37638, Fax 30298, eotcorfu@otenet.gr, nur während der Hauptsaison geöffnet. Es werden kostenlos Stadtpläne, Inselkarten und Prospekte verteilt.

Zákynthos

Am Hafen von **Zante** befindet sich in der Odos Lamvardou 62, im Polizeitgebäude, auch die **Touristenpolizei,** Tel. 26950-24483, die kostenlose Informationen zur Verfügung stellt.

Kefaloniá und Itháki

Am Hafen von **Argostóli** findet man den **EOT**, Tel. 26710-22248, Mai bis Oktober Mo–Fr 8–14.30 Uhr. Hier erhält man kostenlos hilfreiches Prospektmaterial mit Stadtplänen sowie auch Informationen zu **Itháki.** Man sollte sich selbst bei den Prospekten umsehen, da die Mitarbeiter oft keinen richtigen Überblick hierüber haben. In den beiden Büros von **Sámi** (am Hafen) und **Póros** (Ortsende, direkt vor der Schlucht) mit sehr freundlichen, motivierten Mitarbeitern kann man ebenfalls Infomaterial bekommen.

Lefkáda

In Lefkáda-Stadt befindet sich unweit des Hafens ein kleines Infohäuschen, das aber nur während der Hauptsaison besetzt ist. Hier erhält man kostenlos Informationsmaterial.

INTERNET

Internetseiten

Zahlreiche Informationen bietet das Internet, oft stark durchsetzt mit Werbung, und da man oft kaum erkennen kann, wer hinter der Website steht, ist es auch nicht einfach, zu prüfen, wie seriös die Informationen sind. Der **EOT** informiert unter **www.gnto.gr.** Die Website für die Busfahrpläne ist miserabel, bei KTEL fragt man besser telefonisch nach. Über Korfu informiert die private Site **www.corfu.de** wirklich gut. Ebenfalls gut informieren die von Werbung durchsetzten Links **www.kefalonia.net.gr** und **www.zakynthos.net.gr.** Die offizielle Seite **www.zakynthos.gr** bietet ebenfalls verlässliche Informationen. Über Paxos informiert **www.paxi.gr.**

Internetcafés

In den letzten Jahren wurden auf den Ionischen Inseln zahlreiche Internetcafés eröffnet, die unter den „Praktischen Tipps" in den jeweiligen **Ortskapiteln** Erwähnung finden.

006ko Foto: vb

Ideal für Kinder: ein Ausflug mit der „Kalypso Star" zu den Seelöwen

Karten

Für rund 3 € kann man Inselkarten auf allen Inseln erstehen. Diese sind aber **teilweise von miserabler Qualität.** Nicht einmal die Teerstraßen sind richtig eingezeichnet, von Höhenangaben und Pisten ganz zu schweigen. Auch die meisten der im deutschen Buchhandel erhältlichen Karten sind nicht empfehlenswert.

Die Fremdenverkehrszentrale EOT verteilt auf Korfu **kostenlose Inselkarten.** Zur Orientierung sind diese Karten hilfreich, für Wanderungen kann man sie aber nicht nutzen. Außerdem ist beim EOT ein sehr guter Stadtplan von Korfu-Stadt gratis erhältlich.

Im Reise Know-How Verlag ist im **world mapping project** eine gute, gps-taugliche Karte von Korfu mit Höhenlinien und Sehenswürdigkeiten im Maßstab 1:65.000 erhältlich. Die ideale Ergänzung zu diesem Reiseführer.

Gut sind auch die Karten von **Road Editions,** die sowohl in Griechenland als auch in Deutschland verkauft werden. Leider sind auch auf diesen Karten Wanderwege meist nicht eingezeichnet. Diese Karten werden in den meisten Souvenirgeschäften geführt:

- Nr. 301 **Korfu/Kérkyra** 1:100.000, mit Stadtplan **Korfu-Stadt.**
- Nr. 302 **Paxos und Antipaxos** 1:30.000.
- Nr. 305 **Zákynthos** 1:60.000 mit Stadtplan **Zante.**
- Nr. 304 **Kefaloniá und Itháki** 1:70.000.
- Nr. 303 **Lefkáda und Meganísi** 1:50.000.

Kinder

Für den Familienurlaub sind die Ionischen Inseln ein sehr geeignetes Reiseziel. Man findet viele seicht abfallende Sandstrände, an denen der Nachwuchs gefahrlos planschen kann. Spaghetti, Moussaka, Pastizio, Pommes, Eis und Süßigkeiten – der Nachwuchs kommt auch beim Essen nicht zu kurz. In den größeren Orten gibt es Kinderärzte und auf Kefaloniá sogar ein Kinderkrankenhaus. Griechen mögen Kinder sehr gern. Kinderwagen werden allerdings vielerorts mit Hindernissen konfrontiert. Die Gehwege sind meist zugeparkt, und man muss oft auf die Straße ausweichen.

Wer einen kindgerechten Urlaub selbst organisieren will, hat dazu auf **Korfu** viele Möglichkeiten. Kinder zieht es ins Aqualand. Gokart oder Minicar ist z.B. an der Esplanade in Korfu-Stadt sehr beliebt. Größere Kinder können Reitausflüge unternehmen, auch eine Pferdekutschfahrt durch Korfu-Stadt kommt beim Nachwuchs meist gut an. Eine weitere Attraktion ist das Muschelmuseum. Der Clou dürfte aber wohl eine Fahrt mit dem Boot „Kalypso Star" zur Seelöwen-Show sein.

Auch **die anderen Inseln** sind auf Kinder eingestellt. Gokart oder Minicar wird in zahlreichen Orten auf Lefkáda, Kefaloniá und Zákynthos angeboten. Größere Kinder können auf diesen Inseln Reitausflüge unternehmen. Die Höhle von Melissani auf Kefaloniá ist für Kinder ein echtes Erlebnis, und ein Ausflug ins Naturkundemuseum in Davgáta auf Kefaloniá kann ebenso interessant sein wie ein Besuch des Infostandes über die Meeresschildkröten, des Naturkundemuseum in Ag. Marina oder des Askos Stoneparks auf Zákynthos.

Klima und Reisezeit

Es herrscht **mediterranes Klima,** d.h. die Sommermonate sind überwiegend trocken und heiß, während es im Winter kühl und regnerisch ist; im Gebirge kann sogar etwas Schnee fallen. Die Ionischen Inseln sind eine regenreiche Region. Es fällt mancherorts fast dreimal so viel **Niederschlag** wie in deutschen Städten. Jedoch sind die Regenfälle sehr unterschiedlich über das Jahr verteilt: Im Sommer regnet es so gut wie nie, während im Herbst und Winter sintflutartige Regenfälle auf den Inseln niedergehen.

Winter/ Vorfrühling

Auf den Ionischen Inseln ist es im Winter eher ungemütlich, ein Winterurlaub ist nicht zu empfehlen. Eine Ausnahme bildet die **Karnevalszeit.** Sie zieht zahlreiche Besucher an. Man muss im Februar oder März allerdings damit rechnen, dass es kalt ist und häufig regnet. Ein wärmeres Kostüm kann also nichts schaden.

Im **März** fängt es auf den Inseln an zu blühen. Etwa ein Drittel aller Märztage ist jedoch verregnet. Die meisten Hotels und Tavernen halten noch Winterschlaf, den Urlauber erwarten Temperaturen von 9 bis 15 °C am Tage.

Frühling

Im **April** regnet es merklich weniger, aber es ist noch kühl. Da die meisten Touristenunterkünfte nicht beheizbar sind, kann es abends frisch werden. Im April blüht es, aber an Baden im Meer ist bei einer Wassertemperatur von 16 °C wohl eher nicht zu denken.

Der **Mai** ist der ideale Monat für einen Wanderurlaub. Die Tagestemperaturen liegen zwischen 15 und 24 °C, das Meer ist 18 °C kalt. An einzelnen Tagen kann die Lufttemperatur auch mal auf über 25 °C steigen, und dann ist ein Bad in der See schon angenehm. Einen Regenschirm und wärmere Kleidung kann man Anfang Mai aber durchaus noch gut gebrauchen.

Sommer

Im **Juni** betragen die Tagestemperaturen etwa 18 bis 26 °C, Baden ist bei 21 °C warmem Meerwasser gut möglich. Es kann zu dieser Zeit auch zu Hitzewellen kommen und mehrere Tage lang 35 bis 40 °C warm werden. Regen fällt im Juni selten.

Im **Juli und August** steigt das Thermometer auf 22 bis 32 °C am Tag, vereinzelt kann es über 40 °C heiß werden. Mit Regen ist kaum zu rechnen. Die Meerestemperatur beträgt 24 °C. Zum Wandern ist es in dieser Zeit zu heiß, und fast alle Urlauber zieht es an die Strände.

Herbst

Im **September** wird es wieder ruhiger. Das Meer ist 23 °C warm, die Lufttemperatur beträgt noch 20 bis 28 °C am Tage. Im Herbst kann man Baden und Wandern gut kombinieren, auch wenn das Herbstwetter auf den Ionischen Inseln nicht so beständig ist wie in der Ägäis.

Im **Oktober** ist mit neun Regentagen zu rechnen, und die Tagestemperaturen liegen zwischen 15 und 23 °C. Die Urlaubersaison endet daher relativ früh. Das Meerwasser ist noch 21 °C warm. Nach den ersten Regenfällen werden die Inseln von dichten Blumenteppichen überzogen.

Im **November** fällt dann schon deutlich mehr Regen, es wird kühler, die Urlaubssaison ist vorbei.

Mietfahrzeuge

Mietverträge

Per Mietfahrzeug kann man viele Ziele auf den Inseln erreichen, die von öffentlichen Verkehrsmitteln nicht angesteuert werden. Eine **Kilometerbegrenzung** bei Mietautos ist auf den größeren Ionischen Inseln nur bei einer Mietdauer von weniger als drei Tagen üblich. Dann sind pro Tag 100 km frei, weitere Kilometer müssen bezahlt werden. Bei Zweirädern sind Kilometerbegrenzungen nicht üblich.

Bei den meisten internationalen Autovermietern muss der Mieter für Kleinwagen **mindestens 21 Jahre** (für größere Fahrzeuge 25 Jahre) alt sein und mindestens ein Jahr den Führerschein besitzen. Bei den lokalen Anbietern ist oft nur ein gültiger Führerschein notwendig, ohne Einschränkungen. Als **Kaution** wird von den internationalen Anbietern am liebsten die Kreditkarte genommen. Die Höhe der Kaution richtet sich nach der Versicherung und ist von Anbieter zu Anbieter verschieden.

Ein **Preisvergleich** zwischen den unterschiedlichen Anbietern lohnt sich. Man achte auch darauf, was das Angebot beinhaltet. Ein Trick mancher teurer Vermieter ist es, die Preise ohne Kaskoversicherung („All-Risk-Insurance“) oder ohne Steuer anzugeben. Bei der **Kaskoversicherung** kann eine Eigenbeteiligung anfallen.

- **Buchtipp:** „Unterkunft und Mietwagen clever buchen“, erschienen in der Praxis-Reihe des Reise Know-How Verlags.

Eine Vollkaskoversicherung ist empfehlenswert. Im Vertrag sollte der Bruttopreis eingetragen sein, damit der Vermieter hinterher nicht noch die Mehrwertsteuer draufschlägt.

Ein übler **Trick** einiger Anbieter im Internet ist folgender: Es wird eine Vollkaskoversicherung ohne Eigenbeteiligung angeboten, im Kleingedruckten wird aber darauf hingewiesen, dass „local terms and conditions“ gelten. Erst bei der Abholung des Fahrzeuges, nicht aber beim Vertragsabschluss, kommt dann folgender Hinweis: Die „local terms and conditions“ beinhalten, dass von der Vollkasko das Dach, die Scheiben, die Spiegel, die Reifen und der Boden ausgenommen sind. Angeboten wird dann eine weitere Versicherung, die zusätzlich zu bezahlen ist, die genau diese Schäden dann abdeckt. Wer über das Internet einen Mietwagen bucht, sollte sich also gleich vor dem Vertragsabschluss gezielt nach diesen „local terms and conditions“ erkundigen, denn bei seriösen Anbietern sind bei einer Vollkaskoversicherung auch all diese Schäden mitversichert, und für einen Preisvergleich mit anderen Anbietern sollte man wissen, welche Kosten für alle Leistungen zusammen anfallen.

Eine **Haftpflichtversicherung** muss im Mietpreis enthalten sein. Allerdings übernimmt die in Griechenland übliche Haftpflicht nur Sachschäden bis zu 100.000 € und Personenschäden bis zu 500.000 €. Höhere Beträge sind nicht abgesichert. Es gibt Zusatzversicherungen, über die man diese Lücke schließen kann (⇗„Versicherungen“).

Autovermieter

Die Preise der **internationalen Autovermieter** auf den Ionischen Inseln liegen deutlich höher als die Angebote bei **Internetbuchung** von zu Hause aus. Bei fast allen Anbietern benötigt man eine Kreditkarte für die Buchung. Diese erfolgt unter:

- **Hertz:** www.hertz.de oder Tel. 01805-333535.
- **Avis:** www.avis.de oder Tel. 01805-217702.
- **Europcar:** www.europcar.de oder Tel. 01805-8000.
- **Budget:** www.budget.de oder Tel. 01805-217711.
- **Sixt:** www.sixt.de oder Tel. 01805-5252525.
- **Alamo:** www.alamo.de oder Tel. 01805-462526.
- **National:** www.national.de oder Tel. 01805-002738 oder 0800-4647336.

Diese Autovermieter haben eigene Websites für Österreich (.at) und die Schweiz (.ch). Bei Budget ist die österreichische Website auch für die Schweiz zuständig.

In Ballungsgebieten findet man die Unternehmen natürlich auch im örtlichen **Telefonbuch.**

Neben den internationalen Firmen bieten insbesondere auf Korfu und Zákynthos auch zahlreiche **lokale Autovermieter** Fahrzeuge an, die ich an dieser Stelle nicht alle nennen kann.

Auf Paxos

Auf Paxos kann man bei den **Reisebüros in Gáios** und **Lákka** Autos mieten, internationale Anbieter gibt es nicht.

Außerdem werden von Georgina am Hafen von Gáios zahlreiche **Zweiräder** angeboten, **Autos** werden bei **Alfa Car Hire** (Tel. 26620-32505, Fax 32688) oder **Fougaros** (Tel. 26620-32373, Handy 6973995809) vermietet.

Auf Lefkáda

- Neben den internationalen Firmen hat sich der lokale Vermieter **Homer,** Tel./Fax 26450-92627, www.homer-lefkas.gr, Hauptsitz in Nídri, fest etabliert. Gute Mietfahrzeuge bietet auch der in Vasilikí ansässige Vermieter **Christo & Alex,** Tel. 26450-31580, Handy 6933405434, http://christo-alex.car-hire.vasiliki.

Auf Kefaloniá

- **Reliable,** Argostóli, Tel. 26710-23613, Fax 23995, Póros, Tel. 26740-72120, www.vacationcar.gr.
- **Neptune,** Argostóli, Tel. 26710-24092, Fax 24127, www.neptune-rentacar.com
- **Sunbird,** Argostóli, Tel. 26710-23723, Fax 25484, www.sunbird.gr.
- **CBR,** Argostóli, Tel. 26710-22770, Fax 83452, www.cbr-rentacar.com.
- **Karavómilos,** *Filippatos Fotis,* Sámi, Tel. 26740-23769, Handy 6936705599.
- **Litsos,** Fiskárdo, Tel. 26740-41401, Fax 41161, www.litsos-rentacar.gr, hohes Preisniveau.
- **Lixouri Car Hire,** Lixoúri, Tel. 26710-92933, www.lixouri-carhire.com.

Auf Itháki

- **AGS,** Vathí, Tel. 26740-32702, Fax 33551, www.ithacagreece.com/ags-carhire/agscars.htm.
- **Alpha Cars,** *Spiros Lourantos,* Vathí, Tel. 26740-32850, Handy 6977407388, www.alphacarsgreece.com.

NACHTLEBEN

Auf Korfu sind Nachtschwärmer gut aufgehoben; in zahlreichen Küstenorten werden sie fündig. In **Korfu-Stadt** findet das Nachtleben v.a. an der nördlichen Uferstraße in Richtung Kontókali statt. Dort warten zahlreiche Bars und Clubs auf Besucher. Auch im Zentrum ist abends viel los, das Publikum ist hier aber etwas gesetzter, und nach 1 Uhr wird es ruhiger. Die Griechen selbst ziehen eine andere Art Nachtleben vor. Zur Dämmerung beherrscht **die volta** die Esplanade – der Abendspaziergang, der in der Praxis oft in ein abendliches Gedränge mündet. Über kulturelle Veranstaltungen informiert der EOT.

Mehr noch als in der Inselhauptstadt werden sich nachtaktive Menschen in **Kávos** und in **Ipsos** zu Hause fühlen. Das ganz im Süden gelegene Kávos ist vor allem bei Engländern beliebt. Darüber hinaus bieten weitere Touristenorte an der Küste Korfus zumindest während der Hauptsaison geräuschvolle Unterhaltung: **Róda** zum Beispiel, aber auch **Sidári** oder **Kassiópi.**

Wer auf Zákynthos nachts lieber unterwegs als im Bett ist, sollte sich auf den Weg nach **Laganás** oder **Tsiliví** machen. In **Zante** herrscht abends reges Treiben. Gegen 1 Uhr ziehen die Nachteulen weiter in Richtung **Argási.** Zwischen Zante und Argási sind mehrere Clubs das Ziel nachtaktiver Menschen. Wer sich dafür interessiert, wie die Einheimischen ihre Abende gestalten, sollte in Zante in eine der Kneipen gehen, in denen ab 22 Uhr Kantates gesungen und gespielt werden. Auch ein Abend in der Dorftaverne von **Kilióméno** ist bei den Griechen beliebt.

Am Kremasti-Platz in Korfu-Stadt

NOTFÄLLE

Notruf-nummern

- **Euronotruf 112:** kostenlose, EU-weite Notrufnummer. Die Leitstelle sollte in der Lage sein, Notrufe in verschiedenen Sprachen bearbeiten zu können, und alarmiert je nach Notfall die zuständigen Organisationen wie Polizei, Rettungsdienst oder Feuerwehr. Neben dem Euronotruf sind die lokalen Notrufnummern weiterhin gültig.
- **Erste Hilfe, Krankenwagen: 166.**
- **Feuerwehr: 199.**
- **Krankenhäuser:**

  Korfu: Tel. 26610-88200 oder 88223.
  Kefaloniá: Tel. 26710-2464-1bis -5.
  Zákynthos: Tel. 26950-59100 oder 23166.
  Itháki: Tel. 26740-32222.
  Lefkáda: Tel. 26450-38200 oder 166.
  Paxos: Tel. 26620-31466.

  Auch bei Ortsgesprächen muss die **Vorwahl mitgewählt** werden, ausgenommen Sondernummern wie z.B. 166.

030ko Foto: vb

Hilfe in Notlagen

Wird der Reisepass oder Personalausweis im Ausland gestohlen, muss man dies der örtlichen Polizei melden. Darüber hinaus sollte man sich an die nächste **diplomatische Auslandsvertretung** seines Landes wenden, damit einem ein Ersatz-Reiseausweis zur Rückkehr ausgestellt wird (ohne ihn kommt man nicht an Bord eines Flugzeuges!).

Auch in **dringenden Notfällen,** z.B. medizinischer oder rechtlicher Art, sind die Botschaften und Konsulate bemüht, zu helfen:

- **Deutsche Botschaft,** Karaoli & Dimitriou 3, Athen-Kolonaki, Tel. 210-7285111, im Notfall 693-2338152.
- **Deutsches Konsulat,** Kapodistriou 23, Korfu-Stadt, Tel. 26610-36816.
- **Österreichische Botschaft,** Vass. Sofias 4, Athen, Tel. 210-7257270.
- **Österreichisches Konsulat,** Mostoxidou 78, Korfu, Tel. 26610-43573, 27184 oder Handy 6976865041.
- **Schweizer Botschaft,** Iassiou 2, Athen, Tel. 210-723036-4 bis -6.
- **Schweizer Konsulat,** c/o Hotel Hellinis, 108 Fygareto Str., Kanoni, Korfu-Stadt, Tel. 26610-81151.

Touristenpolizei

Erste Anlaufstation bei Notfällen kann auch die griechische **Touristenpolizei** sein. Dort ist immer jemand zu erreichen, der Englisch spricht:

- **Athen:** Tel. 171
- **Korfu:** San-Rocco-Platz, Korfu-Stadt, Tel. 26610-30265.
- **Paxos:** Gáios, Tel. 26620-32222.
- **Lefkáda:** D. Golemi/8. Merarchias, nahe Busbahnhof von Lefkáda-Stadt, Tel. 26450-29370.
- **Itháki:** Vathi, Tel. 26740-32205
- **Kefaloniá:** am Stadtrand von Argostóli, Tel. 26710-22815.
- **Zákynthos:** Odos Lamvardou 62, Zante, Tel. 26950-24483.

Pannenhilfe

Pannenhilfe wird vom **ELPA** auf den meisten Hauptstraßen in Griechenland geleistet. Er hat eine Niederlassung hinter dem neuen Hafen in Korfu-Stadt und ist am Hafen ausgeschildert. Auch auf Zákynthos und Kefaloniá hat der ELPA Niederlassungen. Hilfe kann über die **Rufnummer 104** angefordert werden. Hilfe ist z.B. für ADACPlus- oder ÖAMTC-Mitglieder teilweise kostenlos. Der erste Ansprechpartner sollte stets der eigene Automobilclub sein.

Hier die drei größten für Deutschland, Österreich und die Schweiz.

- **ADAC:** Athen, Tel. 210-9601266 (deutschsprachig), in Deutschland 0049-89222222, unter Tel. 0049-89767676 erfährt man, wo man den nächsten Deutsch sprechenden Arzt findet; die Liste kann man auch vorab anfordern.
- **ÖAMTC** Athen, Tel. 210-9640715 (deutschsprachig), in Österreich Tel. 0043-1-2512000, für medizinische Notfälle 2512020.
- **TCS,** Tel. in der Schweiz 0041-22-4172220.

Geldüberweisung

Wer dringend eine größere Summe ins Ausland überweisen lassen muss wegen eines Unfalles oder Ähnlichem, kann sich auch nach Griechenland über **Western Union** Geld schicken lassen. Für den Transfer muss man die Person, die das Geld schicken soll, vorab benachrichtigen. Diese muss dann bei einer Western Union Vertretung (in Deutschland u.a. bei der Postbank) ein entsprechendes Formular ausfüllen und den Code der Transaktion telefonisch oder anderweitig übermitteln. Mit dem Code und dem Reisepass geht man zu einer beliebigen Vertretung von Western Union in Griechenland (⇗ Telefonbuch bzw. www.westernunion.com), wo das Geld nach Ausfüllen eines Formulares binnen Minuten ausgezahlt wird. Je nach Höhe der Summe wird eine Gebühr ab derzeit 10,50 € erhoben.

Verlust von Geldkarten und Reiseschecks

Bei Verlust oder Diebstahl der Kredit- oder Maestro-(EC-)Karte sollte man diese umgehend sperren lassen. Für deutsche Maestro- und Kreditkarten gibt es die einheitliche **Sperrnummer 0049-116116** und im Ausland zusätzlich 0049-30-40504050. Für österreichische und schweizerische Karten gelten die folgenden Telefonnummern:

- **Maestro-(EC-)Karte,** (A-)Tel. 0043-1-2048800; (CH-)Tel. 0041-44-2712230, UBS: 0041-848-888601, Crédit Suisse: 0041-800-800488.
- **MasterCard,** internationale Tel. 001-636-7227111 (R-Gespräch).
- **VISA,** internationale Tel. 001-410-5819994.
- **American Express,** (A-)Tel. 0049-69-9797 2000; (CH-)Tel. 0041-44-6596333.
- **Diners Club,** (A-)Tel. 0043-1-501350; (CH-)Tel. 0041-58 7508080.

Öffentliche Verkehrsmittel

Busse und Taxis

Das wichtigste öffentliche Verkehrsmittel auf den Ionischen Inseln ist der Bus. Die meisten Orte auf **Korfu** sind mit den Bussen der KTEL zu erreichen. Während der Hauptsaison sind sie jedoch manchmal hoffnungslos überfüllt, und die Fahrer müssen wartende Urlauber an den Haltestellen stehen lassen. Tickets werden am Busbahnhof in Korfu-Stadt oder im Bus verkauft. Am „Green Bus Station", dem Überlandbusbahnhof, kann man auch kostenlos Busfahrpläne bekommen. Achtung: Am Wochenende fahren weniger Busse als während der Woche!

Auf Korfu fahren auch Hunderte von Taxis, besonders viele in Stadtnähe. Es ist dort daher meist problemlos möglich, ein Taxi zu bekommen. In abgelegenen Dörfern ist es dagegen nicht immer einfach, eines zu organisieren. Man muss dort telefonisch vorbestellen. Ich habe auf den Ionischen Inseln leider nicht nur gute Erfahrungen mit Taxifahrern gemacht. Zuverlässig sind die Radiotaxis. Achten Sie darauf, dass das Taxameter eingeschaltet ist!

Auf **Paxos** fährt der Bus nur wochentags zwei- bis dreimal täglich zwischen den Hauptorten Gáios, Longós und Lákka hin- und her. Fünf Taxis sind außerdem unterwegs. Eine telefonische Vorbestellung empfiehlt sich.

Die Busverbindungen im Süden von **Zákynthos** sind gut. Anders sieht es in den Bergdörfern oder in Skinári aus. Die Taxis sind über das Radiotaxi zusammengeschlossen, d.h. wenn man die zentrale Nummer anruft, wird per Funk ein freies Taxi in der Nähe gesucht und beordert.

Auf **Kefaloniá** lassen die Busverbindungen zu wünschen übrig. Taxistände findet man in den Touristenorten. Um Argostóli, Lixoúri und Sámi verkehren viele Taxis, in den anderen Orten kann es zu Engpässen kommen und man muss meist vorher reservieren.

Auf **Itháki** fährt der Bus nur wochentags zwei- bis dreimal täglich zwischen den Hauptorten Vathí, Stavrós, Fríkes und Kióni hin- und her. Taxis sind relativ teuer.

Gute Busverbindungen existieren auf **Lefkáda** zwischen Lefkáda-Stadt und Vlichó an der Ostküste entlang und ins Bergdorf Kariá. Auch Vasilikí ist mehrmals täglich per Bus zu erreichen. In den Touristenorten gibt es Taxistände. Viele Taxis verkehren an der Küstenstraße im Osten der Insel und um Lefkáda-Stadt herum. In abgelegenen Dörfern muss man sie telefonisch bestellen. Orte an der Westküste sind nur per (Miet-)Fahrzeug zu erreichen.

Die Fortbewegung auf Meganísi erfolgt zu Fuß. Auf öffentliche Verkehrsmittel sollte man sich nicht verlassen. Es gibt ein Taxi, das man telefonisch bestellen muss.

Schiffe Schiffsverbindungen ↗„Anreise und Verbindungen".

Post

Karten und Briefe werden im Schneckentempo befördert. Wenn man wieder zu Hause ist, kommt meist nach wenigen Tagen auch die Urlaubspost an. Die Preise für das Porto ändern sich häufig, **Briefmarken** für Karten und Briefe sind gleich teuer. Oft werden sie zusammen mit Postkarten am Kiosk oder im Souvenirgeschäft verkauft. Briefmarke heißt *grammatósima,* Briefumschlag *fákelos* und Briefkasten *grammatokivótio.*

Sicherheit

Griechenland ist eines der sichersten Reiseländer Europas. Die Gefahr, Opfer eines Diebstahls zu werden, ist auf Korfu oder in Athen deutlich geringer als in Berlin, Frankfurt oder Zürich. Trotzdem kann Vorsicht nie schaden. In vielen Hotels und Pensionen kann man seine **Wertgegenstände** gegen Quittung sicher aufbewahren lassen.

In Griechenlands Großstädten hat die organisierte Kriminalität in den letzten Jahren zugenommen. Es gibt auch Berichte darüber, dass Motorräder in Athen oder Pátras von Kriminellen per Lkw „abtransportiert" werden.

Sport und Vergnügen

Baden Zwischen Ende Mai und Oktober ist das Baden im Meer angenehm. Die Wassertemperatur liegt dann bei 20 bis 24 °C. Zahlreiche Hotels haben auch einen Swimmingpool.

Boccia/ Boule In Korfu-Stadt liegt im Stadtviertel Garitsa hinter der Küstenstraße Odos Dimokratias ein kleiner Park, an dessen Rückseite (in der Odos Athanasiou) man auf mehrere einfache griechische Tavernen trifft, die bei den Einheimischen sehr beliebt sind. Hier spielen die älteren Herren gegen Abend Boccia. Der **venezianische Einfluss** kommt hier zum Vorschein, denn das Spiel ist ansonsten selten in Griechenland zu finden.

Bootsausflüge In fast allen Touristenorten der Inseln können in **Reisebüros** Ausflüge mit dem Boot gebucht werden. In den Ortskapiteln werden weitere Informationen dazu gegeben.

Cricket Die Engländer brachten den Korfioten diesen neuen Zeitvertreib. In Korfu-Stadt trifft man im nördlichen Teil der Esplanade auf den Cricketplatz. Für den Laien wirkt das Spiel etwas kompliziert. Der Platz wird nur für Turniere genutzt. Normalerweise ist nicht viel mehr als eine große Wiese zwischen Parkplätzen zu sehen.

Fahrradfahren Auf den Ionischen Inseln kann man in einigen Orten hochwertige **Mountainbikes mieten.** Wer per Fahrrad die Inseln erkunden will, braucht aber viel Kondition, denn die Höhenunterschiede sind beträchtlich. Sehr gute Räder bietet auf Korfu The Corfu Mountainbike Shop in Dassiá an (an der Hauptstraße, www.mountainbike corfu.gr, Tel. 26610-93344, Fax 93344). Dieser Laden hat auch Tourenvorschläge ausgearbeitet und organisiert geführte Rundfahrten. Neben Mountainbikes werden auch Tourenräder und Rennräder angeboten, insgesamt rund 200 meist hochwertige Räder für 10–20 € am Tag oder 60–120 € pro Woche. Helme, Pumpen, Rucksäcke und Reparatursets sind ebenfalls in größeren Mengen vorhanden. Auf Kefaloniá vermietet *Pantelis Ioannides Panellinionikis* Mountainbikes und andere Fahrräder, es werden auch geführte Touren angeboten, Tel. und Fax 26710-27118, Handy 694 47840, www.panbike.com, Odos Lithostroto 72, Argostóli, 10–35 € am Tag.

701ko Foto: vb

Ausflug ins Blaue mit der Luftmatratze

Golf

Einer der wenigen Golfplätze Griechenlands befindet sich auf Korfu in Ropa bei Váthos. Es handelt sich dabei um einen **18-Loch-Golfplatz,** Par 72-SSS 72. Die Länge des Platzes beträgt 6183 m. Es finden regelmäßig Wettkämpfe statt, und für Anfänger wird auch Unterricht erteilt. **Golfplatz Corfu,** P.O. Box 71, 49100 Korfu, www.corfugolfclub.com, Tel. 26610-94220, Fax 94221.

Kajak

Kajakfahrten übers Meer in Begleitung von erfahrenen Paddlern bieten die deutschsprachige *Yvonne Walser* sowie *Pavlos Georgilas* und *Shawn Rodgers* an. Die Ausrüstung wird gestellt. Teils werden Tagesausflüge unternommen, teils finden einwöchige Touren statt. Mit 55 € pro Tag muss gerechnet werden. **Sea Kayaking Kefalonia,** Handy 6934010400, www.monte-nero-activities.com.

Kasino

In Korfu-Stadt befindet sich ein Kasino im Hotel **Corfu Holiday Palace,** Odos Nafsikas 2, Kanóni, Tel. 26610-36540, www.corfucasino.gr

Kino

Open-Air-Kino ist in Griechenland ein beliebtes Sommervergnügen. Die Filme laufen meist **in englischer Sprache** mit griechischen Untertiteln. In Korfu-Stadt erfreut sich das Freilichtkino Finix großer Beliebtheit (Tel. 26610-37482). Im Winter öffnet das Kino Orpheas seine Pforten (Tel. 3976-8/-9). In Argostóli auf Kefaloniá wird ebenfalls ein Freilichtkino betrieben: Cíneani, Tel. 26710-25880. Informationen gibt's beim EOT am Hafen. Auch in Zante auf Zákynthos kann man ins Kino gehen, das im Winter im Bibliotheksgebäude und im Sommer open air betrieben wird. Infos erteilt die Touristenpolizei.

Kutschfahrt

In **Korfu-Stadt** und in **Zante** werden Rundfahrten mit der Pferdekutsche angeboten. In Zante halten die Kutschen an der Uferpromenade beim Hafen, während die Touren in Korfu-Stadt an der Esplanade oder am alten Hafen starten. Achten Sie auf den Zustand der Pferde; nicht alle Tiere werden gut gepflegt.

Musik

Im Sommer werden auf den Ionischen Inseln regelmäßig Musikveranstaltungen und Festivals organisiert. Teils finden sie in schöner Umgebung statt, wie z.B. in der **Neuen Festung** von Korfu-Stadt oder im **Amphitheater** von Zante mit Blick auf die Stadt. Informationen darüber, was wann wo geboten wird, erhält man beim EOT, beim Bürgermeisteramt, bei der Touristenpolizei oder im Web unter www.corfu.gr, www.kerkyra.gr, www.corfuland.gr (die letzteren beiden nur auf Griechisch).

Paragliding und Kiting

Auf **Lefkáda** haben sich diese beide Sportarten fest etabliert. Man findet Schulen für Anfänger, aber hierher zieht es auch die Profis. Am Strand von Ag. Ioánnis finden alljährlich im Juli die Weltmeisterschaften im Kiting statt. Informationen für Sportler finden sich auch in den spezialisierten Fachzeitschriften, z.B. „Fly and Glide" oder „Das Gleitschirmmagazin".

Reiten

Reitställe gibt es auf Korfu in Ano Korakianna und bei Kassiopi sowie auf Kefaloniá in Zerváta. Auf Zákynthos werden auch von einigen Reitställen Ritte an den Schildkrötenstränden angeboten. Meiner Meinung nach sollte man davon Abstand nehmen; diese Ritte tragen zur Zerstörung der Nester bei. Auf den Ionischen In-

Kitesurfer am Stand Ag. Ioánnis auf Lefkáda

seln existieren noch einige Reitställe mehr, aber ich habe dort viele Pferde in wenig erfreulichem Zustand vorgefunden; daher bleiben sie unerwähnt. Adressen ⇗ jeweilige Kapitel.

Segeln

Überall werden auf den Ionischen Inseln an Segler mit entsprechenden Bootsführerscheinen Segelboote und Jachten vermietet. Wer sich dafür interessiert, sollte schon vor der Reise ein Boot reservieren lassen. Bei Seglern beliebt ist die Insel Paxos mit den schönen Häfen Lákka, Gáios und Longós. Ein breites Angebot findet man im **Internet,** z.B. www.seayouyachts.nl, www.ionian-sai ling.com, www.medmarinas.com.

Zahlreiche **Reisebüros** vermitteln Jachten, z.B. auf Lefkáda in Vasilikí (www.sailinn.gr) oder auf Kefaloniá in Fiskardo.

- **Flotilla Sailing Korfu,** Tel. 26610-32273, Fax 22018.
- **Corfu Yachting Gouviá,** Korfu, Tel. 26610-99470, Fax 91450, www.corfuyachting.com.
- **Ionische Yacht Charter** vermietet Boote in Lefkáda, Tel. in Deutschland 08152-40127, Fax 96300, www.iyc.de.
- **Infos** auch am Hafen Gouviá, Korfu, Tel. 26610-91475, 91376, 91900.
- **Griechischer Hochseesegelverein Korfu,** Tel. 26610-25759.

410ko Foto: vb

Surfen

Das Zentrum der Surfer auf Korfu ist **Ag. Geórgios Pagon.** Auf Lefkáda trifft man sich in **Vasilikí.** Dort wurden zahlreiche Hotels eröffnet, die Surfurlaub anbieten (↗ auch „Strandprofile" in den Ortsbeschreibungen).

Tanzen

Tanzen ist eine Lieblingsbeschäftigung der Griechen. In Diskotheken werden neben internationalen Hits auch griechische Volkstänze gespielt. Veranstaltungen ganz anderer Art sind die Showtänze griechischer Folklore, die den Touristen dargeboten werden. Alte Volkstänze werden z.B. von einer Tanzgruppe aus Mesis auf Korfu in farbenprächtigen traditionellen Kostümen aufgeführt.

Tauchen, Schnorcheln

Tauchen ist in Griechenland fast überall verboten. Die Küste Korfus ist aber zum Teil von diesem Verbot ausgenommen. Freitauchen ohne Pressluftflaschen organisiert der Wassersportclub Triton. Tauchschulen findet man in Gouviá, Paleokastrítsa, Ag. Górdis, Kávos, Messongí und Korfu-Stadt. Tauchbasen befinden sich in Barbáti, Dafnila und Ermones. Informationen z.B. auf www.diveincorfu.gr. Auch auf den anderen Inseln werden Tauchkurse angeboten, Informationen finden sich im jeweiligen Kapitel.

Schnorcheln ist überall erlaubt. Harpunen sind an Badestränden und für Jugendliche aber verboten. Man sollte sich auch fragen, ob ausgerechnet Urlauber Fische mit der Harpune jagen müssen, wo doch mittlerweile auch im Ionischen Meer die Fischbestände mager sind.

● **Literaturtipp:** Im Reise Know-How Verlag ist in der Reihe Praxis ein nützlicher Ratgeber erschienen: „Tauchen in warmen Gewässern" von *Klaus Becker.*

Tennis

In Korfu-Stadt gibt es einen Tennis-Club (Tel. 26610-37021, Fax 44394), ebenso in Zante (Tel. 26950-24237). Außerdem stehen in zahlreichen größeren Hotelanlagen Tennisplätze für die Gäste zur Verfügung. Dort besteht meist auch die Möglichkeit, Schläger auszuleihen.

Tavli

Das Brettspiel **Backgammon** wird in Griechenland *Tavli* genannt und ist eine Art Volkssport. In zahlreichen Cafenien stehen Spielbretter zur Verfügung, und fast jeder ältere Grieche beherrscht das Spiel sehr gut. Wettkämpfe werden dabei selten ausgefochten, meist spielt man zum Zeitvertrieb in der Mittagshitze oder am frühen Abend.

Volleyball An zahlreichen **Sandstränden** findet man Volleyballfelder, die am späten Nachmittag auch oft von Strandgästen genutzt werden.

Wandern Die Ionischen Inseln eignen sich hervorragend zum Wandern. Die schönsten Wanderungen kann man auf Korfu, Ithaki und Kefaloniá unternehmen, allerdings sind diese Touren teils alpin und erfordern eine gute Kondition. Zahlreiche Routen werden in den Ortsbeschreibungen vorgestellt.

Wassersport Tretboote, Kanus, Wasserski, Wassermotorrad, Crazy Banana und Ring im Wasser werden auf Korfu, Kefaloniá, Lefkáda und Zákynthos an zahlreichen Stränden angeboten.

Sprache

Auf den Ionischen Inseln ist es kein Problem, sich auf **Englisch** oder **Deutsch** zu verständigen, insbesondere in den Touristikzentren. Straßenschilder sind – wie Speisekarten und vieles andere – in griechischen und zusätzlich in lateinischen Buchstaben geschrieben.

Im Anhang dieses Buches befindet sich eine kleine **Sprachhilfe,** die bei alltäglichen Verständigungsproblemen zu Rate gezogen werden kann. Wer jedoch mehr Griechisch lernen möchte, dem sei der passende **Kauderwelsch-Sprechführer** aus dem Reise Know-How Verlag empfohlen. Begleitendes Tonmaterial ist erhältlich.

- **Griechisch – Wort für Wort,** Reihe Kauderwelsch, Bd. 4.
- **AusspracheTrainer Griechisch.** Die wichtigsten Sätze und Redewendungen des Konversationsteils des Kauderwelsch-Buches auf Audio-CD.
- **Kauderwelsch digital Griechisch.** Die CD-ROM für den heimischen PC kombiniert Buch und AusspracheTrainer.

400ko Foto: ah

Grautiere unter malerischen Olivenbäumen

TELEFONIEREN

Vorwahlnummern

Achtung: In den letzten Jahren haben sich in Griechenland mehrmals die Vorwahlnummern geändert. Sehr viele alte Visitenkarten sind noch im Umlauf. Man muss jetzt auch bei Ortsgesprächen **immer die Ortsvorwahl** wählen. Alle griechischen Vorwahlen beginnen mit „2“ und enden mit „0“. Bei Gesprächen von Griechenland nach Deutschland, Österreich und in die Schweiz ist die auf die Landesnummer folgende Ortsvorwahl ohne die „0“ zu wählen.

- **Deutschland:** 0049
- **Österreich:** 0043
- **Schweiz:** 0041
- **Griechenland:** 0030

- **Athen:** 210
- **Itháki:** 26740
- **Kefaloniá Nordosten:** 26740
  Fiskárdo u. Umgebung, Divaráta, Ag. Efimía u. Umgebung, Sámi u. Umgebung, Póros, Digaléto.
- **Kefaloniá Südwesten:** 26710
  Lixoúri und die Halbinsel Paliki, Nífi, Angonas, Argostóli, Lássi und die Halbinsel Livathos, Flughafen, Lourdáta und Umgebung, Dilináta, Valsamáta, Katelios und Umgebung, Skála, Pástra.
- **Korfu Norden:** 26630
  Nissáki, Kalámi, Kassiópi, Ag. Spiridonas, Acharávi, Róda, Sidári, Ag. Stefanos, Aríllas, Ag. Geórgios Pagon, Afiónas, Paleokastrítsa, Doukádes, Ano Korakianna, Skriperó, Liapádes und die Inseln Erikoússa Mathráki und Othoní.
- **Korfu Mitte:** 26610
  Korfu-Stadt, Barbáti, Pirgí, Ipsos, Kato Korakianna, Dassiá, Gouviá, Kontókali, Ermones, Váthos, Pélekas, Sinarádes, Gastoúri, Ag. Górdis, Benítses, Moraítika, Paramónas, Ag. Matthäos, Flughafen, Mármaro, Messongí.
- **Korfu Süden:** 26620
  Boúkari, Petrití, Lefkími, Kávos, Perivóli, Argirádes, Ag. Geórgios, Chlómos und die Inseln Paxos und Antípaxos.
- **Kyllíni:** 26230
- **Lefkáda:** 26450
- **Pátras:** 2610
- **Prevéza:** 26820
- **Páxos:** 26620
- **Zákynthos:** 26950

OTE-Büro

Im OTE-Telefonamt kann man gegen Bares telefonieren. Es ist werktags bis gegen 13 Uhr geöffnet.

Telefonkarten

Telefonzellen findet man an jeder Straßenecke. Man benötigt eine *tilekarta,* eine Telefonkarte. Die kleinen für rund 5 € werden an jedem Kiosk verkauft (hiermit kann man ungefähr 2 bis 4 Stunden nach Deutschland telefonieren), die größeren Karten für 10 € gibt es nur im OTE-Büro. Es ist auch möglich, über andere Telefongesellschaften billiger zu telefonieren. Diese Karten werden ebenfalls am Kiosk verkauft. Man muss dazu vor dem Telefonat einen Code, der auf der Karte vermerkt ist, wählen. Teilweise funktioniert das auch sehr gut.

Handy

Das eigene **Mobiltelefon** lässt sich in Griechenland in der Regel problemlos nutzen (sowohl GSM 900/1800 MHz als auch 3G 2100). Allerdings befinden sich auf den Inseln immer noch „weiße Flecken", in denen Handys nicht funktionieren. Wegen hoher Gebühren sollte man bei seinem Anbieter nachfragen oder auf dessen Website nachschauen, welcher der Roamingpartner günstig ist und diesen per **manueller Netzauswahl** voreinstellen. Nicht zu vergessen sind die **passiven Kosten,** wenn man von zu Hause angerufen wird (Mailbox abstellen!). Preiswerter ist es sich auf **SMS** zu beschränken, der Empfang ist in der Regel kostenfrei. Eine andere billige und gute Möglichkeit, zu telefonieren, ist **Skype.** In fast allen Internet-Cafés mit DSL ist dies möglich.

Kosten

Wer von Zuhause aus nach Griechenland telefoniert, kann mit **Call-by-call-Nummern** deutlich sparen. Die Tarife kann man im Internet unter www.tariftip.de nachlesen. **Ortsgespräche in Griechenland** sind billig, Ferngespräche dagegen teurer als daheim.

Unterkunft

Pauschal buchen

Man kann seine Unterkunft schon zu Hause im Reisebüro buchen. Wer auf Komfort Wert legt, ist auf diese Art und Weise nicht schlecht bedient. Natürlich verdient auch das Reisebüro daran, schöne Unterkünfte haben ihren Preis.

Auf **Korfu** findet man relativ viele Großhotels, die meist mit internationalen Reiseveranstaltern zusammenarbeiten. Leider sind viele dieser Anlagen architektonisch nicht sehr reizvoll. Wer sich nicht von Fluglärm stören lassen möchte, sollte sich auf keinen Fall in Kanóni oder Benítses niederlassen. Der Flughafen liegt im Zentrum der Insel und ist leider je nach Wind noch auf größere Entfernung zu hören. Es gibt auf Korfu kein Nachtflugverbot.

Auch auf **Zákynthos** trifft man auf viele Großhotels, die über die internationalen Reiseveranstalter gebucht werden. Viele kleinere Häuser, arbeiten hier ebenfalls mit Reisebüros zusammen. Der Flughafen liegt dicht bei Laganás und Kalamáki, wo man mit Fluglärm rechnen muss.

Auf **Kefaloniá** gibt es nur bei Lássi und bei Lixoúri große Hotelanlagen. Die meisten Häuser sind klein und nicht besonders luxuriös. Das könnte sich allerdings in den kommenden Jahren ändern, denn derzeit wird viel gebaut.

Lefkáda, Paxos und **Itháki** werden selten als Pauschalarrangement im Reisebüro angeboten.

Hinter dem Begriff **Last-Minute** verbirgt sich oft eine Pauschalreise, preislich kaum günstiger als normal gebucht. Auf jeden Fall sollte man Angebote von verschiedenen Veranstaltern miteinander vergleichen, es gibt **erhebliche Preisunterschiede.** Praktische Websites, die mindestens die Pauschalangebote preislich vergleichen, sind www.lastminuteauskunft.de und www.nix-wie-weg.de.

Auf eigene Faust

In der Nebensaison kann man problemlos ohne Reservierung auf die Ionischen Inseln reisen. **Adressenlisten** von Hotels verteilt der EOT. Pensionen oder Privatzimmer sind hier nicht aufgeführt. Häuser, die dem EOT gemeldet sind, erkennt man aber am 10 x 10 cm großen, **gelb-blauen EOT-Schild.** Dort kann man nach Zimmern fragen. Manchmal ist an den Häusern auch eine Telefonnummer angebracht.

Warnen muss man davor, sich im **Juli** oder **August** ohne Reservierung auf den Weg zu machen. Dann kann es passieren, dass fast alle Unterkünfte für mehrere Wochen ausgebucht sind. Es bleiben nur überfüllte Campingplätze oder Unterkünfte mit unangenehmen Haken. Zahlreiche Mittelklasse-Pensionen und einfachere Unterkünfte werden zwar nicht über deutsche Reisebüros angeboten, jedoch sie sind entweder von Stammgästen vorreserviert oder werden über kleine Reisebüros auf den Inseln gebucht.

Hotelkategorien und -preise

Unterkünfte, die beim EOT gemeldet sind, werden von diesem in **Kategorien** eingeteilt. Die Unterteilung geht von A bis E, zusätzlich gibt es noch eine Luxusklasse (L). Die Kategorie sagt jedoch wenig über die Qualität der Unterkunft aus, die Kriterien für die Einstufung sind kaum nachvollziehbar. Auch die **Preise** sind variabel. Sie richten sich v.a. nach der Nachfrage und der Mietdauer. In der Nebensaison sind sie verhandelbar. Die Mindestpreise, die der EOT für die Zimmer festlegt, werden dann in der Regel deutlich unterschritten.

Ferienwohnungen und -häuser

Wer gerne eine Ferienwohnung auf Korfu oder Paxos mieten möchte und im Reisebüro das Gewünschte nicht findet: Einige Reiseveranstalter haben sich darauf spezialisiert. Auf Korfu und Paxos sind sehr schöne Ferienhäuser im Angebot, allerdings meist bei englischen Pauschalanbietern. Ferienwohnungen sind teuer. Luxusferienhäuser für vier bis sechs Personen mit Pool werden für

1000 bis 2000 € pro Woche angeboten. Man achte bei der Buchung auch auf die Größe, denn Griechen sind Zauberkünstler, wenn es darum geht, möglichst viel auf engen Raum zu packen und die beengten Wohnungen als großzügig zu vermarkten.

Auf den anderen Inseln werden selten richtige Ferienwohnungen angeboten. Oft nennt sich die Unterkunft „Wohnung" oder „Apartment", aber mehr als ein Schafzimmer mit Küchenecke und Bad wird nicht geboten.

- **GR-IN-Tours Nielbock,** Am Wildbach 20, 45219 Essen, Tel. 02054-4424, Fax 85595, www.gr-in-tours.de, bietet einfachere Häuschen zu günstigeren Preisen.
- **Meon Villa, Cofu Infotravel,** 14, New Port, Korfu, Tel. 26610-25792 oder 41550, www.meontravel.co.uk; teuer.

Traveller-unterkunft/ Backpacker Hostel

Viele junge Rucksackreisende treffen sich auf Korfu in Ag. Górdis im **Hostel Pink Palace,** das u.a. auch zu günstigen Preisen Halbpension in Mehrbettzimmern anbietet und seine Gäste nach telefonischer Voranmeldung an der Fähre oder am Flughafen abholt (⇗„Korfu, Die Region Mesis").

Camping

Folgende Campingplätze stehen zur Auswahl. (Auf **Paxos** und **Itháki** existieren keine Campingplätze.)

Korfu

- **Camping Karda Beach,** Dassiá, Tel./Fax 26610-93595, www.kardacamp.gr. 100 m vom Strand entfernt. Es gibt ein Schwimmbad, eine Bar, ein Restaurant und viel Schatten.
- **Camping Dionysus,** Dassiá, Tel. 26610-91417, Fax 91760, www.dionysuscamping.gr. 800 m vom Strand entfernt, mit Bar und Pool, viele Bäume, geöffnet Mai bis Oktober.
- **Camping Ipsos Corfu,** Ipsos, Tel. 26610-93579, Fax 93741, www.corfucampingipsos.com. Nett, aber sehr laut.
- **Camping Róda Beach,** Róda, Tel. 26630-63120, Fax 63081, www.rodacamping.gr. Rund 1 km vom lauten Ort und Strand entfernt, mit Schwimmbad und Taverne, leider mückenreiche Gegend.
- **Camping Dolphin,** Sidári Ag. Ioánnis, Tel. 26630-31522, Handy 6947687374, www.dolphin-camping.gr. Schattige, einfach Anlage im Tal 200 m hinter dem Steinstrand von Ag. Ioánnis, nette Atmosphäre, jüngeres Publikum.

● **Camping Paleokastrítsa,** Paleokastrítsa, Tel. 26630-41204, Fax 41104, www.campingpaleokastritsa.com. Schattige Anlage direkt neben der Straße, häufig voll, relativ eng.

Lefkáda

● **Camping Kariótes Beach,** Kariótes, Tel./Fax 26450-71103, www.lefkadas.com/campingkariotes. Liegt unweit der Hauptstraße, Anlage mit Pool, vielen Bäumen, Restaurant und Minimarkt.

● **Camping Desími Beach,** Desími, Tel. 26450-95190, Fax 95374, www.desimi-beach.gr, http://campingdesimi.eu5.org/deutsch. Abgelegen, direkt am Meer, sehr beliebt, viele Caravans, wirkt etwas eng.

● **Camping Santa Mávra,** Desími, Tel. 26450-95007, Fax 95493, www.lefkada.biz/campingsantamavra. In der gleichen Bucht wie der Desími Beach Camping, aber noch abgelegener am ruhigeren Ende der Bucht, mehr Zelte, von Olivenbäumen beschattete Terrassen.

● **Camping Póros Beach,** Mikrós Gialós, Tel. 26450-95452, Fax 95152, im Winter Tel. 26450-25017, Fax 23203, www.porosbeach.com.gr. Hübsche Anlage mit Terrassen am steilen Hang, viel Schatten, Pool.

● **Camping Kastri,** bei Marandochóri, Tel. 26450-31900, Fax 31903, im Winter in Athen Tel. 210-9578618, www.camping-kastri.gr. Ruhig und abgelegen direkt am Meer, ein Fahrzeug ist notwendig, schattige Stellplätze auf Terrassen am Hang.

● **Camping Vasilikí,** Vasilikí, Tel. 26450-31308, Fax 31458. Sehr beliebt bei Surfern, abends oft Surfpartys, liegt direkt am Strand.

● **Camping Káthisma,** bei Ag. Nikitas, Tel. 26450-97015, www.camping-kathisma.gr. Wirkt etwas improvisiert, er befindet sich gleich neben der Tankstelle im Hinterland an der Hauptstraße zwischen Ag. Nikitas, Kalamítsi und dem Káthisma Beach.

Kefaloniá

● **Camping Argostóli,** Tel. 26710-23487, Fax 24525, im Winter in Athen 210-6832373, www.campingargostoli.gr. Der Platz ist nur während der Hauptsaison geöffnet und liegt landschaftlich schön direkt hinter dem Leuchtturm am Kap, in direkter Nachbarschaft befinden sich Diskotheken. Entsprechend findet sich hier junges, lebendiges Publikum.

● **Camping Karavómilos,** Sámi, Tel. 26740-22480, Fax 22932, www.camping-karavomilos.gr. Schöne, ruhigere Anlage direkt am Strand, beliebt, große Bäume, gepflegt.

Zákynthos

●**Camping Laganás,** Laganás Ag. Sostis, Tel. 26950-51585 oder 52285, Fax 52284, www.laganascamping.com. Der schattige Platz liegt außerhalb des Ortes im Hinterland in einem Olivenhain, ein Fahrzeug kann nichts schaden. Der Platz hat Pool, Restaurant mit Terrasse unter Reben und Minimarkt.

●**Camping Tartaruga,** Lithakiá, Tel. 26950-51967, Fax 53023, www.tartaruga-camping.com. Der einfache Campingplatz mit der schönsten Aussicht auf Zakynthos, viele Zelte, liegt ruhig und abgelegen, Terrassenplätze im Olivenwald am Hang, unterhalb ein Kieselstrand. Wird von einem Österreicher betrieben.

●**Camping Zante,** Plános, Tel. 26950-61710 Fax 63030, www.zantecamping.gr. Schattig und ruhig, 2 km entfernt von Plános, an einem Kieselstrand gelegen.

●**Camping Alykés,** Alykés, Tel. 26950-83233 oder 24189, Fax 24188, www.alykescamping.gr. Unter Olivenbäumen vor allem Zelte, das Areal hat direkten Zugang zum Kieselstrand, Pool, Tennisplatz.

Verhaltenstipps

Körpersprache

Das Leben der Griechen verläuft oft etwas **geräuschvoller** – Emotionen finden Ausdruck in lautstarker und gestenreicher Kommunikation. Wenn eine weibliche Stimme Sirenenklang annimmt, muss das nicht heißen, dass die Dame sauer ist. Was sich für fremde Ohren wie Streit anhört, ist manchmal nur eine intensiv geführte Unterhaltung.

Körpersprache ist in Griechenland sehr wichtig, und durch falsche **Gestik** kann es zu ungewollten Beleidigungen kommen. Eine solche ist es, wenn man die Handflächen hebt und jemandem entgegenstreckt. Auch das bei uns ganz anders gedeutete Zeichen, bei dem Daumen und Zeigefinger einen Kreis beschreiben und die anderen Finger leicht abgespreizt werden, bedeutet nicht „hervorragend", sondern sinngemäß „Idiot!". Wenn ein Grieche den Kopf in den Nacken wirft, bedeutet dies „Nein", während „Ja" kein direktes Nicken, sondern mehr ein Kopfschütteln ist.

In Cafés und Tavernen

Urlaubern wird mancher Fehltritt nachgesehen, aber ein verächtliches Achselzucken kann z.B. die Folge sein, wenn Gäste in der Taverne sich **getrennte Rechnungen** ausstellen lassen. Griechen haben für groß angelegte Rechenaktionen am Tavernentisch kein

108ko Foto: vb

Verständnis. Einer bezahlt für die ganze Gruppe, und beim nächsten Mal übernimmt ein anderer die Rechnung. Auf Heller und Pfennig den Ausgleich zu suchen gilt als Kleinkrämerei. Wer getrennt Kasse führen möchte, der rechne dies nicht am Tavernentisch, sondern später auseinander, sonst macht er sich lächerlich.

Wenig locker sieht man es auch, wenn Urlauber einen **„türkischen Kaffee"** bestellen. Wer das landesübliche Getränk bestellen möchte, nenne es nie so, auch wenn es bei uns so heißt. Griechischer Kaffee heißt übersetzt *kafé ellinikó*. In der Praxis ist das zwar genau das gleiche Getränk, aber es folgen der Bestellung keine bösen Blicke.

An alkoholischen Getränken bevorzugen viele Griechen Wein und auch Whisky. Allzu **übermäßigen Alkoholkonsum** schätzen sie jedoch weniger. Alkoholprobleme gibt es in Griechenland wie überall, aber betrunkene Gäste sind nun mal eher lästig.

In Kirchen und Klöstern

Die **Kleiderordnung** der orthodoxen Kirche ist streng. Männer sollten beim Besuch von Kirchen und Klöstern lange Hosen und schulterbedeckende Oberteile tragen. Letzteres gilt auch für Frauen, die außerdem einen kniebedeckenden Rock oder ein Kleid an-

Das Café Olympia in Lakones auf Korfu

ziehen sollten. Kirchenbesucherinnen in langen Hosen waren früher unerwünscht, werden mittlerweile aber toleriert. Auch Mützen, Kappen oder Hüte sollte man abnehmen, bevor man eine Kirche betritt.

Siesta

Wer **zwischen 14 und 17 Uhr** bei einer griechischen Familie anruft oder einen Besuch machen möchte, sollte wissen, dass dies bei den meisten Griechen die Zeit fürs Mittagsschläfchen ist. Besucher kommen dann nicht gelegen.

Versicherungen

Egal welche Versicherungen man abschließt, hier ein Tipp: Für alle abgeschlossenen Versicherungen sollte man die **Notfallnummern** notieren und mit der **Policenummer** gut aufheben! Bei Eintreten eines Notfalles sollte die Versicherungsgesellschaft sofort telefonisch verständigt werden!

Der Abschluss einer **Jahresversicherung** ist in der Regel kostengünstiger als mehrere Einzelversicherungen. Günstiger ist auch die **Versicherung als Familie** statt als Einzelpersonen. Hier sollte man nur die Definition von „Familie" genau prüfen.

Krankenversicherung

Die **gesetzlichen Krankenkassen** von Deutschland, Österreich und der Schweiz garantieren eine Behandlung auch im akuten Krankheitsfall in Griechenland, wenn die Versorgung nicht bis nach der Rückkehr warten kann. Als Anspruchsnachweis benötigt man die **Europäische Krankenversicherungskarte,** die man von seiner Krankenkasse erhält (vgl. Kap. „Gesundheit"). Es besteht ein Anspruch auf ambulante oder stationäre Behandlung bei jedem zugelassenen Arzt und in staatlichen Krankenhäusern. Da jedoch die Leistungen nach den gesetzlichen Vorschriften im Ausland abgerechnet werden, muss man in der Regel zunächst **die Kosten der Behandlung** selbst tragen. Obwohl bestimmte Beträge von

Blick von Assos (Kefaloniá) nach Norden

007ko Foto: vb

der Krankenkasse hinterher erstattet werden, kann ein Teil der finanziellen Belastung beim Patienten bleiben und zu Kosten in kaum vorhersagbarem Umfang führen.

Aus diesem Grund ist der **Abschluss einer privaten Auslandskrankenversicherung dringend empfohlen.** Bei Abschluss der Versicherung – die es mit bis zu einem Jahr Gültigkeit gibt – sollte auf einige Punkte geachtet werden. Zunächst sollte ein **Vollschutz ohne Summenbeschränkung** bestehen, im Falle einer schweren Krankheit oder eines Unfalls sollte auch der **Rücktransport** übernommen werden, denn der Krankenrücktransport wird von den gesetzlichen Krankenkassen nicht übernommen. Diese Zusatzversicherung bietet sich auch über einen **Automobilclub** an, insbesondere wenn man bereits Mitglied ist. Diese Versicherung bietet den Vorteil billiger Rückholleistungen (Helikopter, Flugzeug) in extremen Notfällen. Wichtig ist auch, dass im Krankheitsfall der **Versicherungsschutz über die vorher festgelegte Zeit hinaus** automatisch verlängert wird, wenn die Rückreise nicht möglich ist.

Zur Erstattung der Kosten benötigt man ausführliche **Quittungen** (mit Datum, Namen, Bericht über Art und Umfang der Behandlung, Kosten der Behandlung und Medikamente).

Andere

Ist man mit einem Fahrzeug unterwegs ist der **Europaschutzbrief** eines Automobilclubs eine Überlegung wert. Wird man erst in der Notsituation Mitglied, gilt diese Mitgliedschaft auch nur für dieses Land und man ist in der Regel verpflichtet, fast einen ganzen Jahresbeitrag zu zahlen, obwohl die Mitgliedschaft nur für einen Monat gültig ist.

Ob es sich lohnt, weitere Versicherungen abzuschließen wie eine Reiserücktrittsversicherung, Reisegepäckversicherung, Reisehaftpflichtversicherung oder Reiseunfallversicherung, ist individuell abzuklären. Gerade diese Versicherungen enthalten viele **Ausschlussklauseln,** sodass sie nicht immer Sinn machen.

Die **Reiserücktrittsversicherung** für 35 bis 80 € lohnt sich nur für teure Reisen und für den Fall, dass man vor der Abreise schwer erkrankt, schwanger wird, gekündigt wird, die Wohnung abgebrannt ist u.Ä. Nicht gelten hingegen: Terroranschlag, Streik, Naturkatastrophe etc. Einige wenige Versicherungen akzeptieren jedoch auch die Trennung einer Beziehung oder das Erkranken eines Haustieres als Grund für die Reisestornierung.

Die **Reisegepäckversicherung** lohnt sich seltener, da z.B. bei Flugreisen verlorenes Gepäck oft nur nach Kilopreis und auch sonst nur der Zeitwert nach Vorlage der Rechnung ersetzt wird. Wurde eine Wertsache nicht im Safe aufbewahrt, gibt es bei Diebstahl auch keinen Ersatz. Kameraausrüstung und Laptop dürfen beim Flug nicht als Gepäck aufgegeben worden sein. Gepäck im unbeaufsichtigt abgestellten Fahrzeug ist ebenfalls nicht versichert. Die Liste der Ausschlussgründe ist endlos ... Überdies deckt häufig die Hausratsversicherung schon Einbruch, Raub und Beschädigung von Eigentum auch im Ausland. Für den Fall, dass etwas passiert ist, muss der Versicherung als Schadensnachweis ein Polizeiprotokoll vorgelegt werden.

Eine **Privathaftpflichtversicherung** hat man in der Regel schon. Hat man eine **Unfallversicherung,** sollte man prüfen, ob diese im Falle plötzlicher Arbeitsunfähigkeit aufgrund eines Unfalls im Urlaub zahlt. Auch durch manche (Gold-)**Kreditkarten** oder eine **Automobilclubmitgliedschaft** ist man für bestimmte Fälle schon versichert. Die Versicherung über die Kreditkarte gilt jedoch meist nur für den Karteninhaber!

118ko Foto: vb

ZEITUNGEN

Während der Urlaubssaison werden in den Touristenzentren internationale Zeitungen verkauft. In deutscher Sprache erscheint einmal wöchentlich die **„Griechenland Zeitung"**. Hier findet man interessante Nachrichten über Griechenland, die in keiner deutschen Zeitung auftauchen. Englisch sprechende Urlauber, die sich für die griechische Presse interessieren, können in der amerikanischen **„Herald Tribune"** nachlesen, was in der griechischen Zeitung „Kathimerini" veröffentlicht wird, da sie stets einen Teil dieser Gazette auf Englisch beinhaltet.

Der See von Karavómilos

Zeitverschiebung

In Griechenland gilt die **Osteuropäische Zeit (OEZ).** Der Zeitunterschied Mitteleuropa – Griechenland beträgt eine Stunde. Da es wie bei uns die Sommerzeit gibt, besteht diese Zeitverschiebung das ganze Jahr über. Wenn es in Deutschland 18 Uhr ist, ist es in Griechenland 19 Uhr. Wer einen Ausflug nach Albanien macht, passiert die Zeitgrenze. In Albanien gilt nämlich die Mitteleuropäische Zeit.

Zoll

In allen EU- und EFTA-Mitgliedstaaten gelten weiterhin **nationale Ein-, Aus- oder Durchfuhrbeschränkungen,** z.B. für Tiere, Pflanzen, Waffen, starke Medikamente und Drogen (auch Cannabisbesitz und -handel). Außerdem bestehen weiterhin Grenzen für die steuerfreie Mitnahme von Alkohol, Tabak und Kaffee. Bei Überschreiten der Freigrenzen muss nachgewiesen werden, dass keine gewerbliche Verwendung beabsichtigt ist.

Freimengen in EU-Ländern

- **Alkohol:** 60 l Schaumwein (anderer Wein unbegrenzt nach D) oder 110 l Bier oder 10 l Spirituosen über 22 Vol.-%. oder die gleiche Menge Alkopops oder 20 l unter 22 Vol.-% oder eine anteilige Zusammenstellung dieser Waren.
- **Tabakwaren:** 800 Zigaretten oder 400 Zigarillos oder 200 Zigarren oder 1 kg Tabak oder eine anteilige Zusammenstellung dieser Waren.
- **Anderes:** 10 kg Kaffee und 20 l Kraftstoff im Benzinkanister.

Freimengen für Schweizer

- **Alkohol:** 1 l Spirituosen über 22 Vol.-% oder 2 l Spirituosen unter 22 Vol.-% oder eine anteilige Zusammenstellung dieser Waren, und 4 l nicht-schäumende Weine, und 16 l Bier.
- **Tabakwaren:** 200 Zigaretten oder 100 Zigarillos oder 50 Zigarren oder 250 g Tabak oder eine anteilige Zusammenstellung dieser Waren.

Sogar für Ziegenkäse gibt es Einfuhrbeschränkungen ...

- **Andere Waren:** 10 Liter Kraftstoff im Benzinkanister; für See- und Flugreisende bis zu einem Warenwert von insgesamt 430 €, über Land Reisende 300 €, alle Reisende unter 15 Jahren 175 € (bzw. 150 € in Österreich).

Freimengen bei Rückkehr in die Schweiz

- **Alkohol:** 2 l bis 15 Vol.-% und 1 l über 15 Vol.-%.
- **Tabakwaren:** 200 Zigaretten oder 50 Zigarren oder 250 g Schnitttabak oder eine anteilige Zusammenstellung dieser Waren.
- **Anderes:** neu angeschaffte Waren für den Privatgebrauch bis zu einem Gesamtwert von 300 SFr. Unter den Nahrungsmitteln gibt es bei vielen landwirtschaftlichen Erzeugnissen innerhalb dieser Wertfreigrenze weitere Mengenbeschränkungen.

Nähere Informationen

- **Deutschland:** www.zoll.de oder unter Tel. 0351-44834510.
- **Österreich:** www.bmf.gv.at oder unter Tel. 01-51433564053.
- **Schweiz:** www.ezv.admin.ch oder unter Tel. 061-2871111.

Bei einer Anreise über Land sollte man überdies die **Zollbestimmungen der jeweiligen Transitländer** beachten.

120ko Foto: vb

011ko Foto: vb

Die Inseln und ihre Bewohner

GEOGRAFIE

Die Ionischen Inseln liegen im Ionischen Meer westlich des griechischen Festlandes und östlich von Italien. Sie nehmen zusammen eine Fläche von rund 2300 km² ein.

Gebirge

Im Tertiär (vor 65–18 Mio. Jahren) kam es zu stärkeren geologischen Verwerfungen, bei denen die großen europäischen Gebirgszüge entstanden. Die Ionischen Inseln sind Gipfel eines solchen Gebirges, das z.T. im Meer liegt. Der **höchste Berg** ragt auf Kefaloniá über 1600 m über dem Meeresspiegel empor. Lefkáda und Korfu sind ebenfalls gebirgig mit Erhebungen bis zu 1000 m. Während das Meer zwischen dem griechischen Festland und den Inseln nicht sehr tief ist, fällt der **Meeresgrund** im Westen auf über 4000 m ab.

Böden

Die Inseln bestehen aus Kalkstein, der ursprünglich von Korallen gebildet wurde. Darüber befindet sich meist Ton- oder Lehmboden, teilweise auch nur eine dünne Schicht. Auffällig sind die **unterschiedlichen Färbungen** der Erde, insbesondere auf Kefaloniá und Zákynthos, wo man neben tiefschwarzen Böden auf hellgraue, fast weiße und tiefrote Erde trifft. Da die Ionischen Inseln wasserreich sind, werden größere Flächen landwirtschaftlich genutzt.

Höhlen

Durch die Wasserlöslichkeit des Kalkgesteins haben sich auf Zákynthos, Kefaloniá und Itháki **Tropfsteinhöhlen** gebildet. Eine Seltenheit kann auf Kefaloniá besichtigt werden, wo ein salzwasserhaltiger, unterirdischer Bach einige Höhlen durchströmt. Die Dächer der Höhlenkammern stürzten teilweise ein. Auf diese Art entstand z.B. die Melissani-Höhle bei Sámi.

In der Höhle Melissani bei Sámi (Kefaloniá)

Seite 72/73: Eine Griechische Landschildkröte, Testudo hermanni, zwischen Oliven

012ko Foto: vb

Erdbeben

Die euroasiatische, die anatolische und die afrikanische Kontinentalplatte treffen im Mittelmeer aufeinander. Bei der **Verschiebung der Kontinente** drückt sich die afrikanische Platte ganz langsam unter die euroasiatische und die anatolische Platte. Letztere wandert nach Südwesten, was u.a. zu Vulkanbildungen und Erdbeben im Mittelmeerraum führt.

Geologen fanden heraus, dass Griechenland sich mit einer durchschnittlichen Geschwindigkeit von 2,2 cm pro Jahr auf Libyen zubewegt. Die stärksten Bewegungen machen dabei die Ionischen Inseln. Kefaloniá wanderte in den letzten zehn Jahren 30 cm nach Südwesten.

Als Folge kommt es in dieser Region häufig zu Erdbeben, die 1953 große Schäden auf den Inseln anrichteten. Schwächere Beben finden fast jedes Jahr statt, wobei in jüngster Zeit jedoch wenig passiert ist. Seismologen rechnen auch in naher Zukunft mit Erdbeben in Italien, Griechenland und der Türkei.

Flora und Fauna

Die Pflanzenwelt

Ursprüngliche Vegetation

Die ursprüngliche Vegetation der Mittelmeerinseln bestand aus **Kermes- und Steineichenwald.** Aber schon während der Antike wurden von den Römern große Waldflächen abgeholzt, weil sie das Holz für den Schiffsbau benötigten. Als erster Bewuchs nach einer Rodung oder einem Waldbrand entsteht auf brachliegender Fläche im mediterranen Raum Macchia oder, wenn die Gegend zu trocken und eher steinig ist, Phrygana.

Phrygana und Macchia

Phrygana ist ein dorniges, duftendes Gestrüpp, das 30 bis 100 cm hoch wird. Es besteht aus Dornkugelbüschen oder Ginster. Dazwischen wachsen Kräuter wie Thymian, Rosmarin, Lavendel und Salbei. Auch Zistrosen und Knollengewächse wie Meerzwiebeln gedeihen hier. Bäume und Sträucher wachsen nur zu niedrigen Pflanzen heran, da zu wenig Wasser zur Verfügung steht.

Die **Macchia** ist ein undurchdringliches Dickicht von 1,5 bis 5 m Höhe. Sie besteht aus Bäumen und Büschen wie Stein- und Kermeseichen, Dorngewächsen, Ginster, Judas-, Lorbeer- und Johannisbrotbäumen, Wacholder, wilden Oliven, Stechwinden, Zistrosen, Aleppokiefern, Baumheide, Mastix und Myrten. Auf den Ionischen Inseln wachsen hier auch auffällig viele Erdbeerbäume. Sie tragen im Herbst und Frühjahr rote, erdbeerähnlich Früchte von bis zu 2 cm Durchmesser.

Oft gehen Macchia und Phrygana ineinander über. Beides findet man auf den Ionischen Inseln meist **in den Bergen,** denn die Ebenen werden fast überall als Kulturland genutzt.

Bäume

Aus Macchia entsteht im Laufe der Zeit wieder **Eichenwald,** wenn die Pflanzen ungehindert wachsen können. Auch **Zypressen** sind auf den Ionischen Inseln verbreitet. An Bachläufen wachsen **Platanen. Aleppokiefern** stehen vor allem auf Zákynthos und Lefkáda. Leider haben die Kiefernwälder in den letzten Jahren erheblich unter Waldbränden gelitten. Auf Korfu trifft man bei Varipatades auf Pinienwald. Die mit den Aleppokiefern verwandten, aber an-

Krokusse im Oktober

sprуchsvolleren **Pinien** sind nicht so verbreitet, sie wachsen nur auf Sandböden. In den Bergen kommen **Walnussbäume** vor; auch **Eukalyptusbäume** sind auf den Ionischen Inseln zu finden. An den Bergen Énos und Roúdi ist die **Kefaloniá-Tanne** *(Abies cephalonica)* beheimatet, die nur hier vorkommt. Um sie zu schützen, wurde ein Nationalpark eingerichtet.

Blütenpracht

„Blume der Levante" nannten die Italiener Zákynthos. Im Frühjahr und Herbst sind jedoch auch die anderen Ionischen Inseln von Blumenteppichen überzogen. Besonders beeindruckend ist die Blüte der **Neapolitanischen Alpenveilchen** *(Cyclamen hederifolium)*, die nach den ersten Regenfällen im Oktober und November überall sprießen. Auch gelbe und weiße **Krokusse** blühen dann

013ko Foto: vb

massenhaft in den Bergen. Zahlreiche **Orchideenblüten** kann man dagegen im April und Mai entdecken, auf Zákynthos v.a. um das Dorf Lagopodo, auf Korfu auf dem englischen Friedhof von Korfu-Stadt. Dort wurden fast alle auf den Ionischen Inseln beheimateten Orchideenarten zusammengetragen. Im Nationalpark von Kefaloniá trifft man außerdem auf die großblättrige **Pfingstrose** *(Paeonia mascula)*, die im Mai und Juni rosarot blüht.

Oliven

Wilde Olivenbäume gehören im Mittelmeerraum zur natürlichen Vegetation. Die **Venezianer** hatten die Inselbewohner mit Prämien dazu gebracht, die Wildnis zu roden und Olivenbäume zu pflanzen. Zahlreiche Bäume auf Korfu stammen noch aus dieser Zeit. Oliven blühen im Mai. Wer unter Heuschnupfen leidet, sollte sich vorsehen: Viele Menschen reagieren allergisch auf den Blütenstaub.

Wein

Auf allen Ionischen Inseln wird Wein angebaut. Besonders erfolgreich sind die Winzer auf Kefaloniá. Einer der bekanntesten griechischen Weine ist der weiße **San Gerasimo** aus der Robola-Traube. Auf Lefkáda wird vor allem die Vertzamo-Traube angebaut, aus der ein trockener Weißwein gekeltert wird. Guter Rebensaft wird auch auf Zákynthos hergestellt, zum Beispiel aus der weißen Traubensorte Verdea. Viele Trauben werden hier aber auch zu Sultaninen verarbeitet.

Die Tierwelt

Auf den Ionischen Inseln haben zahlreiche, auch scheue Tiere wie Fischotter oder Mönchsrobben einen Lebensraum gefunden. Durch den Massentourismus wird ihre Bewegungsfreiheit aber immer mehr eingeschränkt.

Insekten

Die Inselbewohner stellen in Kiefernwäldern **Bienenkästen** auf. Es kommen aber noch zahlreiche andere Insekten wie **Hornissen, Bremsen, Libellen** und **Stechmücken** vor. In manchen Gegenden,

Libelle beim Ruhepäuschen

vor allem in Küstennähe, muss man sich mit Moskitonetz und Chemikalien gegen Letztere schützen, sonst kommt kaum Urlaubsfreude auf. Insbesondere auf Korfu kann man im Frühjahr farbenprächtige **Schmetterlingsarten** beobachten.

Reptilien

Zahlreiche Reptilien bevölkern die Inseln. Neben **Schildkröten, Eidechsen** und **Blindschleichen** gibt es auch **Schlangen.** Der dicke Scheltopusik, ein Verwandter der Blindschleiche, sieht aus wie ein kriechender Gartenschlauch und ist absolut harmlos. Katzennattern, Ringelnattern und Zornnattern sind ungiftige Schlangen. Giftig ist dagegen die **Sandviper,** sie ist am Bauch hell und hat auf dem Rücken einen 2 bis 5 mm breiten braunen (Weibchen) oder dunkelgrauen (Männchen), gezackten durchgängigen Streifen, und auf der Nase ein kleines Horn. Dies ist die einzige **Giftschlange,** die auf den Ionischen Inseln vorkommt. Man kann sie gut von anderen Arten unterscheiden, sie ist z.B. viel dicker als die Katzennatter, hat auch einen breiteren Rückenstreifen, und ihr Kopf ist eckiger als der einer Natter. Ebenfalls giftig sind **Erdkröten.** Sie haben es nicht so eilig wie die Schlangen, und man kann sie gut beobachten, sollte sie aber auf keinen Fall berühren. Sie können bis zu 20 cm lang werden und haben eine giftige Warzenhaut. Von den ebenfalls auf den Inseln lebenden **Fröschen** sind sie leicht zu unterscheiden.

411ko Foto: ah

Vögel Aus der Ferne gleichen die **Schwalbenschwärme** über Korfu-Stadt schwarzen Wolken. Jahreszeitenabhängig kann man **Eulen, Bussarde, Geier, Graureiher, kleine weiße Reiher, Nachtreiher, Eisvögel, Samtkopfgrasmücken, weiße Störche, Wachteln** und zahlreiche, auch bei uns beheimatete Vogelarten wie **Spatzen, Stare, Schwäne** oder **Amseln** antreffen. Am Stadtrand von Argostóli tauchen Eisvögel in der Bucht nach Fischen.

Säugetiere **Marder, Igel, Fischotter, Dachse** und **Füchse** kämpfen auf den Inseln ums Überleben. Die Jagdleidenschaft der Engländer und Griechen hat hier schon manche Säugetierart ausgerottet. Zu sehen bekommt man die wenigen noch lebenden Exemplare kaum.

Meerestiere Das Meer ist ähnlich entvölkert, was auf die **Überfischung** der letzten Jahrzehnte zurückzuführen ist. Nach wie vor ist die Harpunenfischerei ein beliebtes Freizeitvergnügen, was natürlich nicht dazu beiträgt, dass die Fischbestände sich erholen. Bei Korfu beobachten Taucher häufig **harmlose Katzenhaie.** An der Westseite der Inseln strömt stellenweise kaltes Tiefenwasser an die Oberfläche, wodurch auch größere Fische in Küstennähe vorkommen, die ansonsten nur in der Tiefe leben.

Vom Aussterben bedrohte Tiere Mehrere der auf den Ionischen Inseln lebenden Tiere sind stark vom Aussterben bedroht. Wohl kaum noch zu retten sind die zu den griechischen Bergponys gehörenden **Wildpferdchen** am Énos auf Kefaloniá, da sich ihre Zahl schon zu stark verringert hat.

Auch die **Mönchsrobben** *(Monachus monachus)* führen einen Kampf ums Überleben. Die Tiere leben im Meer, schlafen aber an Land, wo sie auch ihre Jungen zur Welt bringen. Standen ihnen früher zahlreiche Strände als Lebensraum zur Verfügung, an denen sich heute Touristen tummeln, müssen sie sich nun an abgelegene Felsküsten und in Höhlen zurückziehen. Doch mittlerweile brausen auch hier zahlreiche Segler und Ausflugsboote vorüber, wodurch den Tieren die Ruhe zur Aufzucht der Jungen fehlt.

Beinahe schon ein Drama ist der Schutz der **Unechten Karettschildkröten** *(Caretta caretta).* Sie brüten an zahlreichen Badestränden von Zákynthos. Die Touristikbranche und die griechischen Behörden konnten sich lange nicht für Schutzbestimmungen begeistern. 1990 wurde bei Zákynthos ein Meeresnationalpark eingerichtet, um die Nistplätze der Schildkröten zu schützen. Die meist griechischen Geschäftsleute dieser Region haben heute

014ko Foto: vb

noch kaum Verständnis für die Schutzmaßnahmen, und es kommt immer wieder zu Konflikten. Auch an den Stränden im Süden Kefaloniás brüten einige Meeresschildkröten.

Umweltschutz

Wasserqualität

Obwohl es auf den Ionischen Inseln mehrere **Kläranlagen** gibt, fließen die Abwässer an zahlreichen Stellen ungeklärt ins Meer. Die Wasserqualität der meisten Badestrände ist allerdings sehr gut, denn Industrieabwässer gibt es kaum.

Sowohl auf Zákynthos wie auch auf Kefaloniá und Paxos kommt es im Sommer zu Problemen mit der Wasserversorgung, denn die Ionischen Inseln sind zwar regenreich, nur fällt der Niederschlag überwiegend im Winter. Aus so mancher Dusche fließt während der Hochsaison dann nur noch Brackwasser. Erst in den letzten Jahren hat man damit begonnen, größere **Süßwasserstauseen** anzulegen.

Ziegen am Berg Énos auf Kefaloniá

412ko Foto: vb

Energie

Die Energiegewinnung ist auf vielen griechischen Inseln besser gelöst als auf den Ionischen. **Solartechnik** wird nur zur Warmwasserbereitung genutzt. Es existieren einige wenige **Windparks.** Die Hauptstromversorgung erfolgt vom Festland aus über Starkstromkabel, die am Meeresboden entlanggeführt werden.

Müllentsorgung

Müll säumt vielerorts die Straßenränder. Jahrelang war es üblich, den Abfall zwar zu sammeln und abtransportieren zu lassen, aber die Müllfahrzeuge kippten alles an einer Steilküste ins Meer. Häufig tauchte der Müll später wieder am Badestrand auf. Heute wird er **meist verbrannt** oder **vergraben.** An Müllvermeidung denkt allerdings kaum jemand. Wer es beim Einkauf ablehnt, eine weitere Plastiktüte in die Hand gedrückt zu bekommen, erntet meist verwunderte Blicke.

Zeugnis der Vergangenheit bei Benítses auf Korfu

GESCHICHTE

Erste menschliche Spuren

Schon in der **Altsteinzeit** vor rund 50.000 Jahren lebten auf den Ionischen Inseln Menschen, wie Spuren auf Korfu und Kefaloniá belegen. Auch Lefkáda und Zákynthos waren während der **Steinzeit** besiedelt. Damals waren Korfu und Lefkáda noch mit dem Festland verbunden. Klimaveränderungen ließen vor ca. 10.000 Jahren den Meeresspiegel so stark ansteigen, dass Korfu zur Insel wurde, während man Lefkáda erst in antiker Zeit durch einen Kanalbau vom Festland abtrennte.

Zahlreiche Siedlungsreste stammen aus der Zeit um 5000–2000 v. Chr. Während der **Bronzezeit** stieg die Bevölkerung Korfus stark an. Auch auf Lefkáda, Itháki und Kefaloniá wurden Gegenstände aus der Bronzezeit gefunden.

Erste Hochkulturen in der Bronzezeit

Die erste Hochkultur, die sich im griechischen Raum entwickelte, die **minoische Kultur,** übte auf die Ionischen Inseln kaum Einfluss aus. Im 16. Jh. v. Chr. bildete sich auf dem Peloponnes dann die **mykenische Kultur** heraus. Mykenische Funde hat man auf Zákynthos und Kefaloniá gemacht. Um 1500 v. Chr. gründeten Siedler von den Peloponnes auf Zákynthos die Stadt Psophís, die schon zu mykenischer Zeit zu Wohlstand kam. Auf Korfu fand man dagegen wenig. Eine Blütezeit erlebte Itháki während der Mykenischen Epoche. In diese Zeit fällt auch die Erzählung von Odysseus. Archäologen suchten bisher vergeblich nach seinem Palast.

Stadtstaaten

Um 800 v. Chr. veränderte sich auf dem griechischen Festland die Gesellschaft. Eine selbstbewusste Adelsschicht etablierte sich und es entstanden die griechischen Stadtstaaten, die Polis. In Milet, Athen, Sparta, Theben, Korinth, Chalkis, Eretria und Ägina entwickelten sich **wirtschaftliche und kulturelle Zentren.** Die Bevölkerung wuchs, und es wurden Kolonien gegründet.

734 v. Chr. gründete die Stadt Korinth eine solche Kolonie: die antike Stadt **Kérkyra,** das heutige Korfu. Kérkyra entwickelte sich schnell und löste sich bald von seiner „Mutterstadt" ab. 664 v. Chr. besiegte es in einer Seeschlacht Korinth, gründete in den folgenden Jahren eigene Kolonien und wurde zum Konkurrenten. Kérkyra suchte einen Verbündeten und fand ihn in Athen.

Um 650 v. Chr. gründete Korinth die Kolonie **Nerikos** auf Lefkáda. Die Korinther gruben den Kanal bei Santa Mávra, damit

Schiffe nicht mehr um Lefkáda herumfahren mussten. Der Kanal besteht noch heute; er muss immer wieder freigebaggert werden.

Auf Kefaloniá gab es im 7. Jh. v. Chr. vier voneinander unabhängige Städte: **Sáme, Krani** (bei Argostóli), **Pale** (bei Lixoúri) und **Proni** (bei Póros). Im gleichen Jahrhundert gründete Korinth auch auf Itháki eine Kolonie: die Stadt **Alalkomenes** auf dem Berg Aetós. Die Insel blieb für lange Zeit mit Korinth verbündet.

Perserkriege und Peloponnesische Kriege

Im 6. Jh. v. Chr. drangen die **Perser** bis an die kleinasiatische Küste vor, an der sich Kolonien der griechischen Stadtstaaten befanden. Athen versuchte, die Kolonien zu verteidigen. 480 v. Chr. kam es zur entscheidenden **Seeschlacht von Salamis,** bei der die Athener über die Perser siegten. Kérkyra schickte dabei als Verbündeter Athens seine Schiffe so spät, dass sie nicht mehr in die Kriegs-

Löwenplastik im Archäologischen Museum Korfu (630–620 v. Chr.)

handlungen eingreifen mussten. Die Stadt **Psophís** auf Zákynthos blieb während der Perserkriege lange neutral und unterstützte Athen erst am Schluss.

Sparta sah nun in **Athen** eine unerwünschte Konkurrenzmacht entstehen und nachdem der Athener Herrscher *Perikles* Sparta immer wieder provozierte, griff das kleine Sparta das große Athen an. 445 v. Chr. wurde **Frieden** geschlossen, und Athen sagte den Spartanern zu, sich aus weiteren Kriegshandlungen, die nicht im Interesse Spartas waren, herauszuhalten.

Zum erneuten Krieg kam es 432 v. Chr., als Kérkyra in einem Konflikt mit Korinth Athen um Hilfe bat und diese gewährt wurde. Da Nerikos auf Lefkáda Korinth und Sparta unterstützte, zerstörten die Athener 428 v. Chr. die Stadt. In diesen **Peloponnesischen Kriegen** unterstützten die Städte Kefaloniás teils Sparta, teils Athen. Zákynthos hingegen kämpfte die ganze Zeit über auf Seiten von Athen. Die Auseinandersetzung endete 404 v. Chr., als Sparta Athen besiegte.

Makedonisches Reich

Im 4. Jh. wurden die Ionischen Inseln aber nur kurze Zeit von Sparta beherrscht, das die Peloponnesischen Kriege gewonnen hatte, denn 338 v. Chr. eroberte **Philipp von Makedonien** die Inseln. *Philipp* und sein Sohn **Alexander der Große** bauten ein Weltreich auf, das aber nach dem frühen Tod *Alexanders* schnell wieder zerfiel. Die Ionischen Inseln waren in dieser Zeit politisch unbedeutend. Nach dem Zusammenbruch des Makedonischen Reiches folgten unruhige Zeiten. Zahlreiche Plünderungen und Eroberungen führten dazu, dass Kérkyra 229 v. Chr. den Schutz von Rom suchte.

Römisches Reich

In römischer Zeit kehrte Ruhe auf Korfu ein. Kérkyra war bei den Römern sehr beliebt, und berühmte Persönlichkeiten wie **Cicero** (50 v. Chr.) und **Kaiser Nero** (67 n. Chr.) besuchten die Insel. Lefkáda setzte sich dagegen 230 v. Chr. erbittert gegen die Römer zur Wehr, wurde aber nach einigen Jahren schließlich doch eingenommen, und die Hauptstadt wurde zerstört. Ebenso erging es Sámi auf Kefaloniá, das sich 189 v. Chr. nicht mit der römischen Herrschaft abfinden wollte. Auch auf Zákynthos stießen die Römer 214 v. Chr. auf größeren Widerstand und mussten 150 v. Chr. nochmals Truppen schicken, da ihre Herrschaft nicht mehr anerkannt wurde. Im Römischen Reich erlebte Zákynthos aber wenig später auch eine Blütezeit.

015ko Foto: vb

Christentum

Trotz des Widerstandes der römischen Führung verbreitete sich das Christentum schnell im Römischen Reich. Im 1. Jh. n. Chr. versuchten *Iason,* ein Schüler des Apostels *Paulus,* und *Sosipartos,* Kérkyra zu missionieren. Kaiser *Caligula* ließ die beiden ermorden. Im 4. Jh. gab es auf Korfu einen **Bischofssitz.** Das Christentum setzte sich in dieser Zeit entgültig im Römischen Reich durch.

Die Basilika Ag. Ioviános von Paleopoli (Korfu)

Byzantinisches Reich

Nachdem 395 n. Chr. das Römische Reich in zwei Hälften zerfiel, gehörten die Ionischen Inseln zum **Oströmischen Reich,** dessen Hauptstadt Konstantinopel war (das heutige Istanbul, das früher auch Byzanz hieß).

In dieser Zeit ließ Bischof *Ioviános* einen Teil des antiken Kérkyra abreißen und an der Stelle, an der sich heute der Eingang zum Park Mon Repos befindet, eine riesige fünfschiffige Basilika erbauen, die sich bald zum Zentrum der Stadt entwickelte. In den folgenden unruhigen Jahren, in denen das Weströmische Reich zerschlagen wurde, waren Zákynthos, Lefkáda und Kérkyra oft das Ziel von Plünderungen, weshalb die Stadt Kérkyra auf eine **Halbinsel mit zwei Bergspitzen** verlegt (*Korfou* = „Berge") wurde, dorthin, wo sich heute die alte Festung befindet. Diese wurde ausgebaut, nachdem in Rom der Franke *Karl der Große* zum Kaiser gekrönt wurde und das Byzantinische Reich in ihm einen neuen Rivalen fand.

1054 kam es zur Trennung zwischen der römisch-katholischen und der **orthodoxen Kirche,** der die Griechen bis heute angehören.

Kreuzzüge und Niedergang des Byzantinischen Kaiserreichs

Im 11. Jh. zeigten sich erste Schwächen im Byzantinischen Reich. Die **Normannen** drangen auf die Ionischen Inseln vor. Korfu wurde mehrfach Opfer dieses Machtkampfes. Der Normannenführer *Robert Guiskard* starb 1085 auf seinem Schiff unweit von Kefaloniá. Die Gegend wurde nach ihm „Fiskárdo" benannt. Im 12. Jh. wurde Kefaloniá zum Zankapfel, um den sich Normannen und Venezianer stritten. Damals fielen die Normannen auch auf Zákynthos ein, das aber nach dem 4. Kreuzzug an Venedig fiel.

Nachdem die **Kreuzritter** 1204 Byzanz erobert hatten, wurde das Byzantinische Reich bis auf einige Restreiche unter den Siegern aufgeteilt, der größte Teil fiel dabei an die Stadt Venedig. Eines der Byzantinischen Restreiche lag auf dem Festland von Epiros, dem Lefkáda längere Zeit angehörte. Dieses Reich eroberte auch Korfu und regierte es 1214–67.

Die Herren von Anjou

1267 wurde **Korfu** von den in **Neapel** herrschenden Herren von Anjou erobert. Aus Spanien vertriebene Juden ließen sich nun auf der Insel nieder, während die orthodoxe Kirche von den neuen Herren bekämpft wurde. Militärisch schlecht geschützt, kam es häufig zu Plünderungen, weshalb sich die Korfioten bald nach einem starken Verbündeten umsahen. Die Venezianer schickten

1386 einen Unterhändler, Korfu schloss sich freiwillig Venedig an, das die Insel 1402 Neapel abkaufte.

Venezianer und Osmanen

Lefkáda und **Meganísi** gingen 1293 als Mitgift an die venezianische Familie *Orsini*. Zu jener Zeit entstand die Festung Santa Mávra. Später kontrollierte die Familie *Tocchi* die Inseln. **Kefaloniá** wurde während der venezianischen Herrschaft zunächst ebenfalls von den Familien *Orsini* und *Tocchi* verwaltet. Das gleiche traf nach den Kreuzzügen auf die Insel **Zákynthos** und später, gegen Ende des 14. Jh., auch auf die Insel **Paxos** zu. Mitte des 15. Jh. wurde vor Gáios, dem Hafen von Paxos auf der vorgelagerten Insel **Ag. Nikólaos** eine Festung errichtet.

Die Regierungszeit der Venezianer (1402–1799) brachte den Ionischen Inseln **Wohlstand und kulturelle Blüte,** wovon die prächtige Altstadt Korfus noch heute zeugt. Allerdings prägten stark hierarchische Strukturen das Reich. Es gab die Adligen, die Bürgerlichen und das Volk. Die Oberschicht hatte die uneingeschränkte Macht und nutzte diese auch zur Unterdrückung. Venedig bekämpfte die orthodoxe Kirche und versuchte den Katholizismus auf der Insel zu festigen.

Als die **Osmanen** (Vorfahren der Türken) 1453 Byzanz eroberten, flohen viele byzantinische Intellektuelle und Künstler nach Korfu. 1537 belagerten die Osmanen die Insel, auf der sie große Schäden anrichteten. Tausende Inselbewohner verschleppten sie in die Sklaverei. Entschlossen zu handeln, gelang es 1571 verbündeten Truppen aus Spanien, Venedig, Sizilien und Rom, die türkische Flotte bei Lepado in der Nähe von Pátras zu schlagen. Aber Venedig rechnete mit weiteren **Angriffen auf Korfu** und baute im 16. und 17. Jh. die Stadt nach strategischen Gesichtspunkten um. Der venezianische Doge machte sich auf die Suche nach einem fähigen General und fand ihn in Graf *Matthias von der Schulenburg*. 1715 ordnete er den Ausbau der Befestigungsanlage an. Viel Zeit blieb nicht, denn 1716 rückten 33.000 Türken an, denen er mit 8000 Mann gegenüberstand. Das riskante Unternehmen gelang, weil ein Gewitter die Angreifer störte und die Nachricht einer anderen militärischen Niederlage zu den Angreifern drang, die sich daraufhin zurückzogen. Für die Griechen war dies ein Wunder, das sie dem heiligen Spiridon zuschreiben. Die Republik Venedig setzte Graf *von der Schulenburg* 1717 ein Denkmal auf Korfu.

In der zweiten Hälfte des 15. Jh. eroberten die Türken **Lefkáda**. Nach zweimaliger Rück- und Wiedereroberung, die Lefkáda eine

150 Jahre lange Herrschaft der Türken brachte (1479–1502 und 1504–1684), blieb die Insel schließlich bis 1797 venezianisch. Der Einfluss der Venezianer war auf Lefkáda aber nie so stark wie auf den anderen Ionischen Inseln, da es ja viele Jahre von den Türken regiert wurde. Im 18. Jh. verlegte man die Hauptstadt von der Festung Santa Mávra an ihren heutigen Standort.

1479 eroberten die Osmanen **Kefaloniá**, aber nach 21 Jahren konnten die Venezianer sie mithilfe spanischer Truppen vertreiben. Bei einer weiteren, dieses Mal nur vorübergehenden Eroberung im Jahr 1538 fielen 13.000 Bewohner der Insel in die Sklaverei. Zudem litt die Bevölkerung im 16. Jh. unter Piratenüberfällen. 1593 wurde daher die Festung von Assos errichtet. Fehden zwischen einflussreichen Adelsfamilien konnten im 17. und 18. Jh. nur mit Mühe von den Venezianern unter Kontrolle gebracht werden. Die Anführer wurden in Venedig gehängt. 1757 legten die Venezianer den Verwaltungssitz nach Argostóli.

Als **Zákynthos,** kurz nachdem es 1479 offiziell an Venedig verkauft worden war, von den Osmanen erobert wurde, flüchteten die Bewohner, die Insel war nahezu entvölkert. 1484 zogen sich die Osmanen vor den Venezianern von Zákynthos unter der Bedingung zurück, dass die Insel Steuern an sie abführen musste. Nun begann die Neubesiedlung. 1500 lebten bereits wieder 20.000 Menschen auf Zákynthos. Im 16. Jh. dehnte sich die Stadt bis vor die Festungsmauern von Bóchali aus. Das „griechische Florenz" entwickelte sich zu einer der schönsten Städte der Region. 1628–32 erhoben sich die Bewohner von Zákynthos gegen den venezianischen Adel; der Aufstand wurde blutig niedergeschlagen. 1669 gab Venedig Kreta an die Osmanen ab und erreichte im Gegenzug, dass Zákynthos keine Steuern mehr an die Osmanen zahlen musste. In den folgenden Jahren kamen zahlreiche Flüchtlinge aus Kreta nach Zákynthos.

Franzosen und Engländer

1797 beendeten die **Franzosen** die venezianische Herrschaft. Die Griechen waren zunächst begeistert, denn schon im 17. Jh. hatte sich Widerstand gegen die Venezianer gebildet, und die Gedanken der Französischen Revolution fanden breite Zustimmung. Die Freude über das Eintreffen der Franzosen legte sich jedoch bald.

1799 verbündeten sich **Russland und die Türkei.** Sie vertrieben die Franzosen und ließen den Sieben-Insel-Staat ausrufen. Die Türkei zog sich bald schon zurück. Die Regierung wurde nun von *I. Kapodistrias* in russischem Auftrag geführt, bis Russland 1807 die

Inseln wieder Frankreich überließ, das nun von **Napoleon** regiert wurde. In diesen Jahren ging es Paxos so schlecht, dass die Bevölkerung gegen die Franzosen revoltierte und den Anschluss an England forderte. Der Aufstand von 1810 wurde niedergeschlagen, die Anführer hingerichtet.

Nach dem Wiener Kongress gelangten die Ionischen Inseln 1815 dennoch unter englische Herrschaft. Die **Engländer** bauten Straßen, Krankenhäuser und Schulen. Der Sieben-Insel-Staat blieb zwar erhalten, aber der englische Gouverneur konnte eigenmächtig und ohne Zustimmung des Parlaments entscheiden. 1850 ließen die Engländer zwar Wahlen zu, aber nach wie vor hatten die gewählten Volksvertreter nicht viel zu melden.

Aus dem **griechischen Befreiungskrieg** hielten sich die Engländer zunächst heraus, während die Bevölkerung der Ionischen Inseln weniger neutral blieb und vor Zákynthos und Paxos türkische Schiffe in Brand setzte. England griff aber ab 1825 auch unterstützend in den Krieg gegen die Osmanen ein. Nach dem Ende des Krieges kam es 1830 zur Neugründung des griechischen Königreichs, dem die Ionischen Inseln jedoch nicht angehörten. Der erste Präsident wurde *I. Kapodistrias;* er wurde 1831 ermordet. Zum griechischen König wurde 1830 der bayrische Prinz *Otto* ernannt.

101ko Foto: vb

Anschluss an Griechenland

König *Otto* handelte nicht immer im Interesse der Engländer, die Griechenland daher einen Deal anboten: 1864 übergaben sie die Ionischen Inseln an Griechenland, das im Gegenzug Prinz *Wilhelm Georg von Dänemark* als König einsetzte. Dieses Adelsgeschlecht regierte Griechenland, bis die Monarchie 1975 abgewählt wurde. Da England viel Geld in die Inseln investiert hatte, war der Anschluss an Griechenland eher ein Rückschritt auf dem Weg zu einem modernen Staat.

Wirtschaftlich und politisch instabil, war das Land zu Beginn des 20. Jh. in mehrere **Kriege gegen die Türkei** verstrickt. 1923 fanden nach der Niederlange bei Smyrna (Izmir) 5000 Flüchtlinge Unterschlupf in der Festung von Santa Mávra auf Lefkáda. Im gleichen Jahr wurde Korfu von den Italienern bombardiert, nachdem bei Verhandlungen zwischen Griechenland und Albanien ein italienischer General ermordet worden war.

In den 1930er Jahren stieg der aus Kefaloniá stammende rechte Politiker **I. Metaxas** zum führenden Mann Griechenlands auf. Als er die Zusammenarbeit mit *Hitler* und *Mussolini* ablehnte, eroberten italienische Truppen 1940 die Ionischen Inseln.

Deutsche Besatzung

Nachdem *Mussolini* in Italien abgesetzt worden war, spielten sich dramatische Szenen ab. Die deutschen Truppen eroberten Korfu und richteten große Schäden an. Italienische Soldaten, die sie nicht unterstützen wollten, wurden umgebracht. Auf Kefaloniá wurden bei einem **Massaker** mehrere Tausend italienische Soldaten niedergemetzelt. Die Deportation der Juden wurde vorangetrieben. Teils arbeiteten die Griechen mit den Nazis zusammen, teils bewiesen sie Zivilcourage: Der Bürgermeister von Zákynthos, der den Deutschen die Namensliste der Juden liefern sollte, gab ein Blatt Papier mit zwei Namen ab – seinen eigenen und den des orthodoxen Bischofs. Als die Engländer sich 1944 zu den Ionischen Inseln durchkämpften, wurden sie von den Griechen mit Begeisterung empfangen.

Die Deutsche Wehrmacht auf Kefaloniá

Die Deutsche Wehrmacht kam erst nach Kefaloniá, nachdem die **Italiener** schon die Insel besetzt hatten. Sie richtete sich bei Lixoúri ein, während die italienische Division Acqui sich um Argostóli niederließ. Nach dem Sturz *Mussolinis* forderten die Deutschen die Italiener auf, sich zu ergeben, die Waffen auszuhändigen und ihnen Kefaloniá zu überlassen. Als die italienischen Offiziere dies ablehnten, kam es zu **Gefechten,** bei denen die Italiener unterlagen. Die überlebenden italienischen Soldaten wurden von der Deutschen Wehrmacht gefangen genommen und im September 1943 **erschossen.** Nach Auffassung der deutschen Militärs waren sie nicht Angehörige einer fremden Armee, die man nach der Genfer Konvention behandeln musste, sondern Deserteure. Es kamen über 4000 Italiener bei dieser Aktion ums Leben. Den Opfern des Massakers ist bei Argostóli ein Denkmal gesetzt: das Monumento Caduti.

Das Massaker der Deutschen Wehrmacht, für das der Hauptverantwortliche General *Lanz* 1947 in Nürnberg zu mehreren Jahren Haft verurteilt wurde, sorgte auch **2006** für Schlagzeilen. Ein Dortmunder Staatsanwalt hatte weitere verantwortliche Wehrmachtsmitglieder ausfindig gemacht und erhob **Anklage.** Das Verfahren wurde im Herbst 2006 von einem Münchner Gericht wieder eingestellt mit der zweifelhaften Begründung, einem Mordbefehl zu folgen mache einen nicht zum Mörder. In Deutschland ging diese Nachricht als Randnotiz unter, in Italien und Griechenland beherrschte sie tagelang die Schlagzeilen. Viele Menschen gingen aus Protest auf die Straße. Dem Ansehen Deutschlands im Ausland hat die Einstellung dieses Verfahrens und vor allem die Begründung sehr geschadet.

Bürgerkrieg

Während der faschistischen Besatzung hatten sich zwei Widerstandsgruppen im Untergrund gebildet: In der **EDES** hatten sich die konservativen Kräfte zusammengeschlossen, während die **EAM** das Sammelbecken der Kommunisten war. Die Kommunisten hatten in Griechenland in diesen Jahren regen Zulauf. Als sich nun die deutschen Truppen zurückzogen, brach Krieg zwischen den beiden Gruppen aus. Dabei unterstützten die Engländer und Amerikaner die Konservativen, die den Bürgerkrieg 1949 gewannen. Die Gewinner nutzten ihren Sieg nicht zur Versöhnung, sondern zum Triumph. Die unterlegenen Linken verschwanden viele Jahre in Gefangenenlagern, in denen unmenschliche Bedingungen herrschten.

Erdbeben

1953 führten mehrere Erdbeben im Abstand von wenigen Tagen die südlichen Ionischen Inseln in eine **Katastrophe.** Kefaloniá wurde fast völlig zerstört, zahlreiche Tote waren zu beklagen. In der Folgezeit kehrten viele Bewohner der Insel den Rücken. Auf Itháki wurden 80 % der Gebäude zerstört. Die Verwüstungen auf Lefkáda hielten sich hingegen in Grenzen, was u.a. daran lag, dass die Architektur hier stärker von den Türken beeinflusst war und die vorherrschende Holzfachwerkbauweise den Beben besser standhielt. Zákynthos lag dagegen in Trümmern. Nach dem Erdbeben brach in Zante ein Feuer aus, bei dem die Stadt bis auf drei Gebäude niederbrannte. In den folgenden Jahren gelang es jedoch, sie wieder neu aufzubauen, wenn auch nicht so prächtig wie zuvor. Die nördlicheren Inseln Korfu und Paxos lagen so weit vom Epizentrum entfernt, dass sie von den Beben weniger stark betroffen waren.

Konservative und linke Kräfte

In den 1950er Jahren führte der konservative Politiker **Konstantin Karamanlis** mehrere Regierungen an. Er versuchte, Griechenland dem westlichen Europa näher zu bringen. Ab 1962 wurde es assoziiertes Mitglied der EWG.

1963 gewann **Georg Papandréou** (der Großvater des heutigen gleichnamigen Politikers) mit der linksgerichteten EDA-Partei die Wahlen. Als 1964 König *Paul I.* starb, kam sein Sohn *Konstantin II.* auf den Thron. Er geriet mit *Papandréou* in Streit über die Besetzung des Verteidigungsministeriums und setzte den Regierungschef ab. Es kam zu Streiks und Demonstrationen. Meinungsumfragen deuteten darauf hin, dass *Georg Papandréou* bei den für Mai 1967 geplanten Neuwahlen wieder gewählt werden würde.

Militärdiktatur

Zu dieser Wahl kam es jedoch nie. Eine Gruppe **rechter Offiziere** putschte am 21.4.1967 und errichteten eine Diktatur. Alle aktiven Linken wurden inhaftiert, Gewerkschaften und Streiks verboten, die Zensur eingeführt, Beamte auf ihre politische Gesinnung überprüft und zum Teil entlassen. Der König unterstützte zunächst die Obristen, versuchte dann aber im Dezember 1967, selbst wieder das Steuer in die Hand zu nehmen – und hatte Pech. Er musste ins Exil, seine Stelle wurde durch einen „Vizekönig" besetzt.

Die NATO distanzierte sich im Gegensatz zur EG nicht von diesem Regime. Und die Diktatur war für viele Länder kein Hindernis, wenn es darum ging, die wirtschaftlichen Beziehungen mit Griechenland zu vertiefen. Auch der Tourismus fing an zu wachsen, ungeachtet der politischen Zustände.

1968 starb der frühere Regierungschef *Georg Papandréou.* 1973 kam es zu einer **Studentenrevolte** am Polytechnikum in Athen, bei deren Niederschlagung rund 50 Menschen getötet wurden.

Zypernkrise

Der Wendepunkt der griechischen Politik lag in Zypern. Seit seiner Unabhängigkeit von England 1960 wurde die Insel von Erzbischof *Makarios* regiert. 80 % der zypriotischen Bevölkerung waren Griechen, 20 % Türken. Die Obristen unterstützten eine Partisanengruppe um *Nikos Sampson,* die *Makarios* stürzte und den auf der Insel lebenden Türken zusetzte. Ziel des Putsches war die Vereinigung Zyperns mit Griechenland. Daraufhin besetzte die **Türkei** Nord-Zypern.

Die griechische Junta machte mobil, aber militärisch betrachtet war das Ganze ein Fehlschlag. Die Blamage spaltete das Militär, und die Obristen mussten, nachdem ein großer Teil des griechischen Militärs nicht mehr hinter ihnen stand, am 24.7.1974 die Regierungsgewalt abgeben.

Die Rolle der **Amerikaner** in dieser Krise ist bis heute umstritten. Einige Historiker halten sie für die Strippenzieher hinter den Kulissen, was sich aber mit Dokumenten nicht beweisen lässt.

Demokratie

Als Kompromisskandidat einigten sich die damals Mächtigen auf **Karamanlis,** der aus seinem Pariser Exil zurückgeholt wurde. *Karamanlis* bildete eine konservative Regierung, ersetzte die Verfassung der Junta durch die alte von 1952 und bereitete für November 1974 Neuwahlen vor, die er mit seiner neu gegründeten Partei **Néa Demokratía** gewann. Sein Hauptgegner, **Andreas Papandréou** (der Sohn des verstorbenen *Georg* und Vater des heutigen PASOK-Vorsitzenden), ging mit seiner neu gegründeten Partei **PASOK** in die Opposition.

Karamanlis veranlasste, dass Griechenland vorübergehend aus der **NATO** austrat, denn sie hatte die Griechen in der Zypernfrage, die bis heute ein ungelöstes Problem ist, nicht unterstützt.

Bei den Wahlen 1975 sprachen sich die Griechen gegen die Wiedereinführung der Monarchie aus. Griechenland erhielt eine neue Verfassung und wurde zur **republikanischen Demokratie.**

Die beiden großen Volksparteien wechselten sich in den nächsten 25 Jahren in der Regierung immer wieder ab, ohne dass es bis Mitte der 1990er Jahre große Veränderungen gegeben hätte. Die beiden Grundübel waren **Vetternwirtschaft** und **Korruption.** Laut Umfrage des Athener Meinungsforschungsinstituts *Alco* aus dem Jahr 1997 hatte jeder zweite Befragte schon einmal einen Beamten bestochen. Von den beiden Parteien lässt keine etwas Gutes an der anderen. Dabei schafften beide es lange nicht, dem Land zu einer soliden finanziellen Grundlage zu verhelfen. Inflation und Arbeitslosigkeit waren groß, EG-Gelder wurden verschleudert und versickerten oft auf merkwürdige Art und Weise.

Kostas Simítis

Als 1996 der regierende Ministerpräsident *Andreas Papandréou* starb, ging eine Ära zu Ende, die das Land über lange Jahre geprägt hatte. *Kostas Simítis* trat im Herbst 1996 seine Nachfolge an. Der kleine unscheinbare Mann hat sicher viel verändert in seinen Regierungsjahren und brachte die wirtschaftliche Entwicklung seines Landes voran, aber unter dieser Regierung wurden Wirtschaftsdaten auch massiv geschönt.

Wirtschaftliche und politische Entwicklungen der letzten Jahre

Zwischen 2004 und 2009 regierte die konservative **Nea Demokratia** unter **Kostas Karamanlis** (Neffe des Politikers mit gleichem Namen, der 1975 an die Macht kam). Aber auch *Karamanlis* schaffte es nicht, dafür zu sorgen, dass der Haushalt der griechischen Regierung auf soliden Füßen stand. Es kam zwar zur Privatisierung der verlustbringenden Olympic Airways, aber die Korruption nahm unter seiner Regierung sogar wieder zu, und auch diese Regierung war machtlos gegen die allgegenwärtige Steuerhinterziehung. 2009 übernahm **Georg Papandreou,** der Sohn von *Andreas* und der Enkel des alten *Georg Papandreou,* mit seiner gemäßigt linken **PASOK** die Regierung.

Ende 2010 stand Griechenland praktisch **kurz vor dem Staatsbankrott,** und *Papandreou* wandte sich an die Europäische Union, denn das Land war zahlungsunfähig. Und nun ließ sich auch die kreative Buchführung der vergangenen Jahre nicht mehr ganz verheimlichen. Seither können Renten und die Gehälter den Beamten in Griechenland nur ausbezahlt werden, wenn neue Geldtransfers von außen erfolgen. Die Geber haben damit aber **Aufla-**

018ko Foto: vb

gen verbunden. Die griechische Regierung muss nun **drastische Sparmaßnahmen** durchsetzen, sonst versiegt die Finanzhilfe von außen.

All die Sparmaßnahmen bedeuten für viele Menschen in Griechenland starke finanzielle Einschnitte. Die **Schere zwischen Arm und Reich** hat sich bedenklich weit geöffnet. Der Frust und die Wut sind groß, und die Griechen streiken und demonstrieren viel. Die Lebenshaltungskosten sind hoch, aber die Löhne sind so niedrig, dass es nicht einfach ist, sich zu ernähren. Und auf ein soziales Netz kann man in Griechenland nicht zurückgreifen. Nach wie vor ist es die **Familie,** die im Notfall helfend eingreift. Aber die moderne Gesellschaft hat auch dazu geführt, dass die Familienbande nicht mehr so viel tragen wie in früheren Jahren. Und während früher z.B. fünf erwerbstätige Verwandte einen in Not geratenen Onkel unterstützten, wäre es nun notwendig, dass zwei erwerbstätige Verwandte vier erwerbslose Onkels unterstützen, denn sehr viele Menschen haben im letzten Jahr ihr Einkommen verloren. Und das ist natürlich nicht zu schaffen.

Die Regierung Papandreou geriet 2011 immer mehr unter Druck, denn die Demonstrationen nahmen kein Ende, und die

Flaggenverkäufer am Nationalfeiertag

Opposition nutzte die missliche Lage der Regierung dazu, sich zu profilieren, und half nicht mit bei der Lösung der Probleme. Von der Bevölkerung wurde der Vorwurf erhoben, dass die Sparmaßnahmen die einfachen Menschen träfen, dass aber die Oberschicht außen vor bliebe beim Sparen. Und das führte schließlich dazu, dass *Georg Papandreou* die Regierungsgewalt im November 2011 abgeben musste. In Krisenzeiten braucht das Land eine handlungsfähige Regierung, und das war die Regierung der PASOK nicht mehr. Daher wurde eine **parteiübergreifende Übergangsregierung** eingesetzt, die von *Loukas Papademos,* dem ehemaligen Vizechef der Europäischen Zentralbank, geleitet wird. Diese Regierung ist vom Volk nicht gewählt worden, hat aber die Unterstützung der gewählten Parlamentarier. Auch die Maßnahmen dieser Regierung werden den Griechen nicht gefallen, denn in Zukunft werden weitere Sparmaßnahmen folgen müssen, und Steuerhinterziehung kann nicht mehr wie in den vergangenen Jahren stillschweigend geduldet werden.

Regierungsorgane und **Behörden** werden von vielen Griechen als Feind **betrachtet** und nicht als Ordnungssystem. Die Polizei spielt dabei eine Schlüsselrolle. Die Mehrheit der Griechen sieht die **Schuld** des Finanzdesasters nicht darin, dass das Land selbst seit Jahren über seine Verhältnisse lebt und Steuerhinterziehung als kollektiver Volkssport betrieben wird, sondern sucht die Schuld im Ausland. Die finanzielle und politische Lage Griechenlands sieht also nicht rosig aus.

Streiks und aggressive griechische Pressemeldungen taten dann noch den Rest, und 2010 kamen weit **weniger Touristen** aus Nordeuropa als in den vergangenen Jahren. Allerdings reisten sehr viele Gäste aus Osteuropa an, und so kamen viele Touristenorte 2010 und 2011 mit einem blauen Auge davon.

Die Orthodoxe Kirche

Ursprünge

Das Christentum kam schon im 1. Jh. n. Chr. durch den missionierenden **Apostel Paulus** nach Griechenland, das damals Teil des Römischen Reiches war. Nach dessen Teilung wurde Griechenland Konstantinopel (heute Istanbul) unterstellt. Um 1000 n. Chr. führte der bis dahin schwelende Streit der östlichen Gemeinden mit Rom zum Bruch. Die orthodoxe Kirche spaltete sich von der römisch-katholischen ab.

Grundsätze

Eine wichtige Rolle innerhalb der orthodoxen Gemeinden spielen die **Marienverehrung,** das Verehren unzähliger **Märtyrer** und das Anbeten von **Ikonen.** Im Gottesdienst geht es darum, die Heiligen und Gott zu lobpreisen. Der Streit mit den Katholiken entzündete sich damals vor allem an der Frage, von wem der **Heilige Geist** ausgehe. Für die Orthodoxen geht er nur von Gott aus, während er für die Katholiken auch von Jesus ausgeht.

Feste

Das wichtigste Fest ist **Ostern,** das nach dem orthodoxen Kalender gefeiert wird. Neben **Weihnachten,** das auch zentrale Bedeutung hat, werden noch zahlreiche andere kirchliche Feste begangen. Im familiären Bereich wird nicht nur der Geburtstag, sondern vor allem der Namenstag gefeiert.

Kirchliche Positionen

Die orthodoxe Kirche ist **streng hierarchisch** aufgebaut. Priester und Diakone müssen sich vor ihrer Weihe entscheiden: Entweder sie heiraten oder sie werden Mönch. Die meisten entscheiden sich für die Ehe und gründen eine Familie. Mönche und Bischöfe dürfen nicht heiraten. Letztere sind alle gleichrangig und wählen ihr Oberhaupt, den Erzbischof von Athen.

Politischer Einfluss

Politik hat in der griechischen Kirche eine **lange Tradition.** Als Griechenland noch Teil des Osmanischen Reiches war, besaß die Kirche Sonderrechte. Den Kirchenoberen ging es materiell gut, ihr Einfluss auf das Volk war groß. Die Kirche nutzte ihre starke Stellung aber auch, um das griechische Nationalbewusstsein zu stärken und das kulturelle Erbe zu pflegen.

Die **Entflechtung von Kirche und Staat** begann spät und ist noch nicht ganz perfekt. Jeder Regierungswechsel wird bis heute von einer Messe begleitet. Bis 1982 war es nicht möglich, ausschließlich standesamtlich zu heiraten. Die PASOK-Regierung verabschiedete damals einige Gesetze gegen den Widerstand der Kirche, wodurch deren Einfluss deutlich vermindert wurde.

Kirche und Gesellschaft

Über 95 % der Bevölkerung gehören der orthodoxen Kirche an. Eine Kirchensteuer gibt es nicht. In vielen Gemeinden sitzt der **Pope** (der Pfarrer, griechisch: *papás)* abends zum Tavli-Spielen im Cafenion und wacht bei Klatsch und Tratsch über die Moral seiner „Schäfchen". Doch obwohl die Herren in ihren schwarzen Gewändern mit hochgestecktem Zopf respektvoll behandelt werden, nimmt ihr Einfluss auf das alltägliche Leben ab.

Das bedeutet jedoch nicht, dass man die kirchlichen Feiertage nicht mehr feiert oder in den Kirchen keine Kerzen mehr entzündet werden. In jedem Haus steht nach wie vor die geschmückte Ikone und das Öllämpchen, auch wenn es um die Jungfräulichkeit der unverlobten Tochter nicht immer so gut bestellt ist wie früher.

Feste und Bräuche

Die meisten Griechen mögen es, viele Menschen um sich zu haben. Ein willkommener Anlass dafür sind Feste: Ostern und Weihnachten, regionale Kirchenfeste, Taufen, Namenstage und Hochzeiten. Nach einem Festschmaus wird getanzt, und jeder, der sich auf den Beinen halten kann, hüpft mit. Auch die Kinder dürfen so lange mitfeiern, bis sie in irgendeinem Eckchen einschlafen.

Ostern

Ostern wird auf den Ionischen Inseln nach orthodoxem Brauch gefeiert. Die Karwoche ist eine Trauerwoche. Am Karfreitag finden Prozessionen statt, bei denen auf Korfu **Trauermärsche** gespielt werden. In Zante wird am Ende der Prozession auf dem Solomos-Platz der Segen verteilt.

Ostersamstag werden auf den Ionischen Inseln in der Morgendämmerung Tongefäße zertümmert – ein Brauch, den die Venezianer zu Neujahr pflegten. Korfu-Stadt feiert an diesem Tag auch den heiligen Spiridon, dem dafür gedankt wird, dass er die Stadt 1550 vor der Pest rettete. Am späten Abend geht man, wie überall in Griechenland, mit einer Kerze zum **Gottesdienst.** Kurz vor Mitternacht werden alle Lichter gelöscht. Christus steht nun an der Schwelle zum Totenreich. Dann tritt der Pope mit einer brennenden Kerze durch die Hauptpforte der Altarwand in die dunkle Kirche. Die Gläubigen entzünden ihre Kerzen an der des Popen und nehmen das **„Licht des Lebens“** für den Hausaltar mit nach Hause. *Christós anésti,* „Christus ist auferstanden“. Zuhause schlagen sie dann rot bemalte **Ostereier** aneinander, die nach orthodoxem Glauben für das Blutopfer Christi stehen, durch das der Mensch das ewige Leben erhalten hat.

Ostersonntag finden an vielen Orten weitere Prozessionen statt.

Weihnachten

An Weihnachten war es früher üblich, die Boote zu schmücken. Heute wird meist in der Wohnung ein **Christbaum** aufgestellt. Die Kinder ziehen am Vorabend von Tür zu Tür und singen Lieder.

102ko Foto: vb

Silvester, Neujahr Silvester isst man die **Vasilópita,** den Vasílis-Kuchen, in den eine Münze eingebacken wird, die dem Finder im folgenden Jahr Glück bringen soll. Den **Neujahrsabend** feiert die Familie traditionell zusammen. Die Kinder erwarten Vasílis, der sie beschenkt.

Taufen Die Kinder werden einer **Ganzkörpertaufe** unterzogen und mit **geweihtem Öl** eingerieben, meist nicht zur Freude der Kleinen. Die Zeremonie wird heutzutage auf Video festgehalten.

Karneval Karneval ist auf den Ionischen Inseln **venezianisch beeinflusst.** Kostüme und Masken sind z.T. dem venezianischen Karneval entlehnt, wie z.B. das Kostüm des „Dottore" oder des Notars. In jedem Ort feiert man anders, einige Bräuche gehen noch auf vorchristliche Feste zurück.

Umzug am 21. Mai, dem Ionischen Feiertag, in Korfu-Stadt

In **Korfu-Stadt** dauern die Karnevalsfeiern mehrere Wochen, in denen viele Umzüge stattfinden. Am letzten Donnerstag findet das *Pettegolezze* (ital. „Klatsch, Tratsch") statt. Klatschweiber, heute meist eine Schauspieltruppe, ziehen von Mandolinenmusikern begleitet von Tür zu Tür und führen satirische Sketche auf. Am letzten Karnevalsonntag findet der große Umzug statt, bei dem Prinz Karneval für alles verantwortlich gemacht wird, was im Jahr zuvor schief gelaufen ist. Er wird angeklagt und verurteilt, bevor man ihn verbrennt. Ein großes Tanzfest bildet den Abschluss.

Auch in **Zante** wird mehrere Wochen gefeiert. Die Maskierten treffen sich in Tavernen. Karneval ist hier ein Tanzfest. Wenn das Wetter es erlaubt, tanzen die Menschen auch auf den Straßen. Am letzten Karnevalssonntag findet das *Povero Karnevali* statt. Man trifft sich auf den Plätzen der Stadt. Die Kirchenglocken läuten die Fastenzeit ein. Die Masken werden auf eine Bahre gelegt und symbolisch in einem Totenzug zu Grabe getragen.

Griechische Mentalität

Gastfreundschaft

Gastfreundschaft ist ein zentrales Thema in der griechischen Gesellschaft. Sie ist fast schon eine Pflicht, der man sich nicht entziehen kann. Man trifft immer noch Menschen, die einen einfach zu einem Kaffee mit nach Hause nehmen, um ein bisschen zu reden. In den Touristenzentren kann man natürlich bemerken, dass der Geschäftssinn die **Aufgeschlossenheit** Fremden gegenüber etwas in den Hintergrund treten lässt.

Ehe und Moral

Der griechische Mann übt sich häufig in Imponiergehabe. Er ist das Oberhaupt der Familie, zumindest nach außen. Hinter den Kulissen regiert allerdings oft die Mama. Früher war es üblich, dass der Mann Erfahrungen sammeln sollte, während von der Frau erwartet wurde, jungfräulich in die Ehe zu gehen. Heute tut frau wenigstens so. Bis vor wenigen Jahren mussten männliche Urlauber, die sich an junge Griechinnen heranmachten, mit der unangenehmen Bekanntschaft des großen Bruders oder des Onkels rechnen. Urlauberinnen, die zu verstehen geben, dass sie männliche Aufmerksamkeiten suchen, brauchen dagegen nicht lange zu warten. Ein *kamáki,* ein **Schürzenjäger,** gilt als „ganzer Kerl". Mittlerweile verteilt sich die Aufmerksamkeit der griechischen Männer allerdings, denn Griechinnen sind nicht mehr tabu.

021ko Foto: vb

Korfu

Die Insel im Überblick

- **Einwohner:** 107.000
- **Fläche:** 592 km^2
- **Tel.-Vorwahl:** 26610 (Zentrum), 26620 (Süden), 26630 (Norden)
- **Höhe:** 906 m
- **PLZ:** 49000, Korfu-Stadt: 49100

Korfu-Stadt

Das Ortsbild

Korfu-Stadt ist eine der schönsten Städte Griechenlands. Die **malerische Altstadt** erinnert mit ihren engen Gassen an Italien. Alte Fenster und Gesimse, Balkone mit schmiedeeisernen Geländern, hölzerne Fensterläden – Korfu-Stadt bietet viele reizvolle Ecken. Besonders schön ist der Blick von der Alten und der Neuen Festung. Aber so romantisch die Stadt auch aussieht, die Wohnqualität in der Altstadt ist eher bescheiden.

An **Grünanlagen** mangelt es nicht: Das Zentrum der Stadt bildet die Esplanade, ein riesiger Platz vor der Alten Festung mit Kricketplatz und Parkanlage. Von hier zieht sich südwärts am Ufer entlang ein schmaler, baumbestandener Grünstreifen bis zum Vorort Kanóni. Dort wurde um das Schloss Mon Repos ein hübscher, teils verwilderter Park angelegt, in dem man sich sehr gut entspannen kann.

Erste Orientierung

Zahlreiche **Einbahnstraßen** erschweren dem Fremden das Autofahren. So kann man z.B. von der Esplanade am Ufer entlang zum alten Hafen gelangen; zurück muss man jedoch hinter der Neuen Festung entlang und mitten durch die Stadt fahren. („Liston“ oder „Esplanade“ sind ausgeschildert).

Die **Parkplätze** an der Esplanade und am alten Hafen sind für Pkw gebührenpflichtig: 1 € pro Stunde. Motorräder parken gratis.

Seite 102/103: Blick von der Neuen Festung auf die Kirche Panagía Tenédou

Sehenswertes

Esplanade und Liston

Der **zentrale Platz** in Korfu-Stadt ist die Esplanade, auch „Spianada" genannt. Er ist nördlich vom Gouverneurspalast, westlich von der Straße Liston und östlich von der Alten Festung umgeben.

Als die Venezianer ihn 1537 anlegten, ließen sie dafür ein ganzes Stadtviertel abreißen, mit dem Ziel, eine freie Schusslinie für die Kanonen der Alten Festung zu schaffen. Korfu sollte zu dieser Zeit gegen osmanische Eroberungsversuche abgesichert werden. Nachdem man sich dann den Franzosen geschlagen geben musste, ließ Baron *Matthieu de Lesseps* als französischer Gouverneur der Insel 1807 die Arkadenhäuser an der **Liston** als Stadtbegrenzung erbauen. Auf dem Platz wurde ein Park angelegt. Vorbild für die Architektur war die Rue de Rivoli in Paris. Bei Fertigstellung der Liston wurde Korfu bereits von den Engländern regiert, die auf dem nördlichen Teil des Platzes einen **Kricketplatz** einrichteten, der bis heute genutzt wird. Auf der Südseite ließ der englische Gouverneur **Maitland** eine Zisterne anlegen. Nach ihm ist der dortige **Pavillon** benannt, den der Leiter des britischen Ingenieurkorps *Georg Whitmore* nach seinem Tod 1824 errichten ließ.

Nach Sonnenuntergang füllt sich der Platz mit Menschen, man sitzt in den Lokalen oder geht bummeln. Auch jede Kirchenprozession und jeder Feiertagsumzug führt über die Esplanade.

Alte Festung

Schon in byzantinischer Zeit stand an der Stelle der Alten Festung eine Wehranlage, von der allerdings nur noch Mauerreste erhalten sind. Als die Venezianer Herren über Korfu wurden, begannen sie, jene Anlage auszubauen. Im 16. Jh. wurden die Festungsmauern verstärkt und die Eckbastionen neu errichtet. Die **Halbinsel** war bis zu dieser Zeit mit der Insel fest verbunden. Erst nachdem die Venezianer einen Kanal anlegten, war die Festung nur noch über eine Zugbrücke zu erreichen. Nach dem Angriff der Osmanen von 1716 wurde auf Rat von Graf *von der Schulenburg* 1726 ein innerer Festungsring neu angelegt. Auch das Eingangstor stammt aus dem 17. Jh. In den Jahren 1718 und 1789 explodierten Pulvermagazine, was großen Schaden anrichtete. Die Engländer bauten im 19. Jh. neue Garnisonsgebäude. 1824 wurde die Kirche Ag. Geórgios errichtet, die einem dorischen Tempel nachgeahmt ist. Die Engländer ersetzten die Zugbrücke durch eine Holzbrücke, die im 20. Jh. durch eine Steinbrücke ersetzt wurde.

©Reise Know-How 2012
Korfu
Mathráki, Erikoússa, Othoní
Bári, Brindisi, Ancóna, Mathráki, Erikoússa, Othoní
Saránda
ALBANIEN
Lagunensee
Ksamil
Butrint
GRIECHENLAND
IONISCHES MEER
Igoumenítsa
Paxos, Pátras, Antipaxos, Kefaloniá
Sidári
Róda
Karoussádes
Ag. Stefanos
Magoulàdes
Arillas
Ag. Geórgios
Pagon
Dáfni
Agros
Pàgi
Afiónas
Is. Karavi
Kap Drastis
Longas
Acharávis
Períthia
Loútses
Kassiopi
Plátonas
Nymphes
Episképsi
Sokráki
Klimatiá
Strinilas
906
Pórta
Kalami
Nissáki
Barbáti
Pirgí
Ipsos
Dassiá
Skriperó
Doukádes
Makrádes
Anglokastro
Lákones
Paleokastrítsa
Liapádes
Liapádes Bucht
Gouviá
Kontókali
Is. Lazareto
Is. Vido
Mármaro
Érmones
Váthos
Pélekas
Korfu
Schloss Mon Repos
Podikonísi
Pérama
Sinarádes
Kastellání
Schloss Achillion
Ag. Górdis
Pendáti
Ano Garoúna
Benítses
Pavlianá
Strongilí
Ag. Matthäos
Gardíki
Moraítika
Messongí
Ano Messongí
Chlomós
Boúkaris
Argirádes
Marathiás
Ag. Geórgios
Perivóli
Lefkími
Kritika
Kávos
Paleochór
Spartera
Kap Asprókavos
Kap Lefkímis
Is Lagoudia
Korissia See
0
5 km
1 Rundwanderung um Benítses
2 Wanderung auf den Berg Prasoúdi bei Ag. Matthäos
3 Küstenwanderung bei Nissáki
4 Wanderung am Berg Pantokrátoras
5 Rundwanderung bei Paleokastrítsa
6 Von Paleokastrítsa nach Doukádes
7 Wanderung von Kávos aufs Kap Arkoudila

Man betritt die Festung über die Brücke und erreicht das Haupttor. Von hier kann man auf den kleinen Kanal hinunterblicken, der die Festung von der Stadt trennt. Gleich hinter dem Eingang sind Mosaiken und Freskenreste, die aus alten Kirchen stammen, ausgestellt. Danach trifft man auf Garnisonsgebäude aus englischer Zeit. Darin wird über die Festung und ihre Geschichte informiert. Man folgt dem Weg nach rechts und geht auf die Kirche Ag. Geórgios zu. Diese ist täglich von 10 bis 16.30 Uhr geöffnet. Im Innern finden sich neue und alte Ikonen. Der Weg windet sich nach links und führt am Café und an den Resten alter Gefängnisse vorbei zum Eingang des inneren Festungsrings. Das Tor wird gegen 15 Uhr geschlossen. Geht man geradeaus weiter, sieht man links unten den Hafen der Festung und erreicht die Ruine des englischen Militärhospitals. Dahinter führt ein abgesperrter Weg hoch zum Seeturm. Vor der Ruine führt ein Weg zum Landturm hoch. Von oben hat man eine schöne **Aussicht auf die Stadt,** derentwegen allein schon ein Besuch der Festung lohnt. Man sollte sie am Vormittag besuchen, da nachmittags das Licht ungünstig fällt.

● **Geöffnet:** täglich 8–19.30 Uhr, Eintritt 4 €, ermäßigt 2 €, Kombiticket Alte Festung, Archäologisches Museum, Asiatisches Museum, Byzantinisches Museum: 8 €, ermäßigt 4 €.

Neue Festung

1571 beauftragte der venezianische Doge *Mocenigo* den Baumeister *Michele Sammicheli* mit der Planung der Neuen Festung. Dem Bau mussten 2000 Häuser weichen. Nach *Sammichelis* Plänen erbaute *F. Vitelle* **1576–88** die Festung, die den alten Hafen nach Norden hin schützen sollte. Aus Angst vor türkischen Eroberungsversuchen wurden außerdem Festungswälle um die ganze Stadt herum angelegt, die erst südlich der Esplanade endeten. Die Neue Festung wurde im 17. und 18. Jh. weiter ausgebaut. Bei Bombenangriffen im Zweiten Weltkrieg erlitt sie starke Schäden, wurde jedoch umfangreich restauriert. Im Sommer finden hier regelmäßig **kulturelle Veranstaltungen** statt.

Am Hafentor der Festung ist ein schönes Relief mit dem venezianischen Löwen eingearbeitet. Ein weiteres **Löwenrelief** befindet sich in der Außenmauer auf der Rückseite der Anlage, unweit des Marktes. Man folgt zunächst dem Pflasterweg aufwärts. Unweit der WCs kann man auf die Rückseite dieses Gebäudes gelangen. Dort gelangt man hoch aufs Dach der Festung und geht am besten oben an der Mauer entlang, um die ganze Festung herum, und kann so die herrliche **Aussicht** auf die Stadt genießen. In der Nähe der WCs kann man auch in das Kellergewölbe eintreten. Danach folgt man dem Schild, das ein **Café** markiert. Nebenan befindet sich ein **Keramikmuseum.** Im Nebenraum im Obergeschoss führt eine schmale Metalltreppe aufs Dach des Museumsbaus. Auch von hier ist die Aussicht grandios.

- **Geöffnet:** je nach Jahreszeit täglich 9–18, 19 oder 21 Uhr (im Herbst bis 18 Uhr), Eintritt 3 €.

Gouverneurspalast und Asiatisches Museum

Im 19. Jh. beauftragte der englische Gouverneur *Maitland* den Leiter des britischen Ingenieurkorps Sir *George Whitmore* mit dem Bau des **Palace of St. George and St. Michael.** 1813–19 wurde das hufeisenförmige Gebäude im neoklassizistischen Stil am nördlichen Ende der Esplanade errichtet. Im Eingangsbereich befindet sich ein Arkadengang mit dorischen Säulen. Zwei Tore führen ins Innere des Palastes: das des heiligen Georg und das des heiligen Michael. Über dem Gesims am Eingang sind die Ionischen Inseln als Reliefs symbolisch dargestellt. Dabei steht die mythische Figur Pegasos für Lefkáda, Odysseus für Itháki, Kephalos (der Sohn des Götterboten Hermes) für Kefaloniá, eine jugendliche Heldenfigur für Zákynthos, der Dreizack des Poseidon für Paxos, Aphrodite für die an der Südspitze der Peloponnes gelegene Insel Kythera und das Schiff der Phäaken aus der Odyssee für Korfu.

Während der Herrschaft der Engländer wurde der Palast als Sitz des Gouverneurs und des vom englischen Königshaus unterstützten Ordens „St. George and St. Michael" genutzt. Nach dem Anschluss an das griechische Königreich war er Königsresidenz. Später wurde hier das **Museum für Asiatische Kunst** untergebracht. 1993 mit Finanzhilfe der EU renoviert, fand 1994 das Gipfeltreffen der EU-Ministerpräsidenten im Palast statt. Es wird versucht, sowohl die Geschichte des Hauses zu dokumentieren, als auch das Asiatische Museum zu präsentieren. Die Sammlung wurde von griechischen Diplomaten gestiftet und unlängst neu geordnet. Ein Thema ist der Einfluss der westlichen auf die östlichen Kulturen. Im Mitteltrakt kann man vom Rotundensaal in den Sitzungssaal und den Thronsaal blicken. Im Treppenhaus lohnt der Computer einen Blick. Hier wird auf Englisch über die einzelnen Räume und Ausstellungsstücke berichtet. Im einem Flügel ist die chinesische Sammlung untergebracht, im anderen die japanische.

• **Geöffnet:** Di–So 8.30–19.30 Uhr, Eintritt 3 €, ermäßigt 2 €, Kombiticket ⇗ Alte Festung (8/4 €).

Städtische Pinakothek

Gleich neben den Räumen des Asiatischen Museums befindet sich im Seitenflügel und in Anbauten des Palastes die Städtische Pinakothek. Den Eingang auf der Rückseite des Gebäudes erreicht man durch eine kleine Parkanlage.

Thema der Ausstellung ist die Schnittstelle zwischen Ost und West (⇗ auch Exkurs im Kapitel Zákynthos-Stadt). Dem Museum angeschlossen sind Wechselausstellungen moderner griechischer Künstler.

• **Geöffnet:** Mi–So 9–15 Uhr, Eintritt 4 € (im Preis inbegriffen ist ein Freigetränk in der Bar nebenan).

Archäologisches Museum

Neben steinzeitlichen Werkzeugen, alten Münzen und zahlreichen kleineren Ausstellungsstücken aus klassischer, hellenistischer und römischer Zeit sind hier eine schöne Löwenplastik und der Giebel des Artemis-Tempels ausgestellt.

Die **Löwenplastik** entstand 630–620 v. Chr. Sie wurde 1843, als die Engländer die Festung Pantokrator abbauen ließen, wenige Meter neben dem Grab des *Menekrates* entdeckt. Ursprünglich bemalt, stellt sie eine der ältesten Figuren dar, in der Kraft und Wildheit zum Ausdruck gebracht werden. Ältere griechische Plastiken erinnern an ägyptische Figuren, denn sie wirken starr.

Der Giebel des Artemis-Tempels, auch als **Gorgo-Giebel** bekannt, entstand um 590 v. Chr. 1812 hatten die Franzosen Bruchstücke gefunden, denen sie aber keine große Bedeutung beimaßen. 1910 entdeckte dann ein Bauer beim Pflügen ein Marmorteil mit Verzierung. *F. Versakis* wurde ein Jahr später mit einer Grabung beauftragt. Kaiser *Wilhelm II.*, der bei einem Urlaub im Achillion von den Grabungen erfuhr, übernahm zeitweise die Leitung und veranlasste, dass der deutsche Archäologe *W. Dörpfeld* nach Korfu kam. Bis 1914 übernahm er die Aufsicht. Später unternahm der griechische Archäologe *Rhomaios* weitere Ausgrabungen. Zum Vorschein kamen Bruchstücke eines 17 m breiten und 3 m hohen Tempelgiebels, die man zusammengefügt und ergänzt im Museum bewundern kann.

Der Gorgo-Giebel ist eine der ältesten erhaltenen Giebelkompositionen eines griechischen Tempels. Die Figuren waren bemalt und sollten Unheil vom Heiligtum fern halten. Auch dieses Aus-

Übernachtung
2 Konstantinoupolis
3 Bella Venezia
Essen und Trinken
6 Café Nautilus
Geschäfte/Sonstiges
1 ELPA/ADAC
4 Winter-Kino Orféas
5 Open-Air-Kino Fínix
Fußgängerzone
Besichtigungen am Stadtrand
Neuer Hafen
Fähren
Ethnikis Antistasseos
Xenofontos Stratigou
El. Venizelou
Avramiou
(grüne Linie)
Start
Avrami Hügel
E. Napoleontos
S. Vassiliou
(öffentlich)
Andreadi
Kloster Platitera
A. Panagouli
Margariti
Lefkimis
Georgaki
Flughafen
0
300 m
Südkorfu

Korfu-Stadt
S.122
Alter Hafen
Byzantinisches Museum
Arseniou
Donzelot
Kremasti-Platz und Kirche
Strandbad Faliraki
Neue Festung
Zavitsianou
2
Panagia Tenedou
Mitropolis
Gouverneurspalast, Asiatisches Museum u. Städtische Pinakothek
Velissariou
Ag. Spiridounas
Kricketplatz
Eleftherias
Deutsches Konsulat
Denkmal Graf von der Schulenburg
Neue Festung (Eingang)
Loggia Nobile, Rathaus
Alte Festung
Synagoge
Dousmani
Seifenfabrik
Voulgareos
Alte Festung (Eingang)
I. Theotoki
Markt
Ag. Iakovos oder San Giacomo (kath.)
Ag. Geórgios
Touristenpolizei
G. Theotoki
Esplanade
Kapodistriou
Polichroni Konstanda
Platz San Rocco
Dessila
Mantzarou
(blaue Linie)
3
Samara
4
Dimoulitsa
Metho-diou
Aspioti
Akadimias
Kleiner Hafen
R. Vouleftou
(privat)
Vraila
5
Zafiropoulou
Polizei
Tennisplätze
I. Romanou
Marasli
Kalosgourou
Archäologisches Museum
Kolokotroni
Englischer Friedhof
G.
Alexandras
Polila
Dimokratias
Theotoki
Menekrates-Kenotaph
Gefängnis
Kiprou
Marasli
Mitr. Athanassiou
Dimokratias
Alkinoou
GARITSA-BUCHT
Vlachernon
Smirnis
Dimokratias
Windmühle
6
Desylla
Nafsikas
Iasonos Sossipatrou
Ag. Iason und Sosipatros
E. Thetoki
Halbinsel Kanoni, Casino
Schloss Mon Repos
Ag. Efimia Kanoni
Strandbad Mon Repos
©REISE KNOW-HOW 2012

stellungsstück steht am **Anfang einer kunsthistorischen Entwicklung,** denn es werden Szenen verschiedener Inhalte in unterschiedlichen Proportionen dargestellt, die kein Ganzes bilden. Erst ab dem 5. Jh. findet man Tempelgiebel, die Szenen in einheitlichen Größenverhältnissen abbilden.

Die Hauptfigur ist die **Gorgone Medusa,** deren Anblick nach griechischer Mythologie jeden zu Stein erstarren ließ. Perseus schlug der Gorgone das Haupt ab und schenkte es der Göttin Athene, die es daraufhin zur Abschreckung ihrer Gegner in ihrem Schild mit sich führte. Auf dem Giebel ist Medusa mit ihren Kindern Chrysaor und dem geflügelten Pferd Pegasus dargestellt, obwohl diese dem Mythos zufolge erst beim Tod ihrer Mutter aus deren Blut hervorgingen. Umrahmt ist die Szene von Pantherfiguren. In den Giebelecken sind Kampfszenen dargestellt: Zeus siegt über die Giganten und Achilles über den trojanischen König Priamos.

● **Geöffnet:** Di–So 8.30–15 Uhr, Eintritt 3 €, ermäßigt 2 €. Kombiticket ⇗ Alte Festung (8/4 €).

Aussicht von der Neuen Festung auf die Stadt

Byzantinisches Museum

Das Byzantinische Museum befindet sich in der **Kirche Panagía Andivouniotissa** aus dem 15. Jh. Im Museum sind über 100 Ikonen der rein byzantinischen Kunst sowie der Kretischen und der Ionischen Schule ausgestellt.

• **Geöffnet:** Di–Sa 8.30–14.30 Uhr, Eintritt 2 €, Studenten, Senioren 1 €, Kombiticket ⇗ Alte Festung (8/4 €).

Loggia Nobile

Die Loggia Nobile wurde 1663–91 erbaut und diente zunächst als Ort der Begegnung und Beratung der hohen Beamten und des Adels. Das Gebäude war ursprünglich ein eingeschossiger Arkadenbau. An der Ostfassade ist ein barockes Relief eingearbeitet, das 1691 entstand und den venezianischen Feldherren und späteren Dogen von Venedig *F. Morosini* darstellt. 1720 wurde das Haus in ein Theater umgebaut. Im 19. Jh. wurden vor allem Opern aufgeführt. Seit dem Jahre 1903 ist das **Rathaus** in der Loggia Nobile untergebracht.

Menekrates-Kenotaph

Menekrates, im 7. Jh. v. Chr. **Konsul von Korfu,** kam bei einem Schiffsunglück ums Leben. Um 600 v. Chr. wurde ihm laut Inschrift ein Ehrengrabmal errichtet. Die Reste dieses Denkmals kamen 1843 zum Vorschein, als die Engländer die Festung Pantokrator abtrugen und die Stadt erweiterten. Der kleine Rundbau kann im Hof eines ehemaligen Polizeigebäudes besichtigt werden.

Kirche Ag. Spiridounas

Die Kirchen der Stadt sind vormittags meist geöffnet. Sie stehen allen Besuchern offen. Man sollte sich hier selbstverständlich auch als Tourist an die **Kleiderregeln** der orthodoxen Kirche halten.

Der **heilige Spiridon** kam 270 n. Chr. auf Zypern zur Welt. Im 4. Jh. wurde er Erzbischof, und schon zu Lebzeiten sagte man ihm Wunderkräfte nach. Sein Leichnam kam über Byzanz und Epiros erst 1456 auf der Flucht vor den Türken nach Korfu. Die Reliquie war bis 1968 Privateigentum der Familie *Voulgaris,* die den Heiligen in einer Familienkapelle unterbrachte. Als 1550 eine Hungersnot auszubrechen drohte, versuchten es die Insulaner mit Gebeten zum heiligen Spiridon – und das Beten schien zu helfen. Seither ist der Leichnam eine viel verehrte Reliquie. Man erbaute ihm eine prachtvolle Kirche, die 1584 fertig gestellt wurde. Der Heilige stellte sich auch weiterhin den Inselbewohnern hilfreich zur Seite: Auf Korfu glaubt man, dass der heilige Spiridon die Insel 1629 und 1673 vor der Pest rettete und dass es 1716 ohne seine Hilfe nicht

gelungen wäre, die Türken in die Flucht zu schlagen. Zum Dank werden Ostersamstag, Palmsonntag, am 11.8. und 12.12. sowie am ersten Sonntag im November große Kirchfeste mit Prozessionen gefeiert.

Der **Sarkophag** mit den Gebeinen Spiridons hat eine Glasscheibe, durch die man den Kopf sehen kann. Unten ist eine Klappe eingebaut, sodass Gläubige die Füße des Heiligen küssen können.

Kirche Mitropolis
Die Kirche, auch **Panagía Spiliotissa** genannt, ist seit 1841 Sitz des orthodoxen Bischofs von Korfu. Sie wurde 1527 unweit einer Höhlenkirche erbaut. Die zweite wichtige Reliquie der Insel, der Sarkophag der heiligen Theodora, wird hier aufbewahrt.

Kirche Panagía Tenedou
1663–1749 wurde die **spätbarocke Kirche** für griechische Flüchtlinge von der Insel Tenedos (heute die türkische Insel Bozcaada) errichtet. Sie war Teil eines katholischen Karmeliterklosters. Die hohe Kuppel mit Laterne ist auf Korfu einmalig. Der 1603 gefertigte Altar besteht aus Carrara-Marmor und stammt wie die beiden Engelsplastiken aus einer älteren Kirche, die den venezianischen Bauarbeiten im 16. Jh. zum Opfer fiel.

Kirche Ag. Iakovos
Diese Kirche wurde 1632 am heutigen Rathausplatz erbaut und 1943 zerbombt. Nach dem Krieg baute man sie nach altem Vorbild wieder auf. Heute finden hier katholische Gottesdienste statt.

Kirche Panagía Kremasti
An einem schönen, ruhigen Platz mit einem alten Brunnen, der 1669 als private Stiftung aufgestellt wurde, liegt diese im 16. Jh. errichtete Kirche. Die klassizistische Altarwand aus dem 18. Jh. ist mit Ikonen jener Zeit bestückt. Ungewöhnlich sind drei horizontale Reliefstreifen mit geometrischen Motiven, die die obere Nordwand verzieren.

Englischer Friedhof
Der Englische Friedhof wurde Anfang des 19. Jh. angelegt. Liebevoll gepflegt wird die Anlage mit den alten Grabsteinen und exotischen Bäumen vom Parkwächter, dessen Familie seit mehreren Generationen hier lebt. Er hat den Friedhof zum **Pilgerort für Botaniker** aus aller Welt werden lassen. Fast alle Orchideenarten des Mittelmeerraums wachsen hier. Die meisten blühen im April/Mai, aber ein Besuch lohnt sich immer.

Die Altstadt mit der Kirche Ag. Spiridounas

Die Vorstadt Kanóni

Schloss Mon Repos mit Park

Der englische Gouverneur Sir *Adam* ließ 1828–31 von Sir *George Whitmore,* der auch mit dem Gouverneurspalast beauftragt wurde, das **neoklassizistische Schlösschen** erbauen, das zum Sitz der englischen Gouverneure wurde. Kaiserin *Elisabeth von Österreich („Sissi")* war hier zu Gast. 1864 ging das Areal in den Besitz der griechischen Königsfamilie über. Hier wurde 1921 Prinz *Philip,* der Gemahl der englischen Königin *Elizabeth II.,* geboren. Das Schloss wurde bis 1967 von der Königsfamilie genutzt. Dann stand es leer, nachdem König *Konstantin II.* 1967 das Land verlassen hatte. 1994 wurde er enteignet, seither ist die Stadt Korfu Besitzerin der Anlage. Sie veranlasste eine gründliche Renovierung und machte den Park für die Öffentlichkeit zugänglich.

Neben dem Schloss, in dem sich ein **Archäologisches Museum** befindet (⇗ unten), findet man im Park ein kleines **Theater,** in dem im Sommer Veranstaltungen stattfinden und die **Reste antiker Tempel-Anlagen.**

Museum im Schloss Mon Repos

Im Schloss wird einerseits über die ehemaligen Bewohner informiert und andererseits über die **Ausgrabungen von Paleopoli,** für die Kaiser *Wilhelm* den Archäologen *Dörpfeld* nach Korfu holte. Die Objekte sind nach Themen geordnet und mit hilfreichen Erläuterungen in englischer Sprache versehen. Es wird über die **griechische Mythologie** berichtet, beispielsweise über die Fahrt des Odysseus oder Gottheiten und die ihnen zugehörigen Kulte. Es gibt Informationen zu **Ölherstellung, Weinanbau** und zur **Körperpflege** in antiker Zeit. Außerdem findet man ein **Modell von Korfu-Stadt und Kanóni,** auf dem die Fundstellen per Knopfdruck aufleuchten. Mit einem Schnitt durch die Gesteinsschichten und den darin enthaltenen Scherbenteilen wird dargestellt, wie Archäologen arbeiten.

• **Geöffnet:** April–Oktober, Park tgl. 8–19 Uhr, Eintritt frei, Museum Di–So 8–19 Uhr, Eintritt 3/2 €, Kinder bis 12 Jahre frei.

Hera-Tempel

Im Schlosspark trifft man auf die spärlichen Überreste des Hera-Tempels. Das Heiligtum wurde um 600 v. Chr. erbaut und 428 v. Chr. wieder zerstört. Im 4. Jh. v. Chr. neu errichtet, zerschlugen die Römer 30 v. Chr. den Tempel abermals. Heute ist nur mehr ein Haufen Steine von dem einst 40 x 20 m großen Bau übrig.

027ko Foto: vb

Kardaki-Tempel

Mehr zu sehen gibt es beim um 510 v. Chr. erbauten Kardaki-Tempel. Vermutlich wurde hier Apollon verehrt. Vor der Errichtung des Tempels wurden Kulthandlungen in einer kleinen Höhle vorgenommen, die man in den Tempel integrierte. Entdeckt wurde er 1822 von den Engländern und ab 1925 ausgegraben. 1936 fanden weitere Grabungen statt. Unweit des Tempels befindet sich an der Küste die **Kardaki-Quelle,** die schon seit langer Zeit zur Wasserversorgung der Stadt genutzt wird. Eine Inschrift besagt, dass der, der von ihrem Wasser trinkt, Korfu nie mehr vergessen werde.

Infopfad Archäologie

In den letzten Jahren wurde ein Infopfad für archäologisch interessierte Besucher durch Kanóni angelegt. Auf Tafeln wird in englischer Sprache detailliert informiert.

Paleopoli

Die Arbeiten der Archäologen sind noch nicht abgeschlossen. Je nach Stand der Dinge sind die Anlagen daher eventuell nicht zugänglich. Der Eintritt ist frei.

Auch im Schloss Mon Repos ist
ein archäologisches Museum untergebracht

Die Reste der **antiken Stadt** Paleopoli sind eher spärlich. Nach den Zerstörungen im 6. Jh. n. Chr. wurde die Stadt Kérkyra weiter nach Norden verlegt und die alte Stadt Paleopoli aufgegeben. Erst 1540 siedelten die Venezianer dort wieder Söldner aus Nafplion und Monemvassia an.

Direkt gegenüber vom Parkeingang des Schlosses Mon Repos trifft man auf die **Ruinen der Kirche Ag. Iovianou.** Sie wurde als fünfschiffige Basilika auf die Ruinen eines römischen Odeons in frühchristlicher Zeit erbaut und im 6. Jh. zerstört. Die kurz darauf errichtete dreischiffige Basilika wurde im 12. Jh. ebenfalls Opfer von Zerstörungen. Danach wurde nur das Mittelschiff wieder aufgebaut. In der Hallenkirche finden sich zahlreiche Bauteile von den nahen Tempeln. 1943 wurde die Kirche von deutschen Bomben getroffen.

Wenige Meter weiter finden sich die Ausgrabungen einer **römischen Badeanlage,** die um 200 n. Chr. entstand und im 6. Jh. zerstört wurde.

Artemis-Tempel und Moní Ag. Theodori

Etwas weiter westwärts liegen die spärlichen **Ruinen des Artemis-Tempels**. Das ab 590 v. Chr. erbaute Gebäude war 48 x 22 m groß. Die Fundstücke aus dem Giebelfeld (Gorgo-Giebel) befinden sich im Archäologischen Museum.

Neben dem Artemis-Tempel trifft man auf das Kloster **Moní Ag. Theodori.** Hier entstand zwischen dem 5. und 8. Jh. eine dreischiffige Basilika. In späterer Zeit baute man das Mittelschiff zu einer Hallenkirche aus, während die beiden Seitenschiffe abgetragen wurden. Im 18. Jh. war die **Klosteranlage** verlassen, bis der englische Gouverneur Sir *Maitland* 1816 festlegte, dass sie wieder von Nonnen bewohnt werden solle. In den folgenden Jahren entstand das heutige Kloster.

● **Geöffnet:** täglich 9–13 und 17–20 Uhr, „anständige“ Kleidung wird erwartet.

Kirche Ag. Iason kai Sosipatros

Die **byzantinische Kreuzkuppelkirche** entstand um 1000 n. Chr. auf den Grundmauern eines frühchristlichen Gotteshauses. Im 14. und 15. Jh. war um sie herum ein Kloster entstanden. 1537 erlitt der Bau durch den Angriff der Osmanen große Schäden, und die Südwand musste neu aufgebaut werden. Im Inneren befinden sich Freskenreste aus dem 11. Jh. sowie eine Altarwand aus buntem Marmor. Im Boden sind Gräber eingelassen. Die für die Außenwände verwendeten Steine stammen meist von antiken Gebäuden. Dazwischen sind Ziegelschichten eingearbeitet, sodass die unverputzten Wände ein hübsches Muster erhalten. Eine Infotafel weist darauf hin, dass im Kloster die letzte byzantinische Prinzessin verstorben ist. Die nahe der Windmühle gelegene Kirche ist vormittags für Besucher zugänglich.

Rundgang durch die Altstadt

Die **Rundgänge** können nur einen ersten Überblick geben. Bedeutende Sehenswürdigkeiten werden weiter vorn ausführlicher beschrieben; sie sind in den Rundgängen mit **Stern*** gekennzeichnet (vgl. auch Stadtplan).

Der Rundgang beginnt an der **Esplanade*.** Bevor man sich auf den Weg durch die Stadt macht, bietet sich der Besuch der Alten Festung an. Am Eingang der **Alten Festung*** erhebt sich das **Denkmal** für den Grafen *von der Schulenburg,* der die Insel 1716 gegen die Osmanen verteidigte. Nach einem Besuch der Alten Festung durchquert man den Park der Esplanade und biegt vor den Arkadengebäuden der **Liston*** nach rechts, folgt der Eleftherías am Kricketplatz entlang auf den **Gouverneurspalast*** zu, in dem das **Asiatische Museum*** untergebracht ist. Hier lohnt ein Abstecher nach rechts: Durch einen Torbogen erreicht man einen Park vor dem Eingang der **Pinakothek*.**

Wieder am Haupteingang des Palastes angelangt, folgt man der Straße, die sich neben dem Gebäude nach Norden schlängelt. Die Odos Arseniou macht eine scharfe Kurve und führt mit Blick auf das Meer an der Küste entlang. Ein Schild markiert nach links das **Byzantinische Museum*.** Dann erreicht man den **Alten Hafen.**

In der ersten Ecke des Hafens öffnet sich ein kleiner Platz, hinter dem Treppen zur **Kirche Mitropolis*** hochführen. Steigt man nun die Treppe wieder hinab und geht nach rechts zur Ecke des Platzes, gelangt man zu einer schmalen Treppe. Die Stufen erklimmend, erreicht man einen weiteren Platz. Man überquert diesen und schlängelt sich zwischen den Tischen der Tavernen zur Odos Theodoras durch, die linke der beiden Gassen, die rechts hinter den Stühlen beginnen. Nach 50 m folgt man dem Schild „Venetian Well" und kommt so in die Gasse 3. Parodos Kominion, die unter altem Gewölbe hindurch auf den malerischen **Kremasti-Platz** führt. Sehenswert ist auch die Kirche **Panagía Kremasti*.**

Zurück geht's wieder unter dem Gewölbe hindurch zum Platz mit den Tavernenstühlen, den man diagonal überquert, und man folgt wieder der Treppe abwärts zum alten Hafen. Vorne am Hafen geht man nach links auf der Odos Zavitsianou auf die Neue Festung zu. Vor der Festung wendet man sich nach links. Am Ende des Platzes Platía Neou Friouriou biegt man nach rechts in die Odos Solomou ab. Sie führt an der barocken **Kirche Panagía Tenedou*** vorbei. Das Schild „New Fortress" weist den Weg zur **Neuen Festung*.**

Nach einem Besuch der Neuen Festung folgt man der Straße wieder abwärts, geradeaus am Platz vorbei, bis man auf die Odos N. Theotokou trifft, eine belebte Gasse voller Läden, der man nach rechts an der **Kirche Ag. Antonios kai Andreas** vorbei aufwärts folgt, bis sich rechter Hand die **Kirche Ag. Vasilios kai Stephanos** erhebt. Hinter dieser Kirche zweigen zwei Straßen nach rechts ab. Man wählt die zweite, die Odos M. Theotoki, und überquert auf ihr mehrere Straßen, bis man hinter der Loggia Nobile auf den Rathausplatz stößt. Man umwandert die Loggia Nobile auf drei Seiten und trifft dann auf die Odos Voulgareos, in die man nach rechts einbiegt. Über sie erreicht man die **Esplanade.** Auf der Rückseite der Arkadengebäude verläuft die lebendige Odos Kapodistriou. Sie führt zur Odos N. Theotokou, die nach wenigen Metern nach links abzweigt. Sie erweitert sich bald schon zu einem kleinen Platz. Linker Hand erhebt sich die **Kirche Ag. Ioánnis Prodromos** und gegenüber die Kirche **Kyria Faneroménis.** Beide sind mit alten Ikonen ausgestattet. Ein Blick ins Innere lohnt sich für Interessierte. Am **Denkmal** für *Geórgios Theotokis* vorbei, erreicht man über eine schmale Gasse die **Kirche Ag. Spiridounas*;** sie ist ausgeschildert. Nach diesem Abstecher begibt man sich zurück auf den Platz, biegt nach links in die Fußgängerzone ein und erreicht so wieder die Esplanade.

Die Arkaden an der Esplanade

Spaziergang am Stadtrand

Zum Ausgangspunkt dieser Tour fährt man am besten mit Bus Nr. 2 vom Zentrum in Richtung Kanóni bis zum Eingang des Schlossparks Mon Repos. Auf der gegenüberliegenden Straßenseite liegt die Ruine der alten **Basilika von Paleopoli***, die **Ag. Iovíánou.** Wenige Meter weiter befinden sich die überdachten Ausgrabungen alter Thermen.

Im **Schlosspark Mon Repos*** kann man neben dem renovierten Schlossgebäude mit **Museum*** und der schönen Gartenanlage auch die Überreste des **Hera-Tempels*** sowie die sehenswerten Reste des **Kardaki-Tempels*** besichtigen.

Verlässt man den Park durch den Haupteingang und geht nach rechts zurück bis zur Kreuzung, kommt man am Nonnenkloster Kloster **Moní Efimía** vorbei. Wenige Meter weiter zweigt nach links von der Odos Theotoki, die sich nach rechts zieht, ein Fußweg ab, über den man zwischen Gartenmauern den Hang hinunter auf eine Straße gelangt. An dieser erhebt sich links die alte **Kirche Ag. Iason kai Sosipatros***.

Hinter der Kirche biegt man nach rechts in die Odos Iasonos-Sossipartou ein und erreicht so die Uferstraße in der Nähe der **Windmühle** am Kap.

Korfu

711ko Foto: vb

Korfu, Altstadt
Alter Hafen
neuer Hafen
Arseniou
Donzelot
Ipapandis
Pierri
Petridou
Timoxe nou
Panagia
Kremasti
Kremasti-
Platz
Ag. Theodoras
Einbahnstraße
Xenof. Stratigou
Pferdekutschen
und Taxis
Zavitsianou
1
Konstantinou
Platia
Mitropolis
Vaianou
Mitropolis
Feilelinon
Themistokleous
Nikolaou
Dona
Prosalendou
Alipiou
Mitropoleos
Neue
Festung
Ag. Antonios
u. Ag. Andreas
Platia
Lemonia
2
Maniaris
Neou
Friouriou
Kapelou
Nikiforou Theotoki
Panagia
Tenedou
Ag. Apostoli
Filharmonikis
Odos Solomou
Kotardou
Ag. Pateres
Delvinioti
Neue Festung
(Eingang)
Velissariou
Ag. Sofias
Korinthion
Ag.
Varvaras
M. Theotoki
Schoulemvourgou
Ag. Pateron
Sotiros
Platia
Vrachlioti
Paleologou
Neue
Festung
Loggia Nobile
neuer Hafen
Rathaus-
platz
Voulgareos
Skaramanga-
platz
Chroni
Markora
Padova
D. Kolla
Lochagou Spirou Vlaikou
Markt
San Rocco Platz
Theotoki

Übernachtung
1 Hotel Konstantinoupolis
Essen und Trinken
2 Taverne La Familia
3 Ouzerie Mouragia
4 Techniki Café
5 Grillroom Chryssomalis
Fußgängerzone
Stadtrundgang
Byzantinisches Museum
Ag. Andreas
Einbahnstraße
Prosforou
Rartourou
Komninon
Apollodorou
Pantokratoras
Platia Taxiarchon
Sof. Dousmani
Strandbad Faliraki
Ag. Elenis
Manesi
Ousakof
Ai Katerinis
Gouverneurspalast, Pinakothek und Asiat. Museum
Ag. Nikolaos
Platia Ag. Eleni
Vouthroutou
Leontos
Epidamou
Theodosiou
Vourotou
Ag. Spiridounas
Artis
Aghiou Spiridonos
Platia Kolla
Kalochairetou
Neotoikos
Pargas
Liston
Kapodistriou
Platia Iroon
Ipirou
Deutsches Konsulat
Panagia ton Xenon oder Kyria Faneroménis
Odos Theotoki
Ag. Ioánnis Prodromos
Kricketplatz
Sevastianou
Panagia Vlachema und Ag. Pateres
Eleftherias
Agion Panton
Pferdekutschen und Taxis
Odos Voulgareos
(Gebührenpflichtig)
Denkmal Graf von der Schulenburg
Ag. Iakovos
START
Vlasopoulou
Dousmani
Esplanade
Giotopoulou
Alte Festung (Eingang)
Vondiolou
Manou
Halbinsel Kanoni, Schloss Mon Repos
0
100 m
Korfu

Parallel zur stark befahrenen Odos Dimokratias, die am Meer entlangführt, verlaufen Fußwege durch einen Park. Man kommt an der Boccia-Bahn vorbei und folgt der Küstenlinie bis zum Kreisverkehr. Hier mündet die Odos Menekratous auf die Uferstraße. An ihrem Ende trifft man auf das **Grabmal Menekrates-Kenotaph*.** Dort hält man sich halb links und folgt dann der Odos Kiprou ebenfalls nach links. Eine in spitzem Winkel rechts abzweigende Straße führt zum **Gefängnis** hoch. Man wandert nach rechts um den Rundbau herum. Auf der hinteren Seite des Ziegelrundbaus zweigt die Odos Kolokotroni von der Kreisstraße ab und führt zum **Englischen Friedhof*.**

Folgt man der Straße weiter bis zur Kreuzung, geht dann nach rechts in die Odos Mitropoliti Methodiou, biegt nach wenigen Metern rechts ab und folgt der Odos Zafiropolou, so trifft man auf die breite Alexandras. Dieser folgt man nach rechts, kommt an der Polizei vorbei, überquert die Odos Kalosgourou und zweigt kurz vor dem Rondell nach links in die Odos N. Theotoki ab, die zum **Archäologischen Museum*** führt. Vor dem Museum wendet man sich nach rechts und trifft auf die Uferpromenade Dimokratias, auf der man nach links den Berg hochgeht. Von einer kleinen Grünanlage am Straßenrand hat man eine schöne Aussicht auf den Jachthafen und die Alte Festung. Kurz darauf erreicht man das südliche Ende der **Esplanade*.**

Ausflüge

Moní Vlachérna, Mäuseinsel Podikonísi

Das Kloster und die Mäuseinsel sind mit **Stadtbus Nr. 2** zu erreichen. Er fährt vom neuen Hafen über die Odos Alexandras unweit des San Rocco Platzes nach Kanoni zum Parkplatz bei den Ausflugstavernen, von denen man Aussicht auf die beiden Attraktionen hat (⇗„Die Region Mesis“). Eine Treppe führt von einer Taverne hinunter zum Hafen.

Zur Insel Vido

Auf Vido befand sich vermutlich ein antiker Tempel. In byzantinischer Zeit wurde eine Kirche auf der Insel errichtet. Die Engländer bauten Vido zu einer Festung aus, die sie sprengten, bevor sie sich von Korfu zurückzogen. Dabei wurde auch die Kirche zerstört. Von der Festung sind noch Reste erkennbar. Ein Kriegerdenkmal wurde nach dem Ersten Weltkrieg von Serben erbaut. Flora und Fauna der Insel sind geschützt. Man kann das **ruhige Eiland** auf Fußpfaden erkunden, eine Umrundung dauert ca. 1½ Stunden.

029ko Foto: vb

Korfu

Auf Vido leben sehr viele Kaninchen, die auf den Wegen hin und her hoppeln. Während der Hauptsaison wird hier eine Taverne betrieben. Dann fährt vom alten Hafen aus stündlich ein Boot zur Insel, auch am späten Abend, es kostet pro Person 2 € hin und zurück. Auf Vido findet man mehrere angenehme Badestellen mit Kieselstrand, die bei den Städtern sehr beliebt sind.

Zur Seelöwen-Show

Das Boot „Kalypso Star" fährt stündlich vom alten Hafen auf die Rückseite der Insel Vido zur Seelöwen-Show. Dort geht das Boot vor Anker, und Taucher füttern Fische und präsentieren Meerestiere, dressierte Seelöwen und Robben. Durch **Glasfenster im Rumpf** der „Kalypso Star" kann man die Taucher mit den Tieren beobachten.

- **Tickets** kann man am alten Hafen erwerben, Erwachsene 14 €, Kinder 8 €; das Boot ist oft voll besetzt, Reservierung unter Tel. 26610-46525, 45151, Fax 23506, Handy 6972474031; So 11–16 Uhr, wochentags in der Hauptsaison 10–18 Uhr.

Das Kloster Moní Vlachérna

Bootsausflüge nach Paxos, Antipaxos, Parga

Tour 1: Man fährt nach Paxos, dort an der Küste entlang und legt in Gaios ein Pause ein. Dann geht es zu einem Strand auf Antípaxos. **Tour 2:** führt nach Paxos und nach Parga, einem malerischen Ort auf dem griechischen Festland mit einer venezianischen Festung, vorgelagerten Inseln und Strand.

- Alle Ausflüge werden für je 25 € pro Person vom neuen Hafen aus angeboten, Abfahrt ist gegen 9 Uhr. Mit Bustransfer vom Hotel zum Hafen kann man diese Touren in den Reisebüros buchen, sie kosten 32–35 €. Dann wird man gegen 7/8 Uhr am Hotel abgeholt und ist gegen 18/19 Uhr wieder zurück. Badesachen nicht vergessen!

Nach Albanien

Bei den organisierten Touren werden die Stadt **Saránda** sowie die antike römische Stadt **Butrint** (kostet extra) angesteuert. Der Ausflug sei all denjenigen empfohlen, die sich für Archäologie interessieren. Die Tour ist mit einer anstrengenden Busfahrt verbunden, hat mir aber sehr gut gefallen.

- **Preise:** 25 € nach Saránda, nach Butrint 19 € extra. Dazu kommen weitere Gebühren, sodass mit ca. 60 €/Pers. gerechnet werden muss. Man benötigt einen **Reisepass.**

103ko Foto: vb

Strände

Strandbad Mon Repos, Faliraki

In den Strandbädern Mon Repos (Eingang in der Odos E. Theotoki, unweit der Windmühle, zu erreichen per Bus Nr. 2) und Faliraki (direkt hinter dem Gouverneurspalast) kann man direkt in der Stadt im Meer baden. Meist ist es voll. Sommer tgl. 9–17.30 Uhr, Eintritt 1,50 €/Kinder 0,60 €.

- **Service:** Duschen, Umkleidekabinen, Taverne, Kinderspielplatz.
- **Anfahrt:** Stadtbus Nr. 2 bis zum Eingang des Schlosses Mon Repos, am Kloster Moní Efimía vorbei in Richtung Stadtzentrum gehen und nach rechts in die Odos E. Theotókou abzweigen.

Insel Vido

Schöner sind die Badestellen auf der Insel Vido, die man stündlich vom alten Hafen aus erreicht, das Schiffsticket kostet 2 € hin und zurück. Auch diese Badeplätze sind bei den Städtern beliebt. Das Boot fährt stündlich.

Praktische Tipps

Information

- **EOT,** neben der Loggia Nobile, Ecke Odos Evangelismos/Odos Kala, Tel. 26610-37520, Fax 30298, www.gnto.gr; geöffnet nur während der Hauptsaison am Vormittag. Man verteilt hilfreiche Stadtpläne und Inselkarten.
- Weitere Infos im **Internet** unter www.kerkyra.gr, www.corfu.gr, www.corfuland.gr.

Anreise, Verkehrsmittel

- Der **Flughafen** liegt am Stadtrand, es besteht keine Busverbindung. Anreise und Fähr- und Schiffsverbindungen ⇗„Praktische Reisetipps A–Z“.
- **Bus:** Die Busverbindungen sind relativ gut. Die grünen Überlandbusse starten unweit des neuen Hafens. Infos zum Busfahrplan der grünen Busse erhält man telefonisch unter 26610-28927. Die blauen Stadtbusse fahren vom San-Rocco-Platz auch in die nähere Umgebung. Busfahrpläne erhält man gratis am Busbahnhof der Überlandbusse. Der Stadtbus kostet 1–2 €.

Auf der Insel Vido

- **Taxi:** Zahlreiche Taxis stehen zur Verfügung. Taxistände findet man an der Esplanade und am alten Hafen. Man sollte darauf achten, dass das Taxameter eingeschaltet ist. Empfehlenswert sind die Radiotaxis, Tel. 26610-33811/2.
- **Mietfahrzeug:** Zahlreiche Fahrzeugvermieter zwischen dem neuen und dem alten Hafen an der Uferstraße.
- **Tankstellen** gibt es vor allem am Stadtrand, z.B. am neuen Hafen oder unweit des Flughafens.

Unterkunft

- **Hotel Konstantinoupolis,** am alten Hafen, Odos Zavitsianou 11, Tel. 26610-48717, Fax 80716, www.konstantinoupolis.com.gr. Schöne DZ, teils mit Balkon, Hafenblick, Bad, TV, Telefon, Heizung; EZ 58–98 €, DZ 78–118 €, Frühstück 8 € p.P., Reservierung notwendig.
- **Hotel Bella Venezia,** Odos Zambeli 4, Tel. 26610-46500, Fax 20708, www.bellaveneziahotel.com. Gepflegtes Altstadthaus, im Zentrum unweit der Esplanade gelegen, mit freundlichem Personal. Bad, Balkon, AC, Kühlschrank, TV, Telefon, Fön; EZ mit Frühstück 92–117 €, DZ 112–140 €, Dreier-Zimmer 132–160 €, Vierer-Zimmer 197–230 €.

Essen und Trinken

- **Café Nautilus,** bei der Windmühle am südlichen Buchtende, schöner Ausblick; Essen gut, Preise hoch.
- **Grillroom Chryssomalis,** Odos N. Theotoki 6, gleich hinter der Esplanade, hier essen die Griechen, Preise o.k.
- **Ouzerie Mouragia,** Odos Arseniou 15–17, guter Fisch, die Preise sind o.k.
- **Taverne La Familia,** Odos Arlioti 16 im Viertel Kambielo, Tel. 26610-30270, italienische Speisen, ab 22 Uhr sehr voll; viele Korfioten schätzen dieses versteckte, gute Restaurant.
- **Techniki Café,** im Park vor der Pinakothek. Ruhig, schattig, eine nette Oase.

Abendstimmung am alten Hafen in Korfu-Stadt

Internet

- **Neotoikos Internetcafé,** Odos Kaloxairetou und Pargas 12–14, Tel. 26610-47479, Mo–Sa 10–24 Uhr, So 18–24 Uhr, pro Stunde 3 €. Liegt versteckt, man findet es, indem man am Platz gegenüber der Kirche Ag. Ioannis Prodromos nicht dem Wegzeiger zur Kirche Ag. Spiridounas folgt, sondern auf die rechte Platzecke zugeht; neben Benetton führt eine kleine Passage zur Odos Pargas.

Einkaufen

- Die **Altstadt** Korfus ist voller Geschäfte – hier ist fast alles zu haben, v.a. Früchte, Souvenirs, Schuhe und Bekleidung.
- Obst kauft man günstig vormittags auf dem **Markt.**
- Größere **Supermärkte** liegen am Stadtrand. In Kontokali an der Hauptstraße und auf dem Weg zum Achillion beim Flughafen gibt es Lidl-Märkte.
- Eine gute **Bäckerei** befindet sich gleich neben dem Internetcafé (⇗ oben).
- Der **Zeitungskiosk** an der Rückseite der Esplanade ist unschlagbar: Es gibt keine große deutsche Tageszeitung, die der Miniladen nicht führt.

110ko Foto: vb

413ko Foto: ah

Entspannte Bewohnerin von Korfu-Stadt

Aktivitäten

- Vom alten Hafen legen Boote zur Insel Vido ab sowie das Boot „Kalypso Star", das zur Seehund-Show fährt. Alle anderen **Ausflugsboote** fahren vom neuen Hafen aus ab. Informationen über Ausflüge geben die meisten Reisebüros oder Ionian Cruises, Tel. 26610-38690, Fax 26555, www.ionian-cruises.com; Tickets kann man am alten Hafen kaufen.
- **Minicars für Kinder** an der Esplanade.
- **Rundfahrt mit der Pferdekutsche,** der Preis hängt vom Verhandlungsgeschick, von der Strecke und der Personenzahl ab, für 30 Min. werden rund 40 € verlangt!
- **Besichtigung einer Seifenfabrik:** Es wird die traditionelle Herstellung von Olivenseife gezeigt, und man kann natürlich auch Seifen erwerben. Seifenfabrik Patounis, Ioannou Theotoki 9 (unweit Platz San Rocco), geöffnet Mo–Fr 9–14 Uhr, Di, Do, Fr auch 18–20 Uhr, Tel. 26610-39806, sehr empfehlenswert.

Nachtleben

- **Musik und Theater:** Im Sommer werden häufig Konzerte und andere Veranstaltungen organisiert. Teils finden sie in hübscher Umgebung statt, z.B. in der Neuen Festung oder im Park von Mon Repos. Was wann wo geboten wird, erfährt man von der Touristenbehörde EOT.
- **Kino:** Das Fínix wird im Sommer open air betrieben; Tel. 26610-37482. Im Winter finden die Vorführungen gegenüber im Orféas (Tel. 26610-39768) statt. Die Filme werden meist im Originalton mit griechischen Untertiteln gezeigt.
- **Volta:** Sehen und Gesehenwerden, das ist das Motto des abendlichen Spaziergangs, den die Griechen „Volta" nennen und der natürlich auf der Flaniermeile der Stadt, an der Esplanade, stattfindet. Wer hier dem abendlichen Treiben zusehen möchte, wird es aber nicht leicht haben, in bester Lage ein Plätzchen im Café zu ergattern.
- **Kasino:** im Hotel Corfu Holiday Palace in Kanóni, Odos Nafsikas 2, Tel. 26610-36540, www.corfu-casino.gr.
- **Diskotheken, Clubs, Bars:** Bars und Nachtclubs findet man an der Ausfallstraße hinter dem neuen Hafen in Richtung Norden. Hier ist erst nach 24 Uhr Betrieb.

Nützliche Adressen

- **Krankenhaus:** am Stadtrand ausgeschildert, Tel. 26610-88200 oder 88212 (öffentlich) oder 26610-36044 (privat).
- **Ärzte:** Nach Fachärzten erkundigt man sich beim EOT; er informiert über Augen-, HNO-, Zahn- und Kinderärzte mit englischen und deutschen Sprachkenntnissen.
- **Krankenwagen:** Tel. 166.
- **Polizei:** Odos Alexandras 19, Tel. 26610-37696, Notruf 100.
- **Touristenpolizei:** San-Rocco-Platz, kann erste Anlaufstation bei Notfällen sein, da hier immer jemand zu erreichen ist, der Englisch spricht, Tel. 26610-39503.
- **Geld:** Banken und Automaten z.B. am alten Hafen, am San-Rocco-Platz, an der Esplanade und Odos Alexandras.
- **Tiere in Not:** The Ark, Tel. 26610-80308, Handy 6979 798202, www.corfuanimalwelfare.com, und Tierhilfe Korfu, www.tierhilfe-korfu.de. Hund und Katze warten auf eine Adoption, Spenden sind willkommen.

Die Region Mesis

Mesis ist die am dichtesten besiedelte Region der Insel. Sie erstreckt sich über **Mittelkorfu** mit der Inselhauptstadt und dem Flughafen. Mit Fluglärm (auch nachts) ist insbesondere bei Benítses, in Korfu-Stadt und in Kontókali zu rechnen.

Landschaft

Im Norden ist Mesis hügelig. Um Ropa herum befindet sich ein breites Tal. Zur Westküste steigt das Land an und fällt als Felsenküste mit zahlreichen Sandstrandbuchten steil ins Meer ab. Das Gebirge in Süd-Mesis ist mit Wald und Macchia bewachsen. In den Tälern gedeihen Olivenbäume.

Tourismus

Nördlich von Korfu-Stadt ziehen sich die Touristenorte Kontókali, Gouviá, Dafnila, Komeno, Dassiá und Ipsos als eine nicht enden wollende Siedlung an der **Ostküste** entlang. Zahlreiche große Hotelanlagen beherbergen hier überwiegend Pauschalurlauber. Die meisten Strände an der **Westküste** wurden in den letzten Jahren ebenfalls touristisch erschlossen; auch hier entstanden Großhotels. Die Dörfer **im Landesinnern** sind hingegen vom Tourismus kaum entdeckt. Ausnahmen machen Pélekas und Gastoúri mit dem Achillion.

Tipps für die Region

Verkehrsmittel

- **Bus:** Die Busverbindung entlang der Ostküste von Dassiá über Korfu-Stadt bis Moraítika sind gut, ebenfalls einfach zu erreichen sind Paleokastrítsa, Pélekas, das Achillion, Ag. Górdis und der Strand Glyfáda. Viele kleinere Dörfer sind hingegen schlecht angebunden. Am Wochenende fahren weniger Busse!
- **Taxi:** Im ganzen Bereich kann man Radiotaxis bestellen. In der Stadt Tel. 26610-33811, außerhalb 26610-33812.
- **Mietfahrzeug:** Wer wirklich etwas sehen will von der Region, dem rate ich zum selbstgesteuerten (Miet-)Fahrzeug; ein großes Angebot bietet sich in den Touristenorten an der Ostküste (⇗„Reisetipps A–Z, Mietfahrzeuge“).
- **Tankstellen:** bei Potamós, hinter Gouviá, in Dassiá, nördlich von Pirgí, vor Paleokastrítsa, in Váthos, 6 km von Pélekas entfernt, in Ag. Górdis, um Korfu-Stadt herum, an der Hauptstraße nach Pérama, in Moraítika, in Ag. Matthäos.

Einkaufen

In den meisten Touristenorten findet man **Souvenirgeschäfte,** die die üblichen industriell gefertigten Andenken verkaufen. Schöne Souvenirs sind die Handarbeiten aus Olivenbaumholz, die an der Straße zwischen Pirgí und Ag. Markos angeboten werden.

Für einen Einkaufsbummel eignet sich ein Besuch von Korfu-Stadt am besten. Waren für den täglichen Bedarf findet man im Super-Market, der am ehesten mit einem **Tante-Emma-Laden** verglichen werden kann. Größere Läden, die eher unseren **Supermärkten** entsprechen, findet man vor allem um Korfu-Stadt herum, z.B. bei Kontókali den Lidl-Markt oder hinter dem Flughafen, auf dem Weg zum Achillion.

Aktivitäten/ Nachtleben

- **Golf:** bei Ermones, Golfplatz Corfu, 26610-94221.
- **Reiten:** Trailriders Ano Korakiana, *Sally* und *Mark,* Tel. 26630-23090, Handy 6946653317, www.trailriderscorfu.com, oder in Avláki bei Kassiópi, ⇗„Der Nordosten“.
- **Mountainbike:** The Corfu Mountainbike Shop, in Dassiá an der Hauptstraße, www.mountainbikecorfu.gr, Tel. 26610-93344 oder 97609, Fax 93344, 46100, gute Giant-Mountainbikes für 10–20 €, auch organisierte Touren.
- **Wasserpark Aqualand,** 6 km von Pélekas entfernt, gelegen an der Hauptstraße nach Paleokastrítsa. Der große Swimmingpool mit seinen quietschbunten Rutschbahnen wirkt ein bisschen wie eine Fata Morgana, zieht aber Kinder magisch an. Geöffnet: Mai bis Oktober, Mo–So 10–18 Uhr, Juli/August bis 19 Uhr, Eintritt 25/18 €, nach 15 Uhr 17/13 €, Tel. 26610-52963, www.aqualand-corfu.com.
- **Nachtschwärmer** finden in zahlreichen Küstenorten, v.a. aber in **Ipsos** und **Moraítika,** Unterhaltung.

Nützliche Adressen

- **Krankenhaus:** in Korfu-Stadt (⇗ dort), Tel. 26610-88200.
- **Notruf Krankenwagen:** Tel. 166.
- Die niedergelassenen **Ärzte** machen mit Werbeschildern auf sich aufmerksam.
- Bei Schwierigkeiten wendet man sich am besten an die **Touristenpolizei** in Korfu-Stadt, San-Rocco-Platz, Tel. 26610-39503.
- **Geld:** Bankautomaten in Gouviá an der Hauptstraße; in Dassiá: beim Supermarkt Damon und vor dem Campingplatz Karda Beach an der Hauptstraße; zwei Automaten findet man an der Uferstraße in Ipsos, einen in Benítses, einen in Ag. Matthäos in Ag. Górdis und einen in Moraítika an der Hauptstraße.

- **Wäschereien:** Gouviá, an der Hauptstraße im südlichen Ortsteil kurz vor Kontókali, Tel. 26610-91127, Mo, Di, Do, Fr 8.30–20.30 Uhr, Sa, Mi 8.30–14.30 Uhr.
- **Internetcafés:** in Dassiá, Ipsos, Benítses, Messongí und Moraítika (⇗ jeweilige Ortsbeschreibungen).

Gouviá und Kontókali

In Gouviá gibt es eine **große Marina** für Segelboote und Jachten. Wer mit einem Boot anreist, kann eventuelle technische Probleme hier beheben lassen. Mit einem entsprechenden Bootsführerschein ist es außerdem möglich, vor Ort ein Boot zu mieten.

Schon die Venezianer hatten in der Bucht einen Hafen angelegt. 1537 und 1716 landeten die Türken in Gouviá und versuchten von hier aus vergeblich, Korfu-Stadt zu erobern. Die Venezianer ließen nach diesen Erfahrungen im 18. Jh. den Hafen verstärken. Drei große Hallen für Schiffsreparaturen entstanden, deren beeindruckende **Ruinen** noch hinter dem Strand zu finden sind. Im mittleren Giebel der Ostwand ist ein venezianisches Wappen eingearbeitet, an der Ostseite des Hauptportals ist die Jahreszahl 1778 zu erkennen.

Die Orte Kontókali und Gouviá bestehen überwiegend aus Hotels, Pensionen, Restaurants und Souvenirshops. Am **Kap von Ko-**

401ko Foto: ah

meno, welches mit mehreren Großhotels leider fast lückenlos zugebaut ist, befindet sich eine kleine, ins Meer gebaute Kirche, die vom Land über einen Steg zu erreichen ist.

Nützliche Adressen

● Informationen zum **Seglerhafen Gouviá:** Tel. 26610-91900 oder 91376, www.medmarinas.com.

Strände

Kontókali

Auf der stadtnahen, grünen Halbinsel Kontókali befinden sich Hotels und Villen. Der Blick fällt auf die Inseln Lazaretto und Vido. Der öffentliche Sandstrand befindet sich direkt neben einem großen Hotelstrand und ist recht klein, wird aber von den Korfioten aus der Stadt häufig aufgesucht. Hinter der Standtaverne erheben sich große Bäume.

● **Service:** Taverne, WC, Liegen und Schirme, sauber.

● **Anfahrt:** Bus bis zur Hauptstraße, von dort aus führt eine kleine Straße ca. 1 km auf die Halbinsel, kaum Parkmöglichkeiten, dem Schild „Kontókali Beach" folgen.

Gouviá

Eine große, von den Kaps umschlungene Bucht, an deren südlichem Ende sich der größte Jachthafen der Insel befindet. Hinter dem schmalen, rund 500 m langen Kieselstrand befinden sich Bäume und die Ruinen der venezianischen Hafenanlage, am nördlichen Strandende liegt der Ortskern mit zahlreichen Hotels, Tavernen und Bars. Während der Saison ist der Strand daher fast immer gut besucht bis voll.

● **Service:** Tavernen, Dusche, WC, Telefon, Supermarkt, Volleyballnetz, einfach zu erreichen für Leute mit Gehbehinderungen, Strandsäuberung, Liegen und Schirme, Wassersport.

● **Anfahrt:** Bus an der Hauptstraße, von dort rund 500 m zum Strand, Parkmöglichkeiten beim Hafen im Süden.

Dafníla

Das einstmals schöne Kap Komeno und der Strand Dafníla sind heute verbaut. Die Gärten der großen Hotelanlagen überziehen die ganze Halbinsel. Die Strände, teils sandig, teils mit Kies, sind gut besucht von Hotelgästen. Von hotelfremden Gästen ist an einigen Stellen der Zutritt auch gar nicht erwünscht.

Schwalbenschwanz am Wegesrand

Ipsos und Dassiá

In den Küstenorten Ipsos und Dassiá treffen sich in den letzten Jahren immer mehr Urlauber, die sich tagsüber die Zeit am Strand vertreiben und abends feuchtfröhliche Unterhaltung suchen. **Pirgí** dagegen klebt am Hang und lockt mit schöner Aussicht auf die Küste.

Unterkunft

- **Villa Elli,** an der Straße zwischen Pirgí und Spartílas, Tel. 26610-97471, Handy 6937192561. Einfache Vierer-Apartments mit Küche, Bad, Balkon und herrlicher Aussicht. *Elli* und *Nikos Gisdakis* sprechen nur Griechisch. In der HS hört man manchmal die Bars von Ipsos. 20–60 €.

Essen und Trinken

- **Café Bar Off Town,** an der Straße zwischen Pirgí und Spartílas, toller Blick auf die Bucht von Ipsos. Die Bar ist abends v.a. bei jungen Griechen beliebt.
- **Taverna Le Grand Balcon,** an der Straße zwischen Pirgí und Spartílas. Das beliebte Restaurant mit tollem Blick bietet gute griechische Küche, Preise gehoben, Tel. 26610-93958.
- Eine preisgünstige **Taverne** mit einfachen Speisen und griechischem Flair liegt genau gegenüber der Tankstelle am oberen Ortsende von Pirgí. Auch sie besitzt eine Terrasse mit herrlicher Aussicht.

Internet

- **Internetcafés:** Dassiá, an der Hauptstraße gegenüber vom Hotel Chandris; Ipsos, in einer Bar hinter dem Strand.

Strände

Dassiá

An einer langgestreckten Bucht mit grünem Umland zieht sich hinter dem schmalen, meist flach abfallenden Kiesstrand eine Uferpromenade für Fußgänger entlang, hinter der sich zahlreiche Hotels und Lokale aneinander reihen. Die Straße liegt hinter der Bebauung, kleine Stichstraßen führen zwischen den Hotels an den Strand. An der Hauptstraße entlang reihen sich Autovermieter, Supermärkte, Reisebüro etc. Am südlichen Rand von Dassiá zweigt eine kleine Straße ab, die zu einem naturbelassenen Strandstück bei einer Bachmündung und einer Kirchenruine führt. Bäume spenden hier Schatten, der Kiesstrand (Badeschuhe!) fällt flach ab. Am Hauptstrand von Dassiá dagegen baden viele Gäste aus den Hotels am Ort. Daher ist der Strand sehr gut besucht bis voll.

● **Service:** Tavernen, Telefon, Supermarkt, Dusche, WC, Schirme und Liegen, Wassersport, im Wasser ein Volleyballnetz, Bootsanlegesteg, einfach zu erreichen für Leute mit Gehbehinderungen, Strandsäuberung.

● **Anfahrt:** Bushaltestelle an der Hauptstraße, Parkplätze.

Ipsos und Pirgí

An einer langgestreckten Bucht mit grünem Hinterland, einem hübschen bewaldeten Kap und kleinem Hafen am Südende zieht sich ein schmaler Kiesstrand entlang. Direkt dahinter verläuft die Straße, und hinter dieser ziehen sich nahtlos Hotels, Tavernen, Bars, Campingplätze und Supermärkte entlang, alles ist zugebaut. Der Strand ist während der Saison sehr gut besucht bis voll.

● **Service:** Tavernen, Bars, Hotels, Camping, Supermarkt, WC, Dusche, Umkleidekabinen, Telefon, Liegen und Schirme, Wassersport, mehrere Bootsanlegestege, vom nördlichsten werden Touren zu anderen Stränden angeboten.

● **Anfahrt:** Taxistand und Bushaltestelle hinter dem Strand, wenig Parkmöglichkeiten.

Ermones, Váthos und das Ropa-Tal

Im Ropa-Tal liegt der **Golfplatz** der Insel (↗„Reisetipps A–Z, Sport und Vergnügen"); Zugang von der Straße, die vom ruhigen Dorf Váthos zur Hotelsiedlung am Strand von Ermones führt.

Moní Myrtiotissa

Dieses Klösterchen liegt in **herrlicher Lage** am Steilhang hinter dem gleichnamigen Strand. Es wird von einem Mönch bewohnt. Gegründet wurde das Kloster im 14. Jh. Einem ägyptischen Prinzen soll im Traum ein Engel erschienen sein, woraufhin er eine Ikone fand und dort ein Kloster errichtete. Die heutigen Gebäude stammen teilweise noch aus dem 17./18. Jh. Ein Erdrutsch riss einen Teil der Kirche 1920 mit in die Tiefe. Ein **Klosterfest** wird am 24.9. gefeiert. Der Mönch, der sehr gut Deutsch spricht, geht übrigens gegen die Nacktbader am Strand unterhalb seines Domizils (↗ unten) vor. Ein Fußpfad führt vom Kloster weiter nach Ermones.

111ko Foto: vb

Strände

Zwischen Liapádes und Ermones

Zahlreiche Buchten und Höhlen liegen hier an der Küste, die alle nur **vom Meer her erreichbar** sind. Wer diese Ecke ergründen will, der miete sich ein Boot, z.B. am Strand von Liapádes oder in Paleokastrítsa. Bootsausflüge ↗„Paleokastritsa", Kapitel Nordwesten.

Ermones

Ein schmaler Bach, der im Sommer aber manchmal ausgetrocknet ist, mündet am Strand ins Meer. Am Bachlauf hinten wächst Schilf. Die Bucht wird von schönen Felsenkaps und steilen, mit Phrygana bewachsenen Hängen begrenzt, ein großes Hotel mit „Bergbahn" liegt seitlich des Strandes, hinten im Tal befinden sich mehrere kleinere Hotelanlagen. Zwei Straßen führen zum Strand, eine an der linken Talseite entlang, eine an der rechten. Es mischen sich Sand und Kies. An den felsigen Kaps ist Schnorcheln und Tauchen gut möglich. Meist ist der Strand von Hotelgästen gut besucht bis voll.

- **Service:** Tavernen, WC, Strandsäuberung, Dusche, Telefon, Supermarkt 500 m vom Strand entfernt am Hoteleingang, Liegen und Schirme, Wassersport.
- **Anfahrt:** Parkplatz, Treppen führen zum Strand hinunter, Bus bis Vathos.

Myrtiotissa

Eine Traumbucht, der das Meer aber leider den Sand abträgt, daher wird der Strand immer kleiner. Sehr malerisch ziehen sich hinter dem gelben, flach abfallenden kleinen Sandstrand steile bewaldete Hänge und Felswände hoch. Oberhalb der Bucht thront ein kleines Kloster (↗ oben), ansonsten ist der Hang nicht bebaut. Der Strand war bei Nacktbadern beliebt, doch der Mönch geht mit Hilfe der Polizei gegen FKKler vor. Im Wasser liegen Felseninselchen. Die Taverne und einzige Pension dieser Gegend sind nur nach schweißtreibendem Fußmarsch zu erreichen, trotzdem ist dieser schöne kleine Strand meist voll.

- **Service:** Taverne, WC, Dusche, Liegen und Schirme, Strandsäuberung.
- **Anfahrt:** Zu erreichen ist die Bucht über eine steile Piste, es gibt nur wenige Parkmöglichkeiten (unten am Strand nur für Zweiräder, gebührenfreier Parkplatz 40 Minuten vom Strand entfernt), es fährt kein Bus.

Die Bucht von Myrtiotissa

Pélekas und Kaisers Thron

Die schönen **Sandstrände** rund um Pélekas wurden in den letzten Jahren touristisch erschlossen und teilweise auf nicht sehr ansprechende Art und Weise mit Hotelanlagen zugebaut.

Das Dorf **Pélekas** selbst ist auch nicht gerade unberührt, aber doch deutlich ruhiger. Einen Abstecher lohnt **Kaisers Thron,** ein Aussichtspunkt auf dem 270 m hohen Hügel oberhalb des Dorfes. Hierher ließ sich Kaiser *Wilhelm II.* einst gerne zum Dinner chauffieren. Ein kleines Rondell mit Fernglas markiert des Kaisers Lieblingsplatz. Ein Hotel mit Terrasse bietet sich hier oben für eine Pause an. Besonders schön ist diese Ecke abends.

Unterkunft

- **Levant Hotel Pélekas,** Tel. 26610-94230, Fax 94115, www.levanthotel.com. Mit Aussichtsterrasse; stilvoll eingerichtete DZ, charmant knackender Parkettfußboden, AC, Bad, Balkon, Pool, EZ 45–50 €, DZ 65–85 €, beides mit Frühstück; Reservierung ratsam.
- **Bella Vista,** Tel. 26610-20487, Fax 94927, Handy 6975729312, www.bellavista.gr. Eine Familienpension am Steilhang mit entsprechend toller Aussicht, Terrasse, Hausbar und vielen bunten Blumen, oberhalb vom Strand Kontogialós, einfache Zimmer, Bad, Balkon, AC, TV, für Mückenschutz muss man selber sorgen, DZ 45–65 €, Dreier-Zimmer 60–80, Vierer-Zimmer 65–95 € mit Frühstück und Transfer.

Essen und Trinken

- **Levant Hotel Pélekas,** ↗ Unterkunft, schöne Aussichtsterrasse nach Westen. Direkt unterhalb von Kaisers Thron befindet sich eine Cafébar mit Blick nach Osten.
- **Taverne Antonis** im Dorfzentrum von Pélekas, leider ohne Aussicht, aber dafür mit guter griechischer Küche zu annehmbaren Preisen.

Strände

Glifáda

Einer von Korfus Vorzeigestränden: eine herrliche, große Bucht, von steilen grünen Hängen umgeben, die leider mit Großhotels wenig sensibel zugebaut wurde. Der kilometerlange, 10–15 m breite, feine goldgelbe Sandstrand fällt flach ab, ist sehr beliebt und oft voll. In den letzten Jahren wurden größere Mengen Sand bei Stürmen ins Meer abgetragen. Holzstege führen über den Sand, denn dieser kann sehr heiß werden.

Service: Tavernen, Dusche, WC, Telefon, einfach zu erreichen für Leute mit Gehbehinderung, Strandsäuberung, Supermarkt, Liegen und Schirme, Wassersport, Volleyballnetz.
Anfahrt: Bushaltestelle, Parkplatz gebührenpflichtig.

Kontogialós

Die Kaps und die steilen Hänge hinter der rund 1 km langen Bucht sind mit Oliven und Kiefern bewaldet, seitlich erheben sich bizarre Felsen. Diese Traumbucht wurde leider auch mit Hotelanlagen verbaut. Der goldgelbe, bis zu 10 m breite Sandstrand fällt flach ab, zwischen den Felsen am Buchtrand entstand eine Bootsanlegestelle. Auch hier hat das Meer gewütet, vor wenigen Jahren war der Strand noch deutlich größer. Man muss sich darauf einstellen, das Badevergnügen mit vielen Mitmenschen zu teilen.
Service: Tavernen, Telefon, Dusche, WC, Strandsäuberung, Volleyballnetz, Schirme und Liegen, Wassersport.
Anfahrt: Kein Bus, Straße von Pélekas aus, Parkplatz.

Gialiskári

Die kleine Bucht ist von steilen, mit Kiefern bewaldeten Hängen umgeben, die Bäume ziehen sich bis an den Strand hinunter. Ein bizarrer Felsenturm erhebt sich am Kap. Der Bucht sind kleine Felseninseln vorgelagert. Das Meer hat hier den Sand abgetragen, allzu viel Strand ist nicht mehr geblieben.
Service: Zimmervermietung, Strandtavernen mit guter Küche, kleiner Hafen, Dusche, WC, Schirme und Liegen, Bootsanleger, Strandsäuberung.
Anfahrt: Kein Bus, schlecht ausgeschildert und nur über eine schmale, steile Straße zu erreichen, die von Kontogialós aus über einen steilen Bergrücken führt, Parkplatz.

Sinarádes und Kinopiástes

Im Bergdorf Sinarádes liegt ein liebevoll gepflegtes **Heimatmuseum.** Ein altes zweistöckiges Gebäude wurde in der Art eines Bauernhauses aus dem 19. Jh. mit alten Möbeln etc. eingerichtet.

Geöffnet: Mai bis Oktober Mo–Sa 9.30–14 Uhr, Eintritt 2 €, Tel. 26610-35673.

Im Dorf Kinopiástes kann man in einem schönen alten Haus das **Olivenmuseum** besichtigen.

Geöffnet: Juni bis August tgl. 18.30–21.30 Uhr, Eintritt frei.

Aussichtspunkt Hinter Sinarádes lohnt sich ein Abstecher zur Aussichtsterrasse nahe der **Taverne Aerostato;** sie liegt am Ende des Sträßchens in einem Kiefernwald an einer Ruine. Von hier aus schweift der Blick über die Bucht von Ag. Górdis auf die Steilküste bei Pendáti und die Berge um Kato Garoúna.

Moní Vlachérna, Pérama und Podikonísi

Kloster Vlachérna Kaum ein Prospekt über Korfu, auf dem das Kloster Moní Vlachérna nicht abgebildet ist. Die schönste Aussicht hat man von **Kanóni** aus (⇗ Korfu-Stadt), die Taverne oben am Hang ist über eine Treppe mit dem Hafen verbunden. Von hier aus kann man über einen Damm zu Fuß das Klösterchen erreichen. Ausflugsboote zur Mäuseinsel dümpeln im Wasser. Das Kloster heißt korrekt **Moní Panagías ton Vlachernon** und wurde im 17. Jh. gegründet. Es bietet keine kunsthistorischen Raritäten, ist aber wegen seiner **Lage** den Besuch wert. Zugänglich sind der Innenhof und die Kapelle.

Pérama Das Dorf Pérama ist über einen zweiten schmalen **Damm,** der nur für Fußgänger zugänglich ist, mit der Halbinsel Kanóni verbunden. Der antike Kriegshafen der Stadt befand sich unweit des heutigen Flughafens. Die Insel Podikonísi kontrollierte die Hafenzufahrt. Um fremde Schiffe am Eindringen zu hindern, soll einst an der Stelle des Damms eine Kette über das Wasser gespannt worden sein.

Mäuseinsel Podikonísi Auf der Mäuseinsel Podikonísi steht die kleine **Kreuzkuppelkirche Pantokrátoras,** eine der ältesten Kirchen Korfus; sie wurde vermutlich im 11./12. Jh. errichtet. Einige Marmorteile, u.a. der Altartisch, stammen noch von einem frühchristlichen Gotteshaus. Die Kirche Pantokrátoras gehörte zu einem Kloster, das noch bis Anfang des 20. Jh. von Mönchen bewohnt war. An ihrer Außenseite erinnert eine Tafel an Kaiserin *Sissi,* die diesen Ort 1861 zusammen mit ihrem Sohn *Rudolf* besuchte. Gleich neben der Kirche trifft man auf ein Café und einen Souvenirshop.

Die Insel Podikonísi wird häufig im Zusammenhang mit dem bekannten Gemälde **„Die Toteninsel"** von *Arnold Böcklin* erwähnt. Der Künstler ist aber nie auf Korfu gewesen und hat diese Insel nie im Original gesehen.

- **Boot** zur Mäuseinsel vom Hafen neben dem Moní Vlacherna 2,50 € (hin und zurück).

600ko Foto: vb

Korfu

Achillion und Kaiser's Bridge

Geschichte

Beim Dorf **Gastoúri** liegt auf einem Hügel mit herrlicher Aussicht das Achillion. Das Schloss wurde 1887–91 von dem neapolitanischen Baumeister *Rafaele Carito* im neoklassizistischen Stil erbaut. **Kaiserin Elisabeth von Österreich,** die Auftraggeberin, ließ Schloss und Park mit zahlreichen Plastiken schmücken. Nach ihrem Tod 1898 stand die Anlage zunächst leer, bis der deutsche **Kaiser Wilhelm II.** das Achillion bei einem Besuch der griechischen Königsfamilie entdeckte und 1907 kaufte. Er ließ es renovieren und neu möblieren. Bis 1914 hielten der Kaiser und seine Familie sich häufig auf Korfu auf. 1915 wurde die Insel dann von französisch-serbischen Truppen besetzt, die im Achillion ihr Hauptquartier und das **Kriegslazarett** einrichteten. Nach dem Krieg wurde das Schloss im Versailler Vertrag enteignet und dem griechischen Staat übertragen. Im Zweiten Weltkrieg diente es wieder als Lazarett und Sitz der Besatzer. Während dieser Zeit verfiel es jedoch zusehends. Die griechische Regierung vermietete es daher an eine Unternehmensgruppe, die es 1962 renovierte und im Erdgeschoss ein Museum mit Einrichtungsgegenständen aus dem Be-

Die Mäuseinsel Podikonísi

sitz von Kaiserin *Elisabeth* und Kaiser *Wilhelm* einrichtete. Im Obergeschoss betrieb sie bis 1992 ein **Kasino.** Vor dem Gipfeltreffen der EU-Ministerpräsidenten auf Korfu 1994 ließ der EOT das Schloss erneut renovieren. Heute wird es wieder als **Museum** genutzt.

Rundgang Ein Rundgang durch Schloss und Garten beginnt mit der Besichtigung des **Museums** im Erdgeschoss. Neben der Eingangshalle, von der eine prächtige Treppe ins abgesperrte Obergeschoss führt, liegt rechts eine kleine Kapelle, die *Sissi* einrichten ließ. Daran anschließend folgen zwei Museumsräume, in denen persönliche Gegenstände, Möbel und Gemälde sowohl von ihr als auch von Kaiser *Wilhelm* ausgestellt sind. Die Möbel sind leicht zuzuordnen: *Sissi* hatte braune Möbel für ihr Schloss gewählt, während Kaiser *Wilhelm* sich in Weiß einrichtete. Auch in den Räumen auf der gegenüberliegenden Seite des Gebäudes befinden sich Gegenstände der beiden Monarchen.

Man verlässt das Gebäude wieder durch das Hauptportal und folgt der Treppe, die neben dem Gebäude in den Park hochführt. An der Treppe stehen die Götterstatuen von Apollon, Hermes, Artemis und Aphrodite. Oben erreicht man die von einer **Säulengalerie** umgebene Terrasse, von der man einen Blick in das Innere des Obergeschosses werfen kann. Man kann hier das Deckengemälde „Achills Sieg über Hektor bei Troja" von *Franz Matsch* erkennen. Auf einer Seite der Terrasse stehen die drei Grazien, auf der anderen die neun Musen. Der Säulengang dahinter wird die „Galerie der Philosophen" genannt, denn hier ließ *Elisabeth* Büsten von Philosophen und Poeten aufstellen. Seitlich der Terrasse gelangt man zur „Veranda der Tränen". Hierher soll sich die Kaiserin zurückgezogen haben, nachdem sie vom Tod ihres Sohnes gehört hatte.

Zwischen Palmen erreicht man einige Meter weiter unten den „Sterbenden Achill", eine Figur, die ganz nach dem Geschmack der Kaiserin war. Sie wurde dem deutschen Bildhauer *Ernst Herter* in Auftrag gegeben. Auch Kaiser *Wilhelm* ließ eine Statue von Achill im **Park** aufstellen. Die 5,50 m hohe Figur auf einem hohen Sockel wurde vom deutschen Bildhauer *Johannes Götz* geschaffen. Davor liegt ein schöner Aussichtspunkt. Weiter unten im Park befindet sich ein Pavillon, in dem Kaiser *Wilhelm* eine Statue von *Edmund Hellmer* aufstellen ließ, die *Sissi* darstellt. (Die von *Sissi* zuvor erwählte Statue von *Heinrich Heine* hatte er entfernen lassen.

DIE BAUHERRIN SISSI

Sissi, wie die Kaiserin *Elisabeth von Österreich* (1837–98) meist genannt wird, war eine der populärsten Persönlichkeiten ihrer Zeit. Sie war die Nichte des ersten griechischen Königs *Otto* von Bayern und Frau von Kaiser *Franz Josef I.* von Österreich. *Sissis* Schwiegermutter Kaiserin *Sofía* war von ihrer Schwiegertochter wenig begeistert. Um den **Streitigkeiten** zu Hause aus dem Weg zu gehen, verreiste *Sissi* häufig. Auf einer ihrer Reisen starb 1857 ihre Tochter *Sofia*. Daraufhin griff die Großmutter gegen den Willen *Sissis* noch stärker in die Erziehung der Enkelkinder ein. *Sissis* **Gesundheitszustand** verschlechterte sich, wohl auch durch die familiären Probleme bedingt. Ihre angegriffene Gesundheit nahm *Sissi* zum Vorwand für eine längere Reise, die sie 1861 drei Monate nach Korfu führte. Sie wohnte im Schloss Mon Repos.

Sissi musste in ihrem Leben manchen **Schmerz** verwinden. So wurde König *Ludwig von Bayern,* ihr Lieblingsneffe, 1866 tot aufgefunden. 1889 brachte sich ihr Sohn *Rudolf* zusammen mit seiner Geliebten um. Die Kaiserin wurde mit diesen Ereignissen nicht fertig. Eine schwache Gesundheit, übertriebene Eitelkeit und Melancholie waren die Folgen. Ihre Unruhe stieg, sie reiste ruhelos umher. In der Pharmabranche wird dieses Verhalten heute werbewirksam als „Sissi-Syndrom" bezeichnet. Es handelt sich dabei um eine meist heilbare **depressive Erkrankung.** Die Kaiserin konnte sich damals aber nicht der psychologischen und medikamentösen Behandlung unterziehen, die heute möglich ist.

Sissi reiste 1885 in Begleitung des österreichischen Konsuls *Alexander Freiherr von Warsberg* wieder nach Korfu. Auf dieser Reise kam sie in die **Villa Braila** in Gastoúri. Sie glaubte, an diesem Ort Ruhe finden zu können. 1887 beauftragte sie den Konsul, auf dem Areal der Villa Braila ein **Schlösschen** errichten zu lassen. Die Kaiserin hatte sich in den 1880er Jahren mit der griechischen Sprache und der Mythologie beschäftigt. Ihr Lieblingsheld war Achill. Sie ließ das Schloss mit zahlreichen Plastiken, die Figuren und Szenen aus der griechischen Mythologie darstellen, schmücken. Die zentrale Figur ist dabei die Plastik **„Der sterbende Achill",** nach der das Schloss benannt wurde. Ruhe scheint die depressive Kaiserin auch auf Korfu nicht gefunden zu haben, denn es ist überliefert, dass sie, wenn sie auf der Insel war, rastlos riesige Spaziergänge unternahm. Auf einer Reise nach Genf wurde die Kaiserin 1898 von einem italienischen Anarchisten ermordet.

Heute steht sie im Jardin de Mourillon in Toulon.) Der Pavillon ist wie ein Großteil des Parks für die Öffentlichkeit nicht zugänglich.

● **Geöffnet:** täglich 8.45–16.30 Uhr, Eintritt 7 €, Senioren, Studenten, Jugendliche 5 €, Kinder 2 €.

Kaiser's Bridge

Das Schlossgelände reicht über den ganzen Hügel hinunter bis zum Meer. Kaiser *Wilhelm* ließ sich eine Brücke über die Uferstraße bauen, sodass er von seinem Domizil aus einen direkten Zugang zum Strand hatte. Diese „Kaiser's Bridge" war aber dem Kriegsgerät im Zweiten Weltkrieg im Weg und wurde gesprengt. Heute sind nur noch die Brückenpfeiler des Bauwerks neben der Uferstraße südlich von Pérama zu bewundern.

Benítses und Umgebung

Römische Ruinen

Früher war dieser landschaftlich schön gelegene Ort ein kleiner Fischerhafen. Heute trifft man hier auf zahlreiche Hotelanlagen, trotz des Fluglärms.

Unter großen Bäumen reihen sich Tavernen mit Terrassen aneinander. Zwischen den Häuser trifft man auf **Ruinen** aus römischer Zeit, sie sind markiert. Man findet in den Ruinen drei Räume mit bis zu 4 m hohen Mauern und Gewölbereste. Die Mosaiken auf dem Fußboden sind zum Schutz mit Sand bedeckt. Der Raum, in den eine geschwungene Treppe hinunterführt, war einst das Schwimmbad.

Corfu Shell Museum

Einen Besuch lohnt auch das nördlich des Dorfes gelegene Corfu Shell Museum. Liebevoll zusammengetragen, findet man hier schöne **Muscheln aus aller Welt.** *Napoleon,* der Besitzer des kleinen Privatmuseums, war in seiner Jugend nach Australien gegangen und hatte dort mit dem Tauchen und Sammeln von Muscheln begonnen. Ausgestellt sind auch präparierte Tiere, z.B. Haifische, Schildkröten, Schlangen, Skorpione, Fledermäuse und Fliegende Fische. Es werden auch Muscheln als Souvenirs verkauft.

● **Geöffnet:** Mai bis Oktober täglich 9–20 Uhr, Eintritt Erwachsene 4 €, Kinder 2 €.

Märchenhaft zugewucherter Weg, der zu den Quellen und zum Brunnenhaus von Benítses führt

Strände

Benítses

Vor dem Ortszentrum von Benítses dümpeln Fischerboote im Hafen, und daran schließt sich ein kleineres Stück steil abfallender, schmaler Sandstrand an, hinter dem die Straße entlangführt. Hinter dem Dorf erheben sich üppig grüne Hügel.

Im südlicheren Ortsteil wendet sich die Straße vom Meer ab. Hier befindet sich ein etwas längerer, flacher abfallender, heller Kiesstrand, hinter dem sich Hotels und Tavernen mit Terrassen und Bäumen befinden. Während der Saison sind die beiden Strände sehr beliebt und voll.

- **Service:** Tavernen, WC, Dusche, Umkleide, Supermarkt, Telefon, Hotels, Taxistand, kleiner Hafen, Strandsäuberung, Liegen und Schirme, Tretboote, Kanus.
- **Anfahrt:** Bushaltestelle.

Ag. Ioánnis Strongili

Der steiler abfallende, helle, rund 1 km lange Strand südlich von Benítses, an dem sich unter den Kies auch etwas Sand mischt, zieht sich unterhalb der Straße entlang. Hinter dem Strand wachsen Bäume, oberhalb der Straße befindet sich eine größere Hotelanlage. Der Strand ist während der Saison gut besucht bis voll.

- **Service:** Kiosk und Telefon an der Straße, oben am Hang Hotel, Strandsäuberung, Liegen und Schirme, Wassersport, auch Jetski.
- **Anfahrt:** Bushaltestelle, Parkplatz.

414ko Foto: vb

Rundwanderung um Benítses

- **Route:** Benítses – Stavros – Dafnáta – Moní Pantokrátoras – Dafnáta – Benítses
- **Strecke:** über schmale alte Pfade, Feldwege und Sträßchen
- **Dauer:** 3½–4 Std.
- **Ausrüstung:** Wasser, Verpflegung, Sonnenschutz, Mückenschutz, lange Hosen
- **Organisation:** Anreise per Bus nach Benítses. Ausgangspunkt ist das Dorfzentrum. In Dafnáta befindet sich ein Café.

In Benítses zweigt von der Hauptstraße an der Küste die Dorfstraße zwischen Café Verde und einem Billardcafé ab. Sie führt an dem Restaurant *ΠΑΞΙΝΟΣ* vorüber, windet sich nach links und gleich darauf nach rechts und führt an einer Gabelung kurz danach linker Hand weiter zu einem Chinarestaurant. Hinter dem Restaurant führt die Straße zum Bach. Man wandert über zwei Brücken nach rechts aufwärts. Das Sträßchen zieht sich dort nach links. Zwei Straßen von rechts und dann eine von links ignoriert man. Oben auf der Straße folgt man dieser nach links. An einer Gabelung mit Schrein wandert man nach dem Schrein links zwischen Häusern hindurch auf eine lange Brücke und steigt über einen Treppenpfad in 15 Min. zum Brunnenhaus hoch. Der Pfad links endet an **Quellen.** Der Pfad rechts führt um eine Kirche herum und dahinter links aufwärts, man hält sich bei einer Gabelung an einem Zaun rechts und trifft nach 15 Min. auf einen Betonweg, der nach rechts auf die Straße trifft. Man folgt ihr links aufwärts zu einem Treppenpfad, der links hoch zur Kirche und Straße führt und sich unscheinbar gegenüber zwischen Häusern fortsetzt. Man wandert zwischen weiteren Häusern aufwärts und erreicht bei einer Blechgarage erneut die Straße, der man weiter aufwärts folgt.

Nach 10 Min. markiert ein Schild am linken Straßenrand „ΛΟΥ–ΚΑΤΑ" (Loukáta). Hier wandert man nach links und bei einer Gabelung zwischen Häusern hält man sich links und folgt den weißen Strichen am Boden. Der Weg führt unter einem Haus hindurch. Danach geht man links weiter an einem Portal mit Steinrelief vorüber zu einem Wasserhahn. Hier geht es rechts hoch zu einer Kirche mit Aussichtplatz und Picknickbänken. Hinter der Kirche führt der Pfad um den Hügel herum an einer Kapelle vorbei zurück zum Wasserhahn. Dort wandert man geradeaus zurück zum Portal, geht hier halblinks, also nicht unter dem Haus hindurch, an einem Platz mit Brunnen vorbei zurück zur Hauptstraße. Links führt die Straße nach 10 Min. zu einer Kurve in Dafnáta. Der Blick fällt rechts auf ein Café an der Straße. In der Kurve zweigt ein Weg abwärts ab. Dies ist der Rückweg.

Zuerst folgt man aber dem Sträßchen, das wenige Meter dahinter links hoch zum „BOYNO" führt. Es geht in einen Weg über. Nach 5 Min. hält man sich halbrechts und wandert auf dem Kammweg in 30 Min. zum **Moní Pantokrátoras** mit Picknickplatz.

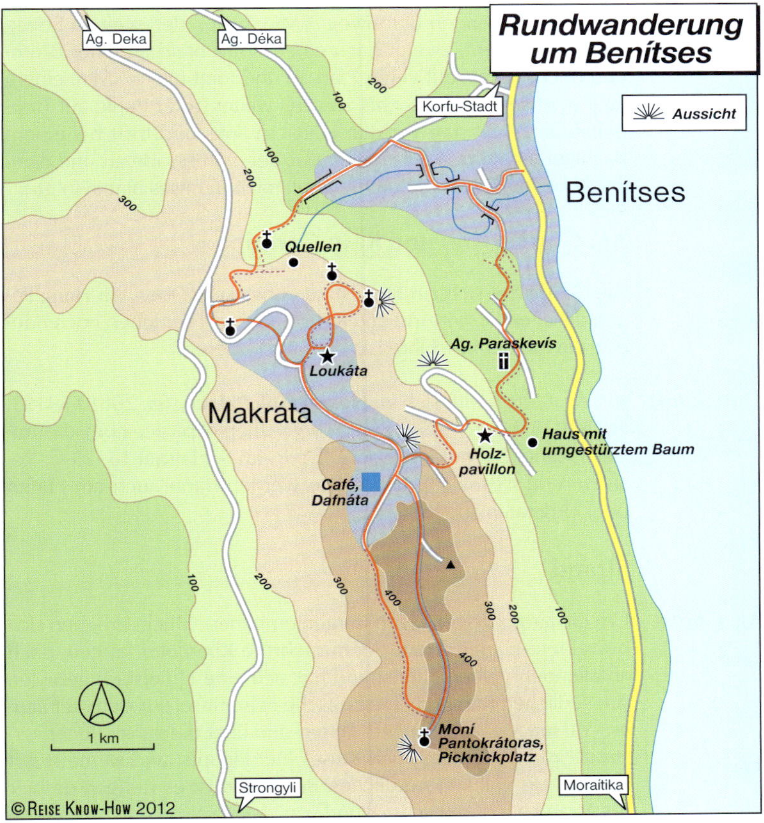

Wenige Meter oberhalb der Kirche beginnt ein Fußweg, der abwärts führt (Schild „eukola“). Er führt in 40 Min. zurück nach Dafnáta am Café vorbei zur Kurve. Vom Betonweg, der rechts abwärts führt, zweigt nach 5 Min. links abwärts ein Pfad ab. Dieser trifft auf eine Straße, der man 5 Min. abwärts folgt. Neben einem **Holzpavillon** setzt sich der Pfad weiter fort, trifft kurz darauf wieder auf die Straße, der man rechts abwärts folgt. Vor einem Zaun links steil abwärts zweigt ein unscheinbarer Pfad ab, führt am eingezäunten Grundstück mit Haus und einem umgestürzten Baum vorbei in 10 Min. zur Kirche **Ag. Paraskevis** mit Quelle. Hinter der Kirche folgt man der Straße 10 Min. nach links, wandert dann rechts einen steil abfallenden Betonweg 3 Min. hinab, der in einen Schotterweg übergeht, zweigt nach einem Olivenfeld an einer Brombeerhecke rechts auf einen Pfad ab und folgt nach 7 Min. einem zugewachsenen Pfad rechts abwärts weiter (roter Punkt auf Treppenstufen), hält sich vor den Häusern links und trifft bei einem Bachlauf mit Rohren auf eine Straße, der man geradeaus und dann links über eine Brücke durch Gärten nach Benítses hinein folgt.

Ag. Górdis, Ano und Kato Garoúna

Ag. Górdis hat sich zur Hotelstadt entwickelt. Oben am Hang liegen die alten Dörfer Ano und Kato Garoúna. Hier leben noch Bauern, die mit dem Esel ihre Lasten transportieren.

Unterkunft

- In Ag. Górdis trifft sich im **Hostel Pink Palace,** Tel. 26610-53103, Fax 53025, Handy 6974380579, www.thepinkpalace.com, die Travellerszene. DZ mit HP 22–33 € p.P., im Schlafsaal 18–23 €. Reservierung ist ratsam. Die Gäste werden dann auch am Hafen oder Flughafen abgeholt.

Strand

Ag. Górdis

Um die langgezogene, von Bergen umgebene Bucht erheben sich bewaldete Hänge. Hinter dem mehrere Kilometer langen, flach abfallenden gelben Sandstrand hat sich eine Hotelstadt gebildet. Am südlichen Kap ragt eine hübsche Felseninsel aus dem tiefblauen Wasser. Mehrere kleinere Felsen sind über die ganze Bucht verstreut, im Wasser teils auch Kiesel. Der Hauptstrand ist meist gut besucht bis voll, am nördlichen Buchtrand ist es ruhiger, da hier der Strand auch sehr schmal und von vielen Felsen durchzogen ist.

033ko Foto: vb

Aussicht von der Taverne Aerostato auf die Bucht von Ag. Górdis

- **Service:** Tavernen, Dusche, Telefon, WC, Supermarkt, Liegen und Schirme, Wassersport, Strandsäuberung.
- **Anfahrt:** Parkplatz gebührenpflichtig, Bushaltestelle (800 m).

Fieroulas

Kleine Sandbucht zwischen Felsen, hinter der sich steile, mit Olivenbäumen bewachsene Hänge hochziehen. Die Felsenküste eignet sich zum Schnorcheln. Der Blick fällt teils nach Ag. Górdis.

- **Service:** keine Einrichtungen
- **Anfahrt:** Betonstraße von Pendati aus, wird gegen Ende sehr steil, dort einige wenige Parkplätze.

Paramónas, Prasoúdi und Ag. Matthäos

Paramónas und Prasoúdi sind ruhigere Strände. Dorthin zieht es all diejenigen, die Küste ohne touristische Angebote suchen.

Unterkunft

- **Pension George Kapodistrias,** Prasoúdi, direkt am Meer gelegen, Tel. 26610-75848, ruhige, abgelegene Pension, schöne DZ, Bad, AC, TV, Balkon mit Meerblick, hübscher Garten, eine Reservierung ist notwendig, 50–60 € mit Frühstück.

Ag. Matthäos

Im **Bergdorf** Ag. Matthäos reihen sich an der hübschen Dorfstraße die Cafés aneinander. Der Ort ist ursprünglich geblieben. Die alten Bäuerchen kommen mit ihren kleinen Traktoren den Mietautos in die Quere, die geduldig mit 20 km/h durchs Dorf rollen, und manch einer entscheidet sich für eine Pause. Oberhalb des Dorfes liegt auf dem Berg das im 4. Jh. n. Chr. gegründete **Klösterchen** Ag. Matthäos.

Rastplatz auf dem Berg Prasoúdi oberhalb von Ag. Matthäos

Blick vom Límni Korissia auf den Berg Prasoúdi

Strände

Paramónas

Hinter dieser kleinen Bucht erheben sich grüne Hänge, direkt hinter dem Strand wächst Schilf; am Buchtrand ist ein kleines Urlauberdorf entstanden. Ein Hotel und zahlreiche kleinere Pensionen ragen aus den Gärten am Hang. Am flach abfallenden Sandstrand, der mit Steinen durchsetzt ist, finden sich zwar während der HS viele Besucher ein, in der NS geht es aber noch recht ruhig zu.

- **Service:** Taverne, WC, Pensionen, Hotel, Strandsäuberung, Telefon, Liegen und Schirme, Wassersport, Dusche, Umkleidehaus.
- **Anfahrt:** kein Bus, Straße von Ag. Matthäos, Parkplatz.

Prasoúdi

Die Küstenebene ist mit Olivenwald bedeckt, im Hinterland erhebt sich der Berg Prasoúdi. Der Küste vorgelagert sind kleine Felsinseln. Hinter dem schmalen, flach abfallenden Sandstrand erhebt sich ein steiler kleiner Hang, an dessen Vorderkante sich einige Pensionen und Tavernen mit schönen Gärten befinden. Ruhig, viel Seegras.

- **Service:** Telefon, Dusche, WC, Taverne, Pension, Liegen und Schirme, Umkleidehaus.
- **Anfahrt:** kein Bus, Parkplatz.

419ko Foto: vb

Wanderung auf den Berg Prasoúdi bei Ag. Matthäos

- **Route:** Ag. Matthäos – Moní Pantokrator – Aussichtspunkte – Ag. Matthäos
- **Strecke:** schattiger, alter Pflasterweg, der steil zum Kloster und zu herrlichen Aussichtspunkten führt
- **Landschaft:** sehr lohnende Tour durch Wald, auf den Gipfel des Berges und zu hübschen Aussichtspunkten
- **Dauer:** 2 Std.
- **Ausrüstung:** Wasser, Verpflegung, Sonnenschutz
- **Organisation:** Anfahrt per Fahrzeug ins Dorf Ag. Matthäos. Die anstrengende Tour (350 Höhenmeter sind zu überwinden) sollte man am frühen Morgen oder abends zum Sonnenuntergang unternehmen.

Zum Kloster

Im Dorf Ag. Matthäos trifft man an der Hauptstraße nördlich der Cafés auf den **Supermarkt** Ο ΤΣΕΚΟΥΛΟΣ. Gegenüber beginnt zwischen einer Ouzeri und einer Sacharioplasteio die kleine Odos Lakki Varangouli, die sich den Hang hochwindet und etwas weiter oben an der Odos Riga Fereou endet. Dieser Straße folgt man nach rechts. Sie führt waagerecht am Hang entlang und am Kirchturm vorbei auf den **Kirchplatz.** Hier zweigt eine kleine Straße nach links ab und führt den **Berg hoch.** Dieser folgt man immer geradeaus. Dann folgt man am Ende der Straße dem Betonweg, der sich nach rechts an Viehställen vorbei durch **Olivenhaine** zieht. Man folgt dem Hauptweg aufwärts. Bei einigen Blechhütten geht man nach links hoch. Dann trifft man auf eine breite Piste, der man wenige Meter nach rechts folgt, bis sie eine scharfe Linkskurve macht. Hier zweigt nach rechts ein alter **Pfad** ab. Diese Stelle erreicht man nach 30 Min. Man folgt nun dem alten Weg, der einfach zu finden ist. Nach 20 Min. gabelt sich der Pfad und man geht links auf dem Hauptweg durch den **Wald** weiter. 5 Min. später ist das **Kloster** erreicht.

Zu den Aussichtspunkten

Vor dem Kloster geht man nach links hinunter, an einem **Picknick-Pavillon** vorbei und auf den Fahrweg, der von unten hochführt. Unterhalb des Klosters zweigt von dem Fahrweg ein Pfad ab, der hinter dem Kloster nach rechts hochführt und sich an der Klostermauer gabelt. Hier links halten. Bald folgt wieder eine Gabelung. Der rechte Pfad führt zu einem mit Bank ausgestatteten Aussichts-

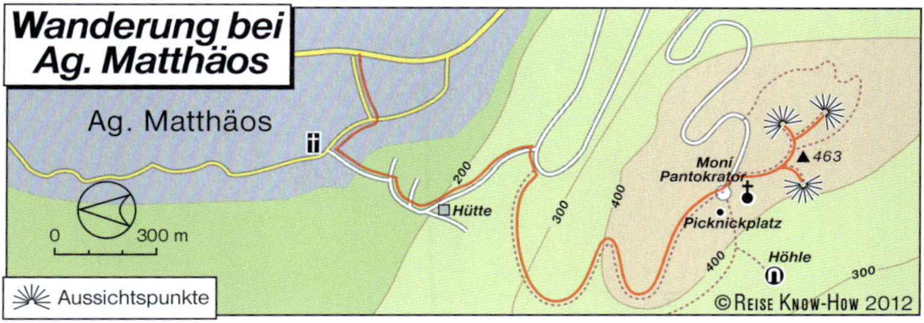

Korfu

punkt mit Blick auf die **Westküste;** der linke Pfad führt zum **Gipfel** mit Betonsäule am Rande eines runden Platzes. Hinter dem Platz führt der Pfad wieder durch den Wald. Achtung: Im Wald zwischen den Aussichtspunkten ist ein anderer Fußpfad nach Ag. Matthäos markiert, der sich aber nicht sehr angenehm wandert. Wir raten, auf dem gleichen Weg den Rückweg anzutreten. Die Beschilderung hier oben im Wald ist nicht sehr hilfreich. Man geht am besten von einer Aussichtstelle zur nächsten und achtet schon beim Hinweg darauf, dass man nachher den Rückweg auf dem gleichen Pfad wiederfindet, der zum Kloster zurückführt.

Der Pfad gabelt sich erneut: Links liegt ein Aussichtspunkt mit Blick auf das Dorf **Ag. Matthäos,** während der rechte Weg weiter durch den Wald führt und nach wenigen Minuten an einem Aussichtspunkt endet, von dem man auf den **Korissia-See** schaut.

Rückweg Der Rückweg erfolgt über die gleiche Strecke wie der Hinweg.

Moraítika und Messongí

Moraítika und Messongí sind zu einer **Hotelstadt** zusammengewachsen. Das Nachtleben dort ist geräuschvoll. Die beiden Orte sind durch den Fluss Messongí getrennt. Er führt ganzjährig Wasser. Im Mündungsbereich liegen Boote und auf Wunsch kann man sich per Ruderboot von einem Flussende zum anderen übersetzen lassen.

In Moraítika liegen neben der Hauptstraße, gegenüber der BP-Tankstelle die spärlichen Reste einer **römischen Villa.**

Landschaftlich sehr reizvoll ist die Küste südlich von Mesongí; sie wird im Kapitel „Südkorfu" beschrieben.

112ko Foto: vb

Internet

- In Messongí und Moraítika bieten mehrere Cafés und Bars Zugang ins Internet.

Strände

Moraítika und Messongí

Diese beiden Strände, die durch einen Bach getrennt werden und praktisch sein Mündungsgebiet bilden, sind mehrere Kilometer lang und 5–10 m breit. Hinter dem flach abfallenden Sandstrand, an dem sich aber auch Steine unter den Sand mischen, befinden sich die Orte. Die Bebauung besteht aus zahlreichen Hotelanlagen, Tavernen, Bars und Pensionen, die sich teils in grünen Gärten aneinander reihen. Der Strand ist meist brechend voll.

- **Service:** einfach zu erreichen für Leute mit Gehbehinderungen, Strandsäuberung, Telefon, Dusche, WC, Tavernen, Supermarkt, Kiosk, Wassersport, Pensionen und Hotels, Bootsanlegesteg, Liegen und Schirme.
- **Anfahrt:** Bushaltestelle, wenig Parkplätze.

Der etwas weiter südlich gelegene **Límni Korissia** und die **Festung Gardíki** werden im Kapitel „Südkorfu" beschrieben.

Das Kloster Vlachérna, eines der beliebtesten Fotomotive der Region

Der Nordosten

Landschaft

Der Nordosten der Insel wird **Oros** („Berg“) genannt. Der **Pantokrátoras** ist eigentlich ein Gebirgsplateau, auf dem sich mehrere kahle Gipfelchen über grünen Tälern einer Hochebene erheben. Der höchste Punkt, an dem das Kloster Moní Pantokrátoras liegt, ist **906 m** hoch. Das Plateau fällt nach Süden von rund 700 m Höhe über schroffe Felswände zum Meer hin ab. Im unteren Teil wird die Landschaft etwas flacher und ist von **Olivenwald** überzogen. Auch an den weniger steilen Nordhängen wachsen Olivenbäume. Im äußersten Nordosten liegt bei Ag. Spiridounas ein **Lagunensee.** An der Nordküste zieht sich ein sehr langer Sandstrand entlang, während an der Ost- und Südküste felsenumrahmte Kieselbuchten zu finden sind. Bis auf wenige Ausnahmen wurden in dieser Gegend keine allzu großen Hotelanlagen gebaut. Die meisten Urlauber wohnen in kleineren, hübschen Häuschen und Villen, die auch außerhalb der Dörfer im Olivenwald stehen.

Tipps für die Region

Verkehrsmittel

- **Bus:** Busse fahren drei- bis fünfmal täglich von Korfu-Stadt nach Kassiópi. Einige Busse fahren auch nach Kalámi hinunter. Eine weitere Busverbindung besteht zwischen Kassiópi und Róda. Alle Orte, die nicht an dieser Strecke liegen, sind per Bus schlecht oder gar nicht erreichbar.
- **Taxi:** Radiotaxi im Norden von Korfu, Tel. 26630-32400.
- **Mietfahrzeuge:** Wer wirklich etwas sehen will von der Region, dem rate ich zum selbstgesteuerten (Miet-)Fahrzeug, das größte Angebot findet man in Acharávi und Róda (⇗ auch „Reisetipps A–Z, Mietfahrzeuge“).
- **Tankstellen** findet man in Pirgí, Nissáki, Kassiópi, an der Küstenstraße bei Néa Períthia, zwischen Néa Períthia und Acharávi und bei Róda.

Unterkunft

Ferienwohnungen, teils in Villen mit Swimmingpool, sind für 100 € oder mehr am Tag zu haben. Die Zimmervermittlung erfolgt über Reisebüros. Wer luxuriösere Villen sucht, wird auch in dieser Ecke der Insel fündig. Sie werden meist von in England ansässigen Reisebüros vermietet (⇗ „Unterkunft“ im Kapitel „Praktische Reisetipps A–Z“).

Einkaufen

Es gibt Tante-Emma-Läden, kleinere Supermärkte und Souvenirshops. Ein Bauer verkauft nahe der Straße nach Loútses (handgemaltes Schild) **Honig.** Zwischen Ano Korakianna und Ag. Markos werden schöne Gefäße aus **Olivenholz** und Schnitzereien an der Straße verkauft.

Aktivitäten/ Nachtleben

- **Bootsausflüge:** In den Reisebüros werden die unter „Korfu-Stadt" beschriebenen Ausflüge angeboten. Eine Bootstour an der Küste entlang wird am Strand von Ipsos angeboten, sie endet in Barbáti oder Kassiópi.
- **Hydropolis-Wasserpark** und **Tennis,** am Strand von Almyros nahe der Hauptstraße, Tel. 26630-64700, gelina@otenet.gr, geöffnet Mai bis Sept. täglich 10.30–18.30 Uhr, Eintritt 15–24 €, bis 12 Jahre 10–20 € je nach Wochentag, Kleinkinder bis 4 Jahre frei.
- **Reiten:** in Avláki bei Kassiópi, Ausritte auch für Anfänger, Handy 6977399481 oder 6973328513, www.dimitriscorfu.gr.
- **Tauchen:** Barbati Diving Center, Handy 6974705697, www.apollosub.com.
- **Nachtschwärmer** finden in **Ipsos, Róda** und **Acharávi** geräuschvolle Bars und Pubs, teils werden auch griechische Abende angeboten.

Nützliche Adressen

- **Krankenhaus:** in Korfu-Stadt (↗ dort), Tel. 26610-88200.
- **Notruf Krankenwagen:** Tel. 166.
- Die niedergelassenen **Ärzte** machen mit Werbeschildern auf sich aufmerksam.
- **Touristenpolizei** von Korfu-Stadt, Tel. 26610-39503.
- **Geld:** Bankautomaten gibt es in Kassiópi, in Acharávi und in Róda. Geldwechsel ist in den Reisebüros möglich.
- **Wäschereien:** Barbáti an der Hauptstraße, Mo–Sa 9–17 Uhr, Tel. 26630-91590, Handy 6974716487; Acharávi, Laundry Wäscheservice, unweit der Rotunde in einer Passage, Mo–Sa 9.30–17 Uhr, Tel. 26630-64332, Handy 6942555678.
- **Internetcafés:** in Kassiópi, am Strand Ag. Spiridounas und Acharávi (↗ jeweilige Ortsbeschreibung).

042ko Foto: vb

Die Küste bei Nissáki

Barbáti und Nissáki

Hinter Barbáti fällt das Gebirgsplateau von 700 m Höhe fast bis zum Meeresspiegel steil ab. Nissáki setzt sich aus mehreren Weilern zusammen. Die Hauptstraße schlängelt sich auf halber Höhe am steilen Hang entlang, der mit unzähligen Steinmauern in kleine Terrassen gegliedert und von riesigen Olivenbäumen dicht bewachsen ist. Oberhalb der Straße schmiegen sich die Flecken **Katávoulos** und **Viglatsoúri** an den Hang. Von letzterem erreicht man über eine schlechte Piste auch das malerische **Ruinendorf Palio Sinies** (Paleochori), das vermutlich noch während des Byzantinischen Reichs gegründet wurde, zu einer Zeit, in der Piraten den Insulanern das Leben schwer machten. Es ist vom Meer her nicht einsehbar und liegt in einem Hochtal in einer kahlen Felsenwelt, dicht unterhalb des Gipfels des Pantokrátoras. In der kleinen, unteren Kirche, die mit einem neuen Dach versehen wurde, findet man gut erhaltene alte **Fresken.**

Unterhalb der Hauptstraße liegen bei Nissáki mehrere Buchten mit **Kieselstränden.** Olivenbäume und Zypressen ziehen sich bis zum Meer. Leider sind auch einige Großhotels entstanden.

Essen und Trinken

- **Taverne Mitsos,** am Strand von Nissáki, leckere Fischgerichte, schöner Blick aufs Meer, sehr beliebt, Preise o.k.
- **Strandtaverne Kati tha vris** („Etwas wirst du finden"), Bucht Kamináki, einfache griechische Gerichte, gut gemacht, direkt am Meer, Preise o.k.
- **Toula's Taverne,** in Agni, gute griechische Küche, hohe Preise.

Strände

Barbáti

Eine langgezogene Bucht, an deren Hang oben die Straße durch den Ort führt. Olivenwald bedeckt das Umland, oberhalb des Waldes ragt eine schroffe, mehrere hundert Meter hohe Felswand auf. Hinter dem steiler abfallenden, weißen langen Kieselstrand mit klarem Wasser ziehen sich Bars, Hotelanlagen mit Bungalows und Tavernen entlang. Das südwestliche Ende der Bucht ist noch naturbelassen.

- **Service:** Taverne, Dusche, Umkleidekabine, WC, Telefon, Strandsäuberung, oben Hotels und Pensionen, Schirme und Liegen, Wassersport, Bootsanlegesteg.
- **Anfahrt:** Parkplatz, Bushaltestelle rund 500 m entfernt.

Nissáki

Ausgeschildert ist eine kleine Bucht mit einer felsigen Halbinsel, auf der sich eine Taverne befindet. Seitlich wird auf den Felsen Wassersport angeboten (Tauchschule), ins Wasser kommt man nur über eine sehr schmale Stelle mit Kiesstrand. Das Hinterland ist steil und von dichtem Olivenwald überzogen. Aus dem Wald ragen Ferienvillen. Nissáki ist eine Streusiedlung, die sich oberhalb mehrerer kleiner Buchten mit weißem Kiesstrand am Hang entlangzieht. Die Buchten erfreuen sich großer Beliebtheit bei Badefreunden.

- **Service:** Strandsäuberung, WC, Tavernen, Telefon, Liegen, Wassersport, neben der Bucht Bootsanlegesteg, oberhalb Pensionen, Hotels.
- **Anfahrt:** markierte Teerstraße, Parkplatz, kein Bus.

Kamináki

Diese ausgesprochen schöne Bucht mit Blick auf Korfu-Stadt, die von malerischen bewaldeten Felsenkaps begrenzt wird und hinter der sich Terrassen mit alten Olivenbäumen und Ferienhäusern den Hang hochziehen, ist mit einfachen Tavernen hinter dem weißen beliebten Kieselstrand bebaut.

- **Service:** Strandsäuberung, Telefon, WC, Taverne, Schirme und Liegen, Bootsanlegesteg, Ferienvillen.
- **Anfahrt:** steile Straße, kaum Parkplätze, Bushaltestelle oben an der Hauptstraße.

Hotel Nissáki Beach oder Krouzeri

Ein großer Hotelklotz verunstaltet diese etwas größere Bucht mit ihrem weißen Kieselstrand, deren steile Hänge auch mit Olivenwald überzogen sind. Die Straße verläuft oberhalb am Hang, aber trotzdem ist an dieser Bucht sehr viel los.

- **Service:** Taverne, WC, Dusche, Strandsäuberung, Telefon, Liegen und Schirme, Wassersport.
- **Anfahrt:** steile Straße, kaum Parkplätze, Bushaltestelle oben an der Hauptstraße.

Agni

Eine Villa thront malerisch zwischen Zypressen auf dem Felsenkap dieser wunderschönen Bucht. Auch hier ragen einzelne Ferienhäuser aus dem dichten Olivenwald, der die Hänge überzieht. Hinter dem meist gut besuchten weißen Kiesstrand liegen einige Strandtavernen, an einem kleinen Hafen dümpeln Boote.

- **Service:** Tavernen, WC, Schirme, Liegen, Telefon.
- **Anfahrt:** kleine Straße, Parkplatz gebührenpflichtig, kein Bus.

Küstenwanderung bei Nissáki

- **Route:** Eleourgía – Ag. Stefanos – Kerasia – Kouloúra – Kalámi – Agni – Kaminaki – Nissáki
- **Strecke:** ruhige Straße bis Kerasia, dann über schmale Fußpfade von Bucht zu Bucht. Achtung: zwischen Kerasia und Kouloúra steiles Gelände ohne Sicherung! Zahlreiche Tavernen liegen am Weg.
- **Landschaft:** schöne Küstenwanderung mit herrlichen Aussichtspunkten, durch Olivenhaine und Zypressenwäldchen
- **Dauer:** 3–4 Std.
- **Ausrüstung:** Badesachen, Sonnenschutz
- **Organisation:** Anfahrt per Bus nach Eleourgía (Ortsteil von Sinies), Rückfahrt per Bus ab Nissáki

Zum Strand Kerasia

Zunächst geht man von der Bushaltestelle in **Eleourgía** auf der kleinen Teerstraße durch Olivenhaine und an Ferienvillen vorbei in knapp 30 Minuten Richtung Küste hinunter zum **Hafen von Ag. Stefanos.** Die hier markierten Fußpfade waren zum Zeitpunkt meines letzten Besuchs leider unpassierbar. Die Straße führt dort weiter zur Bucht von **Kerasia.**

Nach Kalámi

In Kerasia geht man am Strand entlang, an dessen Ende ein Fußpfad beginnt, der zwischen Ginsterhecken über das Kap in eine Bucht führt. Man wandert am Strand entlang weiter und über einen schmalen Pfad einen Hang hoch. Hinter dem nächsten Kap erreicht man die **Bucht Kouloúra** mit Hafen und Taverne, die man über eine nach links abzweigende Straße erreicht. Dann folgt man der Straße den Hang hoch, hält sich an der nächsten Gabelung links und erreicht nach wenigen Minuten die **Bucht von Kalámi.**

Nach Agni

Hinter der Taverne **White House** am Buchtende führt die Straße den Hang hoch, geht in eine Betonstraße über und fällt auf der anderen Seite des Kaps wieder ab. Dann folgt man einem nach links abzweigenden Fußpfad hinab zum Strand. Rechts steht ein kleines Häuschen, hinter dem der Pfad vor einem Zaun scharf nach links abzweigt und zur **Bucht Agni** führt. Dort wandert man am Strand entlang durch die Taverne Nikos hindurch und folgt der Treppe, die nach wenigen Metern auf einen Fußpfad trifft.

LAWRENCE DURRELL

Der englische Schriftsteller *Lawrence Durrell* kam 1912 in **Indien** zur Welt. Als sein Vater 1928 starb, kehrte die Mutter mit den Kindern nach England zurück. 1935 heiratete *Lawrence* seine erste Frau *Nancy* und **zog** mit ihr **nach Korfu.** Seine Mutter zog mit den Geschwistern wenige Wochen später hinterher. 1935 veröffentlichte *Lawrence* sein erstes Buch „Pied Piper of Lovers". Während die Familie aus Angst vor den Folgen des Kriegsausbruchs 1939 nach England zurückkehrte, blieb *Lawrence* so lange wie möglich in Griechenland. Er **floh** erst **1941,** als die deutschen Truppen nicht mehr aufzuhalten waren, über Kreta nach Ägypten. In den folgenden Jahren arbeitete *Durrell* als Presseattaché in Ägypten, Rhodos, Zypern und Belgrad. Das Buch „Schwarze Oliven, Korfu, Insel der Phäaken" erschien 1945 unter dem englischen Titel „Prospero's Cell". *Durrell* lebte die meisten Jahre seines Lebens im **Mittelmeerraum** und schrieb über diese Aufenthalte Bücher. Sein literarisches **Hauptwerk** bildet das „Alexandria-Quartett" mit den Büchern „Justine" (1957), „Balthazar" (1958), „Mountolive" (1958) und „Clea" (1960). Die meisten seiner Werke sind auch auf Deutsch erschienen. *Durrell* starb am 7.9.1990 in Sommieres, Frankreich.

Zum Hotel Nissáki Beach

Der Pfad schlängelt sich am Hang entlang zwischen Zypressen hindurch. Bei einer Gabelung hält man sich links (von rechts mündet der gelb markierte **Corfutrail** ein). Man überquert eine Schotterpiste, gelbe Pfeile markieren in Gegenrichtung. Dann folgt man dem Treppenpfad, der bald in einen Schotterweg übergeht, überquert an einer Kreuzung einen anderen Schotterweg und wandert geradeaus weiter. Links am Ende einer Steinmauer zweigt der gelb markierte Treppenpfad ab, der weiter am Hang entlang führt. Beim **Hotel Nissáki Beach** erreicht man den nächsten Strand.

Über den Kaminaki-Strand zur Haltestelle

Hier passiert man das Hotelgelände oberhalb des Tennisplatzes und geht weiter am Strand entlang, an dessen Ende wieder ein Treppenpfad beginnt. Er führt in die **Bucht von Kaminaki,** zu einigen Tavernen. Hinter dem Strand windet sich eine kleine Straße den Hang hoch. Von ihr zweigt ein alter Eselspfad (gelber Pfeil) nach links ab. Zwischen Olivenbäumen führt er hoch zur Hauptstraße, an der man unweit der Shell-Tankstelle auf die **Bushaltestelle** trifft.

Kalámi

Das einst verträumte Fischerdorf hat sich zur Urlaubersiedlung entwickelt. *Lawrence Durrell,* der in den 1930er Jahren hier lebte, würde sein geliebtes Kalámi kaum wiedererkennen. Wie auch in anderen Orten der Region Oros haben sich hier insbesondere englische Reiseunternehmen eingekauft. Es entstanden **stilvolle Ferienvillen,** oft luxuriös ausgestattet. Das überwiegend wohlhabende Publikum scheint gerade einem After-Eight-Werbespot entsprungen zu sein. Und obwohl die Unterkünfte sich zumeist hübsch in die Landschaft einfügen, hat die Bucht auch optisch gelitten: Eine größere Hotelanlage bedeckt einen Teil der Küste.

Kouloúra

Der **malerische Hafen** ist zwar ein beliebtes Fotomotiv, aber viele Urlauber belassen es beim Blick aus der Ferne. Dabei ist Kouloúra durchaus einen Abstecher wert. Am Hang steht eine kleine Taverne und auf dem Kap ein venezianisches Landhaus aus dem 16. Jh.

Pórta

In Sinies zweigt eine Straße ins Landesinnere nach Pórta ab. Von dem **ruhigen Bergdorf** hat man eine herrliche Aussicht nach Albanien. In den Bergen zwischen Pórta und Nissáki werden noch Steinbrüche betrieben, aus denen die Kalksteinplatten stammen, die in Pflasterwegen und Mauern überall auf der Insel wiederzufinden sind.

Ag. Stefanos

Zahlreiche **Villen** ragen in dieser Gegend zwischen Olivenbäumen und Zypressen hervor. Der Hafen von Ag. Stefanos ist der Ort auf Korfu, der am dichtesten bei Albanien liegt. Bis zur albanischen Küste sind es gerade mal 2,5 km. Urlauber, die kleine, verträumte Häfen mögen und gerne in Ruhe gut essen, zieht es hierher. Aber auch hier gibt es natürlich in der Hauptsaison, vor allem im August, mehr als genug Besucher.

Unterkunft/ Essen und Trinken

- **Taverne Panorama,** Pórta, am unteren Dorfende mit herrlicher Aussicht, einfache griechische Speisen und Gegrilltes, Preise o.k.
- **Strandtaverne Eucalyptus,** Ag. Stefanos, guter *traditional village pie* mit Kürbis und Dill, Preise hoch.

039ko Foto: vb

Strände

Kalámi

An Hang oberhalb der Bucht dehnen sich Hotelgebäude aus, hinter dem Strand steht Haus an Haus, dahinter folgen Häuser in Gärten. Der weiße Kiesstrand ist meist sehr voll, selbst auf den Felsenkaps am Buchtrand findet man häufig Sonnenanbeter.

- **Service:** Tavernen, WC, Strandsäuberung, Liegen und Schirme, Tretboote, Kanus, Pensionen, Großhotel, Telefon, Supermarkt.
- **Anfahrt:** Bushaltestelle, wenige Parkmöglichkeiten am Ortsrand.

Kouloúra

Romantische Bucht mit einer Taverne und einer schönen, alten Villa am zypressenbestandenen Kap, an das sich ein kleiner Hafen schmiegt. Der Blick fällt nach Albanien. Der kurze, ruhige Kieselstrand ist teilweise von großen Eukalyptusbäumen verschattet. Badeschuhe leisten gute Dienste.

- **Service:** Am Hafen Taverne, WC, Telefon, Liegen und Schirme.
- **Anfahrt:** Bus bis Kalámi, von dort 1 km, kaum Parkplätze.

Kerasiá

An den südwestlichen Hängen der langgezogenen Bucht wuchert Ginster. Direkt hinter dem flach abfallenden Sandkieselstrand stehen Häuser in Gärten mit großen Eukalyptusbäumen. Das östliche Kap ist mit Olivenbäumen überzogen. Am östlichen Strandende befinden sich am Straßenende Tavernen und ein Bootsanlegesteg.

● **Service:** Taverne, WC, Strandsäuberung, Schirme und Liegen, Tretboote, Kanus, Telefon, Dusche, Umkleidekabinen.
● **Anfahrt:** Straße von Ag. Stefanos, kein Bus, Parkplatz.

Ag. Stefanos

Neben dem hübschen Hafen gibt es am Buchtrand bei der Taverne Eukalyptus ein kleines Stück Kieselstrand. Badeschuhe können hier hilfreich sein. Zahlreiche Ferienhäuser und Tavernen umgeben die Bucht. Es gibt bessere Badestellen auf der Insel, die man sich zudem dann auch nicht mit den ortsansässigen Enten und Gänsen teilen muss ...
● **Service:** Supermarkt, Ferienhäuser hinter der Uferpromenade, Telefon, Tavernen, WC, Liegen, Schirme, Tretboote, Motorboote.
● **Anfahrt:** von Sinies aus, kein Bus, Parkmöglichkeit.

Kassiópi

Kassiópi war früher einer der schönsten Flecken der Region. Mittlerweile ist es von Touristen überlaufen. Dennoch ist das **geschichtsträchtige Dorf** einen Besuch wert.

Die Gegend war schon während der Bronzezeit besiedelt. Zu Zeiten der Römer war Kassiópi nach Korfu-Stadt die zweitwichtigste Stadt der Insel. 48 v. Chr. besuchte *Cicero* den Tempel von Kassiópi, 67 n. Chr. ließ Kaiser *Nero* sich dort nieder. Von der römischen Festung ist heute nicht mehr viel erhalten, und auch der Tempel wurde in frühchristlicher Zeit durch eine Basilika ersetzt. 1084 tobte vor Kassiópi eine Seeschlacht, bei der es den Venezianern gelang, die Normannen zu vertreiben. Die Herren von Anjou ließen Ende des 13. Jh. eine neue Festung bauen. Reste dieser Anlage stehen heute noch. Zu Zeiten der Venezianer wurde Kassiópi bedeutungslos. Im 16. Jh. litt die Stadt unter den Angriffen der Osmanen. Vermutlich wurde dabei auch die alte Kirche zerstört. Um 1590 wurde an gleicher Stelle ein neues Gotteshaus errichtet, in dem Freskenreste aus dem 17. Jh. bewundern werden können.

Lohnenswert ist ein Abstecher zu den **Ruinenresten** der alten Festung wegen der Aussicht auf das Dorf und die Küste. Der **Hafen** von Kassiópi hat heute zwar nicht mehr den Charme früherer Tage, aber er ist immer noch hübsch anzusehen. Schön sind auch die kleinen **Strände** unterhalb der Festung von Kassiópi.

Der Hafen von Kouloúra

Unterkunft

- **Studio Kástro Kassiópi,** Kassiópi, Tel. 26630-81045, Fax 32110, www.kastrokassiopi.com. Auf dem Kap oberhalb der Strände ruhig gelegen, große schöne Zimmer, Küche, Bad, großer Balkon, Meerblick, Reservierung ratsam, EZ 30–50 €, DZ 35–60 €, Frühstück ca. 5 € p.P.

Internet

- **Internet:** es gibt in Kassiópi mehrere Internetcafés.

Strände

Avláki

Die flachen Hügel sind mit Macchia überzogen, der lange, weiße, Kieselstrand zieht sich in geschwungener Linie bis an den Buchtrand. Dort befinden sich mehrere Tavernen zwischen Gärten, im grünen Tal am nördlichen Buchtrand ist eine größere Hotelanlage entstanden, hinter dem Strand führt eine kleine Straße entlang.

- **Service:** Taverne, WC, Duschen, Umkleidekabinen, eine Hotelanlage seitlich des Strandes, Hotspot für WLAN in Taverne, Strandsäuberung, einfach zu erreichen für Leute mit Gehbehinderung, Holzstege führen über den Sand, Liegen und Schirme, Segelboote, Surfschule.
- **Anfahrt:** von Kassiópi aus, kein Bus, Parkplatz.

040ko Foto: vb

Kassiópi

Rund um die Festungshalbinsel findet man zwischen kleinen Kaps mit flachen Felsenplatten äußerst hübsche kleine Buchten mit schneeweißen Kieselsteinen. Ginster wächst oberhalb der Felsen hinter den sehr beliebten Stränden, von denen aus der Blick nach Albanien fällt. In den letzten Jahren wurden unterhalb der Burg und oberhalb der Strände aber auch zahlreiche teure und stilvolle Hotels und Pensionen neu gebaut.

- **Service:** Bootsvermietung im Hafen, Liegen und Schirme, Pension, Taverne, Telefon, WC, Supermarkt am Hafen, Strandsäuberung.
- **Anfahrt:** von Kassiópi in 15 Min. über eine Piste und Trampelpfade, Bus bis Kassiópi, keine Parkmöglichkeit.

Séki

Eine kleine, nette, relativ ruhige Bucht mit weißem Kiesel, die steiler abfällt und hinter der leider die Küstenstraße entlang führt. Die Straße wird aber etwas abgeschirmt durch Bäume, die felsigen Kaps sind mit Ginster und je nach Jahreszeit mit Blumen bedeckt. Im Scheitelpunkt der Bucht liegt eine Taverne direkt an der Straße. Das Hinterland der Bucht ist relativ kahl.

- **Service:** während der HS Schirme und Liegen, Taverne, WC, Telefon.
- **Anfahrt:** Parkplatz, Bushaltestelle.

Séki – Kalamáki

Am Hang dehnen sich Hotelanlagen aus, vor denen sich sehr flache Sandnasen ins Wasser ziehen. Hinter dem Strand wächst etwas Schilf. Hier münden kleine Bäche ins Meer, die aber im Sommer kaum Wasser führen. Ein malerischer maroder Holzsteg führt ins tiefere Wasser. Bei Ebbe sind hier „Wattspaziergänge" möglich, der Strand fällt so flach ab, dass trotz geringer Tide eine große Sandbank auftaucht. Während der HS ist hier viel los, aber in der NS ist es vergleichsweise ruhig. Der Blick fällt auf das imposante Hochgebirge in Albanien.

- **Service:** Am Hang größere Hotels, unten Tavernen, WC, Schirme und Liegen, Tretboote, Strandsäuberung, Telefon.
- **Anfahrt:** Bushaltestelle, Parkplatz.

Ein Strand bei Kassiópi in der Nebensaison

Ag. Spiridoúnas, Palio Períthia und der Lagunensee Antinioti

Néa Períthia

Im Landesinnern liegt das Dorf Néa Períthia. Früher hatten Piraten und die Malaria den Küstenstreifen unbewohnbar gemacht. Das Piratenproblem löste sich im 19. Jh., das Malariaproblem erst vor einigen Jahren. Daraufhin verließen die Bewohner von Palio Períthia ihr Dorf in den Bergen und gründeten im 20. Jh. Néa Períthia. Vom Ort zweigt eine Straße in die Berge ab.

Höhle Megali Grava

Zur Höhle folgt man der Straße bis **Loútses,** wo es nach links zum Weiler **Anapaftíria** geht. Zwischen den Häusern zweigt eine kleine Betonstraße nach rechts ab. Die Höhle ist als „Cave" ausgeschildert. Man erreicht bald eine Picknickbank mit herrlicher Aussicht. Am Ende der Betonstraße folgt man dem erdigen Weg zu einem weiteren Picknickplatz. Der Weg geht in einen Fußpfad über und führt steil nach unten unter einer rötlichen Felswand zum Höhleneingang. Achtung, der Pfad kann sehr glitschig sein!

Die Öffnung ist fast 100 m lang und 40 m hoch. Zahlreiche einfache **Tropfsteine** hängen von der Decke. Der Boden der ca. 30 m tiefen Höhle ist meist nass und glitschig, teils auch mit Algen und Moosen bewachsen. Die Felswand bietet Vögeln ein Zuhause, und auch Fledermäuse leben hier.

Palio Períthia

Immer mehr Urlauber finden den Weg in dieses alte **Ruinendorf** und bummeln durch die alten Gassen. In 650 m Höhe liegt das Dorf, das in byzantinischer Zeit entstand, als die Seeräuberplage die Menschen von der Küste ins unwegsame Bergland trieb. Erstmals schriftlich erwähnt wurde es 1347. Die meisten Häuser stammen aus dem 15. bis 17. Jh. Das Dorf war eines der reichsten der Insel. Die Felder zogen sich den Hang hinunter bis in die Gegend um Néa Períthia. In Palio Períthia stehen die am besten erhaltenen **Bauernhäuser aus venezianischer Zeit,** überwiegend einfache rechteckige Gebäude mit Satteldach. Ein beliebtes Fotomotiv ist das Herrenhaus Skordili von 1699. Es ist von einer Mauer mit Eingangsportal und venezianischem Wappen umgeben.

Heute leben wieder einige Menschen in Palio Períthia, nachdem das Dorf schon für mehrere Jahre ganz **verlassen** worden war. In den letzten Jahren kauften sich Ausländer ein und renovierten. An mancher Mauer prangt ein Schild „Sale".

113ko Foto: vb

Korfu

Die Kirchen sind in besserem Zustand. Am letzten Sonntag im Juli reisen **Pilger** an und tragen bei einer Prozession eine Ikone durchs Dorf, die es 1863 vor einer Seuche gerettet haben soll.

Essen und Trinken

- Mehrere Tavernen und Souvenirshops bieten in Palio Períthia ihre Dienste an. Empfehlenswerte Speisen für den kleinen Hunger bietet die **Taverne Foros.**

Internet

- **Internetcafé Valentinos** am Strand von Ag. Spiridounas.

In Palío Períthia

Ag. Spiridoúnas und der See Antinioti

Gleich neben dem Strand von Ag. Spiridoúnas liegt der Lagunensee Antinioti, der das Kap Ag. Ekaterini von der Insel abtrennt, sodass es nur über eine Brücke zu erreichen ist. In und um den schilfbewachsenen See leben zahlreiche Fische und Vögel. Ein 400 ha großes Gebiet steht unter **Naturschutz.** Früher plagten Millionen Mücken die von Malaria heimgesuchte Küstenregion; aus Furcht vor der Krankheit zogen viele Anwohner in die Bergregionen um. Heute werden die Mücken mit Chemikalien in Schach gehalten.

Die **Kirche Ag. Spiridoúnas** steht an der Straße Richtung Acharávi. Die kleine Halbinsel Ag. Ekaterini eignet sich für einen Abendspaziergang. Die Ruine des Klösterchens, das 1713 errichtet wurde und dessen Namen die Halbinsel trägt, ist nicht zugänglich.

Strände

Ag. Spiridoúnas

Eine hübsche kleine Bucht mit flachen, kahlen Felsenkaps in bizarren Formen, feinem hellen Sandstrand, der sehr flach abfällt, und großen, Schatten spendenden Bäumen. Am Ende des Strandes beginnt der unter Naturschutz stehende Lagunensee Antinioti, über dessen Zufluss eine Fußgängerbrücke zur Halbinsel Ekaterini führt. Das Hinterland des Strandes besteht aus kleinen, mit Olivenwald überzogenen Hügeln, in dem Ferienhäuser liegen. Direkt hinter der Kirche auf dem Kap befindet sich außer Sichtweite ein sehr großes Hotel. Durchaus zu sehen sind allerdings die Tavernen wenige Meter hinter dem Strand.

- **Service:** Taverne, WC, Dusche, Schirme, Liegen, Supermarkt, Telefon, leicht zu erreichen für Leute mit Gehbehinderung, Strandsäuberung, Umkleidehäuschen, Tretboote, Kinderspielplatz, Kiosk.
- **Anfahrt:** markierte Straße, Parkplatz, kein Bus.

Kap Ag. Ekaterinis

Auf dieser Halbinsel liegen zwei kleine, naturbelassene Strände, die relativ ruhig geblieben sind. Eine winzige, von flachen Felsen eingerahmte sonnige Sandbucht mit Blick auf Albanien in relativ kahler Umgebung ist über einen Trampelpfad zu erreichen, und eine Kieselbucht, die sich unterhalb der Klosterruine erstreckt. Die Umgebung ist kahl, nur am Kloster stehen Bäume. Der Blick fällt auf die vorgelagerten Inseln Othoní und Erikoússa. Von hier aus kann man sehr schöne Sonnenuntergänge beobachten.

- **Service:** keine Einrichtungen.
- **Anfahrt:** halbstündiger Fußweg von Ag. Spiridoúnas, dort gibt es einen Parkplatz.

Almyrós und Acharávi

Die Hauptstraße führt hinter dem kilometerlangen Sandstrand von Almyrós nach Acharávi. Der Ort zieht in den letzten Jahren viele Urlauber an, es ist hier aber noch ruhiger als in Róda. Ziel der meisten Gäste ist der lange Strand. Eine wenig beachtete Sehenswürdigkeit sind die Ausgrabungen der römischen Badeanlagen neben der Hauptstraße.

Unterkunft

- **Villa Avra,** Spiros Koskinas, Tel. 26630-63633, Fax 26185, Handy 6944306891, www.corfunorth.com/en/villa-avra.html. Am nördlichen und somit dem ruhigsten Ende des Strandes von Almyros in einem hübschen Garten in relativ kahler Umgebung gelegen, ein Fahrzeug ist notwendig. Oberhalb dieser nett gemachten Strandtaverne wurden schöne Ferienapartments gebaut. Das schönste Apartment mit 75 m², zwei DZ, einer geräumigen Küche, offenem Kamin und einer überdachten großen Terrasse mit Meeresblick kostet ohne Frühstück 65–90 €, ein kleineres Studio-DZ mit Sitzecke, Bad, Balkon, Küchenecke, Meeresblick 35–50 €, ein Vierer-Apartment mit zwei DZ, Küche, Bad, Terrasse mit Blick auf die Berge 50–75 €. Alle Wohnungen haben Mückenschutznetze an den Fenstern.

Essen und Trinken/ Internet

- In Acharávi hat man eine große Auswahl an Restaurants. In angenehmer Erinnerung blieben uns das **Pumphouse** (nahe der Rotunde), das auch sehr beliebt bei der einheimischen Bevölkerung ist, das **Alex** (am Strand) und das **Theritas,** ruhige Lage hinten im Dorf am Bachbett, griechische Küche, Preise o.k.
- **Internetcafé,** direkt am Strand, ausgeschildert, und an der Hauptstraße bei der Rotunde.

Strände

Ein gut 6 km langer Sandstrand zieht sich vom Kap Ekaterínis bis Róda vor der kahlen, steppenartigen Küstenebene dahin.

Almyrós

Der östliche, flach abfallende Strandabschnitt ist noch relativ ruhig, aber auch hier sind einige Unterkünfte und Tavernen im Niemandsland entstanden. Gras und mit Phrygana bewachsene Dünen schließen an bewässerte Felder an, der Blick fällt auf das Gebirge von Albanien. Am Strand teils Felsen und Kiesel im Wasser.

Service: Tavernen, WC, Telefon bei Taverne George, Liegen und Schirme nur vor den Tavernen, einfach zu erreichen für Leute mit Gehbehinderung, Volleyballnetz, Umkleidehäuschen, Dusche.
Anfahrt: Parkplatz am Ende der Straße, kein Bus.

Acharávi

Den mittleren Teil der Bucht nimmt der Strand von Acharávi ein. Hier ist schon deutlich mehr los. Hinter dem Sandstrand, der teils von Kieseln durchzogen wird, führt eine kleine Straße entlang, an der sich in lockerer Bebauung Hotels, Ferienhäuser, Pensionen und Tavernen, teils in Gärten gelegen, aneinander reihen; an einigen Stellen auch Stichstraßen. Teils stehen Tamariskenbäumchen hinter dem Strand. Das Dorfzentrum befindet sich gut 500 m entfernt vom Strand im Landesinnern, mehrere Stichstraßen verbinden den Ort mit dem Strand. Hinter dem Dorf beginnen mit Olivenwald überzogene Hügel, die man aber vom Strand aus nur in weiter Ferne erahnen kann, sehr voll.
Service: einfach zu erreichen für Leute mit Gehbehinderung, Volleyballnetz, Telefon, Dusche, WC, Tavernen, Strandsäuberung, Supermarkt, Kiosk, Schirme, Liegen, Wassersport.
Anfahrt: Bushaltestelle 500 m entfernt, Parkplatz.

Róda

Am westlichen Buchtende befindet sich der Strand von Róda. Hinter dem Sandstrand, der hier auch an manchen Stellen etwas steiler im Wasser abfällt, erstreckt sich in flachem, z.T. mit Schilf bewachsenen Gelände die lebhafte Uferpromenade mit Palmen. Die Ebene hinter dem Strand ist bebaut, meist liegen die Häuser am Ortsrand in Gärten. Unweit der Flussmündung am Strandende kann es Verunreinigungen im Meer geben, aber hier ist der Strand auch nicht sehr ansprechend. Der Strand von Róda ist während der Saison sehr voll und sehr laut. Hinter der Uferpromenade reihen sich Läden, Bars und Tavernen aneinander, etwas weiter nördlich folgen Hotels. Auch von hier fällt der Blick auf das Gebirge von Albanien.
Service: einfach zu erreichen für Leute mit Gehbehinderung, Strandsäuberung, Supermarkt, Kiosk, Tavernen, WC, Dusche, Telefon, Hotels, Pensionen, Schirme, Liegen, Tret- und Motorboote, Wassersport.
Anfahrt: Bushaltestelle, Parkplatz, Taxistand.

Róda

Der Sandstrand hat Róda in den letzten Jahren hohe Besucherzahlen beschert. Der Ort wird von vielen Strandfans pauschal gebucht. Abends ist hier viel los. In Róda wurde ein dorischer Tempel aus dem 5. Jh. v. Chr. am Strand entdeckt. Die sehenswerten Funde sind im Archäologischen Museum in Korfu-Stadt ausgestellt. Die spärlichen, direkt hinter dem Strand gelegenen Reste des Tempels sind eingezäunt.

Von den Reisebüros in Róda werden die üblichen Ausflüge (⇗ Kapitel Korfu-Stadt), aber auch Bootsausflüge zu den vorgelagerten Inseln Erikoúsa und Mathráki angeboten.

Essen und Trinken

- **Taverne Pangalos,** wird seit 30 Jahren in einem alten Haus am Strand betrieben. Die einstmals urige Taverne hat an Charme leider ziemlich eingebüßt. Gute, einfache griechische Speisen, Preise hoch. Im Sommer sehr voll.
- **Taverne Aphroditi,** direkt hinter dem Taxistand am Strand, mit angeschlossenem Hotel, gute griechische Küche, Preise o.k., Meerblick, oft sehr voll.

Die Bergdörfer und der Pantokrátoras

Von Acharávi führt eine Straße ins Landesinnere zu den Weilern **Ag. Martinos, Krinias** und **Lafki.** Dem Gebirgssträßchen in Lafki folgend, erreicht man **Trimodi, Eriva** und **Petalia.** Hier werben einige Tavernen um Gäste und man hat eine schöne Aussicht auf die Nordküste. Eine Straße zweigt zum Pantokrátoras-Plateau ab.

Oberhalb der Dörfer erreicht man eine hügelige **Hochebene** mit kleinen Tälern voller Farnen. Die Hügel sind teils mit Phrygana bewachsen, teils sind sie kahl. Früher wurden die *Vothines* („grüne Seen") genannten Täler landwirtschaftlich genutzt. Einsehen kann man diese Welt vom 906 m hohen **Gipfel des Pantokrátoras.**

Auf dem Gipfel steht am höchsten Punkt das **Kloster Pantokrátoras.** Der Legende nach soll 755 n. Chr. ein Schäfer hier oben eine Ikone gefunden haben, für die man ein Haus baute. Das Kloster wird 1347 erstmals schriftlich erwähnt. Demnach wurde es von 23 Bergdörfern errichtet. Nach Zerstörung im 16. Jh. baute man es wieder neu auf. In der Kirche finden sich alte Fresken, größtenteils aus dem 17. Jh. Sie wurden in den letzten Jahren saniert und sind sehr sehenswert. Am Deckengewölbe findet man Szenen, die sich um Jesus ranken: Verkündigung von Jesu Geburt, Tempelgang von Jesus, und Jesus, der in das Reich der Toten absteigt. Man findet Jesus auch sitzend mit einem Buch, vermutlich eine Szene am Tag des jüngsten Gerichts. Die Evangelisten sind als Symbole dargestellt: Markus als Löwe, Johannes als Adler, Lukas als Stier und Matthäus als Engel. Eine Spende wird erwartet. Wickelröcke liegen aus.

Zwischen dem 2. und 6. August pilgern Gläubige zum Gebet hier hoch. Das **Klosterfest** findet am 6. August statt. In der Nacht zuvor wandern viele Pilger mit Kerzen den Klosterberg hinauf.

Am Klostereingang befinden sich ein Souvenirshop und ein Café. Von hier oben kann man die ganze Festlandküste überblicken. Ein Pullover leistet jetzt gute Dienste, auch wenn es an der Küste brütend warm ist. Es gibt wenig Parkplätze. Die Aussicht ist einzigartig.

Eine tolle Aussicht auf Zentral-Korfu bietet sich von der Straße zwischen **Spartílas** und **Pirgí.** Zwischen Olivenbäumen windet sie sich in unzähligen Serpentinen den Hang hinunter.

038ko Foto: vb

Wanderung am Berg Pantokrátoras
- **Route:** Spartílas – Pantokrátoras
- **Strecke:** Der schöne Fußweg ist ein Teil des Corfu-North-South-Trails. Er ist gelb oder rot markiert.
- **Dauer:** 4 bis 5 Std. hinauf und wieder herunter; man braucht eine gute Kondition
- **Ausrüstung:** Wasser, Sonnenschutz, gute Schuhe und Verpflegung
- **Organisation:** Man sollte morgens sehr früh aufbrechen

In Spartílas zweigt eine Gasse mit gelber Markierung „CT" rund 50 m oberhalb des **Cafés Moureto** und der Apotheke an einem rosaroten Haus in einer Linkskurve von der Hauptstraße nach rechts (von unten kommend) ab. Es geht nach links und rechts weiter durch die Gassen, den gelben Pfeilen folgend, zur **Kirche Ag. Spíridon,** oberhalb derer Treppen links hochführen. Man erreicht eine Betonstraße, wandert hier rechts aufwärts und folgt einem Betonweg, der in einer Linkskurve nach halbrechts abzweigt und bald in einen Schotterweg übergeht. Es zweigen mehrere Pfade nach links ab, die man ignoriert. Am linken Wegrand markieren gelbe Pfeile nach rund 300 m einen schmalen Pfad, der links hoch führt. Der schmale, aber gut erkennbare Fußpfad führt am Hang zunächst relativ leicht steigend zwischen alten Mauerresten entlang und steigt dann in Serpentinen durch die Felswand steil an. Nach 50 Min., dort, wo ein Sendemast im Blickfeld auftaucht, zweigt vom Hauptpfad ein anderer nach rechts zu einer kleinen **Kapellenruine** mit sehr schöner Aussicht ab. In der Ruine dieser Taxiarchis-Kirche sind die schönen Fresken leider Wind und Wetter ausgesetzt. Der Hauptpfad zieht sich an einem verlassenen **Bauernhof** mit Dreschplatz vorbei (rechts hinter den Büschen zu finden) ein Tal hinauf. Man orientiert sich an den roten und gelben Pfeilen, bis man auf eine Piste gelangt. Hier folgt man dem Weg nach rechts zurück in das Tal hinein. In der ersten scharfen Kurve zweigt nach links ein gelb und hellblau, später auch rot markierter Pfad ab, der durch eine **kahle Hügellandschaft** führt. Der Pfad ist nicht immer so einfach zu finden, obwohl er insgesamt gut markiert ist. Auf einer kahlen Wiese, auf der sich der Weg zu verlieren scheint, wandert man zunächst auf die Sendemasten zu. Dann schwenkt der unscheinbare Pfad nach links, und dort findet man dann auch wieder Markierungen. Wenig später zieht der Weg sich in einer Senke erst weiter geradeaus und schwenkt dann nach links. Für den Rückweg sollte man sich diese Stellen einprägen. An einer **Wasserzisterne** trifft man nach gut einer Stunde auf die Straße, der man noch 20 Min. bis zum **Gipfel** hoch folgt. Der Rückweg erfolgt über die gleichen Pfade. Besonders schön ist diese Tour im Mai und im Oktober.

Essen und Trinken

• **Taverne Agnadio,** Spartílas, am unteren Dorfrand, gute Küche, sehr beliebt, Preise gehoben, tolle Aussicht, abends manchmal Reservierung notwendig, Tel. 26630-92295.

Sokraki und Zigós

Eine ähnlich spektakuläre Straße führt von Ano Korakianna etwas weiter westlich die Hänge hoch nach Sokraki. Zigós ist ein Dorf, in dem der Tourismus nur in Form von neuen Wegweisern angekommen ist. Die Bauern sind mit ihren Eseln oder uralten Traktoren unterwegs. Die Gegend ist wasserreich und üppig grün. Viel Farn wächst hier.

Die Legende vom Kloster Pantokrátoras bei Nymphes

Der Asket *Artemios Plaisos* hatte sich vor sehr vielen Jahren an einen ruhigen Ort zurückgezogen. Als er eines Tages von den Bergen auf das Meer hinausschaute, sah er ein Schiff auf Korfu zufahren und erkannte es als Schiff seiner Eltern. Er war sich sicher, dass sie ihn ins weltliche Leben zurückholen wollten, er aber wünschte seine asketische Lebensweise nicht aufzugeben und fürchtete sich davor, seine Eltern zu enttäuschen. Daher grub er sich ein Grab und legte sich lebendig hinein. Ein Felsblock brach vom Berg ab und verschloss das Grab. Als die Eltern jene Stelle fanden, wussten sie, dass ihr Sohn dort lebendig begraben lag, und wollten den Fels beseitigen. Der Stein schlug aber bei jeder Berührung Funken. Sie erkannten den göttlichen Willen und bauten ein Kloster, in das sie sich nun selbst zurückzogen.

Nymphes Nymphes war schon zu antiker Zeit besiedelt. Die Kirche Ag. Konstantínos wurde in die Ruinen eines Apollon-Tempels hineingebaut, von dem heute aber nichts mehr zu sehen ist. Hinter Nymphes liegen **Wasserfälle** *(Kataraktes)*. Am Dorfplatz zweigt beim Brunnen eine Straße links ab. Sie geht in eine Schotterpiste über und führt am Fußballplatz (γηπεδο) vorbei in ein Tal. Der Wasserfall liegt unterhalb der Brücke. Die alten Griechen glaubten, dass hier die Nymphen tanzten, woraus sich der Dorfname ableitet. Die Wasserfälle führen nur im Winter Wasser.

Ebenfalls hinter Nymphes liegen das 1930 verlassene **Kloster Pantokrátoras** (⇗ Exkurs) und die kleine **Friedhofskirche Askitariou** mit Fresken aus dem 17. Jh. (Kirchenschlüssel im Dorf). Das Kloster liegt wenige Meter weiter hangabwärts. Es wurde 1371 erstmals urkundlich erwähnt. Teile stammen aus byzantinischer Zeit, die meisten der erhaltenen Bauten wurden jedoch um 1740 errichtet. Die Fresken der Kirche entstanden überwiegend im 17./18. Jh. Der Klosterhof ist ein hübscher, ruhiger Ort. Man erreicht Kloster und Kirche, indem man nach dem Brunnen nach links abzweigt (nicht zum Fußballplatz, sondern die nächste Straße) und sich am Ortsrand dann links hält, nach rund 1 km liegt rechts die Kirche und rechts unterhalb dieser das Kloster.

Der Nordwesten

Landschaft

Die nordwestliche Region Korfus wurde von den Venezianern **„Gyros"** genannt. Sie beginnt hinter Róda und endet bei Skriperó und Liapádes. Im Norden erstreckt sich das Tal um den Bach Tyflopotamos. An der Küste ziehen sich **lange Sandstrände** bis nach Nordwesten. Hier fallen **bizarre Felswände** steil ins Meer ab. Die Westküste ist schroff und trockener, aber auch hier unterbrechen lange Sandstrände, die viele Urlauber anziehen, die Felsen. Ruhig und unberührt sind die einfachen Bauerndörfer im **hügeligen Hinterland.** Im Süden durchzieht eine **Bergkette** die Region Gyros. Einer der meistbesuchten Orte Korfus ist Paleokastrítsa, das spektakulär unterhalb der Berge am Meer liegt.

Tipps für die Region

Verkehrsmittel

- **Bus:** Infos zum Fahrplan Tel. 26610-28927. Die Verbindungen nach Sidári und Paleokastrítsa sind gut. Seltener, aber regelmäßig, fährt der Bus von Sidári nach Róda. Die Orte im Nordosten, die nicht an der Strecke liegen, sind per Bus schlecht zu erreichen.
- **Taxi:** Taxistand in Sidári und Paleokastrítsa, Radiotaxi in Nordkorfu Tel. 26630-32400.
- **Mietfahrzeug:** Wer wirklich etwas sehen will von der Region, dem rate ich zum selbstgesteuerten (Miet-)Fahrzeug; das größte Angebot findet man in Sidári und in Róda.
- **Tankstellen** findet man zwischen Róda und Karousádes, in Sidári, bei Dafni, bei Dokádes und in Arkadades.

Einkaufen

In Sidári reihen sich die **Souvenirshops** aneinander. Am Dorfeingang, von Korfu-Stadt aus kommend, liegt ein größerer **Supermarkt** mit gutem Sortiment. Ansonsten trifft man auf **Tante-Emma-Läden.** In Afiónas findet man ein schönes Souvenirgeschäft. In Makrádes werden Olivenholzprodukte bei **Fakiola** angeboten. Zahlreiche Tourist-Shops werben in Lákones und in Paleokastrítsa um Kunden. Es werden Gefäße aus Olivenholz, Olivenöl, Honig und Wein aus der Gegend angeboten.

Aktivitäten/ Nachtleben

- **Bootsausflüge:** Die Reisebüros bieten Bootsausflüge von Sidári und Ag. Stefanos aus zum Sandstrand der vorgelagerten Insel Erikoússa an. Die Boote fahren dabei auch an den bizarren Felsen des Canal d'Amour entlang. Auch Ausflüge zur Insel Mathráki werden häufig angeboten. Manchmal werden beide Inseln auf einer Tour angelaufen. Die Insel Othoní wird dagegen nur selten angesteuert. Fast überall werden in den Reisebüros auch die im Kapitel „Korfu-Stadt" beschriebenen Ausflüge angeboten.

Ein gut geführtes Reisebüro mit einem großen Angebot an Ausflügen ist z.B. San Stefano Travel in Ag. Stefanos, www.san-stefano.gr, Tel. 26630-51771, Fax 51910.

In Lákones, Paleokastrítsa, Ag. Stefanos und Sidári können Motorbootausflüge entlang der Küste aber auch **selbst organisiert** werden.

- **Tauchen:** Tauchschule Ag. Geórgios Págon, Tel./Fax 26630-96092, Handy 6977246921 oder 6945784034, www.corfudivingfunclub.gr.
- **Gokart:** in Sidári gibt es eine Bahn für kleine Kinder, sie liegt an der Straße zum Viertel Canal d'Amour.
- Zahlreiche **Bars und Pubs** findet man in **Sidári.**

Nützliche Adressen

- **Krankenhaus:** in Korfu-Stadt (⇗ dort), Tel. 26610-88200.
- **Notruf:** Tel. 166.
- Die niedergelassenen **Ärzte** machen mit Werbeschildern auf sich aufmerksam.
- **Touristenpolizei** in Korfu-Stadt, Tel. 26610-39503.
- **Geld:** Bankautomaten in Sidári an der Hauptstraße und in Paleokastrítsa. Zwischen Sidári und Paleokastrítsa sind keine Automaten zu finden! Geldwechsel ist in den meisten Reisebüros möglich.
- **Wäschereien:** 1 Hour Laundry, Sidári, ausgeschildert, Mo–Sa 10–16 Uhr. Laundry by Miele in Ag. Stefanos an der Straße nach Arillas, während der Saison tägl. 9–18 Uhr.
- **Internetcafés:** in Ag. Stefanos, Sidári, Ag. Geórgios und Arillas (⇗ jeweilige Ortskapitel). Zudem bieten die meisten Reisebüros dieser Gegend einen Internetzugang.

Sidári

Die vielen Besucher haben ihre Spuren hinterlassen: Sidári hat sich zur **Hotelstadt** mit zahlreichen Bars und Pubs entwickelt. In den örtlichen Reisebüros werden viele Bus- und Bootsausflüge angeboten. Hinter dem Ort liegt der **Canal d'Amour,** die eigentliche Attraktion. Er besteht aus mehreren bizarren Felsenkaps mit Kanälen, die teils an kleinen Sandbuchten enden. Hinter den Felsen wurden in den letzten Jahren Hotels und Bars gebaut, und ein Teil der Felsen verschwindet tagsüber unter Liegen und Schirmen. In der NS kann man die Felsen noch so bewundern, wie die Natur sie formte. Angeblich sollen junge Frauen, die morgens, solange das Wasser noch im Schatten liegt, durch die Felsenkanäle schwimmen und dabei an ihre große Liebe denken, bald vom Angebeteten geheiratet werden ...

Kap Drastís, Perouládes, Avliotes, Mesaria

Am Kap Drastís finden sich **bizarre Felsen** der gleichen Art, aber es ist merklich ruhiger und naturbelassener. Man erreicht das Kap von Perouládes aus, es ist ausgeschildert. Dort, wo der Weg wieder abfällt, zweigt am linken Rand ein treppenartiger Trampelpfad ab, der oben auf der Hangkante einer Erosionsfelswand endet. Der Blick ist toll, aber es gibt keine Absicherungen!

In Sidári kann man Boote mieten und damit die Küste erforschen. Der Sonnenuntergang ist am **Longas Beach** hinter Perouládes besonders malerisch. Oberhalb des Strandes liegen am Aussichtspunkt Bar und Restaurant. Auch hier ist die Steilküste die Attraktion.

Wenige Kilometer weiter liegt im Landesinneren Avliótes. Hier lohnt sich ein Abstecher zur **Friedhofskirche,** von deren Vorplatz man die ganze Umgebung überblicken kann. Sie thront hoch über dem Dorf am Ende einer langen Treppe.

Auch das malerische Dorf **Mesaria,** das einen Bergrücken entfernt von Avliótes liegt, lockt mit einer Kirche, die auf einer Bergkuppe mit schöner Aussicht liegt.

Unterkunft

Rund um Ag. Andréas und Astrakerí findet man viele **Privatzimmer** in Häuschen im Olivenhain, ruhig und abgelegen, z.B.:

- Unweit des Strandes Ag. Andréas liegen die **Pensionen Aphroditi** und **Elli,** Tel. 26630-31487, im Winter Tel. 210-9514979, 210-4531767 (Elli), Handy 6944907848, 6997125017. V.a. bei Aphroditi schön angelegter Garten, einfache Zweier-Apartments mit Küche, Bad, Balkon, man benötigt ein Fahrzeug. 40–60 € ohne Frühstück. Man folgt nicht der ersten Straße zum Hafen, sondern der weiter westlich von der Hauptstraße abzweigenden zweiten, kleinen steilen Straße zum Strand Ag. Andréas.
- Unweit vom Hafen Astrakerí liegt die **Villa Maria**, Tel./Fax 26630-313222, www.korfu-villa-maria.de, einfache DZ mit Bad, Küchenecke, Moskitonetzen an den Fenstern, Terrasse und AC 33–43 €, Vierer-Apartment mit 2 DZ, Küche, AC, Moskitonetzen, Balkon oder Terrasse 48–58 €, Häuschen für vier Pers. mit Balkon und Terrasse 53–63 €, Fahrzeug ist notwendig, netter Garten.

044ko Foto: vb

Korfu

Essen und Trinken

- **Taverna Ag. Andréas Karoussádes,** unweit der Pensionen am Ende der kleinen westlichen Straße oberhalb des Strandes, schöne Aussicht, auf den Tisch kommt viel frischer Fisch, einfache griechische Küche, sehr nett gemacht, beliebt v.a. bei den Einheimischen.
- **Restaurant Panorama Peroúlades,** toller Blick, schöne Sonnenuntergänge, im unteren Teil Cocktailbar, im oberen Teil teure Speisen im Restaurant mit Aussicht.
- Ein besseres Preis-Leistungsverhältnis sowie sehr gute Vorspeisen bietet die **Taverne Ilias** im Dorfzentrum von Avliótes.

Die Felsen bei Sidári

Strände

Ag. Andréas, Astrakerí

Eine langgestreckte Bucht mit flachem Sandstrand, hinter der sich eine Böschung erstreckt. Oberhalb dieser Böschung beginnt eine von dichtem Olivenwald überzogene Hügellandschaft. Im Olivenwald liegen verstreut Ferienhäuser und Pensionen und an der Hangkante Tavernen. Der Blick von diesem ruhigen Strand aus fällt nach Albanien. Ein kleiner Hafen befindet sich östlich neben dem Strand, von dem aus Ausflugs- und Fischerboote starten (Astrakerí).

- **Service:** einfach zu erreichen für Leute mit Gehbehinderung, Telefon, Tavernen, WC, Volleyballnetz, Liegen und Schirme, Campingplatz in 2 km Entfernung.
- **Anfahrt:** kein Bus, Parkplatz.

Sidári

Am breiten, langen Sandstrand ist es fast immer sehr voll. Sidári liegt in einer mit Schilf und Gestrüpp bewachsenen Ebene, ein kleiner Bach mündet hier ins Meer. Westlich des Ortes wird's hügeliger und grüner. Sidári hat sich zur Touristenstadt mit zahlreichen Hotels, Pensionen, Bars, Tavernen und „Action and Fun"-Angeboten entwickelt. Ein kleiner Hafen wurde hier angelegt. Direkt hinter dem Strand beginnt die Bebauung. Während östlich des Hafens noch einige Bäume die Landschaft zieren, zieht sich der kahle Strand westlich bis zu den Felsen am Canal d'Amour.

- **Service:** Supermarkt, Kiosk, Tavernen, Strandsäuberung, Telefon, WC, Liegen und Schirme, einfach zu erreichen für Leute mit Gehbehinderung, Volleyballnetz, Tretboote, Kanu, Motorboote, Wassersport.
- **Anfahrt:** Bushaltestelle, Parkplatz.

Canal d'Amour und Kap Drastís

Landschaftlich ist dies eines der Highlights von Korfu. Um die Felsformationen, zwischen denen sich klitzekleine Buchten mit Sandsträndchen befinden, so erleben zu können, wie man es sich wünscht, muss man außerhalb der Badesaison kommen. Denn solange Badegäste Sidári bevölkern, sind diese schönen Fleckchen völlig überlaufen und verschwinden unter einem Meer von Liegen und Schirmen. Man sollte sich diese Attraktion trotzdem nicht entgehen lassen. Die Sandbuchten zwischen den Felsen am Kap Drastís erreicht man am besten per gemietetem Boot. Wer direkt von den Felsen aus in die Fluten springen möchte, sei gewarnt: Alljährlich verletzen sich Urlauber hierbei, denn das Wasser rund um die Felsen ist an vielen Stellen nicht tief genug für wilde Sprünge.

● **Service:** WC, Tavernen, Strandsäuberung, Hotels, Telefon, Schirme und Liegen, Kanus und Tretboote.
● **Anfahrt:** ausgeschildert, wenig Parkmöglichkeiten. Am besten geht man von Sidári aus zu Fuß.

Perouládes, Longas Beach

Hinter dem schmalen, kleinen, rötlichen Sandstrand erheben sich steile, bizarre Felswände. Oben auf den Klippen haben sich eine Bar und ein Restaurant mit Aussichtsterrasse etabliert. Der Blick fällt nach Westen auf die vorgelagerten Inseln. Eine lange Treppe führt von den Klippen hinunter an den Strand, sehr voll.
● **Service:** Strandsäuberung; Taverne, WC und Telefon oberhalb der Felsen; Schirme und Liegen; Bootsanlegersteg.
● **Anfahrt:** kein Bus, Parkplatz, dann geht es über Betontreppen hinunter.

Ag. Stefanos und Aríllas

Im Hinterland gedeihen noch Obst, Gemüse und natürlich Oliven. Aus dem einstmals ruhigen Ag. Stefanos ist jedoch eine kleine Hotelsiedlung geworden. Auch Aríllas hat sich in gleicher Weise verändert. Beklagenswert ist v.a. die „Architektur" der Urlaubsorte, ganz nach dem Motto „Jeder baut, wie er will".

In den Reisebüros werden zahlreiche **Bus- und Bootsausflüge** angeboten. Neben den gängigen Touren (⇗ Kapitel Korfu-Stadt) werden auch Bootsausflüge zu den vorgelagerten Inseln **Erikoússa** und **Mathráki** angeboten. Manchmal wird auch die etwas weiter entfernte Insel **Othoní** angelaufen, deren Strände nicht so viele Urlauber anziehen wie die der Nachbarinseln.

Unterkunft

● **Villa Koussos,** Aríllas, auf dem Kap zwischen Ag. Stefanos und Aríllas gelegen, Tel./Fax 26630-51340, im Winter Tel./Fax 210-2380235, www.arillas-corfu.com. Schöne Zweier- (63–85 €), Dreier- (75–95 €), Vierer- (85–120 €) und Sechser-Apartments (95–115 €), ohne Frühstück, dafür mit eigener Küche; Bad, große Balkone, TV, AC, Moskitonetze an den Fenstern, man spricht Deutsch.

Internet

● **Three W Internetcafé,** liegt gleich neben Laundry by Miele in Ag. Stefanos; **Helens Creperie,** rechts hinter dem Strand von Aríllas und im **Bowling Center** unweit des Hotels Belle Helene in Ag. Geórgios Págon.

Strände

Ag. Stefanos

Die mittelgroße, geschwungene Bucht mit rötlichem Sand, in der ein kleiner, im Tal dahinter schilfbestandener Bach ins Meer mündet, ist sehr beliebt bei Urlaubern. Eine kleine Hotelstadt ist hier entstanden, die sich die Hügel hochzieht und sich auch im Tal ausbreitet. Im Hinterland erheben sich mit Olivenbäumen bewachsene Hügel, die man vom Strand aus aber kaum wahrnimmt. Westlich des Strandes befindet sich ein felsiges Kap, in dem versteckt ein kleiner Hafen liegt. Bei diesen Felsen kommen Schnorchelfreunde auf ihre Kosten.

- **Service:** Tavernen, Bars, WC, Dusche, Telefon, Supermarkt, Unterkünfte, Liegen und Schirme, Wassersport, gut zu erreichen für Gehbehinderte, Strandsäuberung.
- **Anfahrt:** Parkplatz, Bushaltestelle.

Aríllas

Über mehrere Kilometer zieht sich der beliebte, schmale Strand, in dessen Sand sich auch ab und zu Kieselchen mischen, die langgestreckte Bucht vor der neu errichteten Urlauberstadt entlang. Vor der Bucht liegen mehrere größere Felseninseln. Südlich des gut besuchten, aber selten überfüllten Strandes ziehen sich Olivenwälder die Hänge zum steilen Felsenkap rund um das Dorf Afiónas hoch. Die Landschaft hinter dem Strand ist eher kahl, abgesehen von den bewässerten Gärten der Hotels und Pensionen.

- **Service:** Tavernen, Dusche, WC, Telefon, Strandsäuberung, Supermarkt, Hotels, Liegen, Schirme, Wassersport.
- **Anfahrt:** Bushaltestelle, Parkplatz.

Afiónas und Ag. Geórgios Págon

Afiónas ist ein **kleines, traditionelles Dorf** mit hübschen Häuschen in herrlicher Lage auf einem steilen Bergrücken. Man hat von hier oben eine herrliche Aussicht nach beiden Seiten. Von Afiónas führt ein Fußpfad zur Bucht Pórto Timoni. Auf dieser Halbinsel entdeckten Archäologen Gegenstände und Siedlungsreste aus der Steinzeit und der Bronzezeit. Für den Laien gibt es dort nicht viel zu sehen. Der sonnige Pfad führt zu einer Doppelbucht mit Kiesstrand und bietet wunderschöne Ausblicke auf die Bucht von Ag. Geórgios, in der das Wasser türkisblau schimmert. Der Pfad führt zur kleinen **Höhlenkirche Ag. Stylianos,** die dem Schutzheiligen der Kinder geweiht ist.

JAMES BOND IN PÁGI

In das Dorf Pági lohnt sich ein Abstecher für James-Bond-Fans. *Spiros,* der Wirt im unscheinbaren Cafénion, das links am Ende der Mauer an der abfallenden kleinen Dorfstraße liegt, die von der Durchgangsstraße abzweigt, zückt auf Anfrage ein Fotoalbum. Darin zu sehen sind Aufnahmen von **Roger Moore,** einer knallgelben Ente und diversen Autos, die per Kran in einen Olivenbaum gehoben werden: Szenen von den Dreharbeiten für „In tödlicher Mission" („For Your Eyes Only"), die hier 1981 stattfanden. Eine Szene wurde direkt vor dem Cafénion von **Spiros** gedreht: ein alter, typisch griechischer Bus, sein Ziel ist jedoch Madrid – dort spielt ja der Film offiziell. Auch rund um das Dorf **Pélekas** lassen sich vom aufmerksamen Filmzuschauer **Drehorte** finden.

Beim Besuch in Pági bekommt man aber auch ein Gefühl dafür, welch verschiedene Welten bei den Dreharbeiten aufeinander prallten, denn in diesem kleinen Dorf scheint die Zeit stehen geblieben zu sein, und man kann sich heute immer noch gut die Verwunderung der griechischen Bauern vor über 25 Jahren vorstellen, als dieser Filmtross hier vorüberzog.

Vor Afiónas liegt die **Insel Nisi Karavi,** die ein versteinertes Schiff sein soll (*karavi* bedeutet „Schiff") und um die sich viele Legenden ranken. Eine Geschichte erzählt von der Königin *Pamflagona,* deren Mann sich in eine andere Königin verliebte und mit der neuen Liebe auf dem Schiff wegfuhr. *Pamflagona* betete zum heiligen Nikólaos, und dieser bestrafte den König, indem er das Schiff mit Mann und Maus versteinerte.

Eine **Bilderbuchbucht,** vor allem von Prinílas aus gesehen, ist **Ag. Geórgios Págon.** Eine riesige Sichel, blitzblaues Wasser, schneeweißer Strand, umgeben von bewaldeten Bergen. Auf dem steilen nördlich gelegenen Felsenkap drängen sich die Häuschen von Afiónas, im Hintergrund zahlreiche Felseninselchen. Die Straße schlägt wilde Schlaufen, und die Häuser purzeln am Hang und am Strand entlang wie Teile eines Würfelspiels. Gebaut wird viel, aber jeder baut, wie er will. Noch sind keine so großen Hotelanlagen wie in den nördlichen Nachbarbuchten entstanden, aber

ein verträumtes Dorf sollte man nicht erwarten, denn auch Ag. Geórgios ist während des „Betonzeitalters" entstanden, und viele Griechen sind nun mal mehr praktisch als ästhetisch veranlagt. Beliebt ist dieser Ort vor allem bei deutschen Individualreisenden.

Unterkunft

- **Rooms über der Taverne Three Brothers,** Afiónas, Tel. 26630-51862, Fax 51962, Handy 6932189580, www.infohotels.gr/3brothers. Sehr einfache DZ, AC, Bad, Balkon, schöner Meerblick, sehr beliebt, 30–35 €.
- **Rooms Porto Timoni**, Tel./Fax 26630-52051 oder 51984, Handy 6973033267, www.portotimoni.com. Teils schöne geräumige DZ, AC, neue, große Bäder, tolle Aussicht vom Balkon, Küchenecke, Moskitonetz an den Fenstern, teils aber auch einfachere DZ mit Frühstück 60 €.
- **Hotel Dionysos,** Afiónas, Tel. 26630-51984, Fax 52051, Handy 6973033267, www.dionysos-korfu.de. Einfachere DZ 35–40 €, Vierer-Zimmer 53–60 €. Bad, Kühlschrank, Balkon, teils toller Blick auf die Bucht Ag. Geórgios, ohne Frühstück. Die Fotos auf der Website sind veraltet.

Die Bucht von Ag. Geórgios Págon

Essen und Trinken/ Einkaufen

- Die Aussichtsterrasse der **Taverne Dionysos** am Dorfrand von Afiónas bietet sich für eine Rast an.
- **Porto Timoni,** ↗„Unterkunft", gleich neben dem Dionysos, auch dort schöne Aussicht und gute griechische Speisen.
- **La Pergola** in Afiónas bietet ebenfalls gute griechische Küche, aber keine so schöne Aussicht.
- **Oliven und Mee(h)r,** im Zentrum von Afiónas betreibt ein deutsches Ehepaar dieses stilvolle Geschäft mit schönen einheimischen Produkten, geöffnet Mai bis Oktober täglich 10.30–14 Uhr und 15–21 Uhr, www.olivenundmeer.de.

Strände

Afiónas, Porto Timoni

Folgt man im Dorf Afiónas einem schmalen Fußweg, der 50 m vor der Taverne Dionysos nach links vom Hauptweg abzweigt, erreicht man nach 30 Min. (der Rückweg dauert noch länger, denn er steigt an) zwei kleine Strände vorne am Kap. Eine felsige, spärlich bewachsene Halbinsel ist über eine flache Landbrücke mit dem steilen relativ karg mit Phrygana bewachsenen Berg verbunden, auf dem das Dorf Afiónas thront. Auf beiden Seiten der Landbrücke befindet sich ein kleiner Kiesel- bzw. Sandkieselstrand. Hier hat man seine Ruhe, denn entweder man nimmt diesen nicht gerade unbeschwerlichen Fußweg in Kauf, oder man strampelt per Tretboot von Ag. Georgios aus hierher, was auch recht mühevoll ist. An den Felsen kann man gut schnorcheln.

- **Service:** keine Einrichtungen.
- **Anfahrt:** ↗ oben.

Ag. Geórgios Págon

An der kilometerlangen, geschwungenen Traumbucht zieht sich ein weißer, breiter Sandstrand entlang. Er ist sehr beliebt, überfüllt ist der Strand aber selten, denn er ist lang und die Besucher verteilen sich. Hinter dem Strand teils Pensionen, teils Tavernen, teils Straße, die in eigenartigen Schlaufen den Hang hoch und wieder runter, ins Tal hinter und wieder vor zum Strand führt. Ag. Georgios ist das Zentrum der Surfer auf Korfu, denn hier hat man den Wind, der dazu notwendig ist.

- **Service:** einfach zu erreichen für Leute mit Gehbehinderung, Strandsäuberung, Supermarkt, Telefon, Hotels und Pensionen, Tavernen, Bar, WC, Liegen und Schirme, Wassersport.
- **Anfahrt:** Parkplatz, Bushaltestelle.

Paleokastrítsa und Umgebung

Die Gegend um Paleokastrítsa ist landschaftlich **eine der schönsten Ecken Korfus.** Fast senkrecht fallen die Felsen hier ins Meer. Das malerisch gelegene Kloster auf einer felsigen Halbinsel ist eines der beliebtesten Ziele der Insel. Wer Pech hat, muss es sich mit Hunderten anderer Besucher teilen.

Kloster

Das **Kloster** wurde 1225 gegründet. Die heutigen Gebäude stammen aus dem 18./19. Jh. Ausgestellt sind **Ikonen** aus dem 17. bis 19. Jh. Die Stimmung ist meist nicht gerade sakral, da oft zwei Reiseleiter in verschiedenen Sprachen gleichzeitig die Ikonen erläutern. Vom hübsch begrünten Innenhof aus erreicht man das **Museum.** Es werden Ikonen, alte Priestergewänder und das fossile Skelett eines riesigen Tieres, das im 19. Jh. von einer französischen Schiffsmannschaft hier aus dem Meer gefischt wurde, ausgestellt. Unten ist eine alte Olivenölpresse zu bewundern.

● **Geöffnet:** 7–13 und 15–20 Uhr. Abends ist es ruhiger als vormittags. Wickelröcke liegen am Eingang aus.

In Paleokastrítsa werden am Hafen lohnende **Bootsausflüge** zu Grotten der Felsenküste und Stränden, die man nur vom Wasser her erreichen kann, angeboten. Man kann auch selbst Boote mieten. Zahlreiche Hotels und Pensionen umgeben die Buchten.

Festung Anglokastro

Mit dem Bau der **sehenswerten Burg** wurde Anfang des 13. Jh. begonnen, als das Byzantinische Reich langsam in die Knie ging. Reste einer Vorgängerburg aus dem 5.–7. Jh. wurden ebenfalls gefunden. Die Herren von Anjou und die Venezianer stellten die Anlage fertig. 1272 wurde sie erstmals schriftlich erwähnt. Anglokastro war zur Zeit der Venezianer, die die Festung 1386 eroberten, neben Korfu-Stadt die wichtigste Siedlung der Insel. Sie hielt den Angriffen der Osmanen im 16. und 18. Jh. stand. 3000 Menschen fanden hier 1537 Zuflucht. Bis die Burg von den Engländern schließlich aufgegeben wurde, konnte sie nicht von feindlichen Truppen eingenommen werden.

Hinter dem Eingang liegt die **Zisternenanlage** aus venezianischer Zeit, die rund 600 m³ Wasser fassen kann. Dahinter erreicht man über eine Treppe ein Plateau, in dem alte **Felsengräber** zu erkennen sind. Daneben liegt die **Kapelle** des Erzengels Michael aus

702ko Foto: vb

Das Kloster in Paleokastrítsa

dem Jahr 1784. Unten bei der alten Eiche führt eine Treppe hinab zur **Höhlenkirche** Ag. Kyriakí mit Fresken aus dem 18. Jh. und einem Altartisch aus einem Marmorstück, das aus einer frühchristlichen Kirche stammt.

Die Burg Anglokastro liegt mit traumhafter Aussicht auf einem steilen Felskegel hoch über der Küste. Am Eingang und am gegenüberliegenden Hang warten Tavernen auf Gäste.

- **Geöffnet:** täglich 9.30–14.30 Uhr, Eintritt 2 €.

Bergdörfer

Die Bergdörfer oberhalb von Paleokastrítsa sind hübsch, aber überlaufen: Täglich quälen sich Ausflugsbusse durch **Makrádes** und **Lákones. Liapádes** liegt abseits des Geschehens und ist von Olivenbäumen umgeben. Das schöne, alte Portal vor der Kirche deutet darauf hin, dass das Dorf früher schon bessere Tage erlebt hat. **Doukádes** ist lebendiger. Der Ort lädt zum Schlendern ein. Auf keinen Fall versäumen sollte man die Aussicht von **Lákones** und **Bella Vista.** Am besten kommt man schon frühmorgens hierher; die Strecke ist an einigen Stellen nur einspurig befahrbar, der Verkehr, der sich häufig staut, wird mit Hilfe von Ampeln geregelt.

Unterkunft/ Essen und Trinken

- **Ipsia Apartments Paleokastrítsa**, *Jorgos Michalas,* Tel. 26630-41913, Handy 6944631260 oder 6976018503, www.ipsia-apartments.com, ruhige Lage, schöne Aussicht, hübscher Garten, DZ mit Bad, AC, Terrasse 40–60 €, im OG nettes Apartment für sechs bis acht Personen 140–180 €.
- **Rena Apartments,** Tel. 26630-41642, Handy 6944378259, www.renaholidayscorfu.com, einfache DZ mit Küchenecke, AC, Moskitonetz überm Bett, Bad, Balkon, teils mit herrlicher Aussicht, ruhige Lage im Grünen, 37–53 €, im Nachbarhaus **Captain** werden auch Zimmer angeboten, dort keine so tolle Aussicht, 25–36 €.
- **Bäckerei,** am unteren Dorfrand von Lákones gleich hinter der Ampel, gute Backwaren, schöne Aussichtsterrasse, sehr nett.
- Das urige **Café Olympia** im Dorfzentrum von Lákones, eine Mischung aus Souvenirgeschäft und Café, liegt zwar zentral, aber fast schon abseits der touristischen Hauptwege, denn im Dorf kann man nicht parken.
- **Paleokastrítsa Grotta Bar,** romantischer Fleck an der Felsküste.
- **Paradosiaki Taverna Troumbeta,** links an der Hauptstraße am Pass von Troumbétas, hübsch gemacht mit Kamin und Garten.

Strände

Paleokastrítsa

Unterhalb der steilen Felswände befinden sich zahlreiche kleine schmale Kieselstrände, meist mit schöner Aussicht auf Felseninseln oder Halbinseln, aber fast alle Strände in und um Paleokastrítsa sind sehr voll. Kein Wunder, denn die Küste ist landschaftlich sehr reizvoll. Das Wasser lockt mit intensiver Blaufärbung. Im Hafen werden Motorboote angeboten, und auch Taxiboote stehen zur Verfügung, denn in der Umgebung befinden sich zahlreiche kleine Strände, die nur vom Meer aus zu erreichen sind.

● **Service:** Liegen und Schirme, Motorboote, Taverne, Dusche, WC, Hotels und Pensionen, Telefon, Wassersport, Tauchschule, Umkleidekabinen, Supermarkt.
● **Anfahrt:** Parkplatz und Bus.

Paradise Beach Magoula

Schmaler längerer Sandkieselstrand vor einer Felswand mit bizarr geformten Felsen, seitlich befindet sich eine kleine Höhle, die man schwimmend erreichen kann, in der Höhle schattiger Ministrand. Gut besucht.
● **Service:** Sonnenschirme, Getränke und BBQ am Strand für alle, die einen Bootsausflug gebucht haben.
● **Anfahrt:** nur per Boot möglich, z.B. mit einem Ausflugsboot von Paleokastrítsa aus.

Rundwanderung bei Paleokastrítsa

● **Route:** Paleokastrítsa – Lákones – Makrádes – Kríni – Anglokastro – Lákones – Paleokastrítsa
● **Strecke:** über schattige Pfade, kleine Sträßchen und sonnige Schotterpisten
● **Landschaft:** eine der schönsten Touren auf Korfu! Durch Olivenwald und Macchia mit herrlicher Aussicht auf die Festung Anglokastro
● **Dauer:** 3½ Std.
● **Ausrüstung:** Wasser, Sonnenschutz, gute Schuhe, lange, dünne Hosen (!)
● **Organisation:** Man sollte diese Tour frühmorgens bis 7 Uhr beginnen, denn der steile Aufstieg ist dann noch verschattet und auf dem Rückweg ist die Straße zwischen Anglokastro nach Lákones noch wenig befahren.
● **Anfahrt:** per Bus zur Endhaltestelle von Paleokastrítsa oder mit dem Mietfahrzeug zum Parkplatz am Strand unterhalb des Klosters
● **Alternative:** Man kann auch per Bus am frühen Morgen nach Paleokastrítsa anreisen und von Kríni aus weiterwandern nach Ag. Geórgios Págon. Dort fährt am Nachmittag ein Bus zurück nach Korfu-Stadt. Man sollte sich vorher den aktuellen Busfahrplan „Green Bus" besorgen

Aufstieg nach Lákones

Man geht auf der Hauptstraße in Richtung Korfu und folgt der ersten Teerstraße, die nach links abbiegt. Bei der folgenden Gabelung hält man sich rechts. Nach 10 Min. erreicht man eine Gabelung, an der ein alter Fußweg nach links durch Olivenhaine steil aufwärts führt. Man überquert einen Weg und folgt dem Pflasterweg weiter, bis man in Lákones auf die Teerstraße trifft, der man später nach links folgt. Wer zum Dorfbäcker will, muss hier rechts auf dem Sträßchen ans untere Dorfende wandern. Ansonsten geht es links aufwärts weiter. Nach fünf Minuten liegt am oberen Dorfende unterhalb der Straße ein Souvenirshop und eine Olivenholzschnitzerei. Am rechten Straßenrand beginnt ein Pfad, der mit **rotem Punkt** markiert ist.

Nach Makrádes

Dieser alte Pfad führt **am Rande eines Tales** nach oben. Nach 20 Min. verbreitert sich der Weg und zieht sich nach links. Bei der Gabelung geht es nach rechts, und man erreicht nach wenigen Minuten eine Teerstraße, in die man nach links einbiegt. Von dieser Straße aus hat man eine schöne Aussicht auf die Festung Anglokastro. Sie führt zum Dorf **Vistonas.** Vor dem Dorfeingang zweigt nach links ein Betonweg zu einer Kirche ab. Er geht hinter der Kirche in einen Fußpfad über und trifft wieder auf die Straße, der man den Hang hinunter folgt. Teils können die Serpentinen durch Pfade abgekürzt werden. Die Straße führt ins Dorf Makrádes hinab; bei der zweiten Gabelung hält man sich rechts in Richtung **Kríni**.

Zum Anglokastro

Die Straße führt durch das Dorf **Kríni** hindurch und windet sich durch **Olivenhaine** nach unten. In einer Linkskurve liegt rechts oberhalb der Straße ein Aussichtspunkt und ein Weg zweigt nach rechts ab. Am linken Rand dieses Weges beginnt nach wenigen Metern der alte Fußpfad (rote Punkte), der die Straße abkürzt und zur Festung führt, die man nach zwei Stunden erreicht.

Rückweg

Von der Festung aus wandert man den gleichen Weg zurück, aber noch vor dem ersten Haus von Kríni zweigt rechts von der Straße ein schmaler Fußweg ab. Er ist mit einem **gelben „C/T"-Schild** markiert. Der Pfad führt unterhalb einer Mauer entlang durch einen Olivenwald und trifft auf einen Weg, dem man nach links folgt. Der Weg wird wieder zum schmalen Pfad. Man wandert durch einen Olivenhain, an dem links ein Wasserrohr entlang führt, der Pfad bleibt hier aber am rechten Talrand. Dann schwenkt der Pfad nach links in ein kleines Tal hinunter (rote Markierung),

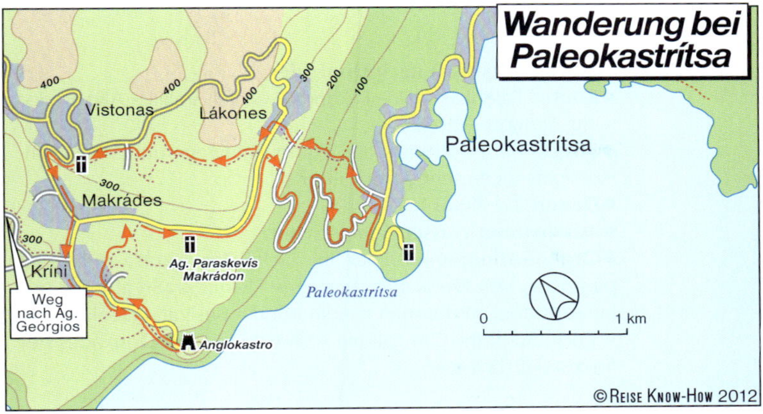

dort nach links aufwärts und ein wenig später nach rechts aufwärts. Schließlich erreicht man die Straße, die nach rechts am kleinen **Nonnenkloster Moní Ag. Paraskevís Makrádon** vorbeiführt und über die man **Lákones** erreicht. Dort geht es an den Restaurants, an denen die Ausflugsbusse Halt machen, vorbei bis zu jener Olivenholzschnitzerei, bei der man beim Aufstieg dem mit rotem Punkt markierten Pfad nach oben gefolgt ist. Gegenüber zweigt vor dem Haus eine Betonrampe, die in eine Treppe übergeht, ab, unterhalb derer ein Pfad beginnt, der steil den Hang herabführt. Bei einer Gabelung hält man sich rechts und trifft auf eine Betonpiste, der man nach rechts abwärts folgt. Man hat von diesem Weg eine herrliche Aussicht. Unten geht die Schotterpiste in eine Straße über und man trifft auf die Straße am Strand von **Paleokastrítsa.**

Alternative Man wandert auf der Straße zurück nach Kríni, zweigt am Dorfplatz links ab und folgt kurz darauf rechts runter einem Betonweg. Hier ist der **Corfutrail** gelb markiert. Der Hauptweg wendet sich nach links, und am Ende der Schotterstraße, in die der Betonweg übergeht, beginnt zwischen Felsen ein alter Eselspfad, der steiler abwärts führt. Unten folgt man dem Weg rechts aufwärts, von dem wenig später der gelb markierte Corfutrail auf einen Pfad nach links abzweigt. Er zieht sich links steil abwärts und trifft auf einen Weg, dem man nach rechts nach Ag. Geórgios folgt.

Von Paleokastrítsa nach Doukádes

- **Route:** Paleokastrítsa - Lákones - Gipfel Araliki - Alimatádes - Ag. Simeon - Doukádes
- **Strecke:** über schmale alte Pfade, Feldwege und Sträßchen. Aussichtsreiche sehr schöne Tour.
- **Dauer:** 3½–4 Std.
- **Ausrüstung:** Wasser, Sonnenschutz
- **Organisation:** Anreise per Bus nach Paloekastrítsa zum Campingplatz. Von Doukádes führt eine kleine Straße abwärts zur Hauptstraße, an der man wieder auf die Buslinie Paleokastrítsa - Korfu-Stadt trifft. In Lákones, Alimatádes und Doukádes befinden sich Tavernen.

80 m vor dem Campingplatz, noch vor George Michalas Rentacar, führt rechts ein gelb markierter Betonpfad hoch. Man erreicht eine Straße und folgt ihr links, bis in einer scharfen Rechtskurve links eine Straße abzweigt. Kurz darauf folgt man von dieser Straße aus rechts hoch dem Schild „Path to Lákones". Der Pfad gabelt sich, abwärts ist hier „Path to Paleokastrítsa" markiert. Man wandert rechts hoch, später unter der Straße durch und hoch auf die Straße, der man abwärts folgt. Links hoch zweigt bald eine steile Straße ab, an der rechts ein Haus liegt. Oberhalb dieses Hauses zweigt nach wenigen Metern von dieser Straße links ein Pfad ab. Er überquert später die Straße und führt hoch nach Lákones.

Dort folgt man der Straße links an der Ampel und der Dorfbäckerei vorbei. Vor dem Cafeníon zweigt neben den Briefkästen (Nummern 8200-8220) rechts eine Treppe ab. Man wandert oberhalb der Treppe an einem roten Haus mit grünem Tor vorbei aufwärts, ignoriert mehrere waagerecht abzweigende Weg nach rechts und links und wandert steil aufwärts zu einem rosaroten Haus, hinter dem man rechts weiter steil aufwärts wandert. Der alte Pfad bietet eine herrliche Aussicht. 20 Minuten nachdem man Lákones verlassen hat, trifft man bei einer Säule auf einen breiten Weg, der nach rechts zur **Kirche Profitis Ilias** führt. Zurück an der Säule, wandert man hinter dieser Säule auf einem steilen Pfad 15 Min. aufwärts zum Gipfel des 507 m hohen **Araliki.**

Wieder unten an der Säule folgt man dem breiten Weg nun nach links zur Straße. Linker Hand auf der anderen Straßenseite

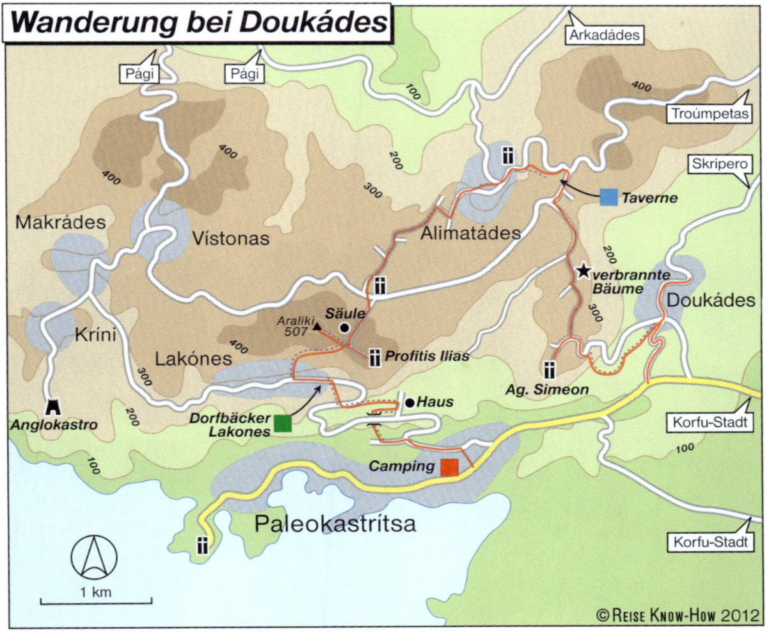

beginnt unterhalb einer **Kirche** mit schönem Platz ein abfallender Feldweg. Man folgt dem Hauptweg, der unweit einer Stromleitung bergab führt. Kurz vor einem Grundstück mit Eisentor (links) wandert man halbrechts weiter, passiert ein Tal mit Schachtelhalmen und wandert bei einer Gabelung links auf einem Pfad am Schilf entlang. Am Ende des Wiesenwegs wandert man links abwärts, ignoriert abzweigende Wege, geht waagerecht am Hang entlang, bis bei einem Zypressenwald ein Stück Betonweg passiert werden muss. Der Hauptweg führt danach rechts hoch. Er trifft hinter Olivenbäumen auf einen Weg, dem man links abwärts nach Alimatádes folgt.

In einer Kurve (auf der Straße steht in weißer Farbe ΚΑΛΟ ΠΑΣΧΑ) zweigt links ein Pfad ab, der die Straße abkürzt. Im Tal gabelt sich die Straße. Man folgt der Straße über die Brücke aufwärts an der Kirche vorbei bis kurz vor dem Ortsschild am oberen Dorfrand. Rechts beginnt ein Weg zwischen einem rosa Haus und einer weißen Mauer, der zum Pfad wird, aufwärts führt und bei ei-

nem Schrein wieder auf die Straße trifft, der man zur Hauptstraße hoch folgt. Nach rechts führt diese in 5 Min. an einer Taverne vorbei zu einem Betonweg, der scharf links abzweigt (unter einer Stromleitung). 10 Min. später zweigt von diesem nun abfallenden Betonweg links hoch ein Weg an verbrannten Bäumen vorbei ab, den man ignoriert. Nach einigen Minuten zweigt von diesem Weg nach links wieder ein Weg ab, der über einen Bergrücken durch Olivenhaine und ein Gatter dann abwärts führt (teils zugewachsen) und auf eine Straße trifft, der man rechts aufwärts folgt. Sie

Auf dem Weg von Paleokastrítsa nach Doukádes

geht in einen Weg über und gabelt sich nach 5 Min. Links erreicht man nach 10 Min. die **Kirche Ag. Simeón** mit toller Aussicht.

Man wandert zurück auf die Straße, folgt ihr abwärts durch eine Rechts- und durch eine Linkskurve. Danach führt rechts ein alter Pfad abwärts durch Olivenhaine. Am Dorfrand, hinter einem Metallrohr am Boden, wendet man sich nach links und kurz darauf nach rechts abwärts, wandert vor einem roten Haus auf einen Weg nach links, überquert die Straße, geht an der Kirche vorbei abwärts, hält sich links, folgt der ΟΔΟΣ ΙΩΑΝΝΙΟΥ ΒΑΠΘΗ hinab und trifft auf die Hauptstraße. Links erreicht man den Dorfplatz von Doukádes mit Tavernen, rechts führt die Straße abwärts zur Hauptstraße Paleokastrítsa – Korfu-Stadt.

SÜDKORFU

Landschaft

Der Süden Korfus ist trockener als die anderen Regionen, aber auch hier findet sich nördlich der Berge um Chlómos üppiges Grün. Der See Límni Korissia, der durch eine wüstenartige Nehrung vom Meer getrennt ist, beheimatet seltene Vogel- und Pflanzenarten. Die Südwestküste besteht aus einer scheinbar endlosen Zahl von Sandstränden. Die Dörfer liegen in einer Hügellandschaft im Landesinnern und sind von Olivenbäumen und Feldern umgeben. Nördlich eines Flusses, der bei Boúka ins Meer mündet, erstreckt sich eine Küsten-Sumpf-Wiesenlandschaft, die bei Alikes in Salzseen übergeht. Ganz anders präsentiert sich Korfus Südspitze: Am Kap Arkoudila ragen schroffe, teils bewaldete Felsen aus dem Meer.

Tipps für die Region

Verkehrsmittel

- Gute **Busverbindungen** bestehen zwischen Moraítika, Argirádes, Lefkími und Kávos. Alle anderen Orte sind per Bus schlecht zu erreichen.
- **Taxi:** Radiotaxi, Tel. 26610-33811/2.
- Wer wirklich etwas sehen will von der Region, dem rate ich zum selbstgesteuerten **(Miet-)Fahrzeug.** Das größte Angebot findet man in Kávos und Ag. Geórgios.
- **Tankstellen** findet man in Kávos, Lefkími, Perivóli, Argirádes, Kouspades, Chlómos Linia und Ano Messongí.

Aktivitäten/ Nachtleben

- Es werden in den Reisebüros die gleichen **Ausflüge** wie überall auf der Insel angeboten, teils starten sie aber am Hafen von Lefkími und nicht in Korfu-Stadt.
- **Gokart:** Eine Gokart-Bahn findet man in Kávos.
- Auf ein ausuferndes **Nachtleben** trifft man in **Kávos.**

Nützliche Adressen

- **Krankenhaus:** in Korfu-Stadt (⇗ dort), Tel. 26610-88200.
- **Notruf, Krankenwagen:** Tel. 166.
- Die niedergelassenen **Ärzte** machen mit Werbeschildern auf sich aufmerksam.
- **Touristenpolizei,** Korfu-Stadt, Tel. 26610-39503.
- **Geld:** Bankautomaten in Moraítika, Lefkími, Ag. Geórgios und Kávos, in Lefkími auch Banken. In kleineren Touristenorten wird im Reisebüro oder Supermarkt Geld gewechselt.

703ko Foto: vb

Korfu

Der Límni Korissia und Umgebung

Eine interessante Landschaft bildet dieser 600 ha große See. Er ist über einen Kanal mit dem Meer verbunden, von dem er durch eine **Sandnehrung** getrennt ist. Eine Fischzucht wird hier betrieben. Zu den Bergen hin ist der See von Schilf umgeben. 126 Vogelarten wurden hier gesichtet. Auf dem südlichen Teil der Nehrung wächst phönizischer Wacholder. Es kommen 14 Orchideenarten vor. Beeindruckend sind die Sandberge hinter dem Strand von Issós – man glaubt sich in die Wüste versetzt.

Gardiki

In Gardiki steht eine **Festung** aus dem 13. Jh. Der Despot von Epirus, *Michail,* ließ sie zu byzantinischer Zeit errichten. In die Festungsanlage waren acht Türme eingebaut, von denen sechs noch relativ gut erhalten sind. Innerhalb der Festungsmauer wächst Gestrüpp. Im Sommer finden hier kulturelle Veranstaltungen statt.

Wüstenartige Landschaft bei Issós

Strände

Chalikounas

Auf der kilometerlangen Nehrung zwischen dem Korissia- See und dem Meer zieht sich vor einer kahlen Dünenlandschaft der flach abfallende, schmale, ruhige Sandstrand entlang. Nur am Anfang der Nehrung gibt es touristische Einrichtungen, ansonsten ist sie naturbelassen. Die wenigen Ruhe suchenden Besucher verteilen sich gut. Da hier keine Strandsäuberung stattfindet, kann je nach Wetterlage Treibgut und Seegras angeschwemmt werden.

- **Service:** WC, Taverne in 500 m Entfernung, Liegen und Schirme, Dusche, Strandbar, Umkleidehaus.
- **Anfahrt:** Piste auf der Nehrung, Parkmöglichkeiten.

Issós

Reizvolle, wüstenartige Dünenlandschaft am südlichen Ende des Límni Korissia mit grünen Büschen im rötlichen Sand, durchzogen von teils bizarren rötlichen Felsen zieht sich hinter dem kilometerlangen Sandstrand entlang. Die Besucher verteilen sich gut. Direkt am Parkplatz werden beim Kiosk Schirme und Liegen angeboten, dort ist der Strand voll, aber schon 500 m weiter nicht mehr. Im Hinterland fällt der Blick auf den steil aufragenden Berg Prasoúdi.

- **Service:** WC, Taverne, Kiosk, Handballfeld, Surfschule, Strandbar, Liegen und Schirme.
- **Anfahrt:** kein Bus, von der Hauptstraße führt eine Straße, die in eine Piste übergeht, zum Strand, Parkplatz.

Chlómos, Boúkaris und Petrití

Chlómos, ein ruhiges Bergdorf mit alten Häusern, bietet vom höchsten Punkt neben der Taxiarches-Kirche eine hübsche Aussicht über die Nordostküste.

Boúkaris ist dagegen eine schön gelegene, ruhige Küstensiedlung, zu erreichen über eine hübsche, schmale Küstenstraße von Mesongí aus. Der Strand ist steinig, an einigen Stellen findet sich auch Sand. Die Fischtavernen ziehen v.a. griechische Urlauber an. Zwischen Boúkaris und Petrití führt eine Straße mit schöner Aussicht am Meer entlang, die vor allem bei Radfahrern beliebt ist.

In **Petrití** dümpeln am Hafen zahlreiche Fischerboote. Am Ende der Bucht ist eine kleine Felseninsel vorgelagert. Darauf befindet sich ein Schrein namens Ag. Vlachérna. Das Dorf ist von Olivenhainen und Feldern umgeben. Petrití ist eine alte Siedlung. In der

Antike befand sich hier die Siedlung Egripos. Zu sehen sind davon nur noch die spärlichen Reste eines alten Getreidespeichers aus römischer Zeit. Der kreisrunde Ziegelbau ist kniehoch erhalten.

Unterkunft/ Essen und Trinken

- **Iseris Costas Rooms to let,** Boúkaris, Tel. 26620-51786, Handy 6937530571. Vier einfache, geräumige DZ, Küchenecke, Bad, Balkon, teils mit Meeresblick, ruhige Lage am Ortsrand, direkt am Meer, schöner Garten, 25–35 €. Sehr nette Besitzer!
- **Taverne und Pension Panorama,** Nótos, Tel. 26620-51707, Fax 51612, Handy 6977715892, www.panoramacorfu.gr. Nette DZ mit Bad, Balkon, z.T. mit Meerblick, AC, TV, Moskitonetz, ruhige Lage, ein Fahrzeug ist notwendig, DZ 38–40 €, Vierer-Zimmer 75–80 € mit Frühstück. Die **Taverne** mit hübschem Garten liegt unterhalb am Meer.
- Am Savvas-Beach liegt neben dem kleinen Kiesstrand mit Bootsanlegesteg eine **Taverne** mit hübschem Garten.
- In **Boúkaris** gibt es mehrere **Fischtavernen** an der Küste, nett gemacht, einfach.

Strände

Nótos

Eine kleinere, hübsche baumbestandene Bucht mit flach abfallendem Sandstrand und kleinen Holzbooten am Rand, der eine malerische Felseninsel mit einer Kapelle vorgelagert ist. Der Blick fällt auf die Salzseen von Alikés und auf das Festland. Das hügelige Hinterland ist von Olivenwald überzogen. Diese Badestelle ist sehr beliebt. Da die Bucht nicht allzu groß ist, ist sie schnell voll.

- **Service:** Strandsäuberung nur in der HS, WC, Taverne, Dusche, Telefon, Pensionen.
- **Anfahrt:** Straße 50 m oberhalb des Strandes, kleiner Parkplatz.

Savvas

Ebenfalls ins blaue Wasser kann man bei der Taverne Savvas eintauchen. Dort trifft man aber auf einen kleinen Kiesstrand und einen Steg, im hübschen Garten der Taverne werden Liegen unter Bäumen angeboten.

- **Service:** Taverne, WC, Dusche, Liegen.
- **Anfahrt:** über eine Piste von Nótos aus, kleiner Parkplatz.

Kaliviotis

Ein ruhigerer, flach abfallender Strand, an dem sich Sand und Steine mischen, im Wasser viele Steine, unweit eines kleinen Hafens gelegen. Hinter dem Strand findet man einige Bäume, das Hinterland ist leicht hügelig und mit Olivenbäumen bedeckt. Der Blick fällt auf die Festlandküste.

- **Service:** Strandsäuberung, Dusche, WC, Taverne, während der HS Liegen und Schirme, gut zu erreichen für Leute mit Gehbehinderung.
- **Anfahrt:** Straße von Perivoli oder Nótos aus, es fährt kein Bus, und es gibt keinen Parkplatz.

Ag. Geórgios und Argirádes

Am Strand von Ag. Geórgios ist im Laufe des letzten Jahrzehnts eine Urlaubersiedlung entstanden. Hinter dem Ort ziehen sich Feldwege den Hang hoch durch Olivenwald nach Argirádes, einem der größeren Dörfer im südlichen Landesinneren. Hier finden sich pittoreske alte Steinhäuser, die teils noch aus venezianischer Zeit stammen.

Essen und Trinken

- **Harley Café,** im nördlichen Teil von Ag. Geórgios, direkt hinter dem Strand, hübsch gemacht, nette Atmosphäre, nicht nur für Motorradfreaks geeignet, beliebt vor allem bei deutschen Urlaubern.

Strände

Ag. Geórgios, Argirádes

Der beliebteste Sandstrand in Südkorfu zieht sich über mehrere Kilometer vor einem steilen, spärlich bewachsenen Abhang entlang. Weil der Strand so lang ist, ist er trotz vieler Besucher nicht überfüllt, v.a. am südlichen Ende ist es ruhiger. Oben auf der Hangkante führt die Straße hinter dem Strand entlang und an ihr ist ein Urlauberdorf entstanden. Hotels, Pensionen, Tavernen, Bars und Cafés reihen sich in Gärten aneinander. Die Küstenebene ist teils mit Schilf bewachsen, teils mit Gras. Im Hinterland ziehen sich Olivenhaine zum Dorf Argirádes an die Hauptstraße hoch.

- **Service:** Duschen, WC, Tavernen, Bars, Hotels und Pensionen, Liegen und Schirme, Wassersport, Volleyballnetz, Telefon, Supermarkt, Strandsäuberung, einfach zu erreichen für Leute mit Gehbehinderung.
- **Anfahrt:** Bushaltestelle, Parkplatz.

704ko Foto: vb

Korfu

Südwestküste, Marathiás und Perivóli

Die schönen Sandstrände an der Südwestküste ziehen immer mehr Urlauber an. Auch ins verschlafene Dorf **Marathiás** kommt wieder Leben. Wenige Kilometer weiter erreicht man **Perivóli.** Hier finden Kunstliebhaber eine Rarität: In der **Kirche Ag. Saránda** befinden sich Fresken aus dem Jahr 1704, für die Kupferstiche des Holländers *Jan Sadeler* als Vorbilder dienten. Im Haus gegenüber kann man nach dem Kirchenschlüssel fragen.

Der Strand Ag. Geórgios bei Argirádes

Strände

Gardénos

Hinter dem rötlichen, flach abfallenden Sandstrand erheben sich Erosionsfelswände in der kahlen Landschaft. Hinter dem Strand beginnt ein dazu im Gegensatz stehendes üppig grünes Tal. Am Strand entstanden mehrere Tavernen und Pensionen, die meisten Gebäude liegen aber weiter hinten im grünen Tal verstreut. Während der HS trifft man auch hier auf viele Urlauber, in der NS verteilen sich die Gäste. Man kann nach Süden bis zum Kap entlang wandern, dort naturbelassener, ruhiger Strand ohne Service.

- **Service:** Duschen, WC, Taverne, Volleyballnetz, Telefon, Pensionen, Liegen und Schirme, kleiner Hafen, gut zu erreichen für Leute mit Gehbehinderung, Strandsäuberung.
- **Anfahrt:** großer Parkplatz, kein Bus.

Marathiás, Ag. Varvara oder Golden Beach

Ein sehr großer rötlicher und steiler abfallender Sandstrand. Die Hügel im Hinterland sind mit Macchia bewachsen, hinter dem Strand führt ein schilfbewachsenes Tal am Bach entlang zum Meer. Auch hier sind Tavernen und Pensionen am Strand und im Hinterland entstanden, die während der HS viele Urlauber anlocken. Direkt am Talende immer voll, wandert man aber 15 Min. am Strand entlang, erreicht man ruhigere, naturbelassene Abschnitte.

- **Service:** Tavernen, Pensionen, WC, Duschen, Supermarkt, Telefon, Volleyball, Liegen und Schirme.
- **Anfahrt:** Parkplatz, kein Bus.

Lefkími, Mólos und Alikés

Lefkími ist die Hauptstadt des Südens. An eine Stadt erinnert die Siedlung allerdings nicht. Es handelt sich vielmehr um mehrere zusammengewachsene Minidörfer, in denen die jeweilige Kirche die einzige Attraktion darstellt. Im Ortsteil **Potámi** fließt der gleichnamige Fluss durch das Dorf. Fischerboote dümpeln im Fluss, Männer sitzen auf den Brücken zum Angeln.

In **Mólos** haben Griechen am Strand kleine Sommerhäuser errichtet.

Am nördlichen Kap zwischen Mólos und dem Strand Boúka liegt **Alikés.** Hier entstand im 15. Jh. eine Salzgewinnungsanlage, die heute aufgegeben ist. Das flache Land wird im Winter vom Meer überspült. Außer Sumpfgras wächst hier fast nichts.

705ko Foto: vb

Boot in Lefkími

In dieser Region kann man je nach Jahreszeit gut **Vögel beobachten.** Im Oktober rasten hier z.B. tausende Störche auf ihrem Flug nach Süden.

Essen und Trinken

● Am Ufer des Baches in Lefkímis Ortsteil Potámi sind einige nette **Tavernen** und **Cafés** entstanden, die vor allem bei Holländern sehr beliebt sind. Die Szenerie erinnert auch irgendwie an holländische Kanäle. Einen Nachteil gibt es jedoch: Um zum Strand Boúka zu gelangen, muss man direkt an den Cafés vorbeifahren, und dieser Verkehr wirkt störend in der ansonsten sehr netten Atmosphäre.

Strände

Mólos und Alikés

Kilometerlange, schmale, graue, flach abfallende Sandstrände ziehen sich an der kahlen Küstenebene entlang. Bei Mólos erstrecken sich Ferienhäuschen und eine große Hotelanlage. In grünen Gärten findet man bei Alikés zahlreiche Bootsanlegestege. Es gibt bessere Badestellen.

Boúka

Unweit der Mündung des kleinen, von Schiffen befahrenen Potami-Flusses. Ein Pier zieht sich an der Mündung ins Meer hinaus. Hinter dem relativ kleinen Sandstrand stehen ein paar Bäume, ein schmaler Sandstreifen zieht sich seitlich des Strandes kilometerweit an der Küste entlang. Der Blick fällt auf die griechische Festlandküste. Das Hinterland ist flach und mit Schilf und Gras bewachsen. Sehr beliebt bei den Anwohnern.

- **Service:** Taverne, Dusche, WC, Volleyballfeld, Strandsäuberung, Liegen und Schirme, Kinderspielplatz.
- **Anfahrt:** die östliche Straße am Kanal entlang.

Kávos und der äußere Süden

In Kávos entstand in den letzten Jahren eine **Hotelstadt,** in der vor allem Engländer nach dem Motto „Action and Fun" ihren Urlaub verbringen. Einen Ausflug wert ist das **Kap Arkoudila.** Dort erheben sich steile, weiße Klippen aus dem Meer.

Strände

Kávos

Der kilometerlange, 10–20 m breite Sandstrand zieht sich vor der v.a. bei Engländern beliebten Hotelstadt entlang. Dahinter reiht sich Bar an Bar und Hotel an Hotel. Das Hinterland ist flach und trocken, am südlichen Ende erhebt sich ein Felskap. Kávos beherbergt viele Urlauber, daher ist es in der Saison meist sehr voll.

- **Service:** Supermarkt, Hotels, Pensionen, Dusche, WC, Telefon, Tavernen, Liegen und Schirme, Wassersport, einfach zu erreichen für Leute mit Gehbehinderung, Strandsäuberung.
- **Anfahrt:** Bus, Parkplatz am Dorfrand.

Kanoula und Ag. Gordis Notou

Wer dem überfüllten „Action-and-Fun"-Strand entfliehen will, kann sich auf den Weg an die Südküste machen. Hinter dem kilometerlangen, schmalen, rötlichen, flacheren Sandstrand ziehen sich steile Erosionsfelsen entlang. Die Landschaft ist kahl. Teils mischen sich Steine und Felsen ins sandige Vergnügen, ein kleiner Hafen wurde angelegt. Nördlich der kleinen Kirche Ag. Gordis dehnt sich eine kahle Sandbucht vor den Felsen aus. Etwas südlich der Kapelle liegt eine Taverne. Insgesamt bietet dieser Strand viele Möglichkeiten für Ruhe Suchende, er ist größtenteils naturbelassen.

- **Service:** Taverne, Liegen u. Schirme, Volleyballnetz, Dusche, WC.
- **Anfahrt:** Parkplatz.

Wanderung von Kávos aufs Kap Arkoudila

- **Route:** Kávos – Moní Panagía Arkoudilas – Strand Arkoudila – Kávos
- **Strecke:** über sonnige Pisten und schmale Fußpfade
- **Landschaft:** durch Eichenwald, Macchia und Olivenhaine mit herrlicher Aussicht aufs Meer
- **Dauer:** 1 Stunde, 45 Minuten
- **Ausrüstung:** Sonnenschutz, Wasser, Verpflegung, Badesachen
- **Anfahrt:** per Bus oder Mietfahrzeug durch Kávos hindurch am Miami Beach Hotel vorbei geradeaus. Die Straße führt über eine kleine Brücke und windet sich nach links. Kurz vor der Rose Tree Taverna nach rechts kleine Betonstraße hoch (Schild „Monastery").

Zum Kloster Die Betonstraße führt zwischen Olivenbäumen hindurch, an einem Haus mit Pferden vorbei, steigt dann an und geht in einen Schotterweg über. Man folgt nun immer dem Hauptweg, an einer Gabelung hält man sich links. Der Hauptweg führt an der Müllkippe vorbei auf die Klippen und oben entlang. 5 Min. später hält man sich links und erreicht links hinter einer Hausruine einen **Aussichtspunkt.** Achtung: Die Erosionsfelsen fallen steil ab, der Weg endet ohne Vorwarnung am Abgrund. Zurück wandert man geradeaus an der Ruine vorbei und folgt dem Weg, der bald als Pfad abwärts führt, auf einen breiten Weg, dem man nach links zur Klosterruine folgt. Gegenüber liegt ein weiterer ungesicherter Aussichtspunkt.

Zum Strand Ein Erdweg führt ins Tal hinunter. Er wird zu einem überwucherten Fußpfad und durchquert ein Bachbett. Er trifft hinter dem Tal auf eine sich gabelnde Piste, die links hinunter zum Strand von Arkoudila führt.

Rückweg Der Rückweg erfolgt über dieselbe Piste. An der Gabelung, an der der Fußpfad einmündet, folgt man der breiten, sonnigen Piste nach rechts bergauf. Nach wenigen Minuten trifft man auf eine Piste, der man nach links folgt und die in 15 Min. zur Straße zurückführt.

RUNDFAHRTEN

Korfu ist eine landschaftlich sehr schöne, gebirgige Insel. Der Straßenzustand ist meist gut, aber viele Straßen sind kurvig und steil.

Die mit * (**Sternchen**) gekennzeichneten Orte werden in den jeweiligen Ortskapiteln genauer beschrieben.

Durch Mittelkorfu

Diese Tour führt durch hügelige Olivenwälder zu den Hauptattraktionen Mittelkorfus, herrlichen Aussichtspunkten und schönen Sandstränden. Die Straßen sind gut befahrbar, nur zwischen Ag. Matthäos und Ag. Gordis sind sie kurviger und schmal. Wer den Menschenmassen in Pérama und beim Achillion ausweichen möchte, macht sich am besten früh am Morgen auf den Weg.

Zu den Hauptattraktionen

Man steuert als erstes Ziel **Pérama*** hinter dem Flughafen an. Von dort aus kann man über den Damm zu Fuß die Halbinsel Kanóni erreichen. Am **Moní Vlachérna*** und auf der **Insel Podikonísi (Mäuseinsel)*** ist es vor 9 Uhr noch relativ ruhig. Von Pérama fährt man zunächst wieder ein Stück zurück in Richtung Korfu-Stadt. Dann zweigt nach links die Straße nach Gastoúri zum **Achillion*** ab. Danach fährt man in Richtung **Benítses*.** Man folgt nun der stark befahrenen Küstenhauptstraße südwärts bis nach **Moraítika*** und weiter in Richtung Kávos. In Ano Messongí zweigt eine kleine Straße nach Ag. Matthäos und Gardiki ab, der man 2,5 km weit folgt. Dann geht es nach links zur **Festung Gardiki*.** Nun folgt man der kleinen Straße bis zu ihrem Ende. Am Strand geht sie in eine befahrbare Piste über, die auf der Nehrung des **Límni Korissia*** entlang bis zur Fischzuchtfarm am Kanal führt. Man fährt zurück nach Gardiki, hält sich hier rechts und kurz darauf links in Richtung **Ag. Matthäos*.** Die Straße windet sich dann 7 km durch die Olivenhaine. Nun zweigt man nach links in Richtung Kato Garoúna ab und fährt hinunter nach Ag. Gordis. Es geht weiter nach **Sinarádes*.** Hier lohnt ein Abstecher zum **Aussichtspunkt Aerostato*.** Von Sinarádes aus fährt man weiter nach Norden ins Dorf **Pélekas*.** Oberhalb des Ortes liegt Kaiser *Wilhelms* Lieblingsplatz, der Aussichtspunkt **Kaisers Thron*.**

Hier kann man den **Sonnenuntergang** genießen, bevor man, den Schildern folgend, die Rückfahrt nach Korfu-Stadt* antritt.

115ko Foto: vb

Durch den Nordosten

Die teils kurvige Küstenstraße in gutem Zustand führt um das Bergmassiv des Pantokrátoras durch Hänge voller alter Olivenbäume herum. Man erreicht schöne Strände, herrliche Aussichtspunkte und kann einen lohnenden Abstecher zu einem alten Ruinendorf aus venezianischer Zeit unternehmen. Ausgangspunkt ist **Gouviá*,** von wo aus man über **Dassiá*** und **Ipsos*** nach **Pirgí*** gelangt. Hinter dem Ort steigt die Straße steil an, und der Blick auf die Küstenebene wird frei. Die Straße führt oberhalb der felsigen Küste entlang auf die Felswand zu, in der das Gebirgsmassiv des Pantokrátoras hinter **Barbáti*** steil zur Küste abfällt. Die Straße führt unterhalb der Felsen hindurch nach **Nissáki*.** Die Straßenführung ist immer für eine Überraschung gut. Nach einigen Kilometern erreicht man oberhalb von Kalámi einen Aussichtspunkt auf den kleinen Hafen von **Kouloúra*** am Straßenrand. Knapp

In Dassiá

3 km dahinter zweigt eine Straße links nach **Pórta*** ab. Im ruhigen Dorf genießt man von der Terrasse der unteren Taverne eine wunderbare Aussicht. Dann fährt man den Berg wieder hinunter und geradeaus über die Hauptstraße hinweg nach **Ag. Stefanos*,** einem hübschen Hafen. Man kehrt zur Hauptstraße zurück und folgt dieser nach **Kassiópi*** und an der Küste entlang nach **Néa Períthia*.**

Ins Ruinendorf Palio Períthia

An der Tankstelle bei Nea Períthia zweigt hier eine Straße ins Landesinnere ab. Ein Bauer bietet Honig an, man sieht Hühner, manchmal auch auf der Straße, die durch Olivenwald nach **Loútses** führt. Dann erreicht man den Weiler **Anapaftiria*,** folgt der Straße weiter, hoch in die Berge ins sehenswerte Ruinendorf **Palio Períthia*.** Danach geht es wieder hinunter zur Küste.

Man folgt der Hauptstraße in Richtung Acharávi, biegt dann nach rechts ab, und erreicht so den Strand von **Ag. Spiridounas*,** hinter dem **Lagunensee Antinioti*.** Wem es hier zu voll ist, der folgt weiter der Hauptstraße nach Acharávi und biegt nach 2–3 km rechts ab zum langen Sandstrand von **Almyros*.** Danach folgt man der Hauptstraße weiter durch **Acharávi*** nach **Róda*.** Kurz vor Róda zweigt nach links die Hauptstraße nach Korfu-Stadt ab, sie ist markiert. Man folgt dieser Straße zum Pass von Troumbétas und erreicht bei **Gouviá*** wieder den Ausgangspunkt der Rundfahrt.

Auf den Pantokrátoras

Ein Ausflug zum höchsten Inselberg gehört zu den Highlights – aber nur bei schönem Wetter, denn der wichtigste Grund, um hier hochzufahren, ist die tolle Aussicht. Die Straßen sind relativ gut, aber schmal, steil und kurvenreich. Gute Fahrkenntnisse sind auf den Serpentinensträßchen hier notwendig. Badesachen nicht vergessen! Man startet in **Pirgí** und fährt die kurvige Straße nach **Spartílas*** und **Sgourádes** hoch, wo eine Straße nach **Strinílas*** rechts abzweigt. Hinter Strinílas geht es rechts zum **Pantokráto-**

Die malerische Kirche in Ag. Déka in der Region Mesis

116ko Foto: vb

ras* ab, der Berg ist markiert. Die Straße endet kurz unterhalb des Gipfels. Dort einen Parkplatz zu finden ist nicht einfach. Vom Pantokrátoras bietet sich ein herrlicher Rundblick, man kann bis nach Albanien sehen. Nun geht es dieselbe Straße wieder zurück, aber bei der ersten Gabelung biegt man rechts nach **Petalia** ab. Eine landschaftlich schöne Straße führt durch die Berge zu den Weilern **Eriva, Trimodi** und **Lafki.** Hinter Lafki verzweigt sich die Straße: Zunächst fährt man rechts, dann links weiter und erreicht schon bald **Acharávi*.** Um die Tour fortzusetzen, folgt man der Hauptstraße in Richtung **Róda*** bis zur Kreuzung, wo man nach links in Richtung Korfu-Stadt/Sfakerá abbiegt. Nach wenigen Kilometern zweigt in **Platonas** eine Straße nach links von der Hauptstraße ab, die nach **Nymphes*** führt. In Nymphes kann man einen Abstecher zum **Askitario*** und zum **Kloster Pantokrátoras*** machen. Man fährt dann zur anderen Seite des Dorfes hinaus und trifft wieder auf die Hauptstraße, der man nach links folgt. Nach rund 1 km zweigt eine kleine Straße nach links in Richtung Klimatia/Zigos ab. Bei der folgenden Gabelung hält man sich wieder links und erreicht so das auf einem Sattel liegende Bauerndorf **Zigos.** Hier zweigt eine Straße nach rechts ab. Sie führt durch üppig grüne Landschaft nach **Sokraki.** Hinter dem Dorf windet sich die schmale Straße in unzähligen Serpentinen mit herrlicher Aussicht den Hang hinunter. Achtung: Die Straße ist unübersichtlich! Unten erreicht man das ruhige Dorf **Ano Korakianna*.** Die alten Häuser ziehen sich am Hang entlang, die Bauern knattern auf uralten Traktörchen über die enge Straße zur Olivenölpresse. Bei einer Gabelung in einer Kurve hält man sich links. Diese kleine Straße führt am Ruinendorf **Ag. Markos*** vorbei und trifft in **Pirgí** wieder auf die Hauptstraße.

Durch den Nordwesten

Schmale Sträßchen ziehen sich durch die mit Olivenbäumen bedeckten Hügel hinter der Felsküste entlang, ab und zu trifft man auf ein Schlagloch. Diese Tour führt zu bizarren Felsen, wunderschönen Aussichtspunkten, beliebten Sandstränden und durch teils noch ursprüngliche Dörfer. Paleokastrítsa und Umgebung sind hier ausgeklammert, für diese Ecke sollte man sich einen ganzen Tag extra Zeit nehmen (Routenvorschlag: Paleokastrítsa – Lákones – Kríni – Anglokastro – Kríni – Makrádes – Vístonas – Pági – Ag. Geórgios Págon).

Die Tour beginnt in **Gouviá,** nördlich von Korfu-Stadt. Im Ort zweigt von der Küstenstraße eine Hauptstraße ab, die in großen Serpentinen hoch nach Troumbetas führt. An einer Gabelung fährt man nach links und erreicht über die Dörfer **Arkadades, Ag. Athanassios** und **Messaria** schließlich die grüne Küstenebene hinter **Sidári*.** Dort lohnt ein Abstecher zum **Canal d'Amour*,** bevor es durch das mit Olivenwald bedeckte Hinterland zu den bizarren Felsen am **Kap Drastís*** und nach **Perouládes*** weitergeht. Dann fährt man über die grünen Berge bei **Avliotes** zur kahlen Küstenlandschaft bei **Ag. Stefanos*** und **Arillas*.** Nächstes Ziel ist das auf einem steilen Felsrücken vom Meer umgebene Dorf **Afiónas*.** Von der Kirche im Dorfzentrum führt ein kleiner Weg, zu einem Aussichtspunkt. Der Blick fällt auf die türkisblau schimmernde Bucht von Ag. Geórgios Págon. Die Straße führt nun ins Landesinnere zurück und 100 m, nachdem man das „Blaue Haus“ hinter sich gelassen hat, rechts sehr steil bergab. Man folgt hinter **Ag. Geórgios Págon** der kleinen Straße durch Olivenwald hoch nach **Pági** und **Prinilas.** Der Blick zurück ist spektakulär. Man erreicht **Vístonas** und hält sich links, folgt dieser Straße mit schöner Aussicht nach **Troumbétas.** Dort biegt man auf die Hauptstraße nach rechts in Richtung Korfu-Stadt und erreicht so wieder **Gouviá*,** den Ausgangspunkt dieser Tour.

052ko Foto: vb

Die anderen Ionischen Inseln

600ko Foto: vb

Die Insel im Überblick

- **Einwohner:** 2200
- **Fläche:** 20 km²
- **Höhe:** 231 m
- **Tel.-Vorwahl:** 26620
- **PLZ:** 49082

Landschaft

Paxos ist eine hügelige Insel mit einer schroffen Felsküste im Westen und vielen kleinen Kiesbuchten an der Ostküste. Überall wachsen zwischen Steinmäuerchen auf Terrassen knorrige Olivenbäume. Neben verstreuten Weilern im Landesinneren liegen drei Dörfer an der Küste: der Hauptort Gáios im Süden, Lákka im Norden und Longós an der Ostküste.

Tourismus

Bis vor wenigen Jahren lebten die Bewohner von Paxos von der Landwirtschaft und vom Fischen. Inzwischen beziehen die meisten ihr Einkommen aus dem Tourismus. Paxos wird von zahlreichen Ausflugsbooten aus Korfu angelaufen, und auch unter Seglern ist die Insel ein beliebtes Ziel. Sehr positiv fällt ins Auge, dass die Insel nicht durch Betonsilos entstellt wird. Hotels, Pensionen und Ferienhäuser sind baulich ansprechend gemacht. Oft wurden alte Steinhäuser mühevoll renoviert.

In den letzten Jahren hat der Ausverkauf der Insel begonnen. Engländer und Italiener kaufen selbst völlig zerstörte Ruinen zu gigantischen Preisen auf und errichten mondäne Ferienhäuser.

Praktische Tipps

Verkehrsmittel

Näheres zur Anreise ist im Kapitel „Praktische Reisetipps A–Z“ detailliert beschreiben.

- Der nächstgelegene **Flughafen** befindet sich auf Korfu.
- Der **Fähranleger** liegt 1 km vom Gáios entfernt, Ausflugsboote legen direkt in Gáios oder Lákka an.
- **Busse** verbinden Mo–Fr mehrmals täglich Gáios, Longós und Lákka.

Seite 216/217: Die Felsen in der Bucht von Erimítis

Felsen an der Westküste

Paxos
Antípaxos
Leuchtturm
Plani
Chorami
Arkoudaki
Lákka
Orkos
Lákos
Chourdatika
Apergatika
Monodéndri
Glyfáda
1 km
Levrechió
Longós
Marmári
Is. Litharia
Kastanida
Kipos
Kondogianatika
Kipiádi
Erimítis-Bucht
Magazia
Platanos
B. Alati
Ag. Apostoli
Korfu, Lefkími, Igoumenitsa
Ag. Spiridoúnas
Fondana
Kap Poúnda
Kaki Langada
Achai-Bucht
Kamini
231
Kloni Vouli
Is. Ortholithos
Is. Panagía
Gáios
Is. Ag. Nikólaos
Agrilas Bucht
Antípaxos
Avlaki
Plakes
Galazio
Makratika
Vellianitatika
Defteri Spiatza
Kap Xifadoura
Il Conde
Ag. Marina, Ag. Stefanos
Paxos Beach
Oziás
Aftia
Gaidarou
Mousmouli
Kap Chiros
Bállos
Ozias-Bucht
Mühle Milos
Felsentor Tripitos
Ag. Marina
Ag. Marina
Mongonísi
Is. Mongonisi
Is. Kaltsonisi
Wanderweg
Aussichtspunkte
1 Wanderung zum Felsentor Tripitos
© Reise Know-How 2012

- **Taxi:** über Handy: *Charis,* 6974135660, *Thassos,* 697664886, *Christos,* 6977472747, *Kostas* 6974002236, *Nikos* 6984220011. **Wassertaxi,** das zum gewünschten Strand fährt: Handy 6932 232072 oder 6977623033.
- **Mietfahrzeuge** ⇗„Praktische Reisetipps A–Z“. Auf Paxos auch bei Alfa Hire, Gáios, Tel. 26620-32505, Fax 32688, Handy 6977 867313, www.paxos-greece/alpha_hire.htm, oder bei den Reisebüros, z.B. bei Bouas-Tours, Tel. 26620-32401, Fax 32610, www.bouastours.gr. In Lákka bei Scootermania, Tel. 26620-31050, Handy 6977536399.
- **Tankstellen** findet man in Gáios und bei Magazia im Inselinneren an der Hauptstraße.

Unterkunft

Die meisten Unterkünfte werden über die örtlichen **Reisebüros** oder von **englischen Pauschalanbietern** vermietet. Die Preise sind hoch: Für ein einfaches DZ werden 35–80 € verlangt, ein Häuschen für vier Personen ist unter 100 € kaum zu finden.

Einkaufen

In Gáios findet man kleine Läden und Souvenirshops. Es werden z.T. hübsche **kunsthandwerkliche Andenken** verkauft. Ein Einkaufsparadies ist Paxos nicht. Internationale **Zeitungen** werden am Kiosk am Platz in Gáios angeboten. **Inselkarten** gibt es in Gáios und in Lákka zu kaufen.

Aktivitäten

- **Inselumrundung und Antípaxos per Boot:** Sehr lohnend ist eine Inselumrundung, die von mehreren Reisebüros angeboten wird. Von Lákka aus wird diese Tour als Kombination mit einem Badeausflug nach Antípaxos organisiert. Die kleinen Boote fahren zunächst an der wilden Westküste entlang und in mehrere Höhlen hinein, es geht am Felsentor Tripitos vorbei und weiter nach Antípaxos. Nach einem Badeaufenthalt fährt das Boot nachmittags an der Ostküste von Paxos zurück.

  Von Gáios aus wird eine Inselrundfahrt angeboten, bei der Antípaxos nicht angelaufen wird. Diese Insel wird zusätzlich täglich mehrmals angefahren.
- Auch von Paxos aus kann man Tagesausflüge nach **Albanien** und aufs **griechische Festland** unternehmen. Es werden die gleichen Touren wie auf Korfu angeboten (⇗ Kap. „Korfu-Stadt“).
- **Motorboote** werden in den Reisebüros angeboten oder bei Boats for Hire, Tel. 26620-32475 Fax 32523, Handy 6976001197, sofiamak@otenet.gr.

Nützliche Adressen

- **Ärzte:** im Zentrum von Gáios, Tel. 26620-32555, im kleinen Krankenzentrum von Gáios, Tel. 26620-31466.
- **Zahnarzt:** Gáios, Tel. 26620-32155.
- **Apotheke:** Gáios, Tel. 26620-32200.
- **Touristenpolizei:** Tel. 26620-32222 oder 31222.
- **Geld:** Zwei Banken jeweils mit Automat in Gáios. In Lákka kann man in den Reisebüros Geld wechseln.
- **Reisebüros:** Die Reisebüros bieten Unterkünfte, Kleinwagen, Mofas, Motorboote, Geldwechsel und Ausflüge an. In Gáios: Pax Island Travel, *Katerina Vrachoriti,* am Hafen, Tel. 26620-30082, Fax 32589, www.paxos-travel.gr; Bouas Tourist Office, am Hafen, Tel. 26620-32401, Fax 32610, www.bouastours.gr; in Lákka: Plános Holidays, Tel. 26620-31744, Fax 31010, www.planos.co.uk; Routsis Holidays, *John* und *George Grammatikos,* Tel. 26620-31807, Fax 31161, www.routsis-holidays.com. Hier werden auch Tauchkurse und Segelboote angeboten.
- **Informationen:** www.paxos-greece.com. Manche Informationen auf dieser Website sind allerdings mit Vorsicht zu genießen, da sie veraltet sind. Aber man bekommt einen guten ersten Überblick über die Insel.

Gáios und der Süden

Die Inselhauptstadt Gáios

Ortsbild

Wer mit einem kleineren Schiff ankommt, wird Gáios von seiner besten Seite erleben: vom Wasser aus. Die „Hauptstadt“ der Insel ist ein **malerischer Ort** mit einem schönen Hafen. Zwischen der vorgelagerten Insel Ag. Nikólaos und Paxos befindet sich ein natürlicher Kanal, an dem sich der Hafen gut 1,5 km entlangzieht. Unzählige Segelboote, Fischerboote, Jachten und Ausflugsboote reihen sich aneinander. Die Uferpromenade ist die Flaniermeile des Ortes. Im Zentrum öffnet sich ein Platz zum Hafen hin. Die meisten Häuser sind im Laufe des letzten Jahrzehnts renoviert worden.

Sehenswertes

Die **Kirchen Ag. Apostoli und Analipsis** weisen noch Fresken aus dem 18. Jh. auf. An der Uferpromenade trifft man auf das **Denkmal für Georgios Anemojannis,** der im 19. Jh. gegen die Türken kämpfte. Ansonsten bietet Gáios ein **Heimatmuseum,** in dem Näheres zur Geschichte und zur traditionellen Lebensweise auf Paxos zu erfahren ist.

- **Geöffnet:** Mai bis Anfang Oktober täglich 10–14 und 19–22 Uhr, während der Nebensaison flexible Zeiten, Hafenpromenade, Eintritt 2 €.

Die Inseln vor Gáios

Dem Ort vorgelagert ist die **Insel Ag. Nikólaos.** Hier findet man die Reste einer byzantinischen Festung sowie eine Kirche, die zu Ehren des heilige Nikolaus, dem Schutzpatron der Seefahrer, auf den Ruinen einer frühchristlichen Basilika errichtet wurde.

Die **Insel Panagía** liegt etwas weiter nördlich. Am 15.8. findet eine Bootsprozession zur Marienkirche auf der Insel statt. Die Marienkirche I Kimissis tis Theotókou wurde auf den Resten einer frühchristlichen Kirche erbaut, Teile des Altarraums stammen noch von diesem Bau.

Unterkunft/ Essen und Trinken

- **San Giorgio Rooms,** Tel. 26620-32223, Handy 6942048714, www.paxosweb.gr/accomodation/apartments/spiros-aparts.htm. Privatzimmer mit Jugendherbergsatmosphäre direkt am Ortseingang oberhalb der Boote, mit Blick auf die vorgelagerte Insel. Einfache EZ und DZ, Bad, teils mit Küchenecke, teils mit Aussicht und Balkon, Gemeinschaftsdachterrasse mit schöner Aussicht, Garten. EZ 40–55 €, DZ 60–75 €.
- **Zimmer und Ferienwohnungen** werden auch über die Reisebüros angeboten.
- Wenn die Einheimischen Fisch essen gehen, machen sie sich auf dem Weg in die von außen wenig anziehende **Taverne O Karkaletzos,** die gegenüber vom Hotel Paxos Club zu finden ist. Hier kommt nur Fisch auf den Tisch, den der Tavernenbesitzer selbst am gleichen Tag gefangen hat.
- **Dodos Taverna,** am südlichen Dorfrand hübsch im Grünen gelegen, bietet gute griechische Küche und ist entsprechend beliebt, Preise hoch.
- **Taverne Kouzini,** am Ende der Fußgängerzone landeinwärts gelegen, gute Fleischqualität und große Fleischportionen, griechische Küche, Preise gehoben.
- **To Steki tou Lambi,** Grillrestaurant, sehr beliebt vor allem bei griechischen Familien, liegt im Zentrum unweit des Platzes bei der Bäckerei.

054ko Foto: vb

Ziele für Kirchenliebhaber

Oziás ist die älteste Siedlung der Insel. Hier liegen die Ruinen der beiden frühchristlichen Kirchen **Ag. Marina** und **Ag. Stefanos** aus dem 7. Jh.

In **Makratika** liegt links der Straße, die hinter dem Hotel Paxos Club den Hang hochführt, die **Kirche Il Conde,** welche in Teilen noch aus dem 15./16. Jh. stammt. Auffallend sind der große Torbogen und die Kirchentür: Ein venezianischer Verwalter wollte die Kirche per Pferd erreichen können und ließ eine imposante Öffnung bauen. Schön sind der alte Fußboden der Kirche und die Fresken aus dem 18. Jh.

Der Hafen von Gáios

Strände

Mongonísi

Hinter dem kleinen, weißen Kieselstrand erstreckt sich ein terrassierter Hügel mit Olivenbäumen. Mongonísi ist eigentlich eine eigene Insel, die über eine Brücke mit Páxos verbunden ist. Der Bootsanlegesteg ist bei Segelbooten ein beliebter Anlaufpunkt. Die Taverne organisiert griechische Abende, auf dem Terrain stehen Caravans und Zelte, aber es handelt sich um keinen offiziellen Campingplatz.

- **Service:** Taverne, Schirme, Liegen, WC, Dusche, Kanus und Tretboote.
- **Anfahrt:** über eine schmale Straße, Parkplatz.

Ag. Marina, Oziás, Ballos und Aftia Gaidarou

Mehrere sehr kleine, felsenumrahmte Badebuchten mit weißen Kieseln liegen unterhalb der Straße südlich von Gáios. Auf den glatten Felsenplatten am Buchtrand kann man gut sonnenbaden. Hinten ziehen sich Phrygana und Olivenbäumen die Hänge hoch, zahlreiche Privathäuser liegen verstreut an der Küste. Während der Saison sind diese Buchten schon mit den wenigen Bewohnern recht voll.

- **Service:** keine Einrichtungen.
- **Anfahrt:** über eine kleine Straße, die von Gáios nach Süden führt, kaum Parkmöglichkeiten.

Paxos Beach Hotel

Der Hotelstrand ist öffentlich zugänglich. Es ist ausgeschildert, wo nur Hotelgäste und wo alle Zutritt haben. In der hübschen, kleinen Kieselbucht findet man neben Bäumen einen Bootsanlegesteg und eine Strandbar. Da das Hotel aber nicht auf „Action-and-Fun"-Urlauber ausgerichtet ist, geht es hier sehr geruhsam zu.

- **Service:** Taverne, Schirme und Liegen, WC, Hotel, Bootsanleger.
- **Anfahrt:** über eine kleine Straße, die von Gaios nach Süden führt, kaum Parkmöglichkeiten.

Defteri Spiatza

Es folgen **mehrere kleine Kiesbuchten.** Oberhalb von Defteri Spiatza befindet sich die Taverne Klis mit WC.

- **Service:** Taverne, WC.
- **Anfahrt:** über eine kleine Straße, die von Gaios nach Süden führt, kaum Parkmöglichkeiten. Diese Bucht ist von Gáios in 15 Min. zu Fuß erreichbar.

421ko Foto: vb

Plakes in Gáios

Am südlichen Dorfrand von Gáios gelegen, ist dieser felsenumrahmte Strand mit feinen weißen Kieselsteinchen sehr beliebt und oft voll. Hinter dem Strand erhebt sich eine Mauer. Über Treppen erreicht man die Straße, hier stehen Bänke. Hinter der Straße beginnen die Häuser von Gaios. Der Blick fällt auf die Inseln Ag. Nikólaos und Panagía, gleich neben dem Strand liegt die Einfahrt in den hübschen Hafen von Gáios.

- **Service:** keine Einrichtungen direkt am Strand.
- **Anfahrt:** südlich des Hafens, von Gáios aus zu Fuß zu erreichen.

Kloni Vouli, Kamini und Kaki Langada

Diese drei kleinen Buchten mit weißen Kieselsteinen liegen nördlich des Fähranlegers. Die Straße führt hinten am Hang entlang, einzelne Häuser liegen am Hang, der meist mit Phrygana, teils auch mit Olivenbäumen bewachsen ist. Auch hier sind während der Badesaison immer Urlauber am Strand zu finden.

- **Service:** keine Einrichtungen.
- **Anfahrt:** an der Küstenstraße nach Longós gelegen.

Blick auf eine Villa zwischen Levrechio und Longós

Wanderung zum Felsentor Tripitos

- **Route:** Gáios – Mousmouli – Milos – Felsentor Tripitos – Gáios
- **Strecke:** über die Straße und alte Fußwege
- **Landschaft:** durch Olivenwald und Phrygana, an Aussichtspunkten und einer alten Mühle vorbei
- **Dauer:** 3 Std.
- **Ausrüstung:** Sonnenschutz, Wasser und Verpflegung, lange Hosen
- **Hinweis:** An einigen Stellen führt diese Tour von oben auf steil abfallende Felsen. Das Gelände ist nicht abgesichert. Wer nicht so gut zu Fuß ist, kann das Felsentor auch vom Wasser aus bewundern: auf den Bootsausflügen entlang der Westküste.

In Gáios folgt man der Straße hinter der Tankstelle, die zum **Paxos Club Hotel** führt. Nach 10 Min. zweigt von der Straße nach links ein Weg in ein kleines Tal ab (den man aber ignoriert), und wenige Meter weiter, nach der Brücke, folgt dann ein Sträßchen nach links, dem man aufwärts folgt. Bei einer Gabelung an einem Haus wandert man nach links auf dem Bergrücken zwischen Häusern entlang. Der Weg geht in einen Fußpfad über, dem man geradeaus folgt und über den man bei einer Kirche und Ruinen auf eine Straße trifft. Man wandert auf ihr nach links weiter. Nach 50 Metern biegt man in ein Sträßchen ein, das sich nach rechts den Hang hochwindet. An einem Strommast hält man sich links, am Ende der Straße gabelt sich der Weg, zwei **Schilder** markieren die Fußpfade. Nach rechts führt der Pfad zum **Aussichtspunkt Mousmouli.** Man folgt diesem Weg am Lagerhaus vorbei und hält sich bei einer Gabelung links. Zwischen Steinmauern erreicht man nach einigen Minuten die **Küste.** Von hier aus hat man einen schönen Blick aufs Meer. Dann schwenkt der Pfad nach links vor aufs Kap und auch hier hat man eine tolle Aussicht. Vorsicht an der Vorderkante der Felsen!

Zur alten Windmühle

Man geht den gleichen Mauerweg zurück und erreicht die Gabelung am Ende der Straße mit den Schildern. Nun folgt man dem anderen Weg, auf dem **„Milos“** markiert ist, und wandert geradeaus aufwärts zwischen den Häusern hindurch über Treppen geradeaus aufwärts durch **Olivenwald.** Der Weg zieht sich gleich nach

den Häusern bei einer eingestürzten Steinmauer nach rechts, führt aufwärts und hält direkt auf eine alte Steinmauer zu, rechterhand liegt ein Gebäude am Ende eines Fahrweges, wenige Meter entfernt. Kurz vor der Mauer weist ein verwittertes **Holzschild** an einem Baum den Weg nach links. Der Fußpfad führt direkt vor der Mauer entlang nach links. Wenige Minuten später erreicht man die gut erhaltene Ruine einer alten **Windmühle.**

Zum Felsentor Tripitos

Hinter der Mühle führt links bei einem verwitterten Holzschild ein Pfad abwärts ins Landesinnere. Nach 5 Min. erreicht man eine kleine Kreuzung, die man überquert. Man geht geradeaus weiter. An einer scharfen Rechtsbiegung folgt man dem breiten Weg weiter nach rechts. Diese Stelle sollte man sich für den Rückweg einprägen. Der breite Weg fällt dann ab. Dort, wo er wieder ansteigt, zweigt nach rechts ein schmaler Fußweg ab. Der Pfad führt über einen mit Phrygana bewachsenen Hang abwärts. Das **Felsentor** befindet sich unten halb rechts. Der Pfad führt weiter zu einem **Aussichtspunkt,** der etwas weiter unten am Hang liegt. Achtung: Das Gelände ist steil und nicht gesichert! Über den Pfad kann man

Das Felsentor Tripitos

auf den Bogen gelangen. Das Gestein ist 8 m dick, und der Torbogen bricht sicher nicht unter menschlichem Gewicht ein.

Rückweg

Nun kehrt man auf dem Pfad zurück zum breiteren Hauptweg und folgt diesem nach links. Man erreicht die oben beschriebene scharfe Kurve, an der zwischen Mauern ein Fußpfad aus dieser Richtung gesehen nach rechts abzweigt. Man folgt diesem Weg, der an **Steinmauern** entlang und durch Olivenwald führt. Nach 5 Min. biegt man rechts in einen breiten Weg ein, den man kurz darauf wieder verlässt, bevor er sich rechts steil den Hang hinab zieht. Oben zweigt nach halblinks der alte Pfad ab. Dieser führt geradeaus südwärts und ist teils leicht zugewachsen. Er macht nach einiger Zeit bei ein paar Zypressenbäumen einen scharfen Knick und gabelt sich 20 Meter weiter. Man wandert nach rechts, bis der Pfad auf einen breiten Weg trifft, dem man links abwärts zu einem **Betonweg** folgt. Man biegt rechts in diesen Betonweg ein und folgt ihm abwärts. An einer kleinen Kreuzung ist nach rechts die frühchristliche Kirche Ag. Stefanos markiert. Man geht aber weiter geradeaus durch **Ozias** hindurch, noch rund 15 Min. abwärts, dann weiter nach rechts, hält sich abermals rechts, bis man auf die **Küstenstraße** trifft. Folgt man dieser nach links, erreicht man nach wenigen Minuten den Hafen von Gáios.

Von Gáios nach Longós

Routen

Zwei Straßen führen von Gáios nach Longós. Von der östlichen zweigen mehrere Pisten ab, die zu Kieselstränden der **Ostküste** führen. Zahlreiche hübsch sanierte Ferienvillen finden sich in dieser Gegend. Die westliche Straße führt an der Tankstelle vorbei **über die Berge.** Es zweigen mehrere Pisten zu schönen Aussichtspunkten oberhalb der wilden **Westküste** ab. Auch hier findet man zu Ferienvillen umgebaute alte Häuser im Olivenwald.

Höhlen und Felsen

Vom Land her sind die Attraktionen der Westküste nur schwer einsehbar. Es lohnt sich daher, einen Bootsausflug zu unternehmen, auf dem die Grotte von Ipapandi, die Höhlen in der Bucht von Achai und die Höhle hinter der Felsennadel Ortholithos angesteuert werden. An einigen Stellen genießt man jedoch auch vom Land her eine herrliche Aussicht auf die Küste.

Kombination Rundfahrt mit Spaziergängen

Die schönsten Aussichtspunkte sind nicht per Fahrzeug zu erreichen, man muss sie zu Fuß ergründen. Die Ausgangspunkte für diese Touren erreicht man per Mietfahrzeug.

Klippen am Kap Xifadoura

Von Gaios aus fährt man zum Páxos Club Hotel. Unweit des Hoteleingangs zweigt gegenüber in spitzem Winkel ein Sträßchen nach links nach **Vellianitatika** ab. Nach 1 km erreicht man einen kleinen **Kirchplatz.** Das Sträßchen zieht sich an diesem Platz vorbei, nach rund 1 km liegt rechts der Straße eine weitere Kirche und darauf geht die Straße sehr abrupt in eine **Schotterpiste** über, die sich nach links zu einem Haus zieht. Dort sollte man parken, denn der Weg wird bald zum schmalen Fußpfad, der an den ungesicherten Klippen am **Kap Xifadoura** endet. Man tut sich leichter, wenn man lange Hosen trägt. Thymian zerkratzt die Beine sehr. Von den Klippen bietet sich eine schöne Aussicht auf die Küste.

Kap Poúnda und Ag. Apostoli

Man folgt der Hauptstraße am Páxos Club Hotel nordwärts, rechts der Straße liegt neben der Kirche Ag. Spiridoúnas eine **Tankstelle.** Dort gegenüber zweigt nach links eine schmale Straße ab. Von hier aus kann man das Kap Poúnda, die Kirche Ag. Apostoli und die spektakulären Felswände von Eremítis erreichen.

Wenige Meter weiter zweigt von diesem Sträßlein eine **Schotterpiste** ab (⬀„Zu den Klippen von Erimítis"). Wenn man sich hier links hält, führt die Straße an einsamen Häusern vorbei und durch Olivenwälder zur Kirche Ag. Apostoli, zur Taverne Eremítis und auf das Kap Poúnda. Die Taverne ist ausgeschildert. Bei einer Gabelung zwischen Häusern mit großem Garagentor geht es zum Parkplatz der Taverne nach rechts. Zum Kap wandert man hier links weiter. Der Betonweg führt zu einem Sackgassenschild. Hier geht es links weiter. Der Betonweg wird bald zum schmalen Fußweg und führt zu Aussichtpunkten auf dem **Kap Poúnda.** Die Aussicht auf die Felsen und Höhlen der **Bucht von Achai** ist die Mühe wert, die der Rückweg bereitet.

Zu den Klippen von Erimítis

Man folgt dem Schotterweg abwärts (⬀„Kap Poúnda und Ag. Apostoli" – sehr schlecht befahrbar!). Der Weg führt zunächst durch Olivenwald. Dann geht es steil bergab, der Blick auf die Klippen von Erimítis wird frei. Die Piste endet an einem **verlassenen Ruinendorf.** Zwischen Farnen und Bäumen dehnen sich verwilderte Terrassengärten mit Hausruinen aus. Aber auch hier enstanden neue Villen. Ein Pflasterweg führt zwischen den neuen Gebäuden nach unten. Die Aussicht auf die Felsen und Höhlen ist faszinierend. Ganz unten erreicht man einen Strand.

Kastanida

Einen weiteren schönen Aussichtspunkt erreicht man, indem man dem Wegzeiger an der Hauptstraße in Magazia nach „Kastanida Sunset Café" folgt. Gegenüber dieser nett gemachten Taverne beginnt ein Pfad, der nach links vom Sträßchen abzweigt. Man hält sich links und wandert an der Mauer eines Privatgrundstückes mit Villa entlang. Der Pfad führt zur Hangkante, ohne Absicherungen. Direkt neben der Grundstücksgrenze erreicht man einen **Aussichtspunkt.** Man steht hier oben auf den Felsen von Eremítis. Einige Meter weiter landeinwärts führt nach rechts ein Trampelpfad auf den Klippen entlang zu weiteren Aussichtspunkten. Beliebt sind diese Stellen für Sonnenuntergangsliebhaber. Ebenfalls lohnend ist der Besuch in der kleinen Taverne.

Essen und Trinken

● **Sunset Café** und **Taverna Kastanida,** im Hof üppig und liebevoll begrünt, führt eine schmale Treppe hoch auf die Dachterrasse, von der aus man über die Olivenbäume hinweg nach Korfu sehen kann. Auch hier oben kann man die Sonne untergehen sehen. Nett gemacht, gute griechische Küche, Preise o.k.

Longós

Im malerischen Hafenort Longós trifft man auf die Ruinen einer alten Olivenöl- und Seifenfabrik. Der gemauerte Schornstein überragt den Ort. Es gibt Pläne, die schöne **Fabrikruine** zu einem Hotel umbauen zu lassen. Ob sie sich verwirklichen lassen, wird man in den kommenden Jahren sehen.

Nördlich von Longós steht eine **Windmühlenruine** auf dem Kap, die über einen Fußpfad, der hinter der Fabrikruine im Zickzack aufwärts führt, zu erreichen ist. Am **Hafen** dümpeln Boote, einige Tavernen und Cafés bieten sich für eine Pause an.

Von der östlichen Straße, die von Longós nach Lákka führt, zweigen Pisten zu **Stränden an der Ostküste** ab. Markiert ist nur der Strand Monodéndri als „Beach". Die anderen Wege, die nicht einfach zu befahren sind, kann man mithilfe der Inselkarte von Road Edition leicht finden.

Strände

Kipiádi

Eine längere, geschwungene Bucht mit Blick aufs Festland und herrlichen weißen Kieseln. Zypressenwald bedeckt die Felsenkaps. Der Strand ist beliebt und auch deutlich länger als andere Strände der Insel, aber nicht so überlaufen wie andere, denn er ist nicht ganz so einfach zu erreichen. Oben am Hang stehen Häuser, der Blick fällt auf die Insel Panagia vor Gaios.

- **Service:** keine Einrichtungen.
- **Anfahrt:** Straße von Kondogianatika aus, die in einen markierten Betonweg übergeht oder per Boot.

Kipos

Auch dies ist einer der schöneren Strände von Páxos. An den steilen Kaps ragen Villen zwischen den Zypressen hervor, hinter der Bucht gibt es schattige Plätzchen unter Bäumen, sehr hübsch, weiße Kiesel. Auch hier ist man selten alleine, aber meist ist die Bucht nicht voll.

- **Service:** keine Einrichtungen.
- **Anfahrt:** Die Bucht ist über die gleiche Straße wie Kipiádi zu erreichen. Kurz vor dem Kipiádi-Strand zweigt man nach links ab. Die nun schlecht befahrbare Piste führt bis zum Strand.

Marmári

Auch hier umrahmen zypressenbestandene Felsenkaps den weißen Kieselstrand, im Hinterland wachsen Olivenbäume und Wald, der teils bis an den Strand reicht, hübsche Felseninseln. In die grünen Hänge wurden Häuser gebaut.

- **Service:** keine Einrichtungen.
- **Anfahrt:** Fußpfad von Longós über Levrechió (15 Min.) oder per Boot. Die Strände Kipiádi, Kípos, Marmári und Levrechió sind über Pfade miteinander verbunden.

Levrechió

Eine hübsche Bucht in grüner Umgebung mit flach abfallenden Felsenplatten am Kap, auf denen man gut sonnenbaden kann. Am Hang wurden Ferienhäuser errichtet, unten hinter dem weißen Kieselstrand wird eine Taverne betrieben. Die Straße führt von Longós hierher, zu Fuß erreicht man diese Bucht nach gut 5 Minuten. Hier wird es im Sommer richtig voll.

- **Service:** Taverne, WC, Dusche (kostenpflichtig), Telefon, Strandsäuberung.
- **Anfahrt:** Bus bis Longós.

Glyfáda

Von Monodéndri aus führt ein Fußpfad hierher, die meisten Besucher kommen aber übers Meer. Der alte Fußpfad, der nach Longós führt, ist zugebaut worden. Der Strand besteht aus zwei kleinen baumbestandenen Buchten mit weißem Kieselstrand. Die felsigen Kaps sind mit Macchia bewachsen. Am Kap Villas.

- **Service:** keine Einrichtungen.
- **Anfahrt:** Pfad von Monodéndri (in 5 Min.).

Monodéndri

Einer der wenigen Strände, der über eine Teerstraße zu erreichen ist, und daher voll. Am langgezogenen, steileren weißen Kieselstrand finden sich Tavernen, hinter dem Strand stehen Bäume, die Hänge sind bewaldet, und mehrere Ferienhäuser ragen aus dem Wald hervor.

- **Service:** Tavernen, Schirme und Liegen, WC, Strandsäuberung, Kinderspielplatz, Beachbar, Tischtennis, Tretboote, Kanus.
- **Anfahrt:** Eine Straße führt von der Straße bei Argiratika (Schild „Beach") hinunter zum Strand, ein Parkplatz liegt 50 m oberhalb des Strandes.

Paxos

Lákka und der Norden

Lákka

Der Hafen von Lákka liegt ausgesprochen schön in einer tief eingeschnittenen Bucht. Er ist bei Seglern sehr beliebt. Auch in Lákka befinden sich die meisten Unterkünfte in hübschen kleineren Häusern. Die schmalen Gassen im Dorfzentrum und am Hafen sind zur Fußgängerzone erklärt worden, was dem Ort sehr gut tut. Es bietet sich an, einen Abendspaziergang zum Leuchtturm und zum Strand von Plani zu machen und die Stimmung gegen Abend am Hafen zu genießen.

Lákka ist der einzige Ort, an dem auf Paxos **Wassersport** angeboten wird. Auch eine Tauchschule bietet ihre Dienste an. Privatzimmer werden über die örtlichen Reisebüros angeboten.

Essen und Trinken

- **La Rosa di Paxos,** Lákka, Tel. 26620-31471. Gute griechische und italienische Küche, hübsche Terrasse am Hafen, Preise gehoben, Reservierung ratsam.
- **Café-Bar Akis,** Lákka, am westlichen Buchtrand, hübsch eingerichtet, Terrasse am Meer, guter Kuchen, hohe Preise.

Strände

Lákos, Orkos und Arkoudaki

Malerische Kieselbuchten, von Wald umgeben, an denen Privathäuser stehen. Hier kann man gut schnorcheln, Plastikschuhe können nicht schaden.

- **Service:** keine Einrichtungen.
- **Anfahrt:** Am einfachsten per Boot zu erreichen, aber auch über einen Betonweg, der unweit der Villa Cardia in Apergatika beginnt. Lákos erreicht man, indem man sich auf diesem Weg zunächst rechts und dann links hält. Bei einigen Häusern kann man 400 m oberhalb des Strandes parken. Der Weg wird nun holprig und führt abwärts zu einem Haus, neben dessen Eingang Treppen zum Strand hinabführen. Um Arkoudaki zu erreichen, hält man sich auf diesem Weg zunächst links und dann rechts. Hier markieren kleine Schilder Fußpfade nach rechts zum Orkos und geradeaus zu einer Treppe, die am Arkoudaki endet.

Charami

Zwei sehr kleine Kieselstrände in der großen Hafenbucht von Lákka. Viele Boote liegen hier vor Anker, man kann dem Treiben am Hafen zusehen, der Blick fällt auf den hübschen Hafenort. Hinter dem Strand stehen alte Olivenbäume, am Hang Tavernen und Pensionen. Meist sind die kleinen Buchten übervoll.

- **Service:** Tavernen, Pensionen, WC, Strandsäuberung, Umkleidekabine, Schirme und Liegen, Wassersport, Supermarkt und Telefon am Hafen.
- **Anfahrt:** Die Strände sind in 5 Min. zu Fuß vom Hafen von Lákka aus zu erreichen.

Ein erdbebensicherer Kirchturm

200ko Foto: vb

LEFKADA

Lefkáda
1 Rundwanderung in den Bergen bei Perigiáli
Campingplatz
Ionisches Meer
Windmühlen
Festung Santa Mávra
Giras
Flughafen Préveza/Aktio
Ambrakischer Golf, Vonitsá
Festung Tekes
Lefkáda
0 5 km
Ag. Ioánnis
Kamínia
Tsoukalades
Skála Gialoú
Fríni
Moní Faneroménis
Peratiá
Kalligóni
Apólpena
Nerikos
Plagiá
Jorelas
Salzsee Alykés
Kariótes
Néa Plagiá
Festung Ag. Georgíos
Kap Ag. Nikítas
Kávalos
Milos
Ag. Nikitas
Ligiá
Spanochóri
Profítis Ilías 541
Katoúna
Episkopos
Káthisma
Drimonas
Moní Ioánnis
Nikiána
Exánthia
Kariá
Moní Paterón
Avali
Kalamitsi
Alexandros
Moní Georgíos
Platistoma
Kavalikefta
Megali Petra
Kókkini Eklisía
Perigiáli
Englouví
Vafkeri
Wasserfall
Chortáta
Moní Ag. Asomáton
Ráchi
Is. Sparti
Komíli
Mt. Eláti
1125
1157
Neochóri
Nidrí
Is. Madoúri
Kefaloniá, Ithaki
Ag. Kyriaki
Is. Skorpide
1167
Paléokatouna
Manási
Géni
Ag. Ilias
Panochóri
Charadiátika
Is. Skorpics
Pasoumáki
Drágano
Nikolís
Alatro
Vlichó
Leuchtturm
Kerasia-Quelle
Klontíri
Spilia
Kap Fanári
Athani
Ag. Pétros
Sívros
Katóchori
Desími Bucht
Vourníkas
Vathí
Gialós
732
Fterno
Is. Thilia
Sparto-chóri
Katoméri
Pirgiokáthi 729
Ag. Ioánnis
Limonári
Moní Ag. Ioánnou
Mikrós Gialós
Póros
Ag. Ioánnis
Kalopoúlos Bucht
Gremní
Póndi
Marandochóri
Vasilikí
Kondárena
Éfgiros
Sívota
Giováni Höhle
Is. Meganísi
Vasiliki Bucht
Papanikolí Höhle
Mikrós Gialós
Kap Tráchilos
Pórto Katsíki
Agiofíli
Aftéli Bucht
Kap Kefáli
Kap Kastrí
Is. Petalou
Amoússo
Moní Ag. Nikólaou
Kap Lipsó
Kap Longí
Is. Kíthros
Leuchtturm
Is. Sidira
Kap Doukáto
Is. Arkoudi
Kefaloniá, Itháki
Rundfahrt
©Reise Know-How 2012

Die Insel im Überblick

- **Einwohner:** 23.000
- **Fläche:** 303 km²
- **Höhe:** 1182 m
- **Tel.-Vorwahl:** 26450
- **PLZ:** 31000, Lefkáda-Stadt: 31100

Lefkáda ist eine grüne, bergige Insel. Die weißen Felsen, die an der Westküste aus dem türkisblauen Meer aufragen, gaben ihr den Namen *Lefkáda*, **„die Weiße".** Die Küstenregion ist heute dicht bewohnt, während sich die Bergdörfer immer mehr entvölkern. Das zentrale Bergland ist in der Gipfelregion eher kahl, bietet aber einen herrlichen Rundumblick. Die Hauptstadt Lefkáda-Stadt liegt, vom Meer umgeben, reizvoll an einer flachen Lagune und einer Sandnehrung.

Obwohl man auf der Insel sehr schöne Strände findet, steht Lefkáda immer noch im Schatten seiner berühmten Nachbarinseln. Der millionenschwere Reeder **Aristoteles Onassis** hatte als Besitzer einer kleinen Insel vor Nidrí kein Interesse daran, dass viele Urlauber Lefkáda besuchten, und dem einflussreichen Mann gelang es, die Touristenströme von der Insel fern zu halten. Das hat sich mittlerweile natürlich geändert, aber vom Massentourismus überrollt wurde die Insel nur an wenigen Orten. Bei Individualreisenden ist Lefkáda umso beliebter. Im Juli und August verbringen viele Griechen und Italiener ihren Urlaub hier. Auch als Wochenendziel schätzen Athener die vom Festland aus einfach zu erreichende Insel. Im Juni oder September kann man aber noch viele ruhige Ecken finden.

Lefkáda-Stadt

Lefkáda ist eine angenehme Kleinstadt mit rund 7000 Einwohnern. Die Lage an der Lagune und der Nehrung geben ihr einen besonderen Reiz. Man findet sich in Lefkáda einfach zurecht. Das eiförmige Stadtzentrum bedeckt eine ins Meer hineinragende **Halbinsel.** Breitere Straßen umschließen die Innenstadt und führen am Meer entlang. Das Zentrum wird durch die Fußgängerzone zweigeteilt. An der Spitze der Halbinsel beginnt ein Deich, über den man zur Festung Santa Mávra und auf das Festland gelangt.

Das Ortsbild

Das Stadtbild unterscheidet sich stark von anderen Orten auf den Ionischen Inseln. Die meisten Gebäude sind zwei- bis dreigeschossig. Deutlich ist der Einfluss der Türken in der Architektur zu erkennen, die auf Lefkáda viel länger herrschten als auf den anderen Ionischen Inseln. Die alten Häuser wurden als **Holzfachwerkbauten** errichtet. Diese Bauweise hat sich bei Erdbeben gut bewährt. 1953 stürzten auf Lefkáda vor allem steinerne Kirchtürme ein. Die meisten Häuser trugen zwar Schäden davon, mussten aber nicht komplett abgerissen werden. Die Holzverkleidungen wurden nach dem Erdbeben vielfach durch **pastellfarbene Wellbleche** ersetzt, die der Stadt eine helle, freundliche Atmosphäre verleihen. Die Kirchtürme wurden wieder aufgebaut. Überall trifft man nun auf Glockentürme aus Metallfachwerk.

117ko Foto: vb

In den letzten Jahren brach aber auch hier ein echter **Bauboom** aus. Daher dominiert die griechische „Einheitsarchitektur" des Betonzeitalters das Stadtbild leider immer mehr.

Sehenswertes

Archäologisches Museum

Die ausgestellten Gegenstände sind nach Themenbereichen geordnet. So wird in einer Vitrine das Thema Musik behandelt: In alten Gräbern fand man Teile von Instrumenten, die man hier rekonstruiert hat. Weitere Themenbereiche sind die Brotherstellung in hellenistischer Zeit, Wein und Handel, Münzprägung, Weberei und die Olivenölherstellung, die schon seit 3000 v. Chr. auf Lefkáda betrieben wird. Auch Rekonstruktionen alter Wohngebäude sind zu sehen. Außerdem werden Grabbeigaben ausgestellt und Bestattungsbräuche untersucht. Ein Raum ist dem deutschen Archäologen *W. Dörpfeld* gewidmet, der viele Jahre in Nidrí wohnte und arbeitete. Er fand u.a. Werkzeuge aus der Zeit um 6800 v. Chr. Die Funde, die auf der Insel gemacht wurden, sind für den Laien nicht spektakulär. Aber die Art und Weise, wie das Museum Informationen aufbereitet, macht den Besuch interessant.

- **Geöffnet:** Di–So 8.30–15 Uhr, Eintritt 2 €, Studenten und Senioren 1 €, Kinder und Jugendliche bis 18 Jahre frei.

Im gleichen Gebäude werden auch Wechselausstellungen gezeigt, meist **zeitgenössische Kunst**. Für diese Ausstellungen ist der Eintritt frei.

Phonografisches Museum

Ausgestellt ist eine Privatsammlung von alten Fotos, Grammofonen, Büchern, Taschenuhren und Fotoapparaten. Das Museum gleicht einem Trödelladen. Verkauft werden aber nur Fotos von alten Postkarten.

- **Geöffnet:** täglich 10–14 und 19–22 Uhr, Eintritt frei, Tel. 21088.

Gasse in Lefkáda-Stadt

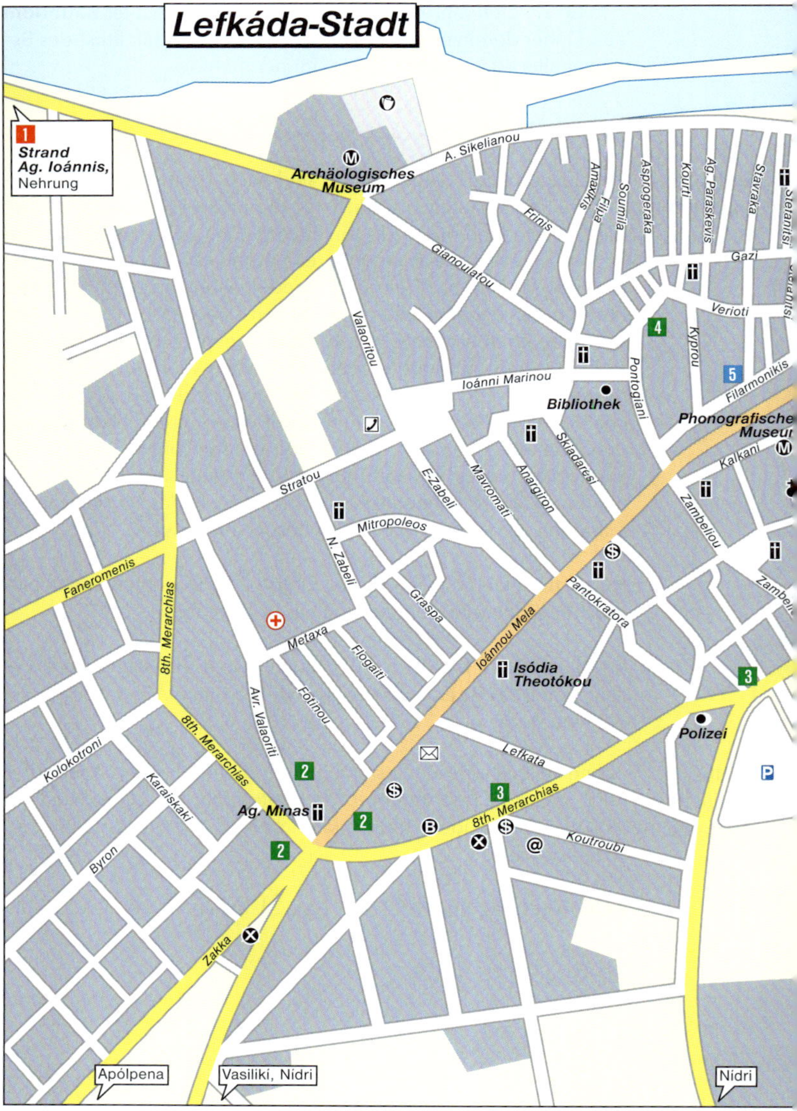
Lefkáda-Stadt
1
Strand
Ag. Ioánnis,
Nehrung
Archäologisches
Museum
A. Sikelianou
Frinis
Amaxikis
Filpa
Soumila
Asprogeraka
Kourti
Ag. Paraskevis
Stavraka
Stefanitsi
Gazi
Verioti
Kyprou
Gianoulatou
Valaoritou
4
5
Filarmonikis
Ioánni Marinou
Bibliothek
Pontogiani
Phonografische
Museu
Kalkani
Skiadaresi
Anargiron
Mavromati
E-Zabeli
Zambeliou
Stratou
Mitropoleos
N. Zabeli
Faneromenis
Graspa
Pantokratora
Ioánnou Mela
8th. Merarchias
Metaxa
Flogaiti
Isódia
Theotókou
3
Polizei
Fotinou
Avr. Valaoriti
Lefkata
Kolokotroni
Karaiskaki
2
3
8th. Merarchias
Ag. Minas
Koutroubi
Byron
Zakka
Apólpena
Vasilikí, Nídri
Nídri

©REISE KNOW-HOW 2012
Festung Santa Mávra,
Festung Tekes,
Flughafen,
Festland, Nehrung
A. Sikelianou
Sapfous
Pinelopis
Odysseos
Agias Mavras
7
Vlandi
Al. Panagouli
P. F. Panagou
Derpfeld
6
Vendoura
Kalkani
Akarnanias
Meganissiou
8
Dimitriou Golemi
Neuer Jachthafen
Übernachtung
1 Pensionen
Essen und Trinken
5 Weinstube Ef Zin
6 Taverne Seven Islands
Geschäfte/ Sonstiges
2 Apotheke
3 Supermarkt
4 Kino
7 Bücher und Zeitungen
8 Supermarkt
Fußgängerzone
0
100 m

Kirche Ag. Minas

Am Ende der Fußgängerzone trifft man auf dieses Bauwerk, an dem die barocken Einflüsse der **Ionischen Schule** gut zu erkennen sind. Die Kirche wurde 1707 erbaut. Die Deckengemälde stammen von den bekannten Künstlern *N. Doxaras* und *N. Koutouzis* (⇗ Exkurs „Byzantinische Malerei, der Kretische Stil und die Ionische Schule").

Kirche Isódia Theotókou

Dies ist die einzige Kirche der Stadt, deren steinerner Turm 1953 nicht eingestürzt ist. Das Gotteshaus stammt aus dem 18. Jh. Die Altarwand lässt barocke Einflüsse erkennen. Die Decke wurde von *S. Gazis* ausgemalt, dem Malereien von *Raffael* als Vorbild dienten.

Die Umgebung von Lefkáda-Stadt

Festung Santa Mávra

Als Lefkáda 1293 an die venezianische **Familie Orsini** ging, war die alte Inselhauptstadt, die in der Ebene unweit vom heutigen Kalligóni lag, häufig Opfer von Piratenüberfällen. Um dem Einhalt zu gebieten, ließen die neuen Herrscher die Festung Santa Mávra bauen. Kurz darauf siedelten sich die Bewohner der alten Stadt vor den Festungstoren an. Die neue Hauptstadt wuchs rund um die Festung. In den folgenden Jahren wurde die alte Inselhauptstadt ganz aufgegeben.

Die **Kirche Ag. Mávra** wurde in die Festungsmauer eingebaut. Nach der Eroberung durch die Osmanen 1479 wurde sie zur Moschee. Die Besatzer ließen 1485 eine **Wasserleitung** zur Festung legen. Die Quelle Megali Vrísi befindet sich südwestlich der heutigen Stadt. Es wurde ein langer Aquädukt mit Arkadenbögen gebaut, von dem heute leider fast nichts mehr zu sehen ist.

Nachdem die Venezianer die Türken 1684 wieder vertreiben konnten, ließ der venezianische Herrscher *Morosini* am Eingang der Festung den **geflügelten Löwen,** das Wappen Venedigs, anbringen. Die Venezianer bauten kräftig um, und die Festung erhielt damals die Form, in der sie heute noch erhalten ist. Innerhalb der Mauer lagen Kirchen, Schulen, Privathäuser, Zisternen und die durch einen Wassergraben abgetrennte Fluchtburg Castello, in der sich Kasernen, das Lazarett, Zisternen und das Pulvermagazin befanden.

1713 konnten die Türken die Festung zurückerobern, aber bereits nach einem Jahr zogen die Venezianer wieder ein. Im 19. Jh. schütteten die **Engländer,** die zu jener Zeit die Insel beherrschten, den Graben vor dem Castello zu und legten dort einen Friedhof

601ko Foto: vb

an. 1888 fing das Pulvermagazin Feuer und explodierte. Danach war von den Gebäuden in der Festung nicht mehr viel zu sehen. Die Kirche Ag. Mávra wurde wieder neu aufgebaut.

1922 erreichten nach Kriegen gegen die Türkei 5000 **Flüchtlinge** Lefkáda. Sie wurden zunächst in der Festung Santa Mávra untergebracht, bevor sie auf der Insel heimisch wurden. 1938 wurden die noch in der Festung verbliebenen Gebäude abgerissen, und man verkaufte die Steine als Baumaterial.

- **Geöffnet:** Di–So 8.30–15 Uhr, in der HS auch Mo 9–14.30 Uhr, Eintritt frei.

Festung Tekes oder Griva

Kaum einen Kilometer von der Festung Santa Mávra entfernt ragt die nächste **Festungsruine** empor. Die Festung Tekes steht auf dem Festland an der Straße nach Lefkáda. Früher befand sich an dieser Stelle ein Kloster, das von den Türken 1807 zur Festung umgebaut wurde, als sie vergeblich versuchten von hier aus die von den Venezianern beherrschte Festung Santa Mávra zu belagern. Heute ist die Anlage nicht offiziell zugänglich. Ein benachbarter

Strandvergnügen

Bauer nutzt sie als Ziegenstall, hat aber nichts gegen Besucher einzuwenden, wenn ihm dabei seine Tiere nicht abhanden kommen. Die freuen sich über Besucher und machen sich über die mitgebrachten Essensvorräte her. Von der Festung hat man eine schöne Aussicht auf die sumpfige Küstenlandschaft.

Die Nehrung

Die schöne Rundtour von Lefkáda-Stadt über die Nehrung zur Festung Santa Mávra und von dort aus direkt nach Lefkáda-Stadt zurück kann man per Mietfahrzeug unternehmen, empfehlenswert ist es auch, diese 8 km lange Strecke gegen Abend per **Fahrrad** zurückzulegen. Man folgt von Lefkáda-Stadt der kleinen Küstenstraße zum Strand von **Ag. Ioánnis.** Hinter den Windmühlen führt eine kleine Teerstraße auf die Nehrung hinaus. Ursprünglich standen hier zwölf **Windmühlen,** die alle nach russischen Persönlichkeiten benannt waren. Heute sind noch vier Mühlen übrig. Eine ist zu einer hübschen Strandbar umgebaut. Es ist geplant, auch die anderen Mühlen wieder aufzubauen. Die Lagune ist flach, das Wasser meist nur 30–60 cm tief. Es wird Fischzucht betrieben. Die Straße führt hinter dem langen Sandstrand auf der **Nehrung** entlang bis zur **Festung Santa Mávra.** Hier beginnt das Festland. Der Kanal, der die Insel abtrennt, wird durch eine liegende Fähre überbrückt. An dieser Stelle trifft man auf die Hauptverbindung von Lefkáda-Stadt mit dem Festland. Über den **Deich** erreicht man wieder die Stadt.

Kalligóni und Kariótes

Bei Kalligóni lag einst die alte Inselhauptstadt, von der aber kaum noch etwas zu sehen ist. Schilder an der Hauptstraße markieren Stellen, an denen man noch einige spärliche Reste der **alten Stadt Nerikos** findet, die vom 2. Jahrtausend v. Chr. bis ins 13. Jh. n. Chr. Inselhauptstadt war.

Bei **Kariótes** befindet sich der **Salzsee Alykés,** in dem auch heute noch Salz gewonnen wird. Dahinter erhebt sich auf einer kleinen Insel die Festung Alexandros. Salz war in früherer Zeit die Haupteinnahmequelle der Insel. Gegenüber sieht man auf dem Festland die Festung Ag. Geórgios liegen.

Die Nehrung bei Lefkáda-Stadt mit dem Strand Ag. Ioánnis

Friní und Moní Faneroménis

Hübsch gelegen ist Friní. Am oberen Dorfrand befindet sich das Kloster Moní Faneroménis. Die 1634 erbaute Kirche brannte im 19. Jh. aus und musste beinahe komplett erneuert werden. Das Moní Faneroménis ist das **religiöse Zentrum** der Insel. Ziel der Gläubigen ist die Ikone der Panagía. Der Klosterhof ist wie der kleine Park am Klostereingang liebevoll gepflegt. Ein Besuch der Anlage lohnt sich weniger aus kunsthistorischer Sicht, als wegen der schönen Aussicht auf die Stadt und die Nehrung.

- **Geöffnet:** tgl. von morgens bis abends außer 14–16 Uhr, Wickelröcke liegen aus; großer Parkplatz und WC.

Strände

Ag. Ioánnis und die Strände auf der Nehrung

Am Kap liegt im Wald versteckt die Kirche, die diesem herrlichen Strand den Namen gab, aus dem Wald ragt eine Villa. Davor zieht sich über mehrere Kilometer der schneeweiße Traumstrand in einer riesigen Bucht bis auf die Nehrung hinaus und zieht sich hinter einem flachen Kap weiter bis zur Festung von Ag. Mávra. Das Wasser schimmert in hellem Türkis.

203ko Foto: vb

Der **erste Strandabschnitt** zwischen dem Kap und den Windmühlen ist der beliebteste. Hinter dem Sand, in den sich an manchen Stellen auch Kieselchen mischen, zieht sich die Straße entlang, hinter der Tavernen, Pensionen, Hotels und Ferienvillen in Gärten liegen. Hierher zieht es auch die Bewohner der Stadt Lefkáda zum Baden. An einigen Stellen ist das Baden untersagt, denn auch die Wassersportler haben hier ihren Platz.

- **Service:** Telefon, Tavernen, Bars, WC, Pensionen, Wassersport, teils auch Schirme und Liegen, einfach zu erreichen für Leute mit Gehbehinderung, Strandsäuberung.
- **Anfahrt:** Über Straße, Parkplatz.

An den **Windmühlen** hat sich eine Surf- und Kitingschule (Tel. 26450-21332 oder 29453, Handy 6945362891) etabliert. Im Juli werden jedes Jahr die Weltmeisterschaften im Kiting hier ausgetragen. Dieses Spektakel lohnt einen Blick, auch wenn man selber keine Ahnung von diesem Sport hat. Auch rund um die Mühlen ist meist viel los. Hier wird auch Tischtennis, Billard und Internetzugang angeboten. Viel Action und Fun.

Hinter den Windmühlen beginnt der **Lagunensee.** Hinter dem Strand wird's kahl, rötliche Gräser und Schilf bestimmen das reizvolle Bild, je nach Jahreszeit kann der flache Lagunensee an einigen Stellen auch austrocknen und wird dann als Fußballplatz von der griechischen Jugend genutzt. Der Strand auf der Nehrung ist sonnig, an den meisten Stellen naturbelassen und deutlich ruhiger. Keine touristischen Einrichtungen.

Nur rund um eine einsame Taverne werden Schirme und Liegen angeboten. Am nördlichen Ende erhebt sich eine Industrieruine, aber genau dort baden viele Einheimische am liebsten. Der sonnige Sandstrand fällt hier recht steil ab. Hier gibt es aber sonst keine touristischen Einrichtungen.

Kamínia

Der Blick fällt auf die Nehrung und die Windmühlen, besonders schön ist die Aussicht von der Straße aus, oberhalb des Strandes am Hang. In den Sand mischen sich Steine, aber das Wasser hat auch hier diese herrliche türkisblaue Färbung. Am Ende der Bucht beginnt ein Treppenpfad, der zu einer kleinen Tropfsteinhöhle am felsigen Kap hochführt. Diese wird leider von einigen Besuchern weniger als Sehenswürdigkeit, sondern mehr als Ersatz für die fehlende Toilette betrachtet. Oberhalb der Bucht Privathäuser, am Strand eine Mauer. Man kann zur Nachbarbucht am Strand entlanggehen. Hinten eine Felswand, in der kleine Stollen zu finden sind. Man erreicht die Villa am Kap Ag. Ioánnis von der Rückseite her, kann aber nicht zum Strand Ag. Ioánnis durchgehen.

- **Service:** keine Einrichtungen.
- **Anfahrt:** Straße von Tsoukaládes aus, markiert.

Praktische Tipps

Verkehrsmittel

Näheres zur Anreise und zu den Fähr- und Schiffsverbindungen ist im Kapitel „Praktische Reisetipps A–Z" detailliert beschrieben.

- Der **Flughafen Préveza/Aktio** liegt 25 km entfernt von Lefkáda-Stadt. Es besteht keine Busverbindung (Taxi 30 €).
- Zwischen Athen und Lefkáda besteht eine direkte **Busverbindung.**
- Vom Festland kann man die Insel über eine **Schiffsbrücke** erreichen. Im Kanal bei der Festung Santa Mávra liegt eine Fähre. Solange sie quer zum Kanal liegt, dient sie als Brücke; wenn sie längs beidreht, können Schiffe den Kanal entlangfahren, und der Verkehr ist unterbrochen.
- Gute **Busverbindungen** bestehen von Lefkáda-Stadt nach Nidrí und Kariá. Nach Vasilikí gelangt man nur dreimal täglich; alle Orte, die nicht an diesen Strecken liegen, sind schlecht per Bus zu erreichen. Lefkáda ist per Bus täglich mit Athen verbunden. Auch Préveza wird mehrmals täglich angefahren. Fünfmal wöchentlich gibt es eine Busverbindung mit Igoumenitsa und zweimal wöchentlich mit Patras. Fahrplanauskunft unter Tel. 26450-22364.
- **Taxi:** Lefkáda-Stadt Tel. 26450-24600, Radiotaxi Lefkáda 26450-26555.
- Wer wirklich etwas sehen will von der Insel, dem rate ich zum selbstgesteuerten Fahrzeug. Das größte Angebot an **Mietfahrzeugen** findet sich in Nidrí.
- **Tankstellen** befinden sich am Stadtrand.

Unterkunft

- **Studios Verginis,** Ionian Sunset, direkt am Strand Ag. Ioánnis, Tel. 26450-23271, Fax 25577, www.ioniansunset.gr. Beliebt bei Sportlern; einfache Zimmer, Bad, großer Balkon, Küchenecke, schöner Garten, nette Besitzer, während der Saison wird im Nachbarhaus eine Taverne betrieben, EZ 30–65 €, DZ 35–70 €, Dreier-Zimmer 45–80 €, Vierer-Zimmer 50–80 € ohne Frühstück.

Essen und Trinken

- **Weinstube Ef Zin,** Odos Filarmonikis, gute Weine, internationale Küche, gute Fischgerichte, Karte wechselt häufig, Preise hoch.
- **Taverne Seven Islands,** in der Fußgängerzone. Gute griechische Küche, Preise gehoben, nett gemacht.

Internet

- **Internetcafés:** in der Odos Koutroubi, Mo–Sa 8–24 Uhr, So 10–24 Uhr, eine bei Jugendlichen beliebte Cafébar, laute Musik; am Strand Ag. Ioánnis gibt es die **Cafébar Tilégrafos** mit netter Atmosphäre, dort ist der Internetzugang gratis.

Einkaufen/ Weinproben

In der Fußgängerzone von Lefkáda-Stadt finden sich mehrere hübsche **Souvenirläden,** die v.a. Inselprodukte wie Wein, Honig, Käse, Wurst und Süßigkeiten anbieten. Ein trockener Rot-, Rosé- und Weißwein, der auf Lefkáda wächst, ist der **Vertzamo.** Er stammt aus einer Kelterei bei Ligia. **Weinproben** kann man auch bei Lefkaditiki Gi unweit von Fternó südlich von Nidrí machen, Tel. 26450-39139. Internationale **Zeitungen** findet man bei *Georgia Grapsa,* Mela 17, Tel. 26450-21240. Hier kann man die gewünschte Zeitung auch bestellen. Einen **Supermarkt** (Lidl) findet man am Stadtrand, einen weiteren ca. 500 m vom Busbahnhof entfernt.

Aktivitäten/ Nachtleben

In Lefkáda-Stadt werden kaum **Ausflüge** angeboten. Bootsausflüge starten in Nidrí und Vasilikí (⇗ dort).

- Es werden geführte **Wanderungen** und **Pflanzen- und Kräuterführungen** angeboten (⇗ Ostküste).
- Das **Zentrum für Nachtschwärmer** ist nicht die Inselhauptstadt, sondern **Nidrí.** In Lefkáda-Stadt findet aber abends eine ausgeprägte Volta statt.

Nützliche Adressen

- **Krankenhaus:** Tel. 26450-38200, ausgeschildert. Notruf 166.
- **Ärzte:** Wer einen Facharzt benötigt, kann sich bei der Polizei danach erkundigen.
- **Polizei:** unweit des Busbahnhofs, Odos Iron Polytechniou 30, Tel. 26450-29370 oder 22100.
- **Geld:** mehrere Banken mit Automaten.
- **Informationen:** www.lefkada.gr.

DIE OSTKÜSTE

Landschaft Vorgelagert sind der schmalen olivenbaumbedeckten Küstenebene zahlreiche **grüne Inseln,** und gegenüber liegt das hohe **Gebirge** des griechischen Festlands. Direkt hinter der Küste erhebt sich das Bergland Lefkádas, die Küstenberge sind über 600 m hoch. Der Blick von den Bergen auf die Ostküste hinunter ist sehenswert. Die **Strände** der Ostküste sind dagegen eher bescheiden.

Tipps für die Region

Verkehrsmittel

- **Schiffsverbindungen** werden im Kapitel „Anreise" beschrieben.
- Die **Busverbindungen** zwischen Lefkáda-Stadt und Nidrí sind gut. Dreimal täglich fährt auch ein Bus von Nidrí über die Hauptstraße nach Vasilikí. Alle anderen Orte sind per Bus nur schlecht oder gar nicht erreichbar.
- **Taxistand:** in Nidrí, Tel. 26450-92000, Radiotaxi 26450-26555.
- Wer wirklich etwas sehen will von der Region, dem rate ich zum **(Miet-) Fahrzeug,** das größte Angebot findet man in Nidrí (⇗ „Reisetipps A–Z, Mietfahrzeuge").
- **Tankstellen** in Ligiá, Perigiáli, Nidrí und Vlichó.

Einkaufen Zahlreiche **Souvenirshops und Läden** finden sich in **Nidrí,** am besten **bummeln** gehen kann man allerdings in **Lefkáda-Stadt.**

Aktivitäten/ Nachtleben

- **Bootsausflüge:** Angeboten werden sie über Reisebüros, z.B. über Borsalino Travel in Nidrí, Tel. 26450-92528, Fax 92716, borsalin@otenet.gr, oder über Sambatours in Vasiliki. Die Angebote wechseln je nach Saison, auch die Preise sind unterschiedlich je nach Nachfrage. Auf der „MS Christina", einem 18 m langen Holzboot, fährt man von Nidrí aus zur blauen Grotte von Meganísi, dann zur Insel Kastos, danach zur Insel Kalamos und nach einer Umrundung der Onassis-Insel Skorpios zurück nach Nidrí. Unterwegs ist man 9.30–18 Uhr für 35 €. Ein anderer Tagesausflug führt für 25 € nach Itháki und zu Insel Atokos von Nidrí aus, eine andere Tour steuert von Nidrí aus Itháki und Kefaloniá für 25 € oder nur Kefaloniá (Sámi und Argostóli mit Besuch der Melissanihöhle, lohnend!) an. Von Nidrí aus wird auch ein Tagesausflug nach Fiskárdo, Itháki, Meganísi und Skorpios angeboten. Oder man kann einen Bootsausflug nach Parga, Paxos und Antípaxos unternehmen (32 €). In Krisenzeiten werden Bootsausflüge teilweise sehr günstig angeboten, der Preis ging 2011 bis auf 15 € zurück.

- **Geführte Wanderungen:** *Helmut Karcher*, ein deutscher Wanderführer, begleitet Wandergruppen, Tel./Fax 26450-95689, Handy 6934135513, www.h-karcher.de.
- **Minicars** für Kinder werden in Nidrí angeboten.
- **Tauchschulen:** *Christos Chalikias,* Nikiána, Tel. 26450-72105, und Diving School Center, Nidrí, Handy 6936023000.
- **Nidrí** ist abends und nachts recht lebendig. In den letzten Jahren lassen sich hier überwiegend Engländer nieder, weswegen man viele Pubs findet.

Nützliche Adressen

- **Krankenhaus:** Lefkáda-Stadt (↗ dort). **Notruf 166.**
- Die niedergelassenen **Ärzte** machen mit Werbeschildern in den Orten auf sich aufmerksam.
- **Polizei:** Tel. 26450-29370
- **Geld:** In Nidrí gibt es Banken und Automaten.
- **Pflanzen- und Kräuterführungen:** Die in Alexandros lebende *Brigitte Roth* bietet Spaziergänge an. In ihrem Kräuterladen wird man auch fachkundig beraten. Tel. 26450-41309, Handy 6934 287446, www.lefkas.cc.
- Eine **Wäscherei** und **Internetcafés** findet man in Nidrí. Die Wäscherei Edelweiß befindet sich in einer Seitenstraße hinter Europcar unweit des Friseurs, Mo–Fr 8–13 Uhr, Handy 6948804023.

Ligiá, Nikiána, Perigiáli und Umgebung

Die Küstensiedlungen Ligiá, Nikiána und Perigiáli sind v.a. bei griechischen Urlaubern während der Hauptsaison beliebt.

Moní Ag. Patéron

Oberhalb von Nikiána liegt in den Bergen das verlassene Kloster Moní Agíon Patéron. Unter einem Felsen befindet sich eine kleine Höhlenkirche. Auf dem Fels steht die kleine, weiß getünchte Kirche an einem hübschen, weinüberrankten Platz.

Moní Ag. Geórgios

Von der Straße, die am Moní Patéron vorbei zum Dorf Kolliváta führt, hat man eine sehr schöne Aussicht auf die Küste. Von Koliváta führt ein alter Fußweg zur Friedhofskirche Ag. Nikólaos und zur hübschen **Klosterruine** Moní Ag. Geórgios. Das Kloster wurde um 1500 gegründet und noch bis 1964 bewirtschaftet. Die Kirche ist meist verschlossen. Innen befindet sich eine vergoldete hölzer-

422ko Foto: ah

ne Altarwand. Alte Freskenreste aus dem 17. Jh. zieren die Apsis. Um die Kirche herum liegen malerisch verstreut die Trümmer der zerfallenen Klostergebäude.

Lefkáda

Unterkunft/ Essen und Trinken

- **Hotel Konaki,** Ligiá, Tel. 26450-71397, Fax 71125, Handy 6937 259125, www.hotelkonaki.gr. Schöne Zimmer in hübscher Gartenanlage mit Pool. Günstige Busanbindung, aber es liegt kein guter Strand in der Nähe. EZ 53–80 €, DZ 70–120 €, Dreier-Zimmer 84–135 € mit Frühstück.
- **Villa Maria** und **Villa Almi,** Nikiána, Frau *Golfo-Kostangelo* spricht nur Griechisch, schickt aber ihre Englisch sprechenden Kinder ans Telefon, Tel. 2610-992974, Handy 6976514508 oder 210-9328329 bzw. 5986966, Fax 5980918, Handy 6977716254, maria 4327@yahoo.com, liegt unweit vom Hafen hinter dem kleinen Kap direkt am Strand, schöne DZ, Bad, AC, Küchenecke, Balkon mit Meerblick, netter Garten, ruhige Lage, 40–60 €, auch Vierer-Zimmer (55–85 €), man vermietet in mehreren Häusern.
- **Café Litrouvio,** Nikiána, in einem schön restaurierten alten Haus mit Olivenpresse gelegen, Preise o.k.

Viel zu entdecken gibt es auf Pflanzen-Führungen

Strände

Tembeli/ Ligiá

Hinter dem Kieselstrand führt ein Betonweg mit Bänkchen unter Eukalyptusbäumen entlang zum seitlich gelegenen Hafen. Hinten führt die Hauptstraße am Strand vorbei. Am Kap liegt eine Hotelanlage.

- **Service:** Strandsäuberung, Kiosk, Telefon, Hotel, Liegen und Schirme.
- **Anfahrt:** Bushaltestelle, Parkplatz.

Episkopos/ Paradisos

Von der Hauptstraße zweigt eine Piste ab zum rund 100 m entfernt an einem Kap liegenden Kieselstrand. Am Kap wachsen hinten große Bäume auf einem Privatgrundstück, hinter dem Strand Büsche, aber der Strand selbst ist sonnig. Im Hinterland erheben sich einige Privathäuser und Hotelanlagen.

- **Service:** Bootsanlegesteg, Hotel, Schirme und Liegen.
- **Anfahrt:** Parkplatz, Bushaltestelle, von der Straße 100 m über eine Piste.

Nikiána

Nördlich des Hafens liegt direkt an der Straße ein kleiner Kiesstrand, hinter dem einige Tamarisken stehen. Der schönere und beliebtere Strand beginnt aber hinter dem Hafen von Nikiána. Am Ende des feinen Kieselstrandes erstreckt sich eine kleine Halbinsel mit hübschen Felsen, hinter dem Strand ziehen sich in Gärten gelegene Privathäuser und Pensionen entlang. Während der HS ist hier viel los.

- **Service:** Strandsäuberung, am Hafen Taverne, Telefon, Pensionen.
- **Anfahrt:** den schöneren Strand erreicht man vom Hafen aus zu Fuß, hier führt die Straße nicht vorbei.

Perigiáli

Nördlich des Ortes zieht sich ein schmaler Kiesstreifen unterhalb einer bewachsenen Böschung entlang, auf der sich etwas weiter hinten die Hauptstraße befindet. Von der Straße ist der Strand kaum zu sehen. Beliebt bei den Einheimischen, nachmittags verschattet durch Bäume. Zahlreiche kleine Strände liegen vor Privatgrundstücken, es gibt aber viel schönere Strände auf Lefkáda.

- **Service:** keine Einrichtungen.
- **Anfahrt:** Bus, kleiner Parkplatz, von dort über eine Betontreppe.

Rundwanderung in den Bergen bei Perigiáli

- **Route:** Moní Kókkini – Berg Piatélia – Moní Ag. Geórgios – Quelle Koliváta – Platistóma – Moní Kókkini
- **Strecke:** breite Pisten, Trampelpfade und Bergstraße
- **Landschaft:** Tour durchs Gebirge mit schönem Blick auf die vorgelagerten Inseln, die Festlandküste und Lefkáda-Stadt. Man durchquert lichte alte Eichenwälder, erreicht felsige Bergspitzen, zwei verlassene Klöster und wandert zwischen Weinfeldern und Macchia hindurch.
- **Dauer:** rund 4½ Std.
- **Ausrüstung:** Wasser, Proviant, Sonnenschutz, gute Schuhe
- **Organisation:** Die Tour führt gegen Ende eine Stunde lang auf einer kleinen Teerstraße entlang. Wer zwei Mietfahrzeuge hat, kann sich dieses Stück sparen (↗ unten).
- **Anfahrt:** Von Perigiáli führt eine kleine Teerstraße nach Platistóma. Nach knapp 5 km ist das Kloster Moní Evangelistrias (Kókkini) am Straßenrand markiert. Hier sollte man am Straßenrand einen Parkplatz suchen. Wer die Tour mit einem zweiten Fahrzeug verkürzen möchte, der hinterlässt dieses am besten zuvor am südlichen Ortsrand von Aléxandros, das 2,5 km oberhalb von Platistóma liegt.
- **Hinweis:** Der Höhenunterschied beträgt rund 400 m. Eine gute Kondition ist notwendig. Ein größerer Teil der Strecke ist sehr sonnig.

Der Aufstieg

Man folgt der Schotterpiste, die am Hinweisschild zum Moní Kókkini von der Straße abzweigt, aufwärts zum Kloster, das man nach 10 Min. erreicht. Danach windet sich die Piste weiter durch die Macchia aufwärts und man geht auf dem Hauptweg geradeaus aufwärts. Bei einer Gabelung, die man vom Kloster aus nach 5 Min. (400 m) erreicht und an der sich zwei gleich breite Wege voneinander trennen (dazwischen erhebt sich eine schlanke Zypresse, rechts wächst eine breitere Zypresse), wandert man nach rechts abwärts, durchquert drei **Schluchten,** steigt an und erreicht nach 20 Min. ein **Gatter,** das man wieder verschließen sollte, nachdem man es passiert hat. Die Piste mit schöner Aussicht führt nun in Serpentinen den Hang hinauf. Nach weiteren 35 Min. erreicht man am Grat eine Gabelung.

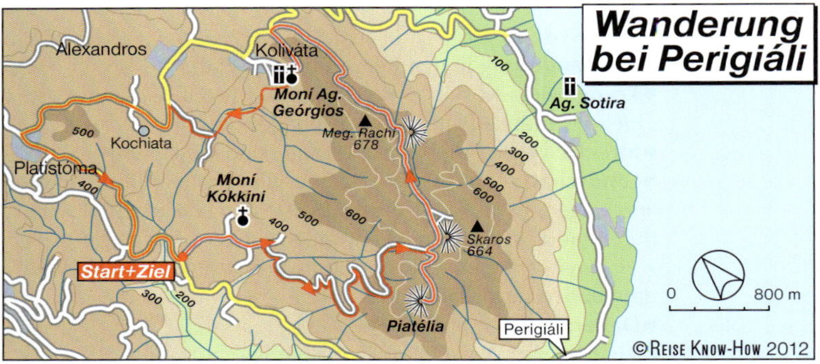

Abstecher zum Aussichtsplateau Piatélia

Man wandert nach rechts weiter durch **Eichenwald** und kommt wenig später zu einer Gabelung. Links erreicht man einen schönen **Aussichtspunkt.** Auf dem Rückweg wählt man den anderen Weg, der aufwärts zu einigen Sendemasten und dem Berggipfel führt. Auch hier belohnt eine schöne Aussicht die Mühen. Eine ausgedehnte Pause sollte man aber noch etwas verschieben, denn das schönste Picknickplätzchen erreicht man erst etwas später. Man kehrt zurück von den beiden Aussichtspunkten auf die Schotterpiste, die am Grat entlang nordwärts führt.

Zum Moní Ag. Geórgios

Nach dem Abstecher zu den Aussichtspunkten wandert man an der Piste, über die man aufgestiegen ist, vorbei und hält sich halbrechts. Wenige Meter weiter erreicht man unter lichten **uralten Eichen** eine Stelle mit schöner Aussicht, die sich für eine **Pause** anbietet. Man folgt dann der Piste weiter zu einem **Viehstall,** vor dem sich der Weg nach links durch ein bewaldetes Tal zieht, auf weitere Viehställe zu. Hier wackeln dicke Schweine durch die Gegend. Hinter dieser Alm erreicht man ein weiteres **Gatter,** das man nach Durchqueren auch wieder gut verschließen sollte, denn dumm sind die Schweine nicht. Die Piste zieht sich durch Macchia am Berg entlang, mit einer herrlichen Aussicht auf das Gebirge auf der gegenüberliegenden Festlandküste und die Lagune und Nehrung bei Lefkáda-Stadt nordwärts. Sie geht dann in eine Teerstraße über, die kurz darauf auf eine kleine Straße trifft. Man hält sich links, und wenige Meter weiter folgt man wieder einer kleinen Straße nach links. Kurz darauf zweigt nach links eine Schotterpiste ab, die zum **Kloster** führt.

Zur Quelle von Kolivāta

Nach einer weiteren Pause im überwucherten Klosterhof überquert man die Piste, über die man kam, denn rechts unterhalb des Klosters beginnt ein sehr schöner alter Fußweg, der abwärts zur **Friedhofskirche Ag. Nikolaos** führt. Man trifft über diesen Weg auf eine weitere Schotterpiste, der man nach rechts zur Kirche folgt. Direkt vor der Kirche zweigt wieder der alte Fußweg ab und führt hinter einem Haus entlang abwärts, zieht sich dann nach rechts zwischen **Häusern** hindurch und trifft auf einen Pfad, dem man über Stufen nach links abwärts folgt. Man erreicht einen kleinen **Platz mit Bänkchen,** wandert nach links abwärts weiter und folgt dem Weg, der sich unterhalb von **Ruinen** links am Hang entlang zieht. Ein schmaler Pfad zweigt nach links ab, ein schmaler, steil abfallender nach rechts. Man ignoriert beide und folgt dem **Pfad geradeaus** am Hang entlang zwischen Zypressen hindurch. Der Pfad windet sich schließlich über einen kahlen Rücken und zieht sich danach (erst wenn am Gegenhang Erosionswände sichtbar sind) rechts am Hang entlang ins Tal hinab. Unten im Tal erreicht man unter einer alten Platane die gefasste **Dorfquelle,** ein hübsches Fleckchen, das zu einer weiteren Pause einlädt.

Zur Straße

Hinter der Quelle führt eine **Brücke** über das winzige Tal nach links, man folgt dem Pfad weiter durch ein **Bachbett** hindurch. Auf der anderen Seite beginnt ein breiter Weg im Wald, das Tal liegt nun rechts. Der Weg endet an einem kleinen **Betonhäuschen,** an dem ein Fußpfad nach links auf eine breite **Schotterpiste** führt. Man folgt ihr nach rechts über die Brücke und steigt die Serpentinen hoch. Oben trifft man am unteren Dorfrand von Aléxandros, das man rechts liegen sieht, auf die Straße.

Der Rückweg über Platistóma

Man biegt in die Straße nach links ein und folgt ihr zwischen **Feldern** hindurch 30 Min. lang. Dann erreicht man im Dorf Platistóma eine kleine **Kreuzung.** Hier wandert man nach links weiter. Wenige Meter weiter ist die kleine **Dorftaverne** markiert, und wer das Glück hat, sie geöffnet vorzufinden, kann hier noch eine letzte Pause einlegen. Man folgt weiter der Straße abwärts durch Wein- und Olivenfelder und erreicht nach weiteren 30 Min. den Ausgangspunkt der Tour.

Essen und Trinken

- Auf dieser Wanderung erreicht man *Marias* herrliche **Taverne Stou Thoma** in Kolivāta, Tel. 26450-41228. Am schönsten ist dieses Haus im April, denn dann blüht der Judasbaum.

Nidrí und Umgebung

Nidrí ist der von Urlaubern am meisten besuchte Ort auf Lefkáda (zu den zahlreichen möglichen Aktivitäten und Serviceleistungen ⇗ Kapitelbeginn „Die Ostküste"). Landschaftlich sehr schön gelegen, ist der ehemals hübsche Hafenort heute **überlaufen.** Aus der Ferne betrachtet, hat Nidrí immer noch seinen Reiz. Das Dorf liegt herrlich unterhalb hoher Berge zwischen Olivenbäumen an der Küste. Vorgelagert sind eine grüne, bergige Halbinsel und zahlreiche kleine grüne Inseln. Das Dorf selbst bietet wenig Reizvolles. An der Hauptstraße trifft man südlich des Ortes auf die **Bronzezeitgräber,** die der Archäologe *W. Dörpfeld* hier entdeckte. Mehr als einige im Kreis liegende Steine gibt es aber nicht zu sehen.

Wasserfall

Die Hauptattraktion der Gegend ist der Wasserfall von **Ráchi.** Man erreicht ihn über ein landschaftlich schönes Tal mit alten Platanen. Die Straße endet an einem Kiosk. Von hier aus führt ein Fußweg in 10 Min. zum Wasserfall, der im Sommer wenig oder gar kein Wasser führt. Der Pfad zieht sich durch eine **Felsschlucht,** an deren Wände kleine Tropfsteine hängen. In den Wasserbecken quaken Frösche, an den Felsen wachsen Farne. Auch wenn der Wasserfall kein Wasser führt – ein Abstecher in das Tal lohnt sich.

Essen und Trinken

● **Taverne Dimitris** in Paléokatouna, herrliche Aussicht, sehr gute Speisen, und die Preise sind o.k. Diese Taverne lohnt einen Abstecher von der Küste! Paléokatouna ist an der Ortsumgehungsstraße von Nidrí markiert.

Strände

Nidrí

An einem kleinen Kap mündet ein schilfbestandener Bach ins Meer. Südlich davon zieht sich ein sehr schmaler mit Liegen völlig zugestellter Strandstreifen vor Hotels, Tavernen und Bars entlang. Das Hinterland ist üppig grün bewachsen. Auch nördlich des Bachs zieht sich ein schmaler Sandstreifen mit Kieseln gespickt vor Häusern und Gärten entlang. Die Strände rund um Nidrí sind während der gesamten Badesaison sehr voll. Der Blick auf die vorgelagerten Inseln ist recht schön.

● **Service:** Strandsäuberung, Dusche, Supermarkt, Telefon, Tavernen, Hotels, Liegen und Schirme, Wassersport.

● **Anfahrt:** Bus.

205ko Foto: vb

Die vorgelagerten Inseln

Nur 800 m von Nidrí entfernt liegt die Insel **Madoúri.** Hier lebte der Dichter *A. Valaoritis* (1824–79). Er ließ eine Villa in klassizistischem Stil erbauen. Die Insel befindet sich heute in Privatbesitz und ist nicht öffentlich zugänglich.

Die Insel **Skorpios** wurde 1959 von *Aristoteles Onassis* gekauft, der mit Tanker- und Ölgeschäften ein riesiges Vermögen gemacht hatte. Er war nicht der einzige Grieche, dem dies gelang, aber der Einzige, der die Presse jahrelang mit Schlagzeilen versorgte.

Die **Strände** auf Madoúri und Skorpios sind eigentlich eher keinen Abstecher wert. Skorpios scheint trotzdem so viel Anziehungskraft zu haben, dass der schmale Kiesstrand oft von Ausflugsbooten angelaufen wird; obwohl die Insel in Privatbesitz ist, muss es nach griechischem Gesetz der Öffentlichkeit möglich sein, vom Wasser aus den Strand zu betreten. Es geht dabei wohl weniger ums Badevergnügen als darum, die Insel der Familie *Onassis* betreten zu haben ... *Christina Onassis* plant angeblich, die Insel zu verkaufen, dieser Plan wurde aber bislang nicht in die Tat umgesetzt.

Blick auf Nidrí und die Inseln Sparti, Madoúri, Skorpios und Skorpidi

Insel Meganísi

Auf Meganísi gibt es drei Dörfer: die beiden Häfen Vathí und Spartochóri sowie das Binnendorf Katoméri. Der Tourismus spielt sich v.a. über Ausflugsboote an den Häfen ab.

In **Spartochóri** haben sich unten an den Anlegestellen zahlreiche Tavernen etabliert, die nur tagsüber von Ausflüglern besucht werden. Ein Treppenweg führt hoch ins Dorf. Dort befindet sich am Ortseingang ein Café mit toller Aussicht. Das Dorf selbst bietet außer dem schönen Blick wenig Attraktionen. Von Spartochóri führt eine kleine Straße zum Strand und zur schlichten **Kirche Ag. Ioánnis. Katoméri** liegt inmitten von Olivenhainen auf einem Hügel. Der hübsche Hafen **Vathí** ist bei Seglern sehr beliebt. Die größte Sehenswürdigkeit auf Meganísi sind die **Meereshöhlen** an der Westküste. Man erreicht sie per Ausflugsboot von Nidrí aus.

Anreise/Verkehrsmittel

Mehrmals täglich laufen kleine **Fähren** Meganísi von Nidrí aus an (Auto 14 €, Person 2 €), auch per **Ausflugsboot** ist die Insel zu erreichen. Die blauen Grotten und anderen Inseln sind nur per Ausflugsboot zu erreichen.

- **Bus:** fünfmal täglich verbindet der Gemeindebus die Inseldörfer miteinander, der Fahrplan hängt aus.
- **Taxi:** Tel. 26450-51368 oder 51671, Handy 6972704359.
- **Taxiboot Vathí:** Handy 6984144144.
- **Mietfahrzeuge** werden in Vathí angeboten. Fos Travel vermietet dort Mofas, Quads und Motorboote, Tel. 26450-51011, im Winter 24975, Handy 6948277588.
- **Tankstelle:** in Katoméri und Spartochóri.

Unterkunft

- Einen guten Überblick über Ferienwohnungen, Villen und Hotels auf der Insel erhält man übers Internet unter www.meganisi.gr. Dort werden zahlreiche Unterkünfte vorgestellt und Kontaktadressen genannt.

Essen und Trinken

- **Café Roof Garden,** Spartochóri, herrliche Aussichtsterrasse, einfache griechische Speisen, Preise o.k.
- **Taverne Lakos,** Spartochóri.
- **Cafeníon Akrogiali,** im Dorfzentrum von Vathí.

Nützliche Adressen

- **Arzt:** in Katoméri, Tel. 26450-51304, Handy 6936919425.
- **Apotheke:** in Katoméri, Tel. 26450-51200.
- **Polizei:** in Spartochóri, Tel. 26450-51406.
- **Postamt:** in Vathí.
- **Geld:** Bank mit Automaten in Nidrí.
- **Einkäufe** tätigt man besser in Nidrí.
- **Internet:** in der Bar Petrino in Vathí.
- **Wäscherei:** Laundry-Service wird in Spartochóri und am abgelegenen Hafen in der Atherinos-Bucht angeboten (ausgeschildert).
- **Informationen:** im Rathaus von Katoméri, Tel. 26450-51450, 51329 oder unter www.meganisi.gr.

Strände

Mehrere Strände der vorgelagerten Insel Meganísi werden von Nidrí aus per Badeboot angelaufen.

Ag. Ioánnis

Hinter dem kleinen, schmalen Kieselstrand Ag. Ioánnis stehen Bäume, eine Taverne und die namengebende Kapelle.

- **Service:** Taverne, Dusche, WC, Telefon.
- **Anfahrt:** über eine Straße von Spartochóri aus, Parkplatz.

Koutaladis/ Klontiri

Etwas weiter nördlich erstreckt sich eine Landnase mit weißem Kies ins Meer. Auch dieser hübsche, sonnige Strand, dem die Insel Thilia vorgelagert ist, wird von Badebooten angelaufen.

- **Service:** keine Einrichtungen, keine Strandsäuberung.
- **Anfahrt:** über eine Piste von Ag. Ioánnis aus, Parkplatz.

Fanari

Der weiter entfernt von Lefkáda am Kap Elia gelegene Strand ist ebenfalls Ziel von Ausflugsbooten. Hier mischen sich Sand und feiner Kies. Hübsch geschwungene Bucht und Kap, am Buchtrand Felsen, Blick auf das Festland und Lefkáda, sonnig, hinter der Bucht Eukalyptusbäume.

- **Service:** Kiosk, Schirme und Liegen.
- **Anfahrt:** Straße von Katoméri aus, Parkplatz.

Pasoumáki

Die kleine, felsenumrahmte Bucht mit rötlichem Kieselstrand ist beliebt bei Urlaubern, die auf Meganísi übernachten. Bäume verschatten Teile der Bucht, steiler abfallend, Blick auf Skorpios.

- **Service:** keine Einrichtungen.
- **Anfahrt:** Parkplatz, Straße von Vathí aus.

206ko Foto: vb

Spilia

Am meisten los ist an diesem Strand unterhalb des Dorfes Spartochóri, wo am Rand der Bucht die Fähren mehrmals täglich anlegen. Eine Taverne, Bäume, schneeweiße Kieselsteine und tiefblaues Wasser locken da die Besucher an.

- **Service:** Strandsäuberung, Taverne, Supermarkt im Dorf rund 500 m entfernt, Schirme und Liegen, Seglerhafen.
- **Anfahrt:** von Spartochóri oder vom Hafen zu Fuß erreichbar.

Vlichó und die Halbinsel Géni

Vlichó befindet sich südlich von Nidrí und ist v.a. wegen seiner **Werft** bekannt. Die ganze Bucht liegt voller Schiffe.

Gegenüber von Nidrí erstreckt sich auf der vorgelagerten Halbinsel Géni, eine **Streusiedlung** mit zahlreichen kleineren Pensionen und Hotels. Eine kleine Straße führt bis auf das Kap, das teilweise für die Öffentlichkeit nicht zugänglich ist. Hier befindet sich die **Villa,** in der der Archäologe *W. Dörpfeld* lebte. Sie ist heute in Privatbesitz. Kurz vor dem Ende der Straße, die zur Villa führt, beginnt ein hübscher Fußweg. Er zieht sich an der Küste entlang zum Grab des Archäologen und zur **Kapelle Ag. Kyriakí.** Die Kapelle liegt neben einem Bootsanleger auf der Spitze des Kaps mit Blick auf den Hafen und den Strand von Nidrí. Sie ist an einen teils überhängenden Felsen gebaut. Hinter der Kapelle führt eine Leiter hoch zu einer weiß bemalten **Höhlenkapelle** mit Marienikonen. Herrlich ist die Aussicht nach Nidrí und auf die Berge, insbesondere gegen Abend.

Strände

Auf der Halbinsel Géni befinden sich mehrere sehr kleine, nur mühevoll zu erreichende Kieselbuchten.

Desími

Von der langgezogenen Bucht mit schmalem, grauen Kieselstrand fällt der Blick auf die vorgelagerte Insel Meganísi. Zwei Campingplätze liegen hinter dem Strand, der daher meist gut besucht ist. Bei den Campingplätzen können Boote zu Wasser gelassen werden, und diese liegen dann meist hier vor Anker. Es gibt schönere Strände auf Lefkáda.

- **Service:** einfach zu erreichen für Leute mit Gehbehinderung, Kiosk, Strandsäuberung,Camping, Telefon, Dusche, WC, Taverne.
- **Anfahrt:** Parkplatz.

Blick von Fternó auf die Bucht von Vlichó und nach Nidrí

Der Süden

Landschaft

Auch im Süden präsentiert sich Lefkáda **gebirgig.** Die steilen Hänge sind teils mit Macchia, teils mit Olivenbäumen überzogen oder felsig und kahl. Tief eingeschnittene **Buchten** prägen das Bild. Hinter Vasilikí erstreckt sich eine üppig grüne, von Bächen durchzogene Ebene, hinter der schroff und steil das Gebirge bis auf über 1100 m Höhe aufragt.

Tipps für die Region

Verkehrsmittel

- **Schiffsverbindungen** ↗„Reisetipps A–Z, Anreise".
- Die **Busverbindungen** sind schlecht, nur Vasilikí und die Orte an der Hauptstraße sind dreimal täglich mit der Ostküste verbunden.
- **Taxistand:** in Vasilikí, Tel. 26450-31300, Handy 6985584073 oder 6932626513.
- Wer wirklich etwas sehen will von der Region, dem rate ich zum selbstgesteuerten **(Miet-)Fahrzeug** (↗ Kapitel „Reisetipps A–Z, Mietfahrzeuge").
- **Tankstellen** findet man in Vlichó, Marandochóri und Vasilikí.

Aktivitäten

- Auch von Vasilikí aus werden zahlreiche **Bootsausflüge** angeboten, vom Reisebüro Sailinn (↗ unten) oder von Samba Tours, Tel. 26450-31520, Fax 31522, www.sambatours.gr. Sehr lohnend ist die Badetour zum Porto Katsíki und Strand Egremní mit Fahrt ums Kap Doukáto (ab 12 €). Beliebt ist auch der Ausflug von Vasilikí nach Fiskárdo (Kefaloniá) und Vathí (Itháki) oder der Besuch der blauen Grotte auf Meganísi mit einem Badestopp auf Skorpios, einem Stopp in Spartochóri auf Meganísi und einem Badestopp in Agiofíli. Die Preise variieren je nach Saison stark. Normalerweise werden diese Tagestouren für rund 25 € angeboten. In Krisenzeiten gingen die Preise teils bis auf 15 € zurück, aber in der HS sind auch Preise bis zu 35 € möglich. Eine Bootsfahrt von Vasilikí zum nahegelegenen Strand Agiofíli kostete 2011 hin und zurück 6 €.
- **Geführte Wanderungen, Pflanzenführungen** (↗ Ostküste).
- **Minicars** für Kinder werden während der Schulferien auf dem Schulhof von Vasilikí angeboten.
- Die **Surferzentren** der Insel sind Póndi und Vasilikí. Dort treffen sich die Surfer auf dem Campingplatz oder buchen in den Surfhotels Club Vass, Porto Fico oder Surfhotel.

● **Tauchen und Segeln:** Das Reisebüro Sailinn bietet neben Tauch- und Surfkursen auch Segeljachten an; Informationen unter Tel. 26450-31805, Fax 31790, www.sailinn.gr.

Nützliche Adressen

● **Krankenhaus:** Lefkáda-Stadt (↗ dort). **Notruf 166.**
● Die niedergelassenen **Ärzte** machen mit Werbeschildern in den Orten auf sich aufmerksam.
● **Apotheke:** in Vasilikí.
● **Polizei:** Lefkáda-Stadt, Tel. 26450-29370.
● **Geld:** Bankautomat in Vasilikí unweit der Schule.
● **Wäscherei:** Laundry Selfservice, neben dem Chinarestaurant hinter dem Fährhafen von Vasilikí.

Póros, Mikrós Gialós und Fternó

Póros liegt an einem steilen Hang zwischen Olivenbäumen. Beliebt ist auch der **Strand von Mikrós Gialós** unterhalb von Póros.

Lohnend ist ein Abstecher nach **Fternó.** Am oberen Dorfende bei der Friedhofskirche hat man einen schönen Blick auf Vlichó und Nidrí. Um hierher zu gelangen, fährt man die kleine Straße zum Dorf hoch und hält sich hier links. Am Kinderspielplatz geht es erneut nach links weiter. Dann folgt man der Straße geradeaus. Sie führt oben aus dem Dorf hinaus und auf den Hügel zu, auf dem die **Friedhofskirche Ag. Kyriakí** steht.

Unterkunft

● **Captain Nick,** Mikrós Gialós, Tel. 26450-95731, im Winter 210-3425298, Handy 6976850848. DZ, Bad, Balkon mit Blick aufs Meer, AC, Küchenecke, Garten, 35–60 €.
● In Fternó wird eine nette, kleine **Ferienwohnung** in einem traditionellen Häuschen für zwei Personen angeboten. DZ mit Bad, Innenhof mit Küchenhaus, 30–40 €, Tel./Fax 26450-95689, Handy 6934135513, www.h-karcher.de.

Strände

Mikrós Gialós

Die sehr schöne Bucht mit weißem Kieselstrand und blitzblauem Wasser ist von steilen Hängen umgeben. Der Blick fällt auf die vorgelagerte grüne Insel Arkouli. Hinter dem Strand wachsen an der Straße kleine Bäumchen, dahinter ziehen sich Pensionen, Tavernen, Hotels und ein Campingplatz auf Terrassen den Hang hinauf. Am Buchtrand dümpeln kleine Boote an einer Betonmauer.

● **Service:** gut zu erreichen für Leute mit Gehbehinderung, Tavernen, Telefon, WC, Strandsäuberung, Liegen und Schirme, Camping.

● **Anfahrt:** Straße von Póros aus, Parkplatz.

Sívota, Éfgiros und Marandochóri

Sívota ist eine landschaftlich **reizvolle Bucht** mit einem kleinen, bei Seglern beliebten Hafen. An der Uferpromenade finden sich Souvenirshops, Tavernen und Cafés. **Éfgiros** dagegen liegt im Landesinneren an einem Berghang. Immer mehr Bewohner verlassen das schöne, **einfache Bauerndorf** – viele Häuser stehen heute bereits leer.

Das Zentrum des **Karnevals,** der auf Lefkáda von alten Bräuchen und nicht wie auf den Nachbarinseln von venezianischem Einfluss geprägt ist, befindet sich in **Marandochóri,** einem großen Bauerndorf im Landesinneren.

Essen und Trinken

● **Taverne To Agnadio,** an der Hauptstraße oberhalb von Sívota, tolle Aussicht auf die Bucht, hohe Preise.

● **Café Liotrivi,** am Hafen von Sívota, schön gemacht, im sanierten Gemäuer befinden sich alte Mühlsteine, es gibt nur Getränke und Kleinigkeiten, Preise o.k.

● **Taverne Spiridoula,** Sívota, hinten in der Bucht, überrankte Terrasse, griechische Küche, ist bei den Einheimischen sehr beliebt, Preise o.k.

Strände

Amoússo

Die hübsche Bucht mit palmenbestandenem weißen Kieselstrand ist trotz des nahe gelegenen Kastri-Campingplatzes und Taverne relativ ruhig, aber in der HS findet auch hier reges Strandleben statt. Es herrscht Ankerverbot. Der Blick fällt auf das mit Macchia bewachsene, langgezogene Kap und auf die Nachbarinseln.

● **Service:** Taverne, Telefon, WC, Liegen, Schirme.

● **Anfahrt:** Parkplatz, Straße von Marandochóri aus.

Blick auf die Bucht von Sívota

Vasilikí und Póndi

Vasilikí ist das touristische Zentrum im Inselsüden. Der einstmals romantische, kleine Fischerhafen ist heute ziemlich verbaut. Von den traditionellen, holzverkleideten Häusern ist kaum mehr etwas zu sehen. Vasilikí ist mit Póndi, das am anderen Ende der Bucht liegt, praktisch zusammengewachsen. In Póndi entstanden in den letzten Jahren zahlreiche Hotels, in denen man Surfurlaub pauschal buchen kann. Die Bucht von Vasilikí ist ein **beliebtes Surfgebiet.** Vormittags weht der Wind meist schwächer, sodass sich Anfänger aufs Meer wagen können, während nachmittags oft ein stärkerer Wind aufzieht, bei dem Profis auf ihre Kosten kommen. Am Hafen von Vasilikí legen die Fähren nach Kefaloniá und Itháki ab. Der **große Fähranleger** liegt rund 500 m neben dem alten Fischerhafen, an dem sich unter Bäumen Taverne an Taverne reiht.

Unterkunft

- **Akroyiali Studios,** Vasilikí, Tel./Fax 26450-31451, Winter 22410-25476 oder 86137, Handy 6934059937, www.akroyiali-studios.gr, geöffnet Juni bis September. Hinter dem Strand gelegen, teils noch im Bau, einfache DZ, Bad, Balkon, Küchenecke, TV, AC, ohne Frühstück EZ 30–80 €, DZ 35–80 €.
- **Apartments Nikos Argyros,** nahe Villa Delfini hinter dem Kap am Hang gelegen, Handy 6972461613. Kleine, einfache, nette Zimmer, Küche, Bad, Balkon, die meisten mit Meerblick, Moskito-

208ko Foto: vb

netze an den Fenstern, teils Zusatzbetten in der Küche. *Nikos* spricht gut Englisch; DZ, Dreier- oder Vierer-Zimmer 30–80 €.

Essen und Trinken

- **Taverne Delfini,** am alten Hafen von Vasilikí direkt am Wasser, bietet gute traditionelle griechische Küche.
- **Ponto Scherzzo del Mare** in Póndi, etwas teurer und stilvoller.

Internet

- **Internet:** im **Café Iónio** (Taxistand) oder in den **Reisebüros.**

Strände

Agiofíli

Hübsche kleine Bucht südöstlich von Vasilikí, mit feinem weißen Kieselstrand, etwas Sand und türkisblauem Wasser. Sie wird per Badeboot von Vasilikí aus angelaufen. Sie ist während der Badesaison meist recht voll. Der Blick fällt auf das steile Kap Doukáto.

- **Service:** Liegen und Schirme, Taverne, Strandsäuberung.
- **Anfahrt:** Von Land her nur nach schweißtreibendem Fußmarsch zu erreichen, mehrmals täglich mit dem Boot von Vasilikí.

Vasilikí Hafen

Hinter dem Hafen von Vasilikí führt die Straße am alten Brunnenhaus vorbei über das Kap. Dahinter trifft man auf zwei nette kleine, steiler abfallende, beliebte Kieselbuchten zwischen Felsen. Hinten am Hang ziehen sich Hotels und Pensionen in Gärten den steilen Hang hoch, unten wächst Schilf.

- **Service:** Keine Einrichtungen am Strand, aber das Dorf ist nah.
- **Anfahrt:** zu Fuß vom Hafen aus in 5 Min. erreichbar.

Vasilikí/Póndi Hauptstrand

Der Hauptstrand der breiten Bucht mit hellblauem Wasser zieht sich parallel zur Straße von Vasilikí bis Póndi. Hinter dem fast 2 km langen Strand mit Sand und kleineren Kieseln befinden sich Hotels und ein großer Campingplatz in der mit Gras, Schilf und Bäumen bewachsenen Küstenebene. Die Straße verläuft nicht direkt am Strand. Umgeben ist die Bucht von hohen Bergen. Am östlichen Buchtrand bei Vasilikí erstrecken sich der Fischer- und der Fährhafen. Bei Póndi befindet sich das Surfzentrum der Insel. Fast alle Hotels dort und auch der Campingplatz am Strand sind auf Surfer eingestellt, der daher oft sehr gut besucht ist.

- **Service:** gut zu erreichen für Gehbehinderte, Telefon, WC, Tavernen, Liegen, Schirme, Wassersport, Hotels, Campingplatz.
- **Anfahrt:** Parkplatz, Bushaltestelle.

423ko Foto: vb

Sívros und Ag. Ilías

Kerasia-Quelle

Das Tal, das hinter Vasilikí nach Sívros führt, ist üppig grün und landschaftlich schön. Oberhalb von Sívros lohnt die Kerasia-Quelle einen Besuch: ein schönes Fleckchen mit kleinem **Wasserfall** und vielen Farnen.

Zur Kirche Ag. Paraskeví

Ag. Ilías ist ein Bergdorf in karger Landschaft. Auf den Terrassen oberhalb des Dorfes wird Wein angebaut. Eine landschaftlich reizvolle, aber schmale Straße führt von hier hoch zur Kirche Ag. Paraskeví, die meist verschlossen ist. Lohnend ist v.a. die Aussicht von einem kleinen Plateau neben einem Turm kurz vor der Kirche. Die steht 50 m weiter in einer Mulde bei einigen uralten Eichenbäume in der ansonsten kahlen Landschaft. Die Straße führt weiter hoch in die **beeindruckende Berglandschaft** und trifft oben auf eine kleine Straße. In den Bergen befinden sich einige Kasernen (⇗ auch Kariá und Englouví). Schwierig zu befahren ist v.a. die Ortsdurchfahrt von Ag. Ilías. Am Dorfrand beim Friedhof wird die Straße besser.

Weinfelder auf Lefkáda

Die Steilküste im Südwesten

Landschaft Die Dörfer dieser Region bieten wenig Interessantes. Dafür ist die Landschaft umso attraktiver, ein Besuch lohnt sich auf jeden Fall. An der Westküste befinden sich **die schönsten Strände der Insel.** Strahlend weiße Felsen erheben sich aus dem türkisen Wasser, leuchtend grüner Kiefernwald und Macchia bedecken die Berge.

Tipps für die Region

Verkehrsmittel

- Die **Busverbindungen** sind schlecht.
- Wer diese Region sehen will, sollte sich ein **Mietfahrzeug** nehmen (↗ Kapitel „Reisetipps A–Z", Mietfahrzeuge").
- **Tankstellen** findet man nur in Vasilikí und im Norden an der Straße zwischen Ag. Nikítas und Kalamítsi.

Aktivitäten Von Vasilikí aus werden **Bootsausflüge** an der Küste entlang zu den Stränden Pórto Katsíki und Egremní angeboten.

Nützliche Adressen

- **Krankenhaus:** Lefkáda-Stadt (↗ dort). **Notruf 166.**
- **Polizei:** Lefkáda-Stadt, Tel. 26450-29370.
- **Geld:** Zwischen Vasilikí und Ag. Nikítas gibt es entlang der Westküste keinen Geldautomaten und keine Bank.

Atháni und Umgebung

Eigentlich ist Atháni ein ruhiges Bergdorf, das aber während der Saison im Verkehrschaos erstickt, denn tausende Urlauber zieht es an die **herrlichen Strände** unterhalb. Wer in der Nebensaison anreist, wird diesen Ort anders erleben als Urlauber, die ihn im August besuchen; dann muss sogar nachts mit Verkehrslärm gerechnet werden.

Am Straßenrand rund um das Dorf werden **Honig** und **Kräuter** zum Kauf angeboten.

Unterkunft/ Essen und Trinken

- **Pension und Taverne Panorama** im Dorfzentrum, Tel. 26450-33476, Handy 6942534053, www.panoramalefkada.com. Die Taverne mit sehr guter traditioneller griechischer Küche lohnt einen Besuch! Familiäre Atmosphäre, in der Taverne offener Kamin; nette, einfache DZ, Bad, große Gemeinschaftsterrasse mit schöner Aussicht, 25–30 €.

Das Kap Doukáto

Sehr schön ist auch ein Abstecher zum Kap Doukáto ganz im Süden. Die Straße führt am verlassenen **Kloster Moní Ag. Nikólaou** vorbei zum Leuchtturm am Kap. Um den Seefahrern den Weg ums Kap zu erleichtern, wurde hier schon vor langer Zeit ein **Leuchtturm** errichtet, den ein netter Herr aus Atháni betreut. Die Sonnenuntergänge sind hier besonders malerisch. Die Felsen am Kap ragen fast 60 m beinahe senkrecht aus dem Wasser.

In antiker Zeit befand sich dort, wo heute der Leuchtturm steht, ein **Apollon-Tempel,** dessen spärliche Reste *W. Dörpfeld* fand. An diesem Tempel wurden Menschen geopfert, die von den Felsen ins Meer springen mussten. Dem **Mythos** nach sprang hier zuerst die Göttin Aphrodite ins Meer, um sich vom Liebeskummer, den ihr Adonis bescherte, zu befreien. Im Laufe der Jahrhunderte fand sie viele Nachahmer. Auch *Sappho,* die bekannte Dichterin von der Insel Lesvos, soll sich hier aus Liebeskummer von den „Leukadischen Felsen" gestürzt haben (was Wissenschaftler jedoch bezweifeln). Nicht alle Springer suchten den **Freitod.** Mehrere Quellen überliefern, dass in der Antike Verbrecher vom Kap springen mussten. Apollon, Gott der Weissagung, sollte über sie urteilen. Man band ihnen Federflügel und Vögel an den Leib, die den Aufprall dämpfen sollten. Überlebte ein Springer, hatte Apollon ihn offenbar freigesprochen. Man fischte ihn aus dem Wasser, und er wurde nicht länger verfolgt.

Strände

Gialós

P WC

Dieser schöne Strand liegt unter steilen schneeweißen Felswänden und Hängen, die teils mit knallgrünen Kiefern bewachsen sind. Er zieht sich über mehrere Kilometer am türkisblauen Wasser dahin. Im nördlichen Teil gibt es viele Steine, Plastikschuhe sind hier hilfreich. Hier ist dem Strand eine kleine Insel vorgelagert. Im Süden werden die Kieselsteine feiner, teils findet man auch Sand (je weiter südwärts man zieht, umso mehr). An den Tavernen trifft man in der HS auf Besucher, aber schon 1 km weiter hat man seine Ruhe.

- **Service:** Taverne, mehrere Strandbars, Schirme und Liegen, WC, weiter südlich naturbelassen.
- **Anfahrt:** Von Atháni aus über eine sehr steile, kurvige, oft durch Erdrutsche steinbestückte Straße zu erreichen (gute Fahrkenntnisse sind erforderlich).

Egremní oder Gremní

Einer der Traumstrände auf Lefkáda, das hat sich auch herumgesprochen. Der kilometerlange, schneeweiße Sandstrand, vor dem das Wasser in leuchtendem Türkis schimmert und hinter dem sich weiße Felsenhänge erheben, die teils mit knallgrünen Kiefern bewachsen sind, ist trotz zahlreicher Badeboote zwar gut besucht, aber nicht überlaufen. Der Strand ist sehr lang, mit Strandbar, und die Besucher verteilen sich. Eine weitere Bar gibt es oben am Parkplatz an der Hangkante, schöne Aussicht.

- **Service:** Strandsäuberung, Liegen und Schirme, oberhalb Cafébar, ein Strandverkäufer bringt während der HS Getränke.
- **Anfahrt:** Von oben ist der Strand nur mit Mühe zu erreichen; am südlichen Ortsausgang von Atháni beginnt eine Straße, die später in einen gut befahrbaren Weg übergeht und an einem Parkplatz

708ko Foto: vb

hinter der Hangkante endet (Parkgebühr). Dann beginnt ein Treppenweg über ca. 350 Stufen. Nach dem Bad muss man diese Stufen dann aber auch wieder hoch ... Von Vasilikí werden auch Bootsausflüge zu diesem Strand angeboten.

Pórto Katsíki

Eine der Hauptattraktionen der Insel ist dieser Bilderbuchstrand. Senkrechte Felswände und ein steiles, mit Macchia bewachsenes Felsenkap umrahmen diesen herrlichen, weißen, kleineren Sandstrand. Wer den Strand ganz für sich haben will, der komme im Mai oder Oktober, denn während der HS findet man zunächst keinen Parkplatz und dann keinen Platz am Strand ... Neben dem Parkplatz liegen Tavernen. Eine lange Treppe, aber mit deutlich weniger Stufen als beim benachbarten Gremní, führt vor der Felswand hinunter zum türkisblau schimmernden Wasser. Auf das Kap führt über eine Brücke ein mit Geländerchen abgesicherter Trampelpfad, von dem man auch eine herrliche Aussicht auf die kleinen Wassergrotten an der Küste hat. Dieser Aussichtspunkt auf den Strand lohnt einen Besuch! Sehr schöne Sonnenuntergänge.

- **Service:** WC, Taverne, Kiosk und Telefon oben am Parkplatz, Liegen und Schirme, Strandsäuberung.
- **Anfahrt:** Eine gut befahrbare Straße endet am Parkplatz oberhalb der Hangkante, der oft nicht ausreicht für all die begeisterten Besucher. Von Vasilikí und Ag. Nikítas werden auch Bootsausflüge zu diesem Strand angeboten.

Kap Doukáto

Unterhalb des Klosters befindet sich eine kleine, felsenumrahmte Bucht mit Kieselstrand, nur über eine schlecht befahrbare Piste oder übers Wasser erreichbar.

Die Westküste beim Strand Gremní

104ko Foto: vb

DER NORDWESTEN

Landschaft Die Attraktion sind auch hier die **Sandstrände** mit türkisblauem Wasser vor den weißen Felswänden. Das Bergland ist steil und kahl, die Bergdörfer kleben am Hang und werden von den Urlaubern meist nur durchfahren.

Tipps für die Region

Verkehrsmittel

- Die **Busverbindung** zwischen Lefkáda-Stadt und Ag. Nikítas besteht zweimal täglich, alle anderen Orte sind per Bus nur schlecht oder gar nicht erreichbar.
- **Taxi:** muss man in Lefkáda-Stadt bestellen, Radiotaxi 26450-26555.
- Wer diese Region sehen will, muss sich ein **Mietfahrzeug** beschaffen; Leser äußerten sich sehr zufrieden über die Fahrzeugvermieter in Ag. Nikítas.
- **Tankstelle:** Tankstellen befinden sich an der Straße zwischen Ag. Nikítas und Kalamítsi sowie in Spanochori.

Aktivitäten

- **Bootsausflüge:** In Ag. Nikítas werden Ausflüge zu den Stränden der Westküste angeboten.
- **Paragliding:** am Káthisma Beach.

Nützliche Adressen

- **Krankenhaus:** Lefkáda-Stadt (⇗ dort), **Notruf 166.**
- Die niedergelassenen **Ärzte** machen mit Werbeschildern in den Orten auf sich aufmerksam.
- **Polizei:** Tel. 26450-29370.
- **Geld:** in Ag. Nikítas, ansonsten sind die nächstgelegenen Banken mit Automaten in Lefkáda-Stadt zu finden.

Der Strand von Pórto Katsíki im Abendlicht

Chortáta, Exánthia und Drimónas

Chortáta, Exánthia und Drimónas sind **ruhige Bergdörfer,** die hoch oben am Hang liegen. Exánthia wurde schon zu byzantinischer Zeit gegründet und ist eine der ältesten Siedlungen der Region, weist aber keine Sehenswürdigkeiten auf. In Chortáta bietet es sich an, eine Pause in der schön gelegenen Dorftaverne einzulegen, die ihre Tische unter einer alten Platane aufgestellt hat.

Kalamítsi und Umgebung

Oberhalb des beliebten Strandes Káthisma befindet sich hinter einem Hügel zwischen Kiefern- und Olivenwald eingebettet dieses **ursprüngliche Bergdorf** mit kleinen unscheinbaren Häuschen in Gärten, das zunehmend beliebter wird bei Urlaubern, denn von hier aus sind echte Traumstrände erreichbar. Am unteren Dorfrand hat man von den Tavernen Panorama und Veranda einen schönen Blick hinunter auf die Küste.

Unterkunft

- **Fantastico Studios Karydis Gerasimos** am Ortsrand von Kalamítsi, Tel./Fax 26450-99390, Handy 6979855441, www.fantastico.com.gr. Ruhige Lage, herrliche Aussicht, sehr beliebt, eine Reservierung ist ratsam. DZ, Bad, Balkon, 45–55 €, Dreier-Zimmer 50–60 €.
- **Hotel Sirios,** neue Häuschen 50 m oberhalb des Káthisma Beach, Tel. 26450-24017, Fax 97025, Handy 6972929047, www.hotel-sirios.gr. Schöner Blick, Pool, einfache DZ und Vierer-Zimmer, TV, AC, Bad, Küchenecke/Küche, 40–100 € ohne Frühstück.

Strände

Káthisma

Einer der beliebtesten Strände der Insel, der sich kilometerlang unterhalb kahler Felswände entlangzieht. Auch hier finden sich schneeweißer Sand und türkisblaues Wasser. Die Straße führt bis hinunter an den Strand, und in die Bucht sind auch einige Hotels, Tavernen und Bars hineingebaut worden. Hier befindet sich das Zentrum der Paraglider auf Lefkáda. Auch Kiting und Windsurfing werden angeboten. Während des Sommers ist der Strand sehr voll. Wer's ruhiger haben will, muss südwärts ziehen. Dort sind dem Strand kleine Felseninseln vorgelagert.

709ko Foto: vb

● **Service:** einfach zu erreichen für Leute mit Gehbehinderung, Strandsäuberung, WC, Dusche, Taverne, Telefon, Volleyballnetz, Liegen und Schirme, zahlreiche Poolbars, Pensionen und Wassersport, Paragliding.
● **Anfahrt:** Straße von der Hauptstraße zwischen Kalamítsi und Ag. Nikítas, Parkplatz; Bus (fährt nur selten).

Avali

Eine kleine Strandbar mit Liegen auf der Terrasse klebt am Hang zwischen Bananenstauden, vom relativ ruhigen, sonnigen Strand fällt der Blick auf ein schilfbewachsenes Kap. Auch hier findet man strahlend blaues Wasser und weißen Sand, in den sich allerdings Steine mischen. Eine Straße (⇗ unten) führt weiter an der Strandbar vorbei und an der Küste entlang nordwärts in Richtung Káthisma. Hinter ihr liegen in Gärten Privathäuschen, hinten erheben sich Felsen. Am Ende der Straße sitzt ein Caravan-Kiosk, hier ist der Strand naturbelassen. Von dort aus ist es nicht mehr weit zum Strand von Káthisma, zu Fuß kann man den beliebten Nachbarstrand erreichen.

Ein Strand bei Kalamítsi

- **Service:** Strandbar und Kiosk mit Generator, Liegen und Schirme, Dusche, improvisiertes WC.
- **Anfahrt:** Die Anfahrt ist abenteuerlich, aber asphaltiert. Von Kalamítsi aus führt ein langes, schmales Sträßchen in steilen Serpentinen durch Olivenwälder und weiter unten durch Erosionshänge hinunter zum Strand. Immer wieder sorgen Erdrutsche mit vielen Steinen für eine kleine Herausforderung. Bei der ersten Gabelung unten in den Erosionshängen fährt man nach links und erst bei der zweiten, kurz vor dem Kavalikefta-Strand, fährt man nach rechts (markiert ist der Strand als „Cantina Beach“). Sehr kleiner Parkplatz vorhanden.

Kavalikefta

Auch diese kleine Bucht ist eher ruhiger, denn sie ist schwierig erreichbar (↗ unten). Schilfbestanden ist dieser kleine Strand zwischen malerischen Felsen, das Wasser einfach unschlagbar blau.

- **Service:** Kiosk-Taverne mit Generator, Liegen und Schirme.
- **Anfahrt:** Man folgt der gleichen Straße wie zum Avali, nur hält man sich unten in den Erosionshängen zweimal links. Kurz oberhalb der kleinen, einfachen Kiosk-Taverne endet die Straße. Sehr kleiner Parkplatz vorhanden.

Megali Petra

Wer Mühe nicht scheut, findet auch während der HS noch ruhigere Fleckchen. Hierher zieht es v.a. Freunde des Nudismus, der ja in Griechenland bekanntermaßen verboten ist. Aber man trifft hier von Jahr zu Jahr mehr „Freunde der Einsamkeit“. Absolut schöne kleine Sandstrände, zwischen größeren Felsen unterhalb eines schilfbewachsenen steilen Hangs gelegen.

- **Service:** keine Einrichtungen.
- **Anfahrt:** über die Straße, die zum Kavalikefta-Strand führt. In einer scharfen Rechtskurve relativ weit unten zweigt ein Fußpfad nach links ab (lange Hosen und gute Schuhe tragen, der Pfad führt steil abwärts durch Schilf und Gestrüpp). Es gibt in dieser Kurve kaum Parkmöglichkeiten!

Ag. Nikítas

Das ehemals pittoreske Dörfchen ist heute ziemlich verbaut. Dank des Denkmalschutzes sind keine allzu hässlichen Gebäude entstanden, aber der kleine Fischerort hat viel von seinem Charme verloren. Skurrile Felsen umrahmen die Bucht.

Unterkunft/ Essen und Trinken

- **Hotel Odyssey,** Tel. 26450-97351, Fax 97421, im Winter in Athen Tel./Fax 210-9814821, Handy 697444749-8/-9, www.odysseyhotel.gr. Gepflegtes größeres Haus am oberen Dorfrand, teils Pauschalanbieter, kleine nette DZ mit Balkon, Bad, AC, TV, Kühlschrank, Pool, EZ 53–88 €, DZ 62–103 €, Frühstück 7 € p.P.
- **Studios Pantazis Filippas,** Tel./Fax 26450-97327, im Winter in Athen Tel./Fax 210-9322467, Handy 6930181181, www.greek-tourism.gr/lefkada/pantazis-studio, pphilippas@gmail.com. Große DZ 40–85 €, drittes Bett 20 €, ohne Frühstück, Küchenecke, Bad, Balkon, Meerblick, Fußpfad zweigt von der Hauptgasse ab.
- **To Agnadio,** kleine, einfache Familientaverne mit Atmosphäre, auf den Tisch kommt, was man gerade hat, direkt hinter dem Strand in einer schmalen Gasse, ausgeschildert, Preise o.k.
- **Taverne Poseidon,** in der Fußgängerzone, gut und beliebt, teuer.

Strände

Milos

Ein weiterer Traumstrand. Schneeweißer Sand zieht sich in der langgestreckten Bucht entlang, türkisblaues Wasser erfreut das Auge. Umgeben ist die Bucht von steilen, mit Macchia bewachsenen Hängen. Leider wurden diese im oberen Teil mit Häusern verbaut. Auf dem nördlichen Kap liegt die Windmühle, die dem Strand den Namen gab. In der HS muss man sich den Strand mit vielen Urlaubern teilen, aber er ist sehr lang und selten überfüllt.

- **Service:** keine Einrichtungen.
- **Anfahrt:** Man erreicht den Strand nach rund 15-minütigem Spaziergang von Ag. Nikítas aus oder per Badeboot, das während der Saison regelmäßig fährt.

Ag. Nikítas

Eine kleine von hübschen Felsen umgebene Bucht liegt direkt vor dem Dorf mit kleinem Hafen. Das Wasser ist auch hier blitzblau. Der kleine Sandstrand ist mit Steinen und viel Treibgut durchzogen, kleine Felseninseln sind der Bucht vorgelagert. Am Ufer Tavernen und Pensionen, vom alten Fischerhafen ist nicht mehr viel übrig. Der Blick fällt auf die Küste rund um den Strand Jorelas, Kiefernwald überzieht die Berghänge gegenüber. Direkt im Ort ist natürlich immer etwas los am kleinen Strand.

- **Service:** Supermarkt, WC, Tavernen, Bar, Telefon, Hotels, Liegen, Schirme, Ausflugsboote zum Milos während der HS, Bootsanleger.
- **Anfahrt:** Straße nur bis an den oberen Dorfrand, dort Parkplatz und Bushaltestelle, die letzten 300 m sind Fußgängerzone.

Pefto Koula/ Jorelas

Oberhalb des Strandes führt die Straße an mit Kiefernwald bewachsenen Hängen entlang. Vor dem schneeweißen, langgestreckten und sonnigen Sandstrand strahlt das Wasser blitzblau, im Frühjahr viel Seegras, im Wasser teilweise Felsen und Steine. Hinter dem Strand erhebt sich eine Mauer, oben stehen Tamariskenbäumchen, dahinter liegen der Parkplatz und die Taverne, hinter der die Straße oben entlang führt. Dieser Strand ist oft sehr voll.

- **Service:** Strandsäuberung, Telefon, Taverne, Zimmer, WC, Liegen und Schirme.
- **Anfahrt:** Parkplatz, Bushaltestelle.

DAS ZENTRALE BERGLAND

Landschaft

Hoch oben im Gebirge befindet sich eine kahle **Hochebene** mit kleinen Bergdörfern an den Hängen, Terrassenfeldern, Schafherden und toller Aussicht, in der sich aber auch **Militär** niedergelassen hat. Daher sollte man mit dem **Fotografieren** vorsichtig sein, diesbezüglich versteht das griechische Militär gar keinen Spaß.

Unterhalb von Kariá erstreckt sich eine weitere, mit Feldern bewachsene, etwas tiefer gelegenen Hochebene, an deren Rand abgelegene, winzige **Dörfer** liegen (↗ auch „Ostküste, Perigiáli").

Tipps für die Region

Verkehrsmittel

- Die **Busverbindung** nach Kariá ist gut, alle anderen Orte sind per Bus nur schlecht oder gar nicht erreichbar.
- **Taxi:** Radiotaxi, Tel 26450-26555.
- Wer diese Region sehen will, muss sich ein **Mietfahrzeug** beschaffen (↗„Allgemeine Reisetipps A–Z, Mietfahrzeuge").
- **Tankstellen:** an der Hauptstraße bei Lazaráta und in Kariá.

Nützliche Adressen

- **Krankenhaus:** Lefkáda-Stadt (↗ dort), Notruf 166.
- **Apotheke Karia:** Tel. 26450-41205.
- **Polizei:** Tel. 26450-29370.
- **Geld:** Die nächstgelegenen Banken mit Automaten befinden sich in Lefkáda-Stadt.

Aktivitäten

Geführte Wanderungen, Pflanzen- und Kräuterführungen (↗ Ostküste).

Kariá

In Kariá befindet sich **der schönste Dorfplatz** der Insel. Das lebendige, alte Bauerndorf liegt am Hang oberhalb einer kleinen Hochebene mit herrlicher Aussicht auf die Umgebung. Abends treffen sich die Dorfbewohner am Platz, tagsüber die Ausflügler. Am frühen Morgen singen die Bäuerinnen beim Füttern der Hühner und die Esel klappern durchs Dorf. Am Rand erheben sich Windmühlenruinen, aus den Gärten ragen Blumen auf die Gassen und zwischen den einzelnen Gehöften liegen auf Terrassen angelegte kleine Felder. Im Bergland Lefkádas wird an vielen Stellen Wein angebaut. Unten auf der Hochebene hat man in den letzten Jahren einen kleinen Stausee angelegt. Früher wuchs auf der Ebene Getreide, heute liegen viele Felder brach.

Am oberen Dorfrand befindet sich gegenüber des Hotels das **Stickereimuseum,** das in einem schönen Haus untergebracht ist. Ausgestellt sind Stickereien und Webereien, Webstühle und Hausratgegenstände. Erläuterungen auch auf Deutsch.

- **Geöffnet:** täglich 9–21 Uhr, Eintritt 2,50 €, Kinder bis 12 Jahre frei, Tel. 26450-41590.

Essen und Trinken

Am Dorfplatz trifft man auf mehrere hübsche Tavernen. Achtung: Parksünder werden im Zentrum mit Strafzetteln bedacht!

- **Pizzeria Karampoulias,** leckere Kartoffeln mit Käse, gute Pizza, Preise o.k.
- **Taverne Ta Platania,** einfache, aber gute griechische Küche, Preise o.k., sehr beliebt.

Die Hochebene am Profítis Ilías

Hinter Kariá führen mehrere Straßen hinauf auf eine weitere Hochebene, aus der die einzelnen Gipfel emporragen. Leider hat das Militär diese Ebene als ideales Plätzchen für **Kasernen und militärisches Gerät** entdeckt, sodass man als Tourist nicht überall Zutritt hat. Die übergroßen militärischen Gerätschaften verschandeln teils auch die schöne Landschaft. Trotzdem lohnt sich der Weg. Die Aussicht auf das bergige Festland ist atemberaubend.

An der Hauptstraße, die in Kariá am Hotel vorbei nach oben führt, ist oberhalb des Dorfes eine Straße zur **Kirche Ag. Konstan-**

tinos markiert. Die Aussicht von hier lohnt einen Abstecher. Folgt man der Hauptstraße weiter, gelangt man zunächst zu einem Steinbruch. Dahinter zweigt eine schlecht befahrbare Piste von der Straße zur Kirche und zum Berggipfel Profítis Ilías ab. Der Blick ist überwältigend. Der Zutritt zum Kirchplatz ist erlaubt, während die meisten anderen Gipfel militärisches Sperrgebiet sind.

Englouví

Man kann auch von oben ins Dorf Englouví gelangen. Auf der Hochebene zweigt eine Straße ab und führt an der Kirche **Ag. Donatos** vorbei. Eine herrliche Aussicht bietet sich von dieser Kirche aus, die oberhalb des Ortes an der Hangkante steht. Hinter der kleinen Kapelle kann man die spärlichen Ruinen eines römischen Turms erkennen. Hier sollen die Römer in frühchristlicher Zeit den Bischof *Donatos* ermordet haben. Englouví ist ein herrliches kleines Bergdorf – auf 730 m Höhe **das höchstgelegene Dorf** der In-

211ko Foto: vb

sel. Heute leben überwiegend ältere Menschen hier. Auf den Terrassenfeldern rund um Englouví werden vor allem Trauben und Linsen angebaut.

Vafkerí und die Klöster in den Bergen

Ebenfalls lohnend ist ein Besuch des kleinen Dorfes Vafkerí. Bei einem Spaziergang durch die hübschen Felder und Wälder dieser Gegend kann man das verlassene Kloster **Moní Ag. Asomáton** besuchen. Die Anlage zerfällt allmählich, aber die Kirche wird noch instand gehalten. Das Kloster wurde im 16. Jh. gegründet, ebenso wie das Dorf.

In den Bergen trifft man noch auf weitere verlassene Klosteranlagen, z.B. bei Platístoma das Kloster Evangelistria **(Kókkini Eklisia)** oder bei Pinakochóri das **Moní Ag. Ioánnis Theologos** (in der Kirche befinden sich Fresken aus dem 17. und 18. Jh.). Die beiden Bergklöster Moní Patéron und Moní Ag. Geórgios erreicht man am einfachsten von Nikiána aus (⇗„Ostküste, Nikiána, Perigiáli und Umgebung“).

Essen und Trinken

● **Taverne Platanos,** Vafkerí, einfache Taverne mit hübscher Terrasse im Garten, einfache griechische Kost, Feta und Olivenöl aus dem Dorf werden angeboten, Preise o.k.

Blick von den Bergen auf Englouví

Rundfahrt

Mit **Stern*** gekennzeichnete Orte und Sehenswürdigkeiten werden weiter vorn im Kapitel näher beschrieben.

Man startet in **Lefkáda-Stadt** und fährt über Serpentinen zwischen Olivenfeldern hindurch nach **Kariá*.** Nach einem Aufenthalt in diesem hübschen Dorf geht es weiter zum Dorf **Platistóma** und von dort aus über eine Straße mit schöner Aussicht zur Küste hinab nach **Perigiáli** und **Nidrí*.** Man fährt weiter südwärts, an den **Bronzezeitgräbern*,** vorbei nach **Vlichó*.** Hier zweigt eine kleine Straße nach **Géni*** ab. Bei einem Besuch des Kaps bei der **Kirche Ag. Kyriakí*** hat man eine schöne Aussicht auf die Bucht und das felsige Bergland. Dann geht es weiter südwärts auf der Hauptstraße entlang. An der Straße liegt bei der Taverne To Agnadio ein Aussichtspunkt mit herrlichem Blick nach Sívota. Man fährt weiter zum hübschen Fischerhafen nach **Vasilikí*** und folgt der Hauptstraße durch **Póndi** und **Ag. Pétros** hindurch, zweigt in den Bergen auf die kleine Straße nach links ab und erreicht **Athání*.** Diese Strecke versinkt im Sommer leider oft im Verkehrschaos, denn sie führt zu einer der Hauptattraktionen der Insel, zum Strand und Aussichtspunkt bei **Pórto Katsíki*.** Von der Straße zum Pórto Katsíki zweigt eine neu gebaute Straße zum Leuchtturm am **Kap Doukáto*** ab, der auch einen Abstecher lohnt. Über Athání erreicht man dann wieder die Hauptstraße, der man nach Norden durch das Bergdorf **Chortáta*** folgt. Dann zweigt man nach links ab und fährt über **Kalamítsi*** zum **Strand Káthisma.** Nun folgt man der Straße zum Nachbarort **Ag. Nikítas***. Man fährt weiter nordwärts in Richtung Lefkáda-Stadt, passiert **Tsoukaládes** und erreicht das **Kloster Moní Faneroménis*,** von wo man eine sehr schöne Aussicht hat. Kurz darauf erreicht man wieder Lefkáda-Stadt, den Ausgangspunkt der Tour.

123ko Foto: vb

Die Insel im Überblick

- **Einwohner:** 36.000
- **Fläche:** 780 km²
- **Höhe:** 1628 m
- **PLZ:** 28000, Argostóli: 28100
- **Tel.-Vorwahl:** 26740 (Nordosten) 26710 (Südwesten)

Landschaft Kefaloniá ist eine **Insel der Gegensätze.** Um Sámi herum präsentiert sie sich üppig grün, an der Steilküste bei Assos kennzeichnen dagegen Gelb- und Brauntöne den spärlichen Bewuchs zwischen den schroffen Felsen. Flache, lange Sandstrände ziehen sich an der Küste bei Skála entlang, steile Felswände rahmen dagegen den Petani-Beach und den Mýrthos-Beach ein. Hügelige Felder mit rotem, schwarzem oder hellgrauem Boden sind genauso zu finden wie dichte Tannenwälder an steilen Berghängen. Im Oktober und November überziehen Millionen von rosa blühenden Alpenveilchen und wilde Krokusse die Insel. Man findet bizarre Erosionsfelsen bei Lixoúri, Eichenwälder in den Bergen bei Drakopouláta, Macchia und Dornengestrüpp im Gebirge, Weinfelder bei Valsamáta, Walnussbäume bei Digaléto, Kiefern auf der Festung von Assos und Olivenwälder um Fiskárdo.

Naturphänomene Die Insel gibt viele Rätsel auf, von denen noch nicht alle entschlüsselt werden konnten. Mysteriös bleibt der **Fels Kounopetra.** Zeitzeugen berichten, dass er viele Jahre heftig wackelte, ohne dabei umzufallen, bis er beim Erdbeben 1953 schließlich zur Ruhe kam. Eine wissenschaftliche Erklärung für seine Bewegung konnte bis heute nicht geliefert werden.

Gelöst ist mittlerweile das Rätsel um die **Meerwassermühlen bei Argostóli.** Dort fließt das Wasser nicht vom Land ins Meer, sondern umgekehrt: Das Meerwasser versickert in Felsspalten auf dem Land. Das Salzwasser fließt von dort unter der Insel hindurch und vermischt sich mit Süßwasser, das von oben durch Felsenschächte auf den salzigen Wasserstrom trifft. Der Druck, den das abfallende Süßwasser erzeugt, lässt einen Teil des Brackwassers in

Seite 283: Der Hafen von Kounopetra mit Blick auf die Felsen von Xi

Felsschächten ansteigen. Dieses Wasser tritt unweit von Sámi oberhalb des Meeresspiegels wieder an die Oberfläche. Dort durchfließt es einige Höhlen, erreicht schließlich die Melissani-Höhle und mündet bei Karavómilos wieder ins Meer. Viele Jahre war unbekannt, wohin das versickerte Salzwasser bei Argostóli verschwand. Erst Versuche, die österreichische Geologen mit Farbstoffen unternahmen, brachten 1963 die Lösung.

Die **Schlangen von Markópoulo,** die alljährlich die Marienkirche zum Klosterfeiertag besuchen, sind auch ein solches Rätsel. Einen wissenschaftlichen Beweis gibt es bislang nicht, aber die Vermutungen von Biologen gehen dahin, dass die geruchsempfindlichen Tiere durch Düfte angelockt werden. Die harmlosen Katzennattern riechen den Weihrauch, und da sie sich Mitte August in der Paarungszeit befinden, reizt sie dieser Geruch und zieht sie an (⇗ auch Exkurs „Der Schlangenkult in Markópoulo").

Tourismus

Der Massentourismus fängt langsam an, auf Kefaloniá Fuß zu fassen. Im Juli und August muss man die Insel mit vielen Urlaubern teilen, aber auch dann finden sich noch ruhige Ecken, wenn man ein bisschen sucht. Ende September kann man sich meist an einsamen Stränden sonnen. Im Sommer sind die Bewohner mit ihren Geschäften befasst. Wer Kontakt zu den Griechen sucht, hat es in der Nebensaison leichter.

Argostóli und Umgebung

Ortsbild

Argostóli wurde während des Erdbebens 1953 völlig zerstört. Nach der Katastrophe baute man Holzhütten, denn für mehr reichte die Aufbauhilfe nicht. Erst viele Jahre später hatten die Bewohner genügend Geld für neue Häuser. Die Stadt besteht aus **Betonskelettbauten** – und das aus gutem Grund. Die Seismologen verbreiten nach wie vor wenig Optimismus: Mit Erdbeben muss weiterhin gerechnet werden. Skelettbauten haben sich dabei gut bewährt. Das Stadtbild ist nicht romantisch, aber auch nicht hässlich. Die meisten Häuser sind zwei bis vier Stockwerke hoch. Es herrscht eine **angenehme Atmosphäre.** Parallel zur Uferpromenade verläuft die Fußgängerzone. Am Hafen unweit des Busbahnhofs findet man die Agora, den Markt. In den Läden und an den Ständen herrscht reges Leben, auf der Straße Chaos.

Kefaloniá
Ionisches Meer
Dafnoúdi
Emblisi
Fiskárdo
Markandonáta
Fóki
Katsaráta
Manganos
Matsoukáta
Alatiés
Konidaráta
Ag. Jerusalím
Vasilikádes
Plagiá
Moní Paliochersou
Vari
9 Festung Assos
Assos
Kariá
Ag. Sofía
Patrikáta
Komitáta
Kap Katergáki
Kap Athéras
Athéras
Mýrthos
Moní Sía
Kalo 901
8
Divaráta
Xiropotamos
Ag. Spiridoúnas
Voúti
Ag. Kyriakís
Makriotika
Athéras
Ag. Efimía
Zóla
Drakopoulata
Agriliá 454
Angónas
Moní Theotókou Thermaton
Imercvígli 994
Kardakáta
Katochóri
Karavomilos
Agía Dinatí 1131
Petaní
Ag. Elénis
Livádi
Koumariá
Kondogouráta
Kap Mítakas
Sotíra
Kondogenáda
Líthos
Kourouklata
Ag. Thékli
Argostóli Bucht
Damoulianáta
Fársa
Dilinata
Ligiá
Platiá Amos
Kaminarata
Limniónu
Davgata
Moní Koronátou
Moní Theotókou Kipoureon
Faraklata
5
Chavdáta
Leucht-turm
Lixoúri
Razata
Valsamáta
Argostóli
Kap Géro Gómbo
Paliki
Krani
Lépeda
Moní Ag. Gerasimou
Leuchtturm
Mantzavináta
Paliostafída
Lássi
Langadákia
Ag. Nikólaos
Xi
Mégas Lákos
Livathos
Makris Gialós
Kounópetra
Ag. Geórgios
Peratáta
Miniá
Myken. Gräber
Moní Andreas Milapidiá
Lakithra
Metaxáta
Start+Ziel
Tour über die Halbinsel Paliki
Große Tour durch den Südosten
Kourkoumeláta
Pesáda
Ames
0
5 km
Ai Chelis
Ligia Avithos
Spartiás
Kap Liákas

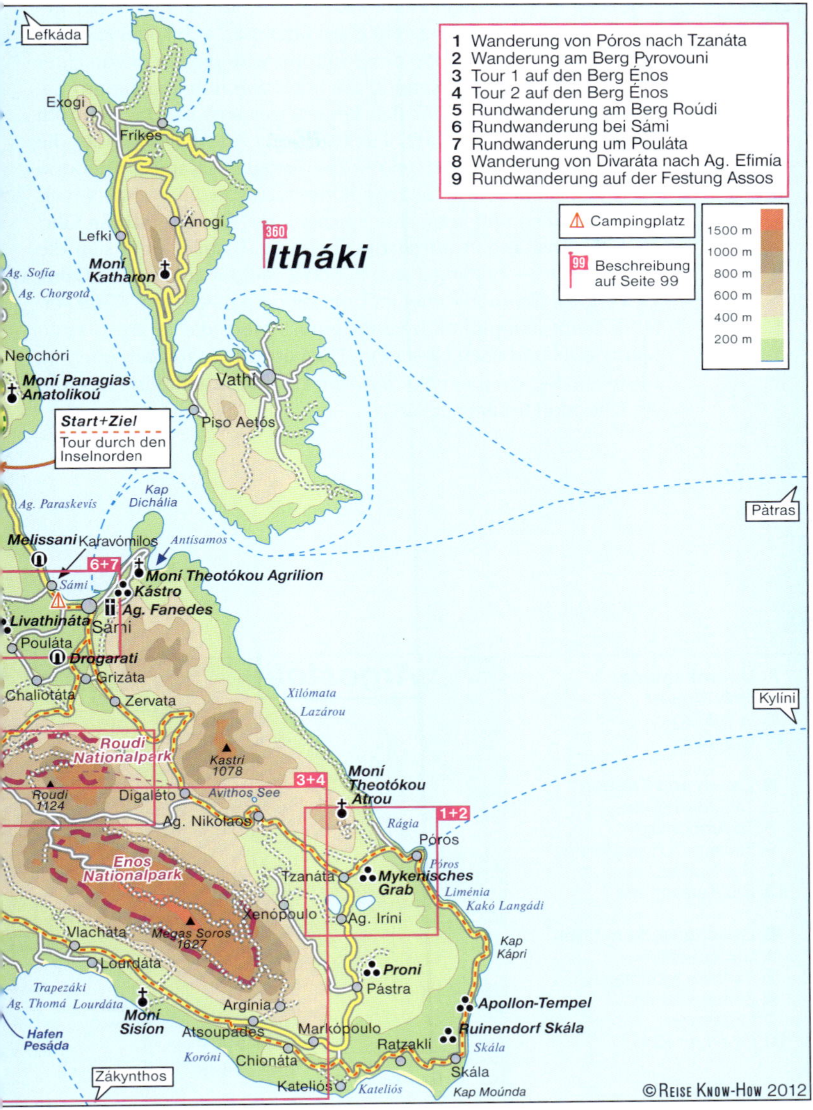
1 Wanderung von Póros nach Tzanáta
2 Wanderung am Berg Pyrovouni
3 Tour 1 auf den Berg Énos
4 Tour 2 auf den Berg Énos
5 Rundwanderung am Berg Roúdi
6 Rundwanderung bei Sámi
7 Rundwanderung um Pouláta
8 Wanderung von Divaráta nach Ag. Efimía
9 Rundwanderung auf der Festung Assos
Campingplatz
99 Beschreibung auf Seite 99
1500 m
1000 m
800 m
600 m
400 m
200 m
Lefkáda
Exogi
Fríkes
Anogí
Lefki
Moní Katharon
360 Itháki
Ag. Sofía
Ag. Chorgotá
Neochóri
Moní Panagias Anatolikoú
Vathí
Piso Aetós
Start+Ziel
Tour durch den Inselnorden
Kap Dichália
Ag. Paraskevís
Melissani
Karavómilos
Antísamos
6+7
Sámi
Moní Theotókou Agrilion
Kástro
Ag. Fanedes
Livathináta
Sámi
Pouláta
Drogarati
Grizáta
Chaliotáta
Zervata
Pàtras
Kylíni
Xilómata
Lazárou
Roudi Nationalpark
Kastri 1078
Roudi 1124
Digaléto
Avithos See
3+4
Moní Theotókou Atrou
1+2
Ag. Nikólaos
Rágia
Póros
Póros
Enos Nationalpark
Tzanáta
Mykenisches Grab
Liménia
Kakó Langádi
Xenópoulo
Ag. Iríni
Vlacháta
Megas Soros 1627
Kap Kápri
Lourdáta
Proni
Pástra
Trapezáki
Ag. Thomá
Lourdáta
Moní Sisíon
Argínia
Apollon-Tempel
Hafen Pesáda
Atsoupádes
Markópoulo
Ruinendorf Skála
Ratzaklí
Skála
Koróni
Chionáta
Skála
Zákynthos
Kateliós
Kateliós
Kap Moúnda
© Reise Know-How 2012

Erste Orientierung

Argostóli ist eine angenehme Provinzstadt, die sich an einer **geschützten Bucht** entlangzieht und in der man sich leicht zurechtfindet. Am südlichen Ende des Zentrums wird die Bucht von einer alten Steinbrücke überspannt, die noch von den Engländern gebaut wurde und heute für den Verkehr gesperrt ist. Das Zentrum bildet der **Valianou-Platz.** Dort beginnt eine Palmenallee, die nordwärts führt. Nördlich von Argostóli ragt das Kap Ag. Theodori ins Meer. An der Küste entlang findet man sowohl im Norden als auch im Süden nett gemachte Spazierwege. Die **Uferstraße** führt als Einbahnstraße in nördlicher Richtung. Parallel zieht sich die Fußgängerzone entlang. Nach Süden gelangt man über die **Odos G. Vergoti,** die noch weiter im Landesinnern parallel zur Küste verläuft. Beim Hauptplatz beginnt eine Straße, die in die oberen Stadtviertel und nach Lássi führt. Lássi erreicht man auch über die Küstenstraße, die nach Norden zum Leuchtturm und um das Kap Ag. Theodori herum verläuft.

Übernachtung
5 Hotel Tourist
6 Hotel Olga
11 Camping

Essen und Trinken
3 Taverne Tsivras
8 To Archontiko
9 Taverne To Mandolino
12 Bar Notes
13 Bar Katavothres

Geschäfte/Sonstiges
1 Supermarkt
2 Panbike Mountainbikes
4 Zeitungsladen
7 Copyshop
10 Open-Air Kino

Sehenswertes

Archäologisches Museum

Ausgestellt sind behauene Steine aus der Steinzeit, Tonfiguren und -gefäße aus einer Höhle bei Póros (6000–2400 v. Chr.), Funde aus der Nähe von Krani (1200–1000 v. Chr.) und Funde aus Gräbern, die um 1700 v. Chr. und in mykenischer Zeit (1200–1000 v. Chr.) entstanden sind. Detailliert wird zum Königsgrab von Tzanáta informiert. Auch gibt es Exponate aus klassischer, hellenistischer und römischer Zeit. Bei Sámi wurden z.B. in der Melissani-Höhle ein Tonrelief einer Pan-Figur (3./4. Jh. v. Chr.), Goldschmuck, ein Spiegel, ein Bronze- (3. Jh. n. Chr.) und ein Marmorkopf gefunden. Ein Mosaik mit Delfinen aus Valtsa bei Lixoúri (2. Jh. n. Chr.) und ein dorisches Kapitell vom Tempel bei Skála sind ebenfalls ausgestellt.

- **Geöffnet:** Di–So 8.30–15 Uhr, Eintritt 3 €, Senioren 2 €, Jugendliche und Studenten frei, Tel. 28300.

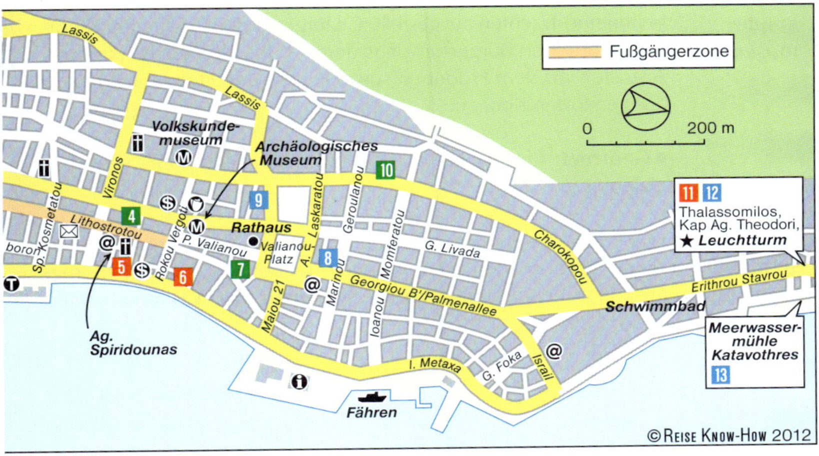

017ko Foto: vb

Volkskundemuseum

Im Volkskundemuseum ist eine Sammlung von Spitzen, Handarbeiten und Trachten ausgestellt. Gezeigt werden v.a. Gegenstände des städtischen Bürgertums aus dem 19. Jh., aber auch Fotos von Argostóli vor dem Erdbeben sowie Ikonen und Holzschnitzereien aus zerstörten Kirchen.

- **Geöffnet:** Mo–Sa 9–14 Uhr, Eintritt 4 €, Tel. 28835, www.corgialenios.gr.

Meerwassermühle Katavothres

Wie schon erwähnt, versickert auf dem Kap hinter Argostóli Salzwasser in Felsspalten auf dem Land (⇗„Überblick, Naturphänomene“). In früheren Jahren war die **Strömung des Wassers** so stark,

Der Obelisk in Argostóli

Der Leuchtturm am Kap Ag. Theodóron

301ko Foto: vb

dass es sich lohnte, vor den Felsspalten kleine Kanäle anzulegen und die Energie des Wassers über Mühlen zu nutzen. Die Engländer errichteten im 19. Jh. Kornmühlen. Später wurde sogar Strom erzeugt. Das Erdbeben zerstörte aber 1953 die Mühlräder. Anschließend stellte man fest, dass zwar immer noch Salzwasser in den Felsspalten versickert, aber nicht mehr so viel wie vor dem Beben. Die Mühle, die dort steht, wurde aus optischen Gründen errichtet. Sie dreht sich so langsam, dass es sich nicht mehr lohnt, sie zur Energiegewinnung zu nutzen. Eine moderne Bar wurde hier errichtet.

Leuchtturm am Kap Ag. Theodori

Anfang des 19. Jh. stiftete der englische Gouverneur *Napier* einen Leuchtturm im neoklassizistischen Stil. Der kleine Rundbau war von dorischen Säulen umgeben. Nach dem Erdbeben 1953, das den alten Turm zerstörte, wurde ein **Betonnachbau** errichtet. Aus der Ferne sieht der Leuchtturm, den man über einen kleinen Damm erreichen kann, sehr ansprechend aus. Das Gebäude wur-

402ko Foto: vb

Ein scheuer Gast im Hafen von Argostóli: die Unechte Karettschildkröte

de zwar renoviert, aber durch die meeresnahe Lage ist es den Naturgewalten extrem stark ausgesetzt. Ein Besuch lohnt v.a. der schönen Aussicht wegen.

Drapano-Brücke und Obelisk

Zu Beginn des 19. Jh. ließen die Engländer eine Brücke über die Bucht von Argostóli bauen. Das Wasser ist hier nur 30–500 cm tief. Die ursprüngliche Holzbrücke wurde noch zu englischer Zeit durch eine Steinbrücke ersetzt, in deren Mitte sich ein kleiner Platz befindet. Gegen Abend hieven Fischer auf der Brücke ihre zappelnde Beute an Land. Daneben ließ der englische Colonel *de Bosset* einen Obelisken erbauen - ein beliebtes Fotomotiv. Die Brücke ist für den Autoverkehr gesperrt worden, was die Fußgänger erfreut.

Karettschildkröten

Die Fischer **füttern** morgens gegen 10 Uhr die Unechten Karettschildkröten *(Caretta caretta)*, die im Golf leben, mit ihren Fischresten. Dabei kann man die sonst sehr scheuen Tiere ganz aus der Nähe beobachten, ohne sie zu erschrecken. Sie schwimmen direkt bis vor die Hafenmauer und tauchen häufig auf.

Spaziergänge

Die **Koutavos-Lagune,** wie der hintere Teil der Bucht genannt wird, der vom Meer über die Drapano-Brücke abgetrennt ist, ist teilweise zum **Naturschutzgebiet** erklärt worden. So richtig greifen aber die Schutzbestimmungen am Stadtrand noch nicht. Ein kleiner Fußweg beginnt am Busbahnhof und führt am Ufer entlang bis zur Stirnseite der Lagune, die man aber zu Fuß nicht umrunden kann, denn auf der steilen Nordseite fehlt ein Fußweg. Und sich hier auf der Straße zu Fuß fortzubewegen, ist lebensgefährlich. In einem kleinen Wäldchen am Fußweg in einem unterirdischen Gebäude gelegen ist eine kostenlose kleine Ausstellung, die über die Naturschutzbemühungen auf der Insel informiert. Das Museum in Davgáta informiert zu diesem Thema allerdings deutlich besser.

Auch über die **Drapano-Brücke** kann man zu Fuß bummeln, mit schöner Aussicht auf die Stadt.

Einen lohnenden Abendspaziergang kann man zum **Leuchtturm** auf dem Kap unternehmen. Am Ortsrand von Argostóli beginnt hinter dem Schwimmbad nach den letzten Häusern ein Fuß- und Radweg neben der Straße. Er führt an der hübsch renovierten Taverne und Weinverkostung Thalassomilos und der Meerwassermühle Katavothres vorbei zum Leuchtturm auf dem Kap. Gegenüber der Meerwassermühle zweigt am Straßenrand ein Fußweg ins Landesinnere ab, der durch Kiefernwald den Hang hochführt und bei einem Schrein auf eine kleine Straße mündet. Dieser nach links folgend, erreicht man nach einigen Metern das **Monumento Caduti,** das an die Männer der **italienischen Division Acqui** erinnert, die im Herbst 1943 von den Truppen der deutschen Wehrmacht erschossen wurden (vgl. Exkurs im Kapitel „Geschichte").

Man kann auf dem gleichen Weg zurückkehren, über den man herkam. Alternativ führt hinter dem Monumento Caduti auf dem Bergrücken ein Weg entlang, der allerdings mit Müll stark verschmutzt ist und bald schon in den Neubaugebieten am Stadtrand verschwindet, die sich nach links den Hang hinunterziehen.

Sehenswürdigkeiten am Stadtrand

Ruinen von Krani

Eine der vier Städte der Antike, Krani, lag auf einem Hügel nahe Argostóli. An der Straße zwischen Argostóli und Sámi sind die Ruinen der alten Stadt markiert. Zu sehen gibt es allerdings nicht viel. Die Überreste des dorischen **Demeter-Tempels** sind spärlich. Von der Stadt blieben nur einige **Zyklopenmauern** übrig. Der ganze Hügel ist mit Dornen bewachsen, sodass der Aufstieg nicht einfach ist.

Kirche Ag. Barbara

Die Höhlenkirche Ag. Barbara liegt unterhalb der alten Straße nach Sámi. Das Gebäude ist offen, an der Höhlenwand wächst Frauenhaarfarn. Zu bewundern gibt es außer Ikonen nicht viel, aber die Kirche ist ein **stimmungsvoller Ort.** Von der Straße führt ein Pfad hinunter ins Tal, und unter der alten Eisenbrücke hindurch zur Kirche. Auf der anderen Seite der Brücke beginnt oben ein Pfad, der zum Kirchturm hochführt. Von dort oben ist die Aussicht auf Argostóli morgens am schönsten.

Strände

In der Bucht von Argostóli gibt es keine guten Bademöglichkeiten. Auch beim Kap findet man keine schönen Strände. Auf der Westseite der Halbinsel liegen einige kleine, sonnige Kiesbuchten, an denen es keine touristischen Einrichtungen gibt. Sie sind trotzdem gut besucht und von der Straße aus einsehbar. Kurz vor Lássi erreicht man den ersten größeren Strand namens Kalámia.

Kalámia

Eine von weißen, bizarren kahlen Felsen umrahmte kleine Bucht mit grauem Sandstrand und Seegras. Sie grenzt an grünes Hinterland, in dem sich zahlreiche Hotels und Pensionen erheben. Man sieht hinüber nach Lixoúri und erblickt auch den Neubau der riesigen Hotelanlage bei Ag. Ioannis. Der nahe gelegene Flughafen sorgt für Lärm. Trotzdem ist die Bucht beliebt.

- **Service:** Strandsäuberung, Kiosk, während der HS stehen Liegen und Schirme zur Verfügung.
- **Anfahrt:** der Strand liegt nördlich von Lássi unterhalb der Straße, die ums Kap mit dem Leuchtturm herumführt, Straße in 300 m Entfernung, dann Fußpfad, kein Parkplatz, Bushaltestelle am Ortseingang von Lássi rund 800 m entfernt.

Gradakia

Mehrere kahle Felsenkaps mit bizarren Formen, zwischen denen sich sehr kleine Buchten mit grauem Sand finden. Auch hier muss man mit Fluglärm rechnen und hat Aussicht auf die Halbinsel Palíki mit ihrer neuesten Bausünde, und auch hier ist es meist übervoll.

- **Service:** Taverne, Liegen und Schirme, Dusche.
- **Anfahrt:** am Ortseingang von Lássi, ungefähr dort, wo die Küstenstraße vom Kap auf die Hauptstraße trifft, zweigt ein Fahrweg ab zur Küste. Parkplatz, nächste Bushaltestelle an der Hauptstraße.

Praktische Tipps

Verkehrsmittel

Näheres zu **Anreise** und **Fähr- und Schiffsverbindungen** ↗„Praktische Reisetipps von A–Z". Zwischen Athen und Kefaloniá besteht eine direkte **Busverbindung.**

- Gute **Busverbindungen** bestehen von Argostóli nach Lássi. Nach Sámi gelangt man viermal täglich, nach Skála, Póros, und Fiskárdo zweimal täglich, alle anderen Orte, die nicht an diesen Strecken liegen, sind schlecht zu erreichen. Informationen zum **Busfahrplan** unter Tel. 26710-22281 oder 22276. Der Fährhafen Pesáda und der Flugplatz sind per Bus nicht zu erreichen. Lixoúri erreicht man stündlich per **Fähre.**
- **Radiotaxi:** Argostóli, Tel. 26710-22700.
- Wer wirklich etwas sehen will von der Insel, dem rate ich zum **Mietfahrzeug** (↗„Reisetipps A–Z, Mietfahrzeuge"). **Parkgebühren** werden in Argostóli an der Uferstraße zwischen der Drapano-Brücke und dem EOT verlangt.
- **Tankstellen:** an der Uferpromenade unweit der Agora und an der Brücke.

Informationen

- Ein **EOT-Büro** gibt es in **Argostóli,** am Hafen in einem barackenartigen Gebäude, dort liegen kostenlose Infobroschüren aus; Tel. 26710-22248, Fax 24466, geöffnet Mo–Fr 8–14.30 Uhr. Auch in **Póros** und **Sámi** betreiben die Gemeinden gute Infobüros.

Unterkunft

- **Hotel Tourist,** Tel. 26710-23034 oder 22510, Fax 22590, www.hoteltourist-kefalonia.gr. Am Hafen, Bad, AC, Kühlschrank, TV, Telefon, teils Balkon mit Meerblick, EZ 55–60 €, DZ 69–90 €, Dreier-Zimmer 83–100 € mit Frühstücksbuffet.
- **Hotel Olga,** Tel. 26710-24981, Fax 24985, www.olgahotel.gr. Gepflegtes Haus, Bad, Balkon, AC, TV, Telefon, Aufzug, EZ 45–50 €, DZ 50–60 €, Dreier-Zimmer 60–70 €, Frühstück 7 € p.P.

Essen und Trinken

- **To Mandolino,** Taverne am Platz, hier werden am späten Abend Kantaten gesungen, in der NS nur am Wochenende geöffnet, beliebt, Reservierung ratsam, Tel. 26710-23148.
- **To Archontiko,** stilvolles, kleines Restaurant in der Palmenallee, sehr gute Küche, Preise hoch.
- **Tsivras,** gute Qualität zu kleinem Preis bei ursprünglicher Atmosphäre, hierher gehen die Einheimischen nach der Arbeit, kein Touristenlokal, dafür aber echt griechisch, liegt in einer Seitenstraße ohne Aussicht, die gegenüber der Shell-Tankstelle bei der Agora von der Hafenstraße abzweigt.

Einkaufen

In Argostóli kann man Waren für den täglichen Bedarf gut einkaufen. Am günstigsten ist Lidl, an der Straße zwischen Argostóli und Peratáta, und etwas weiter oben an der gleichen Straße findet man 5' (Pendelefta gesprochen), einen Supermarkt mit sehr gutem Sortiment zu erträglichen Preisen. Gemüse und Lebensmittel werden auf der **Agora** relativ günstig angeboten, aber da vieles eingeführt werden muss, ist Obst und Gemüse auf Kefaloniá eher teuer. Bei der Agora befindet sich auch die Bäckerei Spathis. Kleidung, Fotozubehör, Zeitungen, Bücher und Sportartikel findet man in der **Fußgängerzone,** die parallel zur Uferstraße verläuft und am Archäologischen Museum beginnt.

- Frischen **Fisch** kann man zwischen 9 und 10.30 Uhr direkt vom Boot am Hafen kaufen.

Aktivitäten

- Das **Open-Air-Kino** ist ein beliebter Treffpunkt der Jugend; Cineáni, Odos Charokopou 54, Tel. 26710-25830. Das Winterkino ist erreichbar unter Tel. 26710-28076. Die Filme werden meist im Originalton mit Untertiteln gezeigt.
- **Ausflüge:** Fast alle Reisebüros bieten die gleichen Ausflüge an: Inselrundfahrt per Bus, Ausflüge nach Itháki, Ausflüge nach Zákynthos und Ausflüge nach Lefkáda und Meganisi (jeweils 30 €).
- **Kajak:** ⇗„Reisetipps A–Z/Sport und Vergnügen".
- **Mountainbikes:** Panellinionikis, Mountainbikes und andere Fahrräder vermietet Pantelis Ioannides, es werden auch geführte Touren angeboten, Tel. und Fax 26710-27118, www.panbike.com, Odos Lithostroto 72, Argostóli.
- **Reiten:** Bavarian Riding Stable, www.smitti.de. Näheres zum Thema „Reiten" ⇗„Reisetipps A–Z, Sport und Vergnügen".
- **Weinprobe:** Foivos in Voúni bei Lixoúri, Tel. 26710-29505; Gentilini, Flughafen, Tel. 26710-41618; Metaxas Wine Estate in Ma-

vráta, Tel. 26710-81292; Divino Winery in Pesáda, Tel. 26710-69190; Menousis in Valsamáta, Tel. 26710-86150; Kooperative Valsamáta, Tel. 26710-86301, 29400 oder 24563.

Nachtleben

In der etwas steril wirkenden **Bar Katavothres** legen teils international bekannte DJs Musik auf. Bei Nachtschwärmern ebenfalls beliebt ist das **Notes,** direkt neben dem Campingplatz Argostóli am Kap. Die griechische Art des Nachtlebens findet um den zentralen Platz herum und in der Fußgängerzone statt: Bummeln bis spät in den Abend, Cafés und Bars sind im Sommer brechend voll. Auch im benachbarten **Lássi** findet man nächtliche Unterhaltung.

Nützliche Adressen

- **Krankenhaus:** am Stadtrand von Argostóli, ausgeschildert, 24 Stunden täglich geöffnet, Tel. 26710-24641. Nicht weit davon entfernt findet man das Kinderkrankenhaus, Tel. 26710-28550.
- **Ärzte:** Wer einen Facharzt benötigt, sollte sich beim EOT danach erkundigen. Dort erhält man Informationen über Augen-, HNO-, Zahn- und Kinderärzte mit englischen und deutschen Sprachkenntnissen.
- **Polizei:** an der Ortsumgehungsstraße, Tel. 26710-22200; dort ist auch die **Touristenpolizei** untergebracht, die Touristen nicht nur in Notfällen hilft, sondern auch Auskünfte erteilt, Tel. 26710-22815.
- **Geld:** mehrere Banken mit Automaten in der Stadt, z.B. an der Hafenpromenade oder bei der Fußgängerzone.
- **Tiere in Not:** Kefalonia Animal Trust, Handy 6942529874, www.kefalonia-animal-trust.org. Hund und Katz stehen zur Adoption bereit, Spenden sind willkommen.
- **Internetcafés:** Das Excelixis hat Mo–Sa 9–14 Uhr und Di, Do, Fr 18–22 Uhr geöffnet; es liegt in einer Gasse zwischen dem Hafen und der Fußgängerzone, hinter der Kirche Ag. Spiridounas versteckt; sehr angenehm, Tel./Fax 26710-25530, xlixis@otenet.gr. Ansonsten kann man in der Bar Daccapo in der Palmenallee ins Netz gelangen, sie hat jeden Abend geöffnet.

Die Halbinsel Livathos

Landschaft

Dicht besiedelt mit in üppig grünen Gärten stehenden Häusern und Villen präsentiert sich die stadtnahe, hügelige Halbinsel Liváthos. In der Küstenebene befindet sich der **Flughafen.** Trotzdem sind in den letzten Jahren hier zahlreiche größere Hotelanlagen entstanden, die rötlichen **Sandstrände** sind sehr beliebt.

Tipps für die Region

Verkehrsmittel

- Die **Schiffsverbindungen** werden im Kapitel „Reisetipps A–Z, Anreise" beschrieben.
- Die **Busverbindung** nach Lássi ist gut, alle anderen Orte sind schlecht oder gar nicht erreichbar.
- **Radiotaxi:** Tel. 26710-22700/2.
- Wer wirklich etwas sehen will von der Region, dem rate ich zum selbstgesteuerten **Fahrzeug. Mietfahrzeuge** ⇗„Reisetipps A–Z".
- **Tankstellen** findet man in Argostóli, Svoronáta und Peratáta.

Nützliche Adressen

- **Krankenhaus:** in Argostóli Tel. 26710-24641.
- **Touristenpolizei:** Argostóli, Tel. 26710-22815.
- **Geld:** Banken und Automaten in Argostóli.
- **Flughafen Kefaloniá:** Tel. 26710-29900.

Lássi

Der einzige Ort, der auf Kefaloniá vom **Massentourismus** geprägt ist. Zahlreiche größere Hotelanlagen reihen sich an der Küste auf.

Strände

Paliostafída

Mehrere längere Buchten mit Sandstrand und kleinen Felsen, die sich vor den großen Hotelanlagen von Lássi entlangziehen. Der Blick fällt auf Lixoúri, man hört die Flugzeuge beim Start- oder Landeanflug und muss trotzdem den Strand mit vielen anderen Urlaubern teilen.

- **Service:** Strandsäuberung, Supermarkt und Telefon an der Straße, Wassersport für Cluburlauber, Tavernen, Bars, Liegen und Schirme, WC, Hotels.
- **Anfahrt:** kein Parkplatz, Bus.

303ko Foto: vb

Der Strand Makrís Gialós bei Lássi

Makrís Gialós und Platís Gialós

Diese beiden Vorzeigestrände liegen zwar flughafennah, sind aber vor allem während der Hauptsaison sehr voll. Goldgelber Sand, umrahmt von kleinen, mit Kiefern bewachsenen Felsen, viele Blumen, Bananenstauden und strahlend blaues Wasser, aber auch große Hotelanlagen am südlichen Ende prägen das Bild. Mehrere Tavernen und Bars wurden direkt an den Strand gebaut. Landschaftlich reizvoll ist es hier immer noch, trotz touristischer Infrastruktur, die nun mal nicht ganz zu übersehen ist.

- **Service:** Strandsäuberung, Tavernen, Bar, Telefon, Volleyballnetz, Dusche, WC, Liegen und Schirme, Hotels, Wassersport.
- **Anfahrt:** Parkplatz, Bus.

Kourkoumeláta und Lakíthra

Das alte Dorf Kourkoumeláta wurde 1953 durch das Erdbeben zerstört. Die Reederfamilie *Vergotis* ließ mit ihrem Geld den ruinierten Ort wieder aufbauen. Am palmenbestandenen Dorfplatz mit seiner schönen Aussicht erhebt sich die kleine hübsche Marmorkapelle der Familie, die 1967 errichtet wurde. Auch Lakíthra durfte sich 1953 an Spendengeldern erfreuen. Sie kamen aus Frankreich. Bei Lakíthra fand Lord *Byron,* der sich 1823 mehrere Monate in Metaxáta aufhielt, ein Plätzchen, das ihn zum Dichten anregte. Die Gastronomen des Dorfes wissen dies zu schätzen: Es gibt ein nach ihm benanntes Café. Ein Nachteil beider Orte ist die Nähe zum Flughafen, den man gut hören kann.

Essen und Trinken

- Sehr schöne Aussichten hat man vom **Café Marina** in Kourkoumeláta und von **Byron's Cafébar** in Lakíthra.

Strände

Minia und die Buchten hinter dem Flughafen

In kahler Landschaft ziehen sich direkt hinter der Landebahn des Flughafens längere Buchten mit gelbrötlichen Sandstränden dahin. Der Blick fällt auf die weißen Felsen südlich von Lássi. Die Strände sind naturbelassen, aber auch hierher verirren sich nicht selten Badefreunde.

- **Service:** keine Einrichtungen, einfach zu erreichen für Leute mit Gehbehinderungen.
- **Anfahrt:** Straße führt hinter dem Flugplatz an der Küste entlang, Parkplatz.

Ames und Ai Chelis

Am südlichen Ende der Flughafenlandebahn entstanden zahlreiche Hotels und Pensionen, teils im Hinterland in grünen Gärten, teils an der eher kahlen Küste vorne. Hinter den Buchten mit rötlichen Sandstränden, die von kleinen Felshängen und felsigen Kaps umgeben sind, beginnt eine mit Schilf und Gras bewachsene Ebene, die landeinwärts in Olivenwald und üppig grüne Gärten übergeht. Die ganze Region ist stark zersiedelt. Kleine, bizarre Felseninseln sind der Küste vorgelagert. In der Bucht Ag. Pelagia wurde ein neuer Hafen gebaut. Man muss mit Fluglärm rechnen, aber die Strände sind trotzdem sehr beliebt und oft voll.

- **Service:** Strandsäuberung, Hotels, Liegen und Schirme, WC.
- **Anfahrt:** Parkplätze.

Ligia und Avithos

Der Blick vom Strand Avithos fällt auf eine hübsche Felseninsel mit weißem Kirchlein. Kahle, steile, mit Gestrüpp und Agaven bewachsene Hänge umgeben den rötlichen Sandstrand, zu dem eine Treppe hinunterführt. An der Hangkante erblickt man schon die ersten Ferienhäuser, denn auch hier ist die Landschaft zersiedelt. Die Nachbarstrände Ligia und Paliolionos sind etwas komplizierter zu erreichen und daher ruhiger, all diese Buchten ähneln einander.

- **Service:** Strandsäuberung, Kiosk, Telefon, Dusche, WC, Liegen und Schirme, Hotel 500 m entfernt.
- **Anfahrt:** Parkplatz, dann Treppe.

Metaxáta und Mazarakáta

Das Haus, in dem **Lord Byron** 1823 in Metaxáta wohnte, wurde beim Erdbeben zerstört. An der Stelle, an der das Gebäude gestanden hat, erinnert heute eine Gedenktafel an den berühmten Dichter.

In Metaxáta und im nahe gelegenen Mazarakáta hat man **Mykenische Grabanlagen** aus der Zeit um 1200–1140 v. Chr. gefunden. Letztere lohnen einen Abstecher. Um sie zu erreichen, fährt man auf der Straße von Metaxáta nach Peratáta. Auf halbem Weg zweigt eine Straße nach Pesáda ab. In die entgegengesetzte Richtung führt ein Weg zu den Gräbern, die ausgeschildert sind. Zu sehen gibt es mehrere Schacht- und Kammergräber. Die in den Fels geschlagenen Kammern mit zahlreichen Gräbern am Boden kann man betreten. Sie wurden Anfang des 20. Jh. entdeckt. Die über 80 Gräber wiesen zahlreichen Grabbeigaben auf, die zum Teil im Archäologischen Museum in Argostóli ausgestellt sind.

Pesáda

In Pesáda liegt der **Fährhafen,** an dem die Schiffe nach Zakynthos ablegen, ⇗ Kapitel „Anreise“.

Häfen und Bademöglichkeiten

Vom Fährhafen Pesáda aus südwestlich gelegen, sind einige **winzige Badebuchten** zu Fuß zu erreichen, und auch rund um den **Fischerhafen von Spartiá** kann man ins Wasser gelangen. Hier ist meist Ruhe angesagt, aber es gibt bessere Bademöglichkeiten auf Kefaloniá.

Peratáta, die Festung Ag. Geórgios und Moní Andreas Milapidia

Hinter dem Dorf Peratáta erhebt sich der Burgberg von Ag. Geórgios. Hier oben befand sich lange Jahre die Hauptstadt der Insel. Ein Besuch der Festung lohnt sich. Man genießt von oben eine **schöne Aussicht** auf das Umland. Die äußere Burgmauer ist bis zu 25 m hoch und 600 m lang. In der Festung lebten bis zu 15.000 Menschen, aber von den meisten Gebäuden ist heute nicht mehr viel zu sehen. Es wächst Kiefernwald. In der Festung befindet sich ein hufeisenförmiger Mauerring, in dem sich der höchste Punkt des Berges erhebt. Ebenfalls lohnend ist ein Bummel durch das Dorf am Eingang der Festung. Am hinteren unteren Dorfrand liegt die schöne Kirchenruine der Friedhofskirche Ag. Nikólaos mit alten Bischofsgräbern. Sie wurde 1504 erbaut, brannte 1726 aber ab, sodass weitere Baumaßnahmen folgen mussten. Heute liegt der Bau in Trümmern und wird von Pflanzen erobert.

Moní Andreas Milapidia

Die Legende erzählt, dass hier im 6. oder 7. Jh. eine Marienikone an einem Apfelbaum hängend gefunden wurde. Daraufhin entstand das **Marienkloster** Panagía Milapidia. 1264 wurde es erstmals in Chroniken erwähnt. 1587 zerstörte ein Erdbeben die alte Klosteranlage. Die heutige Klosterkirche wurde um 1600 aus den Ruinen der alten Klosterkirche gebaut. Im 17. Jh. bekam das Kloster eine **Reliquie** geschenkt, nämlich die **Fußsohle des Apostels Andreas,** die seither als Schatz behütet wird. Es werden daher die Gottesmutter und der Apostel Andreas verehrt. Das Erdbeben von 1953 hatte hier eine eher erfreuliche Folge: Der Putz in der Kirche fiel ab; darunter kamen alte **Fresken** zum Vorschein. Heute ist die Kirche als Museum zugänglich. Zu sehen gibt es schöne Fresken und nebenan Ikonen. Die meisten stammen aus dem 17. und 18. Jh., aber auch Freskenteile aus dem 13. Jh. sind zu sehen.

- **Geöffnet:** Mo–Sa 8–14 Uhr, Eintritt 2 €.

Unterkunft

- **Studios Aloe,** Strand Ag. Thomas, Tel. 26710-69728, 68250, im Winter Tel. 26710-27319, www.aloestudios.gr. Ruhige Lage an kleiner, hübscher Bucht (auch Karavados Beach genannt), schöne Anlage am Meer, gepflegte DZ, Bad, Balkon, AC, Küchenecke, EZ 40–75 €, DZ 45–80 €, ohne Frühstück.

Legende und Geschichte der Festung Ag Geórgios

Eine Legende erzählt, dass sich im 7. Jh. **Piraten** auf Kefaloniá niederließen. Sie versteckten sich in einem Wald auf dem Berg, auf dem heute die Festung steht, und terrorisierten von dort die Zivilbevölkerung. Die Bauern der Umgebung machten daraufhin kurzen Prozess: Sie **brannten den Hügel kahl** und errichteten danach oben eine kleine Kirche für Georg, den Schutzheiligen der Bauern. Seither trägt der Berg seinen Namen.

Noch während byzantinischer Zeit entstand auf dem Berg eine Festungsanlage. Diese hinderte die **Normannen** im 11. Jh. allerdings nicht daran, Kefaloniá zu erobern. Die Normannen bauten die Festung aus, und vermutlich verlegten sie schon die **Inselhauptstadt** von Pale hier hoch. In späteren Jahren beherrschten die **Familien Orsini** und **de Tocchi** von hier die Insel. **1262** wurde die Festung erstmals **urkundlich erwähnt.** 1479 eroberten die **Osmanen** Kefaloniá und ließen sich hier nieder. Um 1500 belagerten die **Venezianer,** unterstützt von spanischen Truppen, zwei Monate lang die Festung, und es gelang ihnen, die Osmanen wieder zu vertreiben. 1504 ließen die Venezianer die Festung ausbauen und verstärken – ein sinnvolles Unternehmen, wie sich bald herausstellte, denn die Osmanen unternahmen noch weitere Eroberungsversuche, blieben dabei aber erfolglos.

Die Festung umfasst eine **Fläche** von 16.000 m². Innerhalb der Mauern befanden sich neben öffentlichen Gebäuden auch Privathäuser. Im Laufe der Jahre entstand eine **Siedlung** vor dem Festungseingang, die „Exo Borgo" genannt wurde. Reste dieses Dorfs sind heute noch bewohnt. Ag. Geórgios blieb bis 1757 Hauptstadt. Dann verlegten die Venezianer die Verwaltung nach Argostóli. Nach und nach wurde die Burg verlassen und zerfiel.

- **Geöffnet:** Mai–Oktober Di–So 8.30–15 Uhr, Eintritt frei.

424ko Foto: ah

Farbenfrohe Flechte

Essen und Trinken/ Internet

- **Café Kastro** am Eingang der Festung, guter Kuchen, Torten, Eis, nette Atmosphäre. Empfehlenswert!
- **Palatino Lounge and Chillout Bar,** unweit des Eingangs zur Festung, schöne Aussicht, hohe Preise, nett gemacht.
- **Café Cozi,** Internetcafé an der Hauptstraße in Peratáta, geöffnet täglich 11–22 Uhr.

Strände

Ag. Thomá

In der Bucht sind zwei kleine Sandstrände und Felsplatten, zu finden, von denen aus man über Leitern ins Wasser gelangen kann. Hinter der Bucht erhebt sich ein steiler, mit Gras, Schilf und Agaven bewachsener Hang. Tavernen und eine ansprechende Pension in einem Garten liegen hinter dem Strand am Straßenende. Die Bucht ist gut besucht.

- **Service:** Strandsäuberung, Dusche, WC, Taverne, Telefon, Pension, Liegen und Schirme.
- **Anfahrt:** Parkplatz; markiert als „Karavados Beach".

DER INSELSÜDEN

Landschaft Das steile, hohe **Gebirge** prägt die Landschaft im etwas trockeneren Süden. Hier liegen die beiden Nationalparks, die Pflanzen und Tiere im Gebirge schützen sollen. Grün ist die Felsküste im Osten bei Póros, und auch die Nordhänge der Berge und Hochebenen sind mit Wald, Macchia, Wein und Walnussbäumen überzogen.

Tipps für die Region

Verkehrsmittel

- **Schiffsverbindungen** werden im Kapitel „Reisetipps A–Z, Anreise" beschrieben.
- Die **Busverbindungen** sind schlecht.
- **Taxi:** in Lourdáta: Tel. 26710-31042; in Skála: Tel. 26710-83111; in Póros: Handy 6978268900, 6937806700 oder 697385858.
- Wer wirklich etwas sehen will von der Region, dem rate ich zum **Mietfahrzeug** (↗„Reisetipps A–Z").
- **Tankstellen** findet man in Mousáta, Vlacháta, Platiés, Astoupádes, Skála, Ag. Iríni, Póros, Koulouráta, Sámi und Rasáta.

Aktivitäten

- **Wanderungen** stelle ich im Text vor, ähnliche **Bootsausflüge** wie bei Argostóli beschrieben, werden von den Reisebüros in der ganzen Region angeboten. Dort habe ich auch die Möglichkeiten zur **Weinprobe** aufgeführt, von denen sich die meisten im Süden der Insel befinden. Von Póros aus werden auch **Badeausflüge** zum Strand von Koutsoupia angeboten, Informationen dazu in Póros. Einen **Reitstall** findet man bei Sámi, ↗ Kapitel „Inselmitte".
- **Tauchschule:** Katadytiko, Skála, Handy 6944867051, www.aquatic.gr.

Nachtleben

- Während der Saison kommen Nachtschwärmer vor allem in Skála auf ihre Kosten.
- Ein **Nachtclub,** der erst so gegen 24 Uhr richtig lebendig wird und erst bei Tagesanbruch schließt, wird während der HS an der Straße außerhalb der Dörfer zwischen Skála und Póros betrieben.

Nützliche Adressen

- **Krankenhaus:** Argostóli, Tel. 26710-24641.
- **Niedergelassene Ärzte** machen mit Werbeschildern in den Orten auf sich aufmerksam.
- **Apotheken** findet man in Póros und Skála.

- **Touristenpolizei:** Argostóli, Tel. 26710-22815.
- **Polizei:** Skála, Tel. 26710-83100.
- **Geld:** Banken und Automaten in Póros und Skála.
- **Internetcafés:** in Póros, Skála und Peratáta (⇗ jeweiliges Ortskapitel).

Lourdáta

Lourdáta liegt am Fuße des höchsten Inselberges Énos (Megas Soros). Das Dorf hat sich zu einem Urlaubsort entwickelt. Im Zentrum steht der alte Brunnen unter einer Platane. Durch seine windgeschützte Lage gehört Lourdáta zu den wärmsten Ecken von Kefaloniá.

Moní Sisíon

Das Kloster Moní Sisíon soll von *Franz von Assisi* gegründet worden sein, der 1218 auf Kefaloniá strandete. Aus dem Wort *Assisi* wurde *Sisíon*. Im 15. Jh. erschwerten Piraten den Mönchen das Leben, sodass das Kloster aufgegeben wurde. Im 16. Jh. übernahmen orthodoxe Mönche die Anlage. Sie wurde 1953 beim Erdbeben zerstört. Danach erbaute man 100 Meter weiter oben eine neue Kirche. Die alte **Kirchenruine,** die in einem Pinienhain liegt, ist einen Besuch wert. Vor dem Kloster wurde ein Picknickplatz errichtet.

305ko Foto: vb

Unterkunft/ Essen und Trinken

- **Pension Thalassino Trifilli,** Tel. 26710-31114, Fax 31484, www.trifilli.com. Nette kleine DZ, Bad, Balkon, schöner, schattiger Garten, sehr beliebt, nette Atmosphäre. Bei *Susan* bekommt man Informationen zu Wanderungen; mit Frühstück EZ 28–47 €, DZ 40–60 €, Dreier-Zimmer 49–76 €, Vierer-Zimmer 60–83 €; DZ oder Vierer-Zimmer ohne Frühstück, aber mit Küchenecke 41–63 € bzw. 60–86 €. Angeschlossen ist ein Seminarhaus, oft kommen Gruppen zu Yoga oder Ähnlichem; ebenfalls angeschlossen ist eine nette Taverne mit schattiger Terrasse unter Bäumen.
- Ein lauschiges Fleckchen ist das **Café Platanos** in Lourdáta am alten Dorfbrunnen auf halber Höhe.

Strände

Trapezáki

An einem Kap mit kleinem Hafen endet die Straße. Ein Sandstrand rechter Hand, an dem sich auch Steinchen unter den Sand mischen, erstreckt sich vor einem mit Gestrüpp bewachsenen Hang. Während der HS ist diese Bucht gut besucht, in der NS ist es hier ruhiger. Links des Kaps beginnt ein langer schmaler Sandstrand, der immer wieder von kleinen Felsen unterbrochen wird und hinter dem sich auch ein trockener, mit Gestrüpp bewachsener Hang erhebt. Dieser Strand zieht sich durch bis nach Lourdáta; weiter weg von der Taverne ist er naturbelassen. Aber gerade das scheint relativ viele Leute anzuziehen. Überfüllt ist es aber selten, denn um hierher zu gelangen, muss man zu Fuß 15–30 Min. am Strand entlangwandern.

- **Service:** Snackbar, Liegen, Schirme, Taverne und WC am Kap.
- **Anfahrt:** Parkplatz am Kap.

Lourdáta

Westlich des Hauptstandes zieht sich ein Streifen mit hellem Sand, immer wieder von kleinen Felsen durchzogen und über längere Strecken noch naturbelassen, bis nach Trapezáki. Schön und relativ ruhig ist der Strand unterhalb der Taverne Lithrias. Hinter dem Strand ziehen sich steilere Hänge, die mit Schilf und Gestrüpp bewachsen sind, entlang. Das Wasser rund um Lourdáta schimmert türkisblau. Weiter östlich führt die Straße direkt zum Strand hinunter und hinter dem Strand entlang. An der Straße liegen Gärten, Felder und verstreute Häuser mit Tavernen und Bars, die Pensionen und Hotels von Lourdáta liegen meist am üppig grünen Hang oberhalb verstreut. Dieser schöne Sandstrand, in den sich auch etwas Kiesel mischt, ist sehr beliebt und während der Saison kann es voll werden.

- **Service:** Liegen und Schirme, Tavernen, WC, Dusche, Wassersport, Hotels, Telefon.
- **Anfahrt:** Parkplatz.

Sisíon

Ein sehr ruhiger, feiner Kiesstrand, unterhalb des Klosters am Ende einer nicht befahrbaren Piste gelegen. Am Hang oberhalb steht leuchtend grüner Kiefernwald, das Wasser schimmert blitzblau. Im Wasser befinden sich teilweise Felsen, also sollte man bei starker Brandung aufpassen, dann übersieht man sie leicht.

- **Service:** keine Einrichtungen.
- **Anfahrt:** Parkplatz oben am neuen Kloster, den Strand erreicht man vom Kloster aus nach einem rund 15-minütigen Spaziergang.

Koróni

Die steilen Hänge oberhalb des schönen Sandstrandes sind kahl. Im kleinen Tal hinter dem Strand befindet sich eine gefasste Quelle. Am plätschernden Wasser wächst Oleander, und Libellen fliegen durch die kleine Idylle. Sehr hübsche und meist ruhige Bucht, aber der Grundstein für die touristische Erschließung ist gelegt.

- **Service:** Ein kleiner Kiosk vermietet hier nun während der HS Liegen und Schirme. An diesem Strand brüten jedoch Schildkröten, und es ist somit eher fragwürdig, gerade hier eine Liege zu mieten.
- **Anfahrt:** Man folgt der Straße in Richtung Kateliós. Kurz vor dem Weiler Valeriános zweigt eine Piste in einer Kurve der Straße nach rechts ab, hier ist der Strand markiert. Man hält sich bei Gabelungen zwei mal links. Sehr gute Fahrkenntnisse und robuste Fahrzeuge sind Voraussetzung.

Kateliós

In Kato Kateliós sind in den letzten Jahren zahlreiche Hotels und Pensionen entstanden. Am Buchtrand wurde ein kleiner Hafen gebaut. Vor der baumbestandenen Uferpromenade, an der sich Taverne an Taverne reiht, ist immer etwas los. Auch ein kleiner Kinderspielplatz ist hier zu finden.

Im Hinterland neben dem Restaurant Jerry's Elliniko findet man ein **Infohäuschen,** das über die Brutplätze der vom Aussterben bedrohten **Unechten Karettschildkröte** *(Caretta caretta)* an den Stränden des benachbarten Kaps Moúnda informiert.

• **Geöffnet:** während der HS täglich 9.30–13.30 Uhr und 17–20.30 Uhr, Tel. 26710-881161, www.kateliosgroup.org.

Strände

Kateliós

In der langgezogenen Bucht mündet ein schilfbestandener Bach, in dessen Tal weiter landeinwärts Platanen stehen. Im östlichen Teil der Bucht zieht sich ein schmaler, mäßig attraktiver Kieselstrand vor einer grasbewachsenen Ebene entlang. Weiter westlich liegen neben dem Hafen schönere Strandabschnitte, an denen sich Sand

Der Schlangenkult in Markópoulo

Das Dorf Markópoulo am Hang über Kateliós wäre schon lange aufgegeben worden, gäbe es da nicht die **Schlangen der Gottesmutter.**

Früher stand hier ein **Nonnenkloster.** Die Legende erzählt, dass die Nonnen einen Piratenangriff fürchteten und um göttliche Hilfe baten. Sie wünschten sich, in Schlangen verwandelt zu werden, um den Piraten nicht in die Hände zu fallen. Als die Seeräuber das Kloster schließlich überfielen, fanden sie Schlangen in der Kirche und flüchteten vor Schreck.

Vom alten Kloster ist nichts mehr übrig. Die heutige **Marienkirche** wurde nach dem Erdbeben von 1953 erbaut. Aber die Schlangen kommen immer noch hierher. Dass es sich nicht um verwandelte Nonnen handelt, scheint heute allen Beteiligten klar zu sein. Die Tiere werden als **Glücksbringer** angesehen. Die Gläubigen erwarten ihre Schlangen alljährlich zu den Marienfeiertagen zwischen dem **6. und dem 15. August** in der Kirche. Dann erwacht das Dorf zum Leben, denn viele **Pilger** besuchen die Kirche, um die Schlangen zu berühren. Es handelt sich um ungiftige **Katzennattern.** Wenn die Schlangen nicht erscheinen, geschieht großes Unglück auf der Insel, davon sind viele Menschen überzeugt. 1943, als die Deutsche Wehrmacht Kefaloniá besetzte, und 1953, als das Erdbeben die Insel ins Elend stürzte, blieben die Schlangen der Kirche fern.

In manchen Jahren findet der Schlangenkult aber auch im Bergdorf **Argínia** statt. Auch hierher finden zahlreiche Pilger und Touristen. Dann wirkt Markópoulo so wie sonst immer: fast ausgestorben.

und Kies mischen und hinter denen Tavernen mit Terrassen unter Bäumen zu finden sind. Hier erheben sich Hotels, Bars und Pensionen an der kleinen Straße, die hinter dem Strand entlang führt. Im Tal von Kateliós sind sehr viele Hotelanlagen im Hinterland entstanden, daher ist dieser Strand meist mehr als gut besucht. In Kateliós werden Motorboote vermietet, mit denen man das benachbarte Kap Moúnda besuchen kann. Mit Rücksicht auf die Karettschildkröten, die auf Kefaloniá nur hier ihre Eier ablegen, sollte man auf dieses Vergnügen vielleicht besser verzichten.

- **Service:** Tavernen, Bars, Supermarkt, Liegen und Schirme, WC, Telefon, Hotels.
- **Anfahrt:** Parkplatz, Bushaltestelle.

Kamínia/ Moúnda

Der sonnige Sandstrand wird leider in den letzten Jahren immer häufiger von Touristen aufgesucht, es werden jetzt auch Sonnenschirme und Liegen angeboten, und das ist für die *Caretta caretta,* die hier brüten, nun mal sehr schädlich. Die vom Aussterben bedrohten Unechten Karettschildkröten brüten nur an diesem einen Strand auf Kefaloniá. Die Problematik, die sich mit den Schildkrötennestern an Badestränden ergibt, wird ausführlicher im Kapitel „Zákynthos“ beschrieben, denn dort brüten die Tiere an den meisten Stränden der Südküste, und der Tourismus hat dazu geführt, dass die Schildkröten heute vom Aussterben bedroht sind. Wer ihnen etwas Gutes tun will, **bleibt diesem Strand fern,** es gibt auf Kefaloniá durchaus sehr viele, teils schönere Alternativen.

Skála

1957 fand man in Skála eine **Villa aus römischer Zeit,** von der noch die Grundmauern und der Boden mit schönen Mosaiken erhalten sind. Es handelt sich um das Privathaus eines wohlhabenden Bürgers aus dem 3. Jh. n. Chr., das aus fünf geschlossenen Räumen und einem offenen, von Mauern umgebenen Hof bestand. Vermutlich gab es auch ein römisches Bad, das bei Bauarbeiten 1822 zerstört wurde. Im ersten Raum befindet sich ein Mosaik des Künstlers *Krateros.* Es stellt den Jüngling *Phthonos* dar, wie er von vier wilden Tieren in Stücke gerissen wird. Das Mosaik im zweiten Raum bildet eine Opferszene ab. Im vierten Raum befinden sich geometrische Muster. Im dritten Raum sind die Mosaiken zerstört. Die Villa brannte im 4. Jh. ab und in frühchristlicher Zeit wurde in diesen Raum eine Kapelle hineingebaut. Sie stand bis ins

9./10. Jh. und brannte dann ebenfalls ab. In spätbyzantinischer Zeit erbaute man an gleicher Stelle eine weitere Kapelle, von der noch Mauerreste zu sehen sind. Im fünften Raum sind keine Mosaiken erhalten. Das Areal ist eingezäunt und überdacht.

● **Geöffnet:** Mai–Oktober Di–So 8.30–15 Uhr und 17–20 Uhr, Eintritt frei.

Nördlich von Skála liegen neben der Kirche Ag. Geórgios die spärlichen Reste eines **Apollon-Tempels** aus dem 6. Jh. v. Chr. Ein dorisches Kapitell, das von diesem Tempel stammt, ist im Archäologischen Museum von Argostóli ausgestellt.

Die **Landschaft** um Skála herum ist karg. Reizvoll ist aber die Küste zwischen Skála und Póros. Hier ragen bizarre Felseninseln aus dem flachen Wasser.

Ruinendorf Skála

Um das alte Ruinendorf Skála zu erreichen folgt man der Dorfhauptstraße geradeaus aufwärts zum Dorfrand an Pinien vorbei, dann durch Ödland zur Müllkippe. Hier ist **„Old Skála"** markiert. Die Straße führt durch ein Tal und unterhalb einer breiten Mauer in Serpentinen aufwärts. Man erreicht neu gebaute Ferienhäuser. Die Straße schwenkt dann nach rechts auf die Berge zu in ein Tal hinein. An einer Gabelung stehen mehrere Wegzeiger, die nach rechts hoch die Taverne *Kelari* markieren. Wenige Meter unterhalb dieser Gabelung führt ein Weg links abwärts zur wieder aufgebauten Kirche. Als „ΒΡΥΣΗ" ist der restaurierte, sehenswerte alte **Dorfbrunnen** markiert, der am Weg unterhalb der Kirche zu finden ist. Wieder zurück auf dem Hauptweg, biegt man oberhalb der Kirche in der Kurve nach rechts zur Taverne Kelari ab und erreicht zu Fuß, kurz dahinter, die Ruinenreste einer weiteren **Kirche** mit herrlicher Aussicht. Bei einer Gabelung wenig später wandert man sehr steil abwärts nach rechts, rechter Hand liegt eine Villa mit Schwimmbad. Unterhalb der Villa trifft man wieder auf die Straße, über die man hochkam, und folgt ihr nun links abwärts (oder aufwärts zurück zum Fahrzeug), hält sich zweimal links und erreicht so die Talsohle unterhalb der Mauer. Die Straße gegenüber führt am Müllplatz vorbei zurück zum Dorfrand von Skála.

Unterkunft/ Essen und Trinken

- **Hotel Tara Beach,** Tel. 26710-83250, Fax 83344, im Winter in Athen Tel. 210-9739179, www.tarabeach.gr. Geöffnet von Mai bis Oktober. Direkt hinter der Uferstraße am Strand gelegen, schöner Garten mit Pool; Bad, Balkon, AC, mit Frühstück EZ 60–80 €, DZ 80–120 €.
- **Taverne Sokrates,** unweit der römischen Villa am Dorfrand gelegen, gute griechische Küche.

Internet/ Aktivitäten

- **Internetcafé:** Café Marabou, liegt zurückversetzt an der Straße, die vom Platz landeinwärts führt, Tel. 26710-83211.
- **Tauchschule:** Katadytiko, Skála, Handy 6944867051, www.aquatic.gr.

Strände

Skála

Eine gute Alternative zum Schildkrötenstrand am Kap Moúnda ist der kilometerlange, wunderschöne, weiße Sandstrand von Skála. Am südlichen Ende begrenzen ihn hübsche Felsen, dort erheben sich auch kleine Felseninseln im Meer, und es ist relativ ruhig, denn man muss zu Fuß 15 Min. am Strand entlangwandern, um hierher zu gelangen. Vor dem Pinienwäldchen, das hinter dem hier meist vollen Strand auf einem kleinen Hügel liegt, erstrecken sich Villen, Tavernen und Strandbars. Etwas weiter nördlich trifft die Straße an den Strand. Hier wird Wassersport angeboten, hinter der Straße ziehen sich Hotelanlagen entlang, und der Strand ist hier meist mehr als gut besucht.

- **Service:** einfach zu erreichen für Leute mit Gehbehinderungen, Bars, Tavernen, Hotels, Supermarkt, Telefon, Liegen und Schirme, Wassersport, Volleyballnetz, Strandsäuberung, Dusche, WC.
- **Anfahrt:** Parkplatz, Bus.

Küste zwischen Skála und Póros

Folgt man der Küstenstraße in Richtung Póros, erreicht man eine flache felsige Küstenlandschaft mit zahlreichen Felsen im Wasser, die teils als Inseln aus dem Wasser ragen aber teils auch unter Wasser liegen. Diese Gegend eignet sich bei ruhigem Wetter zum Schnorcheln. Bei aufgewühlter See ist es gefährlich, hier zu baden, denn dann sieht man die Felsen unter der Wasseroberfläche nicht und kann sich leicht verletzen. Hier hat man seine Ruhe.

- **Service:** keine Einrichtungen.
- **Anfahrt:** Parkplatz.

105ko Foto: vb

Póros und Umgebung

Póros liegt **landschaftlich reizvoll.** Das Dorf, das sich zur Hotelstadt entwickelt hat, zieht sich an zwei von Felsen umgebenen Buchten entlang. In der südlicheren Bucht befindet sich der Hafen, von dem die Fähren nach Kylíni ablegen. Bizarre Felseninseln liegen hier im Meer. In der nördlichen Bucht befindet sich das Dorfzentrum. Ein meist wasserloser Fluss, der landeinwärts eine reizvolle Felsenschlucht gebildet hat, mündet hier ins Meer. Sein breites Bett ist von Platanen umgeben. Nördlich davon beginnt eine Art Hotelvorstadt. Sie zieht sich hinter dem Strand entlang. Die Küste ist in nördlicher Richtung ruhig, unerschlossen und landschaftlich schön. Während der Schulferien ist Póros lebendig, in der NS wie ausgestorben.

Im Felsental wurden unlängst in einer Höhle die Spuren einer alten **Siedlung** entdeckt.

Blick auf Póros

Information ●**Touristenbüro** der Gemeinde, am Ortsausgang an der Schlucht gelegen, Tel. 26740-72000, poros@poros-kefalonia.gr. Ein Besuch lohnt sich! Es liegen Prospekte aus, man ist sehr hilfsbereit. Geöffnet in der HS Mo–Fr 8–14.30 Uhr. Von Póros aus werden auch Bootsausflüge zum hübschen Kieselstrand Koutsoupia angeboten.

Unterkunft ●**Hotel Oceanis,** Póros, Tel. 26740-72581 Fax 72583, www.hoteloceanis.gr. Angenehmes, größeres Hotel, hoch über dem Hafen am Kap gelegen, der Blick der meisten Zimmer fällt auf den Hafen, sehr nette Atmospäre, schöne DZ, Bad, Balkon, AC, Pool, mit Frühstück 40–70 €, EZ 30–50 €. Empfehlenswert!

●**Studios Kallithea,** unweit vom Hotel Oceanis am Ortsausgang in Richtung Asprogerakas oben auf dem Kap gelegen, Tel. 26740-72059, im Winter in Athen Tel. 210-9588991, studioskallithea@gmail.com. Schöne Aussicht, einfache Zimmer mit Küchenecke, Balkon, EZ 30–40 €, DZ 35–45 €, Dreier-Zimmer 40–50 €.

●**Hotel Kalypso,** Póros Ragia, Tel. 26740-72265, Fax 72465, Handy 6944476275, www.kalypso-poros.gr. Neues Haus direkt am Strand mit Bar, einfache DZ, Bad, Balkon, Kühlschrank, AC, mit Frühstück 40–80 €, nach Zimmer mit Meeresblick fragen.

Essen und Trinken/ Internet ●**Rementzo Cafébar,** am Hafen von Póros; wenn man durch das Gebäude hindurch geht, erreicht man mehrere zwischen den Felsen eingerichtete Terrassen, von denen man eine herrliche Aussicht auf die vorgelagerten Inselchen und auf das Meer hat.

●**Taverna Sunset,** Póros, gutes griechisches Essen, die Aussicht ist herrlich. *Voula Petri* singt häufig am späten Abend, wenn die Gäste bedient sind, und dabei kommt richtig Stimmung auf. Auch CDs von ihr kann man hier kaufen.

●**Taverne Vrísi,** unter einer riesigen Platane am Straßenrand zwischen Tzanáta und Ag. Iríni im Landesinneren, gute griechische Küche, familiäre Atmosphäre, bei Griechen sehr beliebt, Preise o.k.

●**Mythos Internetcafé,** in Póros am Platz.

Proni In Póros befand sich der Hafen der **antiken Stadt** Proni, die im Landesinneren hoch oben auf einem Hügel lag. Von Proni ist heute nicht mehr viel übrig, ein Besuch lohnt kaum.

Mykenisches Grab In den 1990er Jahren wurde unterhalb von Proni, bei Tzanáta, ein Grab aus mykenischer Zeit ausgegraben. Es handelt sich dabei um ein Kuppelgrab, in dem vermutlich eine Königsfamilie beigesetzt war, – die **prachtvollste mykenische Grabanlage,** die man bisher auf den Ionischen Inseln gefunden hat. Das Tholos-Grab hat einen Durchmesser von 6,80 m. Die Wände des bienenhausförmigen Baus sind noch bis zu einer Höhe von 4 m erhalten. Die Deckenkuppel fehlt. Die Anlage wurde von Archäologen zu ihrem Schutz überdacht. Man erreicht den Kuppelraum über einen schmalen Gang. Die Gräber sind im Boden eingelassen. Hier fand man mehrere Personen in unterschiedlicher Weise bestattet, u.a. ein Kind, das sitzend in einer Amphore beigesetzt war. Das Grab wurde über einen Zeitraum von 300 Jahren genutzt. Die Kuppel wurde um 1350 v. Chr. erbaut. Einige der in den Boden eingelassenen Gräber sind älter, und man vermutet, dass es noch einen Vorgängerbau gab. Das Kuppelgrab wurde zu venezianischer Zeit als Notunterkunft genutzt. Vermutlich wurde damals die Kuppel zerstört. Bei seiner Entdeckung im 20. Jh. war das Grab bereits ausgeraubt. Gleich neben dem Tholos-Grab fand man aber ein unscheinbares Kammerngrab mit den Knochen von 72 Menschen. Hier waren noch Grabbeigaben vorhanden. Diese Funde sind in Argostóli im Archäologischen Museum ausgestellt.

- **Geöffnet:** Mai–Oktober Di–So 8.30–15 Uhr, Eintritt frei.

Moní Theotókou Atrou

Oberhalb von Póros liegt das im 13. Jh. erstmals urkundlich erwähnte Kloster. Man genießt von hier eine herrliche Aussicht auf die Küste und auf Póros. Das alte Kloster ist von einem Zaun umgeben. Im Zentrum ragt ein turmartiges Gebäude empor. Im Inneren kann man noch die alte Weinkelter finden. Im lang gestreckten Bau daneben werden in einfachen Zimmern Pilger untergebracht, die zum Klosterfeiertag am 8. September anreisen. Ein altes Backhaus und ein alter Brunnen finden sich ebenfalls unweit der Kirche. Hinter den Gebäuden befindet sich ein Platz mit herrlicher Aussicht. Am Eingang der Anlage wohnt in einem neu errichteten Klostergebäude der alte *Dionysios. Avgoustos,* ein junger Mann, hilft ihm und empfängt Gäste sehr freundlich. Im Kloster ist er meist von Mo bis Fr anzutreffen, Tel. 26740-72297.

An der Straße von Póros nach Tzanáta zweigt nach 1,5 km eine Straße nach rechts oben ab, die bald in eine Piste übergeht. Der Weg zum Kloster ist markiert. Zu Fuß dauert der Aufstieg von rund 400 Höhenmetern, der abends schattig ist und eine sehr schöne Aussicht bietet, ungefähr eine Stunde. Von Tzanáta (bei der Kirche Ag. Efpraxia) führt ein alter Pfad hoch zum Kloster.

Strände

Póros

Hier ist nur während der HS viel los, im September kehrt wieder Ruhe ein. In der südlichen Bucht liegt zwischen bizarren Felsen der Fährhafen. Vor dem Dorf erstreckt sich ein Kiesstrand in der nördlichen Bucht unterhalb des Uferplatzes. Von Póros aus werden während der HS Bootstouren zu weiter nördlich gelegenen Stränden angeboten, die nur vom Wasser her erreichbar sind.

- **Service:** Strandsäuberung, Tavernen, WC, Supermarkt, Hotels, Telefon, Internet, Liegen und Schirme.
- **Anfahrt:** Parkplatz am Dorfrand, Bus.

Rágia

In Póros mündet ein breiter, im Sommer meist ausgetrockneter Bach ins Meer, der im Hinterland eine wilde Schlucht gegraben hat und von Platanen gesäumt wird. Eine Straße führt über eine breite Brücke in den nördlichen Teil von Póros. Hier erstreckt sich ein kilometerlanger Kiesstrand, an dem sich auch während der HS die Besucher gut verteilen. Am Horizont ist das Festland sichtbar, hinter dem Strand ziehen sich Hotels, Pensionen und Tavernen entlang, und am nördlichen Ende wird der Strand von einer Felswand begrenzt. Hinter dem Strand erheben sich bewaldete Berge, die bis auf 900 m ansteigen.

- **Service:** Hotels, Tavernen, WC, Telefon, nur wenige Liegen und Schirme, Wassersport nur in der HS.
- **Anfahrt:** Parkplatz, Bus bis Póros-Zentrum.

Wanderung von Póros nach Tzanáta

- **Route:** Póros – Akropolis Pachni – Mykenisches Grab – Tzanáta
- **Strecke:** Straße, Piste und schmale Pfade in steilerem Gelände; keine Absicherungen für Kinder; sehr schöne Aussicht, teils schattig; Höhenunterschied: rund 250 m
- **Dauer:** rund 5 Std. inkl. Besichtigungen/Pausen
- **Ausrüstung:** Wasser, Verpflegung, gute Schuhe (besonders wichtig!), Sonnenschutz
- **Organisation:** Man startet in Póros. Die Tour endet in Tzanáta. Der Rückweg kann per Bus angetreten werden (sie fahren nur selten, vorher Fahrplan beschaffen).
- **Hinweis:** Das Touristenbüro von Póros verteilt zu dieser Tour englischsprachige Broschüren mit einer Karte; man verläuft sich aber leicht, wenn man nur dieses Blatt benutzt; es ist als Ergänzung zu dieser Beschreibung aber zu empfehlen.

Man wandert vom Zentrum in Póros zunächst an der Straße entlang Richtung Hafen. Zwischen den beiden Buchten zweigt ein Sträßchen ab, das oberhalb der Hafenbucht am Hang entlang zum Hotel Oceanis führt, ansteigt, als Piste ums nächste Kap herumführt und dann wieder in eine Straße übergeht (Richtung Asprogerakas). Direkt hinter dem Ortsschild „Póros" zweigt rechts ein Betonweg ab. Hier beginnt eine gelbe Markierung. Der Weg steigt steil an. Man passiert ein Gatter. Der Weg schwenkt nun nach links und führt relativ eben am Hang entlang. Dann muss man mehrere Gatter passieren. Der Pfad zieht sich bei einer Gabelung links oberhalb eines eingezäunten Grundstückes entlang, bei dem man das Schild (2–3) findet. Der Pfad führt nun hoch zur alten **Akropolis** von Póros. Man folgt der gelben Markierung über den Bergrücken zu einer Verzweigung (3–4). Nach einem Abstecher nach rechts zu den spärlichen Resten der Akropolis kehrt man zu diesem Punkt zurück und folgt dem anderen Weg weiter. Am Schild (5–6) folgt man dem steilen, gelb markierten Trampelpfad, der hier rechts abwärts führt. Er gabelt sich; man wandert rechts ins kleine Tal weiter. Hier muss man gut auf die gelbe Markierung achten. Dann zieht sich der Pfad nach rechts aus dem steil abfallenden Tal hinaus über eine Wiese, fällt steil ab und trifft auf einen breiten Weg. Man wandert hier rechts abwärts. Nach rund

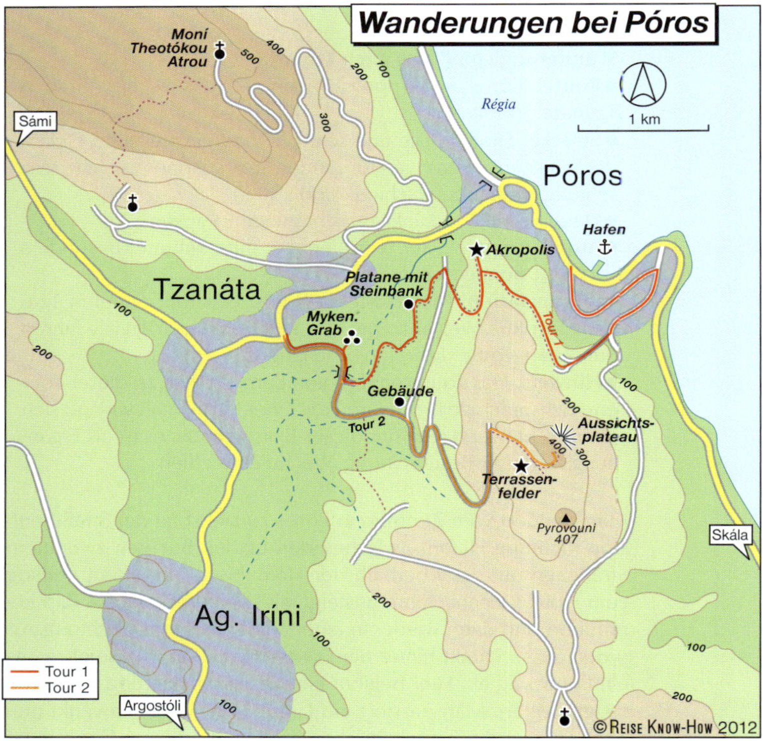

50 m zweigt hier ein unscheinbarer Pfad nach links ab (Steinmännchen). Er führt zu einer **Steinbank** unter einer alten Platane. Der Pfad führt nach dem Baum weiter am Hang entlang durch steiles Gelände auf eine kleine Hochebene und dann rechts abwärts zu einem Olivenhain. Man wandert nach links durch diesen Hain hindurch und oberhalb des tiefen Tals entlang, und erreicht einen Erdweg, der bei einem Schild (8–9) an einer **Brücke** über das Tal auf eine Piste mündet. Man folgt dieser über die Brücke nach rechts und erreicht kurz darauf das **Mykenische Grab von Tzanáta.** Die Piste führt an der Grabanlage vorbei, man hält sich rechts und trifft auf die Hauptstraße, über die man nach rechts wieder Póros erreicht.

Wanderung am Berg Pyrovouni

- **Route:** Tzanáta – Mykenisches Grab – Aussichtsplateau am Pyrovouni – Mykenisches Grab – Tzanáta
- **Strecke:** breite, teils sonnige Pisten und Trampelpfade, Höhenunterschied: knapp 400 m
- **Landschaft:** durch Felder, Olivenhaine und Macchia, oben schöne Aussicht auf die Küste
- **Dauer:** 2 Stunden hin und zurück
- **Ausrüstung:** Wasser, Verpflegung, Sonnenschutz, lange, dünne Hosen
- **Anfahrt:** In Tzanáta zweigt eine Piste von der Hauptstraße ab. Hier ist das Mykenische Grab markiert. Wenn man von der Hauptstraße aus startet, benötigt man gut 30 Minuten länger als vom Grab aus. Am Mykenischen Grab kann man parken.

Man folgt der Piste, die zum Grab führt, weiter, überquert eine Brücke und folgt dem Hauptweg. Bei einer Gabelung neben einem **Gebäude** geht es nach halbrechts. Die Piste steigt an, links unten liegt ein Viehstall. Kurz danach zweigt man nach rechts hoch ab. Bei der folgenden Gabelung geht es erneut rechts auf einem Erdweg weiter. Der Weg zieht sich den Hang hinauf, führt nach links und fällt dann leicht ab und endet weit oben zwischen zwei Hügeln. Hier zweigen nach rechts den Berg hinauf mehrere Trampelpfade ab. Man folgt einem Pfad, der sich über mehrere Terrassen auf einen Pass zieht und an alten Olivenbäumen mit verdrehten Stämmen vorbei. Dort geht es nach links zu einem **Aussichtsplateau** mit herrlicher Aussicht auf Póros. Die Pfade führen oben auf der Bergkuppe entlang. Man sollte sich schon bei der Ankunft merken, wo man hoch kam, um später den Abstieg gut zu finden.

Rückweg

Auf demselben Weg geht es wieder abwärts. Achtung: auf den **Terrassen am Pass** muss man sich **links** halten, bevor der Pfad sehr steil zwischen Büschen abfällt. Nur so trifft man auf das Ende der Piste. Der steile Pfad führt den Hang fast senkrecht hinab und ist wenig empfehlenswert.

Ag. Nikólaos und Digaléto

Auf dem Weg zwischen Póros und Sámi erreicht man den Weiler Ag. Nikólaos. Hinter dem Dorf liegt der kleine **Avithos-See,** der lange zu den Inselphänomenen gehörte, da es nicht möglich war, seine Tiefe zu messen. Der Quellsee liegt inmitten von Olivenhainen und wird zur Bewässerung der umliegenden Felder genutzt.

Unterhalb von Ag. Nikólaos zweigt eine kleine Straße von der Hauptstraße zum **Weiler Monasteraki** ab. Am oberen Dorfrand geht links hinter einer Hausruine ein alter Pfad ab, der am Rande einer wilden Schlucht hoch in die Berge führt.

Digaléto liegt auf einer Passhöhe, die schon zu antiker Zeit besiedelt war. Am Ortsende in Richtung Sámi findet man gleich neben der Straße auf einem Plateau die spärlichen Ruinen der **Festung von Sordatos,** die in antiker Zeit als Wachposten der Stadt Proni diente. Digaléto ist ein einfaches Bauerndorf geblieben. Zahlreiche Walnussbäume überragen die verstreuten Häuschen.

Die Berge und die Hochebene Omalon

Das Bergmassiv Énos (Ainos) ist an seinem höchsten Gipfel, dem **Megas Soros,** 1627 m hoch. Die steilen Berghänge erheben sich unmittelbar hinter dem Strand von Lourdáta.

Im 8. Jh. v. Chr. entstand hier ein **Zeus-Tempel.** Damals war es noch mühevoll und gefährlich den Gipfel zu erklimmen. Schon zu antiker Zeit war das Bergmassiv bewaldet.

Die **Kefaloniá-Tanne** *(Abies cephalonica)* ist eine alte Tannenart, die nur noch hier wächst (auf Münzen aus dem 4. Jh. v. Chr. sind ihre Zapfen abgebildet). In den letzten Jahren versuchen Botaniker, sie auch in anderen Gebieten der Erde zu verbreiten, um sie vor dem Aussterben zu bewahren. Die Venezianer nannten den Énos „Monte Negro", „Schwarzer Berg". Sie nutzten das Holz für den Schiffsbau und forsteten den Wald immer wieder auf. 1590 brach ein **Großfeuer** aus. Trotzdem waren im 18. Jh. noch rund 70 km² der Insel mit Tannen bewaldet. Dann wurde 1797 den Bauern erlaubt, ihre Felder bis an den Waldrand auszudehnen – mit katastrophalen Folgen, denn im Herbst wurden die Felder abgebrannt, wobei der nahe gelegene Wald Feuer fing. Er brannte drei

Die Kefaloniá-Tanne wächst nur noch in dieser Gegend

Monate lang, und die Natur hat sich seither nicht mehr richtig von dem Feuer erholt. Es brannten derart große Waldflächen ab, dass sich das Klima veränderte: Die Sommermonate sind heute wärmer, die Wintermonate kälter. Der englische Gouverneur *Napier* ließ 1824 Wege in die Gipfelregion des Énos bauen und den Wald neu aufforsten. 1962 wurden die Gipfelregionen und die Nordhänge am Énos und am Roúdi, an denen noch Tannen wachsen, zum **Nationalpark** erklärt.

Am Énos kommen 350 verschiedene **Pflanzenarten** vor. In der Gipfelregion fallen jährlich 1200–1600 mm Niederschlag (zum Vergleich: in deutschen Städten fallen 500–800 mm pro Jahr). Zwischen Dezember und März liegt sogar Schnee. Auch die letzten **Wildpferde** der Insel leben am Énos. Sie sind stark vom Aussterben bedroht. Das Kefaloniá-Pony gehört zu den griechischen Bergpferdchen. Die Tiere leben bei der Kirche Zoodochos Pigi. Dort werden sie in den letzten Jahren im Winter gefüttert.

Von den Bergen hat man eine tolle Aussicht auf das Umland. Zwischen dem Nationalpark am Énos und dem kleinen Nationalpark am Roúdi hatte sich die **NATO** auf einem Berggipfel niedergelassen. Das Militär zog ab, und es entstand eine **Sternwarte.** Informationen unter http://eudoxos.snd.edu.gr.

● Eine **Tankstelle** findet man in Razáta unweit von Argostóli. Die nächste Möglichkeit zu tanken hat man erst wieder in Sámi.

415ko Foto: vb

Tour 1 auf den Berg Énos (1627 m)

- **Route:** Steinbruch bei Digaléto – Picknickplätze – Megas Sorós – Kreuzung beim Koufala – Picknickplätze – Steinbruch bei Digaléto
- **Strecke:** steinige Wege, Schotterpisten und ein sehr steiler Bergpfad in schlechtem Zustand, alpine Erfahrung ist notwendig, Höhenunterschied 1150 m.
- **Landschaft:** Die Tour führt mit herrlicher Aussicht durch den Wald des Nationalparks, der Rundumblick vom Gipfel aus ist spektakulär.
- **Dauer:** 5–6 Std.
- **Ausrüstung:** viel Wasser und Verpflegung, Sonnenschutz, gute Schuhe (!), lange Hosen, Jacke oder Pullover (auch im Sommer, oben ist es 15 Grad kälter als an der Küste, und oft weht es stark), Handy für Notfälle mitnehmen.
- **Anfahrt:** An der Straße Argostóli – Sámi zweigt eine Straße ab, „Ainos" ist markiert. An einer kleinen Kirche zweigt eine Straße nach links abwärts ab. Sie führt hinab zur Kreuzung am Steinbruch von Digaléto. Alternativ: An der Straße Sámi – Póros liegt das Dorf Digaléto. Man fährt hier von der Hauptstraße ab, folgt den Schildern „Argostóli", durchquert das Hochtal und folgt der Straße zum Steinbruch Latomío (ΛΑΤΟΜΕΙΟ). Hier parken. Neben Kiesbergen steht ein altes Holzschild unter einer einsamen Eiche. Hier beginnt der mit gelb-weißen Vierecken markierte Weg.
- **Hinweis:** Die Tour erfordert eine gute Kondition (!), sie ist nur alpin erfahrenen Wanderern zu empfehlen. Vom Abstieg über den steilen Pfad, den man hochkommt (und der die Tour erheblich abkürzt), rate ich dringend ab, da der Pfad bei meiner letzten Recherche in schlechtem Zustand war. Ich habe eine lange, aber dafür einfach zu begehende Alternative mit schönen Aussichten beschrieben. Die Picknickplätze verkommen leider immer mehr.

Zwischen riesigen Haufen mit Schottersteinen steht an ein paar kleinen Bäumen ein altes Schild. Hier beginnt der **Weg „A"** des EU-„Life"-Projekts. Der steinige, sonnige Weg führt zunächst aufwärts am Zaun einer Viehfarm entlang und ist leicht zu finden.

Nach 20 bis 30 Min. erreicht man den ersten **Picknickpavillon** an einer breiten Piste. Man folgt dieser Piste, die relativ eben am Hang entlang führt nach links. Der Weg ist mit großen, **gelb-weißen Quadraten** markiert. Nach 20 Min. erreicht man einen weiteren **Picknickplatz.** Hier zweigt ein **Fußpfad** von der Piste ab. Die einstmals schönen Picknickplätze sind leider in schlechtem Zustand, das Holz verrottet. Auch der Zustand dieses steilen Fußweges ist schlecht. Man findet ihn dank guter Markierungen einfach, muss aber in steilem Gelände zahlreiche **umgestürzte Bäume** umgehen. Nach rund 1½ Std. erreicht man eine **Schotterpiste,** überquert sie und gelangt nach weiteren 15 Min. auf den Gipfel.

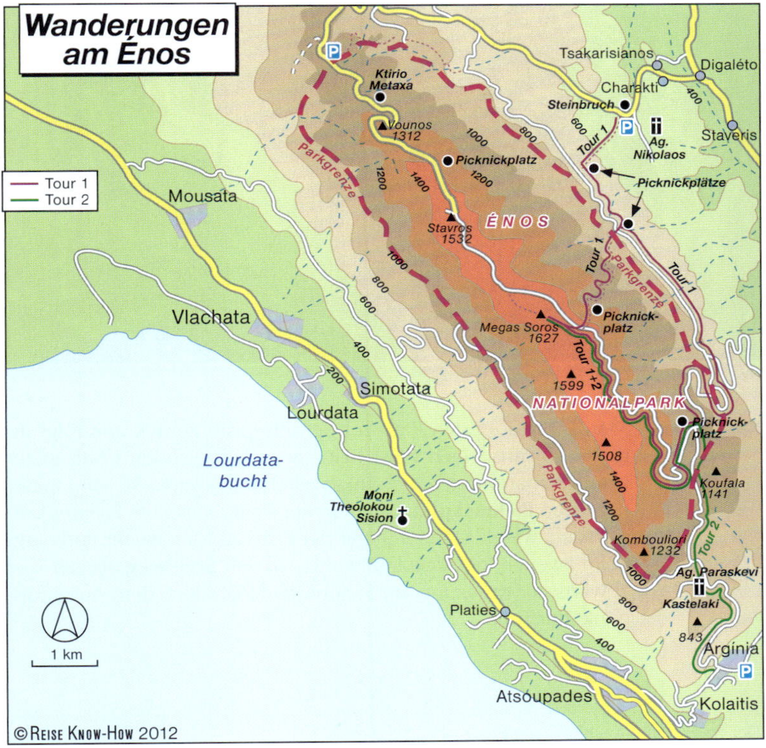

403ko Foto: vb

Rückweg Man kehrt über den Pfad zur Schotterpiste zurück und folgt ihr rechts abwärts. Nach 1 Std. hält man sich links, noch 1 Std. später wandert man wieder nach links weiter und erreicht 30 Min. später dann den **Picknickplatz,** an dem der steile, schlechte Fußweg aufwärts abzweigt. Man folgt hier der Piste 20 Min. weiter und biegt beim zweiten Picknickplatz rechts auf den **Steinweg** ab, der steil abwärts zur Kreuzung am Steinbruch hinabführt, dem Ausgangspunkt der Tour.

Der traumhafte Ausblick vom Énos

Tour 2 auf den Berg Énos (1627 m)

- **Route:** Argínia – Megas Sorós und zurück
- **Strecke:** teils sonnige, einfach zu begehende Piste, zum Gipfel ein schmaler felsiger Pfad, die Tour ist aber sehr weit, Höhenunterschied 1150 m.
- **Landschaft:** Die Tour führt mit herrlicher Aussicht durch den Wald des Nationalparks, der Rundumblick vom Gipfel aus ist fantastisch.
- **Dauer:** 5–6 Std.
- **Ausrüstung:** viel Wasser und Verpflegung, Sonnenschutz, gute Schuhe (!), lange Hosen, Jacke oder Pullover (auch im Sommer, oben ist es 15 Grad kälter als an der Küste und oft weht es stark), Handy für Notfälle mitnehmen.
- **Anfahrt:** An der Straße Argostóli – Pástra – Póros zweigt eine schmale Straße ins Bergdorf Argínia ab. Dort parken.
- **Hinweis:** Die Tour erfordert eine gute Kondition.

Im Dorf wandert man die in steilen **Serpentinen** am Hang über dem Dorf ansteigende Piste entlang. Bei einer Gabelung wandert man recht aufwärts weiter und folgt der Hauptpiste aufwärts, passiert die **Nationalparkgrenze** mit zerstörtem Eingangstor und erreicht wenig später im Wald eine Gabelung. Hier wandert man links aufwärts weiter. Rund 1½ Std., nachdem man am Eingang des Parks vorüberkam, steht links ein verfallendes **Holzgeländer** und ein großes **Schild.** Hier beginnt ein felsiger Pfad, der nach links in 15 Min. aufwärts zum **Gipfel** führt. Man wandert die gleiche Strecke wieder zurück.

Rundwanderung am Berg Roúdi

- **Route:** Kirche Ag. Eleftheros – Hauptstraße am Pass – Nationalpark am Berg Roúdi – Ag. Eleftheros
- **Strecke:** über bequeme, sonnige Pisten und eine kleine Straße, Höhenunterschied: 500 m
- **Landschaft:** schöne Tour mit herrlichen Aussichtspunkten durch den Nationalpark am Berg Roúdi
- **Dauer:** 3–3½ Stunden
- **Organisation:** Wasser, Verpflegung, Sonnenschutz (!)
- **Anfahrt:** An der Straße zwischen Argostóli und Sámi markiert ein Schild „Ainos 15 km". Der Straße folgen, bis links bei einem Ziegenpferch die Kapelle Ag. Eleftheros auftaucht. Hier parken.
- **Hinweis:** Diese Tour führt auf langen Abschnitten durch die Sonne. Frühmorgens ist es noch schattiger, zudem ist die Straße am Enos dann weniger befahren.

Zum Parkeingang

Zunächst folgt man der Straße, über die man zuvor hochgefahren ist, abwärts. Man hat eine schöne Aussicht nach Valsamáta und auf das Kloster Moní Ag. Gerasímou. Nach einer Dreiviertelstunde trifft man auf die **Hauptstraße am Pass.** Man wendet sich nach rechts. Kurz vor der Straße beginnt eine Piste. Sie führt durch Macchia und an Erdbeerbäumen vorbei zum **Eingang** des Nationalparks Roúdi, den man in 15 Min. erreicht.

Auf den Berg Roúdi

Nun windet sich die Piste am Nordhang des Berges Roúdi am Waldrand entlang. Man hat eine herrliche Aussicht auf die Berge, auf Sámi, die Inseln Itháki und Lefkáda und auf das griechische Festland. Dann führt der Weg durch den **Wald.** Man folgt nun immer dem Hauptweg aufwärts. Die Vegetation wird karg, der Weg führt durch die Sonne und zieht sich nach links. Der Blick fällt auf Argostóli und Lixoúri. Ungefähr 1 Std. und 45 Min., nachdem man den Eingang, des Nationalparks durchschritten hat, zweigt nach links der Weg zum nahe gelegenen **Gipfel** ab. Neben einer sehr schönen Aussicht erwarten den Wanderer hier einige Funkmasten und etwas abseits ein **Holzhaus,** vor dem man eine Rast mit schöner Aussicht einlegen kann. Abwärts folgt man zunächst dem gleichen Weg, den man hochkam, aber nach 5 Min. folgt man der Piste links abwärts, die nach 20 Min. auf die **Kirche Ag. Eleftheros** trifft, den Ausgangspunkt dieser Tour.

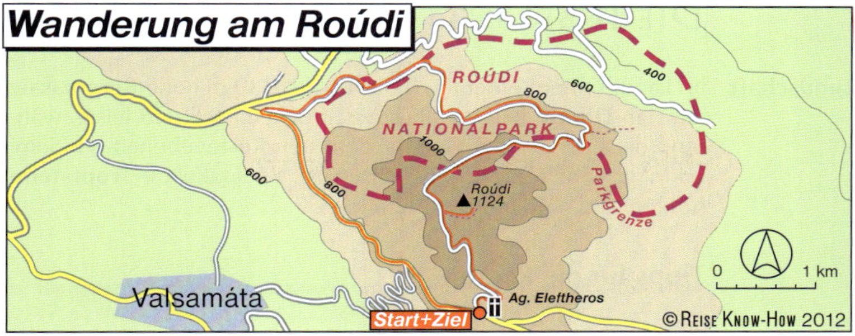

Moní Ag. Gerasímou und Valsamáta

Das Kloster Ag. Gerasímou ist der **wichtigste Wallfahrtsort** auf der Insel. Jährlich kommen tausende Pilger hierher und bitten den heiligen Gerasimos um Hilfe. Der Heilige wurde 1507 bei Korinth geboren. Nach einer Pilgerreise nach Jerusalem ließ er sich auf Kreta und Zákynthos nieder, bevor er 1560 nach Kefaloniá kam. Er lebte zunächst mehrere Jahre bei Lássi in einer Höhle als Eremit. Nach einigen Jahren zog er in die Berge. Zu jener Zeit befand sich hier eine kleine Marienkirche. Er starb 1579 und wurde 1622 vom Patriarchen heilig gesprochen. Im Kloster werden seine Gebeine aufbewahrt. Diese Reliquien sollen schon zahlreiche Wunderheilungen vollbracht haben. Die Gläubigen versammeln sich am 15./16. August und am 20. Oktober zum Klosterfest. Dabei werden die Gebeine und die Marienikone in einer großen Prozession von der Kirche zu einem nahe gelegenen Brunnen, den der Heilige selbst gebaut haben soll, getragen. Das Kloster wurde beim Erdbeben 1953 beschädigt. Die neue Klosterkirche wurde in den 1980er Jahren gebaut. Sie ist die größte Kirche der Insel.

Unweit des Klosters trifft man auf das Dorf **Valsamáta.** Die Bauern leben vom Wein. Es werden auch organisierte Ausflüge zu Weinproben in die Umgebung des Klosters angeboten. Wer gerne in Ruhe noble Tröpfchen kostet, sollte sich auf eigene Faust auf Weinprobe begeben. In Griechenland gilt die 0,5-Promillegrenze für Alkohol im Straßenverkehr.

- **Anfahrt:** Zum Kloster und ins Dorf fahren dreimal täglich Linienbusse. Für Besucher ist das Kloster Mo–Sa 8–13 Uhr geöffnet.

Die Inselmitte

Landschaft

Im Landesinnern erhebt sich das bis zu 1130 m hohe **Bergmassiv** um den **Dinatí.** Die Westküste ist trocken, steil und felsig, während die Ostseite des Gebirges mit den Küstenebenen um Sámi und Ag. Efimía üppig bewachsen ist. Spektakuläre **Tropfsteinhöhlen** sind rund um Sámi zu finden.

Tipps für die Region

Verkehrsmittel

- **Schiffsverbindungen** werden im Kapitel „Reisetipps A–Z/Anreise" beschrieben.
- Die **Busverbindung** zwischen Sámi und Argostóli sind gut, Ag. Efimía und Fiskárdo sind gerade zweimal täglich per Bus zu erreichen. Alle anderen Orte sind per Bus nur schlecht oder gar nicht erreichbar.
- **Taxi:** in Sámi, Tel. 26740-22308, Ag. Efimía, Tel. 26740-61616.
- Wer wirklich etwas sehen will von der Region, dem rate ich zum selbstgesteuerten **(Miet-)Fahrzeug;** das größte Angebot findet man in Sámi (↗„Reisetipps A–Z, Mietfahrzeuge"). Auch in Ag. Efimía kann man Fahrzeuge mieten, beispielsweise bei www.gerolimatostravel.com.
- **Tankstellen:** in Sámi, Karavómilos, Ag. Efimía, an der Hauptstraße unterhalb von Makriótika und bei Nifi.

Einkaufen

In **Sámi** findet man Supermärkte und einen guten Buch- und Zeitungsladen am Kirchplatz.

Aktivitäten

- **Wanderungen** stelle ich im Text vor, ähnliche **Bootsausflüge** wie unter „Argostóli" beschrieben werden von den Reisebüros in der ganzen Region angeboten.
- **Reiten:** In Zerváta, rund 5 km von Sámi entfernt, bietet die deutsche Reitlehrerin *Cornelia Schimpfky* Ausritte auf Haflingerpferden an, Tel. 26740-23143, Handy 6977-533203, www.smitti.de.
- **Motorbootvermietung:** In Ag. Efimía, Tel. 26740-61800, 62005, Handy 6938762303, jan@corazonyachting.com, oder im Reisebüro Kefaloniá Travel, Tel. 26740-61800, Handy 6938762303, www.kefaloniatravel.com. Wer gerne einen Katamaran mit Skipper mieten möchte, erkundige sich danach in Ag. Efimía in der Taverne Finikas.

- **Tauchschule:** Aquatic World Diving Club, Ag. Efimía, Tel. 26740-62006, www.aquatic.gr.

Nützliche Adressen/ Information

- **Krankenhäuser:** Ortseingang von Sámi, durchgehend geöffnet, Tel. 26740-22222; Argostóli, Tel. 26710-24641.
- **Touristenpolizei:** Argostóli, Tel. 26710-22815.
- **Polizei:** Sámi, Tel. 26740-22100.
- **Geld:** Banken und Automaten in Sámi und Ag. Efimía.
- **Internetcafés:** in Sámi und Ag. Efimía (↗ jeweilige Ortskapitel).
- **Tourismusbüro Sámi,** Hafen, Tel. 26740-23280 oder 23401.

Sámi und Umgebung

Inmitten einer wasserreichen Landschaft liegt Sámi, der Haupthafen der Insel. Auch Sámi wurde 1953 beim Erdbeben zerstört und danach neu aufgebaut. Rund um den Ort gibt es viele Attraktionen. Angenehm ist, dass es keine hässlichen Großhotels gibt. Der Kiesstrand scheint internationale Touristikunternehmen bisher nicht zu locken. Die Temperaturen liegen hier niedriger als an der Südküste, und es fällt auch mehr Regen.

Im Jahr 2000 rückte Sámi in den Mittelpunkt des Interesses vieler Urlauber: Hier wurde das Buch **„Corellis Mandoline"** mit *Nicolas Cage* und *Penelope Cruz* in den Hauptrollen verfilmt. Leider ist heute nichts mehr von den Kulissen übrig geblieben, sodass man die Szenen im Film kaum zuordnen kann.

Eine Siedlung gab es hier schon zu mykenischer Zeit. *Homer* erwähnt Sámi, und während der klassischen Antike gehörte Same, wie die Siedlung damals hieß, zu den vier alten Städten der Insel. Die **Reste der Festung** der antiken Stadt kann man auf den Hügeln Kástro und Ag. Fanedes besichtigen. Funde aus der Umgebung sind heute im Archäologischen Museum von Argostóli ausgestellt.

Rakospito werden von den Einheimischen die **römischen Thermen** aus dem 3. Jh. n. Chr. genannt. In dieser Ecke wurden in den 1950er Jahren der römische Bronzekopf und ein Mosaik entdeckt, die sich heute im Museum von Argostóli befinden. Neben der Straße, die zum Kástro hochführt, fand man ein kleines **römisches Kammergrab.**

Die Stadtmauer der antiken Stadt hatte 22 Tore. Heute ist auf dem **Kástro-Hügel** noch ein Stadttor erhalten. Bei der **Kapelle Ag. Fanedes** liegt neben der neuen Kirche eine Kirchenruine, die vermutlich aus byzantinischer Zeit stammt. Betritt man die Ruine durch das alte Tor, so erreicht man die 5 m hohen Reste eines antiken Wachturms.

Von der neuen Kirche führt ein Fußpfad den Hang hinunter zur Ruine der alten **Kirche Ag. Nikólaos.** Beide Anlagen wurden in den letzten Jahren restauriert und sind sehenswert.

Moní Theotókou Agrilion

Das Kloster wurde beim Erdbeben 1953 zerstört. Nur noch eine Turmruine ist von der alten Anlage übrig. Sie steht auf einem kahlen Plateau, von dessen hinterem Ende man eine herrliche Aussicht auf die Bucht von Antisamos hat. Das neu erbaute Klösterchen, das noch bewohnt wird, liegt seitlich des Platzes.

Drogarati-Höhle

Diese sehenswerte **Tropfsteinhöhle** hat eine sehr gute Akustik, weswegen hier immer wieder Konzerte stattfinden. Es traten u.a. *Maria Callas* und *Mikis Theodorakis* auf. Die Höhle wurde vor 300 Jahren gefunden, nachdem ein Erdbeben den heutigen Eingangsschacht einbrechen ließ. Leider wurden viele Tropfsteine in den letzten Jahren beschädigt, und es wird lange dauern, bis die Natur diese Schäden wieder beheben kann: die Tropfsteine wachsen in 100 Jahren nur 1 cm.

● **Geöffnet:** Mai–Oktober täglich 9–17 Uhr, Eintritt 5 €, Kinder (6–12 Jahre) 3 €; die Höhle ist gut ausgeleuchtet.

Melissani-Höhle

Die **Hauptattraktion der Insel** ist die Melissani-Höhle. Eine Fläche von 2400 m² wird vom Höhlensee eingenommen, der bis zu 36 m tief ist. Das Wasser besteht aus einer Mischung von Süß- und Salzwasser (⇗„Überblick/Naturphänomene“). Die Decke der Höhle ist schon vor langer Zeit vermutlich durch ein Erdbeben eingestürzt. Am frühen Nachmittag fallen die Sonnenstrahlen ins Wasser. Dann schimmert der See in Türkisblau, und das Licht bricht sich, sodass die Tropfsteine von unten beleuchtet werden – eine beeindruckende Szenerie. Im See liegt eine kleine Insel, die sich aus den Teilen der herabgestürzten Decke gebildet hat. Hier befand sich im 3. Jh. v. Chr. ein Pan-Heiligtum (Funde im Archäologischen Museum in Argostóli). Die Gläubigen dieser Zeit hatten einen gefährlichen Weg zurückzulegen, denn sie müssen durch das Deckenloch in die Höhle gelangt sein. Erst 1963 wurde der sichere Tunnel mit der Treppe gebaut. Über den Höhlensee wird man per Ruderboot befördert.

311ko Foto: vb

In der Höhle Melissani bei Sámi

● **Geöffnet:** Mai bis Oktober tgl. 10–17 Uhr, das beste Licht hat man am frühen Nachmittag, Eintritt 7 €, Kinder (6–12 Jahre) 4 €.

See von Karavómilos

Das Wasser, das die Melissani-Höhle durchfließt, mündet beim See von Karavómilos ins Meer. Dort befindet sich ein kleiner Park mit einer Ausflugstaverne und einer Wassermühle.

Livathináta und Palio Karavómilos

Gut geeignet für Spaziergänge ist die Gegend um Pouláta. Hier liegen zwischen Olivenwäldern und Zypressenhainen die **Ruinendörfer** Livathinata und Palio Karavómilos. Auch zahlreiche **Tropfsteinhöhlen** sind in der Umgebung zu finden. Sie sind jedoch nicht für Touristen erschlossen, und wer sie auf eigene Faust zu ergründen versucht, bringt sich in große Gefahr.

Unterkunft

- **Hotel Sámi Beach,** Tel. 26740-22802, 22824, Fax 22846, www.samibeachhotel.gr. Am Strand, Pool, Tennis, TV, AC, DZ, Bad, Balkon, mit Frühstück 80–110 €, EZ 65–90 €.
- **Pension Dimitrios Voutsinas** in Karavómilos, 100 m vom See entfernt, am Meer, Tel. 26740-22328, Handy 6986151066, giannis.voutsinas@hotmail.com. Nette Zweier- und Dreier-Zimmer mit Küche, Bad, Balkon, Meerblick; DZ 25–60 €, Dreier-Zi. 30–65 €.
- **Daratos Studios,** Pension im Hinterland bei Poulata, Tel. 26740-22935, Handy 6937039539 oder 6936528961, www.ionion.com/daratos/kefalonia.html. Einfache Zimmer, Bad, Balkon mit schöner Aussicht auf die Bucht, AC, TV, Küchenecke, EZ 25–40 €, DZ 30–50 €, Vierer-Zimmer 40–80 €.

Internet

- **Snackbar Melissani** in Sámi hinter dem Strand beim Campingplatz. Am Hafen ist in zahlreichen Cafés WLAN vorhanden (in Griechenland benutzt man den Begriff WiFi).

Strände

Antísamos

Die geschwungene, große Traumbucht mit strahlend weißem, steiler abfallendem Kieselstrand und leuchtend blauem Wasser ist umgeben von mit Macchia bewachsenen Bergen. Die Büsche reichen bis direkt an den Strand im hinteren Teil, im vorderen Teil schließt sich hinter dem Strand eine kleine Talebene mit einer im Frühjahr und Herbst von gelben Blümchen bedeckten Wiese an. Der Strand ist sehr beliebt, in der NS verteilen sich die Besucher gut, während der HS ist es voll.

- **Service:** sauber, leicht zu erreichen für Gehbehinderte, Telefon, Kiosk, Bar, Liegen, Schirme, Tretboote.
- **Anfahrt:** Parkplatz.

Sámi und Karavómilos

An der östlichen Seite der riesigen Bucht liegt der Fährhafen von Sámi. Daneben beginnt die Uferpromenade, hinter der sich Tavernen, Pensionen, Hotels, Reisebüros und Privathäuser entlangziehen. Am Ende der Uferpromenade trifft man auf den langen, schmalen Kiesstrand, hinter dem sich Gärten mit Villen, Hotels, der Campingplatz und Bäume befinden. An einer Stelle erhebt sich direkt hinterm Strand ein Eukalyptuswald. Aus der grünen, mit Schilf bewachsenen Ebene fließen an mehreren Stellen Bäche ins Meer. Der Strand zieht sich durch bis nach Karavómilos. Dort liegt ein kleiner Fischerhafen, und am Ende des Strandes trifft man auf die Meerwassermühle mit Ententeich. Nur an einigen Stellen werden Schirme und Liegen angeboten, größere Teile des Strandes sind naturbelassen und teilweise schattig. Während der HS ist der Strand gut besucht, in der NS ist es ruhig. Die Kieselsteinchen sind hier an einigen Stellen recht spitz, Plastikschuhe helfen. Der Blick fällt auf Itháki, das Meer wirkt fast wie ein Gebirgssee.

- **Service:** Strandsäuberung, Supermarkt im Dorf, Telefon, Dusche, Campingplatz, Hotel, Taverne, WC, Liegen, Schirme.
- **Anfahrt:** Parkplatz und Bus.

Ag. Paraskevís

Zwei herrliche, weiße, steiler abfallende Kiesstrände liegen unterhalb einer Taverne, hinter der die Straße entlangführt. Hinter dem Strand stehen teils uralte Olivenbäume, oberhalb beginnen mit Macchia bewachsene Hänge. Auch von hier hat man eine herrliche Aussicht nach Itháki.

- **Service:** Strandsäuberung, Taverne und Bar, WC, Telefon, in der HS Liegen und Schirme.
- **Anfahrt:** Parkplatz, Bus selten.

Weitere Strände

Zwischen Sámi und Ag. Efimía liegen direkt unterhalb der Straße zahlreiche sehr kleine, von schneeweißen Felsen umrahmte Buchten mit weißem Kieselstrand und blitzblauem Wasser. Hier finden sich fast nur während der HS Besucher ein. Man kann hier gut schnorcheln.

Rundwanderung bei Sámi

- **Route:** Sámi – Akropolis – Ag. Fanédes – Quelle – Ag. Nikólaos – Sámi
- **Strecke:** auf schmalen steilen Fußwegen und einer kleinen ebenen Straße
- **Landschaft:** durch Wald und dichte Macchia zu herrlichen Aussichtspunkten und alten Gemäuern
- **Dauer:** 2 Std. 15 Min.
- **Ausrüstung:** Wasser, Proviant, Sonnenschutz, gute Schuhe
- **Anfahrt:** Man startet in Sámi am Postamt.
- **Hinweis:** Diese Tour ist von der Gemeinde angelegt und markiert, gute deutsche Broschüren mit Erläuterungen verteilt das Touristenbüro am Hafen. Sehr lohnend!

Von der **Post** aus folgt man der Odos Tinou, biegt nach links, wandert an den Resten der **römischen Bäder** entlang, biegt dann nach rechts ab und geht an der alten Kirche vorbei aufwärts. An der Straße, auf die man trifft, ist der **Wanderweg nach links markiert.** Wenige Meter weiter findet man eine gelbe Markierung. Links der Straße erhebt sich ein Baum, rechts beginnt vor einer Mauer der steile Fußweg, dem man folgt (Schild „Path to St. Fanédes"). Nach 10 Min. wandert man links weiter (nicht mehr dem Schild nach St. Fanédes folgen), immer bergauf der blauen Markierung und den roten Punkten folgend. Nach weiteren 35 Min. Aufstieg ist die **Akropolis** erreicht. Auf ihrer Rückseite beginnt an der Straße ein breiter Weg, der zum Südtor führt. Zum Zeitpunkt unserer Recherchen wurde gerade kräftig restauriert. Ein **Rundweg** mit schöner Aussicht wurde angelegt, den man nicht versäumen sollte. Auf der Festung findet sich für eine Rast sicher ein gutes Plätzchen.

Nachdem man die Festung hinter sich gelassen hat, wandert man auf der kleinen Straße nach rechts weiter, von der kurz darauf ein Fußweg nach links zum Strand Antisamos abzweigt. Man bleibt aber auf der Straße mit Blick auf die alte Stadtmauer der Festung und erreicht an ihrem Ende die **Kirche Ag. Fanédes,** an der man zunächst links vorbeiwandert. Hinter der alten Kirche treffen mehrere Fußpfade aufeinander. Der Pfad nach ganz links windet sich zu einer kleinen **Quelle** den Hang hinabwindet, die man nach wenigen Minuten erreicht. Nach diesem Abstecher wandert man wieder zur Kirche hoch, aber noch bevor man die Kirche erreicht, folgt man einem sehr steilen Pfad, der links abwärts zur **Kirchenruine Ag. Nikólaos** führt (Schild „Saint Nicholas Chapel"). Und auch von dort aus muss man wieder zurückkehren und kann sich nun zum Abschluss die Ruinenreste rund um die **Kirche Ag. Fanédes** ansehen. Als „Cells" sind die alten Mönchszellen ausgewiesen. Die alte Hauptkirche von 1633 ist zu erkennen wie auch die Zisterne und der alte Turm. Dann folgt man dem Weg, der hinter der Kirche in einem Kiefernwald abwärts führt und sich nach rechts zieht. Einige umgestürzte Bäume versperren hier den Weg, sie sind aber leicht zu umgehen. Der Pfad wird steiler und führt durch den Wald abwärts. Man hält sich bei einer Gabelung links und erreicht 10 Min. später die Straße, der man ebenfalls nach links folgt zur alten **Kirche von Sámi,** an der man nach rechts zu den römischen Bädern hinuntergeht.

Rundwanderung bei Pouláta

- **Route:** Pouláta – Palio Karavómilos – Livathinata – Pouláta
- **Strecke:** über bequeme Pisten, kleine Straßen und einen Pfad
- **Landschaft:** sehr schöne Tour an Zypressen und Olivenbäumen vorbei, die farbigen Böden sind mit großen weißen Kieselsteinen übersät
- **Dauer:** 1½ Std.
- **Organisation:** Wasser, Verpflegung, Sonnenschutz
- **Anfahrt:** Man parkt im Dorf Pouláta beim kleinen Café an der Kreuzung.
- **Hinweis:** Der Weg führt an einer nicht erschlossenen Höhle vorbei, die nicht betreten werden darf.

Nach Palio Karavómilos

Man folgt der Dorfstraße, die vor dem **Café** bei der kleinen Straßenkreuzung unterhalb der Kirche den Hang hinunterführt. In der ersten Rechtskurve unterhalb des Ortsschildes zweigt ein Weg nach links ab. Diesen ignoriert man und folgt dem nächsten Weg, der nach 20 Metern nach links abzweigt und wandert kurz darauf nach rechts weiter. Der Erdweg führt zwischen **Olivenfeldern** und **Zypressenhainen** durch eine abwechslungsreiche Landschaft. Nach einer Viertelstunde gabelt sich der Weg vor einem Zaun, links steht ein weißes **Häuschen.** Man hält sich links und trifft auf eine eingezäunte Baumgruppe. Zwischen den Bäumen befindet sich der Eingang der oben erwähnten **Höhle.** Der Weg trifft nach wenigen Minuten auf eine kleine Straße, der man nach links folgt. Dann zweigt bei einer geschwungenen **Betonmauer** nach rechts ein Weg ab, der schmaler wird und durch Macchia führt. Über diesen Pfad erreicht man eine Straße, die man nach rechts hinunter geht. Nach 5 Min. wandert man links über eine **alte Brücke** und folgt der Schotterpiste links aufwärts. Von einer Kurve aus bietet sich eine schöne Aussicht. Man wandert aufwärts, geht an einer Gabelung, an der links Metalltüren in einen Eisenzaun eingearbeitet sind, rechts aufwärts weiter und durchquert vier Viehgatter. An einer Steinmauer führt der Weg links abwärts zwischen Hausruinen hindurch und trifft an einem schönen Platz (hier Picknick möglich) auf eine Straße, der man links abwärts folgt. Am Dorfeingang von **Palio Karavómilos** quert man eine Straße und folgt einem Weg, der in einer Viertelstunde immer geradeaus wei-

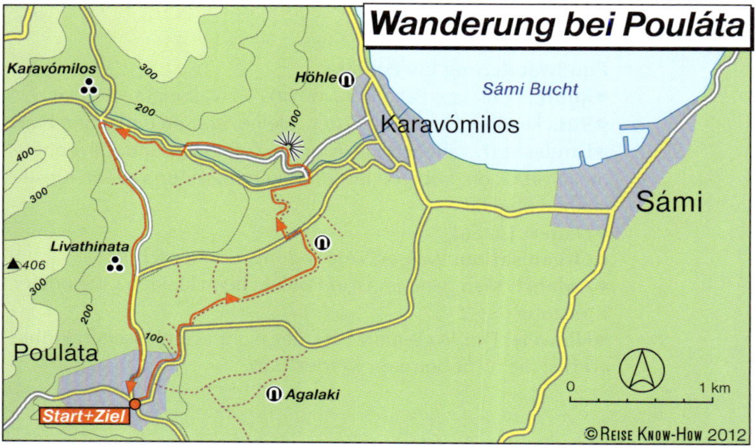

ter nach **Livathinata** führt. Ein Gatter muss passiert werden. Auch Livathinata liegt in Trümmern. Hier lohnt die **Kirchenruine** einen Blick. Sie liegt rechts oberhalb des Weges, kurz bevor der Weg auf die Straße trifft. Der Straße folgt man nach rechts am Hang entlang durch **Olivenhaine.** Nach 10 Min. erreicht man das Dorf Pouláta mit dem Café im Zentrum.

Ag. Efimía und Umgebung

Das kleine Dorf Ag. Efimía bekam nach dem Erdbeben 1953 Aufbauhilfe aus Frankreich. Am Ortsrand wurden **Ruinen** aus römischer und frühchristlicher Zeit gefunden. Allzu sehenswert sind diese Mauerreste für den Laien nicht. In den letzten Jahren entstanden zahlreiche Pauschalhotels am Ortsrand.

Das nahe gelegene **Drakopouláta** wurde bei den Erdbeben zwar beschädigt, aber nicht zerstört. Es ist eines der wenigen Dörfer auf Kefaloniá, das fast nur aus alten Häusern besteht.

Seit 2009 ist auf großen Schildern ein Fußwegenetz in dieser Region markiert. Ein grün markierter Weg führt von Drakopouláta hoch zum Kloster Thermaton (⇗ unten) und weiter in die Berge. Der obere Teil dieses Pfades in der Bergregion ist sonnig und sehr anstrengend zu gehen. Man wird aber mit einer fantastischen Aussicht belohnt. Ein blau markierter Pfad führt oben in der prallen

Sonne auf einer neuen Schotterpiste noch bis hoch zu den Windrädern auf dem kahlen **Berg Ag. Dinatí.** Dieser Weg ist nur an kühlen Tagen von ausdauernden Wanderern zu meistern. Empfehlenswert ist diese Wanderung auf jeden Fall bis zum Kloster.

Moní Theotókou Thermaton

Zwischen Drakopouláta und Makriótika zweigt eine kleine Straße ab, die sich an Ziegenställen vorbei den Berg zu diesem **Kloster** hochwindet. Es wurde vermutlich um 1100 gegründet. 1953 wurde die Anlage zerstört. Erst 1970 entstand der Neubau der heutigen Anlage. Vor dem Kloster erstreckt sich ein schöner Kermeseichenwald. Dort hat man Picknickbänke aufgestellt. Lamas und Hirsche empfangen die Besucher mit neugierigen Blicken.

Essen und Trinken

- **Taverne Paradise Beach,** oberhalb des Strandes von Ag. Efimía, Terrasse unter Kiefern an der Steilküste, durch ein nahes Großhotel nicht mehr so romantisch wie früher, gute Gerichte, Preise o.k.

Internet

- Im **Café Gailos,** Ag. Efimía, am Hafen.

Strände

Ag. Efimía

Vor dem Dorf liegt der Hafen. Die kleine Uferstraße führt weiter an der Bucht entlang nach Norden. Von ihr aus führen Treppen zu kleinen Kiesstränden oder auf flache Felsplatten, auf denen man gut liegen und von denen aus man auch ins Wasser gelangen kann. Am Ende der Straße, unterhalb der Taverne Paradise, liegt der Paradise Beach, eine nette kleine Bucht mit weißen Kieselsteinen zwischen weißen Felsen. Hier ist viel los, v.a. seit am Hang mehrere Hotelanlagen in Betrieb genommen wurden.

- **Service:** Taverne, Hotels, WC, Telefon, Liegen u. Schirme
- **Anfahrt:** Parkmöglichkeiten, Bus selten.

Mýrthos Beach bei Divaráta

Die Hauptattraktion von Kefaloniá. Eine von steilen, mit Macchia bewachsenen Felswänden umgebene riesige Bucht mit schneeweißem Sandstrand und türkisblauem Wasser ohne Bebauung, nur die Serpentinenstraße stört die Idylle, aber ohne sie könnte man den Strand ja nicht erreichen. Allein ist man hier natürlich nur im Winter, aber da die Bucht riesig ist, findet man auch während der HS immer noch ein Plätzchen.

- **Service:** Säuberung, Kiosk, WC, Telefon, Liegen, Schirme, Dusche.
- **Anfahrt:** Parkplatz, kein Bus.

Wanderung von Divaráta nach Ag. Efimía

- **Route:** Divaráta – Karousáta – Kríni – Ag. Efimía
- **Strecke:** über kleine Sträßchen und Schotterwege
- **Landschaft:** sehr hübsche Tour, die an alten Brunnen und Kirchen vorbei durch Felder, Viehweiden in einem malerischen Tal entlang abwärts führt
- **Dauer:** knapp 2 Std.
- **Ausrüstung:** Wasser, Verpflegung (Picknickplatz und Taverne, die nur in der HS geöffnet hat, liegen auf der Strecke), Sonnenschutz, eventuell Badesachen
- **Anfahrt:** Parken in Divaráta und von Ag. Efimía per Bus zurück nach Divaráta zum Fahrzeug (einer fährt am späten Vormittag, einer am frühen Nachmittag, Fahrplan besorgen!)
- **Hinweis:** Die einfache, sehr schöne Tour, die man auch mit kleineren Kindern wandern kann, ist mit roten Vierecken markiert. Der Wanderweg in Gegenrichtung zum Mýrthos-Strand abwärts ist nicht empfehlenswert, er verläuft auf der Straße.

Man folgt vom Parkplatz an der Hauptstraße, an dem die von der Gemeinde markierten Wanderwege auf einem großen Schild aufgemalt sind, der kleinen Straße, die nach **Karousáta** führt (Odos Dimokratias). Dort zweigt ein Fußweg von der Straße nach rechts ab. Man erreicht einen alten **Brunnen** und folgt dem mit roten Vierecken markierten Hauptweg abwärts, überquert eine Straße und wandert auf dem Talweg entlang, bis man wieder auf eine Straße trifft.

Der Weg, dem man später folgt, setzt sich auf der gegenüberliegenden Straßenseite fort, aber hier wandert man zunächst links auf der Straße an einer alten Platane und der gegenüberliegenden **Kirche von Kríni** vorbei. Über einen Betonweg hinter der Kirche erreicht man nach wenigen Metern die **Pyrgyro-Quelle,** sie ist markiert. Auf dem Rückweg ins Tal bietet sich der Platz unter der Platane für eine Pause an.

Nach diesem Abstecher geht man weiter auf dem **Schotterweg** im Tal abwärts und erreicht bald wieder eine Straße. Den roten Quadraten folgend überquert man die Hauptstraße, wandert auf ihr wenige Meter nach rechts und zweigt dann nach links ab (Schild „Hektors"). Die Schotterpiste gabelt sich wenige Meter

710ko Foto: vb

weiter. Man wandert nach links weiter das Tal hinunter. Der Weg führt immer geradeaus talabwärts. Der Schotterweg gabelt sich und man wandert links weiter. Der Weg geht am Ortsrand von Ag. Efimía in eine Straße über, die kurz darauf auf die Uferstraße trifft.

Strände

Ag. Kyriakís Sehr schön, aber nicht bekannt, daher erfreulich ruhig. Die Straße trifft bei einem kleinen Hafen ans Meer. Nach Osten zieht sich eine schlechte, nicht mehr befahrbare Piste an der Küste entlang. Die Hänge sind vor einigen Jahren abgebrannt, und jetzt wächst Gras und Schilf oberhalb des Strandes. Man kann ihn von der Straße oben am Hang und auch von Angónas aus nicht einsehen. Nur während der HS ist dieser herrliche weiße Sandstrand gut besucht. Unterhalb der Piste zieht sich ein schmaler Sandstreifen entlang, der von kleinen Felsen durchzogen wird. Der Hauptstrand mit türkisblau schimmerndem Wasser und einer oben am Hang gelegenen Taverne befindet sich am Ende des Weges am östlichen Ende der Bucht.

Blick auf den Strand Mýrthos

● **Service:** einfach zu erreichen für Leute mit Gehbehinderung, sauber, Taverne, Dusche, Volleyballnetz.
● **Anfahrt:** markiert, hinter dem Strand führt eine schlechte Piste ans östliche Ende der Bucht, Parkplatz, kein Bus.

Voúti

Ein weiterer Bilderbuchstrand. Bizarre Felseninseln sind dem kleinen weißen Sandstrand, in den sich Kieselchen mischen, vorgelagert. Auch hier schimmert das Wasser türkisblau. Der Blick fällt von hier aus auf die steile Felsenküste und die Halbinsel Assos. Ganz alleine ist man hier selten. Obwohl FKK auf ganz Kefaloniá verboten ist, lassen hier manche Urlauber alle Hüllen fallen. Hinter dem Strand liegt eine Hütte mit Terrasse.
● **Service:** keine Einrichtungen, keine Strandsäuberung.
● **Anfahrt:** Parkplatz, zu erreichen über eine Piste, die in Zola in der untersten Kurve von der kleinen Straße abzweigt, schlecht befahrbar, Trampelpfad ca. 50 m.

Dilináta und Davgáta

Dilináta ist ein ursprüngliches Dorf. Ein Besuch lohnt sich alleine wegen der herrlichen Aussicht auf Argostóli, die man vom Dorfplatz aus genießt.

Naturkundemuseum Davgáta

Ausgestellt sind Steine und Fossilien von Kefaloniá. Es wird auch über die Wassermühlen und den Salzwasserstrom, der unter der Insel entlangfließt, informiert. Außerdem gibt es Querschnitte der Höhlen Ag. Theodori, Zervati und Melissani zu sehen. Auch seltene Pflanzen und Tiere der Insel werden im Museum vorgestellt. Die Ausstellung ist auf Griechisch und Englisch beschriftet. Empfehlenswert!

● **Geöffnet:** Juni bis September täglich 9–15 Uhr, sonst Mo–Fr 9–15 Uhr. Rollstuhlrampe vorhanden. Infos unter 26710-84400; Eintritt 2 €; ermäßigt 1 €.

Unterkunft

● **Privatzimmer:** Zimmer mit schöner Aussicht auf Argostóli kann man im Dorf Dilináta am Dorfeingang bei *Nikiforos* finden, Tel. 26710-84513, DZ mit Balkon und Küche, AC, 30–40 €.

Strände

Buchten im Golf von Argostóli

Die Strände in den kleinen Buchten im Golf von Argostóli sind nicht so schön wie die dem Meer zugewandten. Sie werden überwiegend von Einheimischen genutzt. Zum Baden eignen sich lediglich **Koumaria, Ag. Sotira** oder **Ligiá.**

Der Norden

Landschaft

Das Gebirge wird nach Norden flacher. Spektakulär ist die **Felsenküste bei Assos** an der trockenen Westseite. Kleine Bergdörfer reihen sich an der Ostseite aneinander. Fiskárdos Umgebung wird von kleinen, zypressenbestandenen **Buchten** geprägt. Macchia und Wald überziehen die Hügel

Tipps für die Region

Verkehrsmittel

- Die **Schiffsverbindungen** werden im Kapitel „Reisetipps A–Z/Anreise" beschrieben.
- Die **Busverbindungen** sind schlecht.
- **Taxi:** Fiskárdo, Handy 6932637072 oder 6984366800, Assos, Handy 6977848928.
- Wer etwas sehen will von der Region, dem rate ich zum Mietwagen (↗ Kapitel „Reisetipps A–Z, Mietfahrzeuge").
- Tankstellen findet man in Vasilikádes und in Ag. Efimía.

Aktivitäten

- **Tauchen:** Fiskárdo Diving Center, Tel. 26740-41477, Handy 6970 206172.
- **Reisebüros, Motor- und Segelboote:** Nautilus Travel, Tel. 26740-41440, Fax 41470, und Pama Travel, Tel. 26740-41033, Fax 41032, www.pamatravel.com, bieten Ausflüge, Internet, Fährtickets, Zimmer, Motor- und Segelboote an; Motorboats for rent Regina, am Fähranleger in Fiskárdo, Boote mit 25 PS, für die kein Motorbootführerschein notwendig ist (40–85 €/Tag), Handy 6938984647.

Nützliche Adressen

- **Krankenhaus:** in Argostóli, Tel. 26710-24641.
- **Arzt:** in Vasilikádes (ausgeschildert), Tel. 26740-51588, Handy 6974972298; während der Badesaison auch in Fiskárdo; nächstgelegene **Apotheke** in Vasilikádes Tel. 26740-51511.

- **Touristenpolizei:** Argostóli, Tel. 26710-22815.
- **Geld:** Banken und Automaten in Fiskárdo.
- **Internetcafé:** in Fiskárdo am Hafen.

Assos

Die **Halbinsel,** auf der die Festung Assos aus Kiefernwald emporragt, ist schon von fern zu sehen. Die Hauptstraße führt auf halber Höhe mit herrlicher Aussicht an der schroffen Westküste entlang.

Zum Schutz der Bevölkerung gegen plündernde Piraten und Osmanen ließen die Venezianer 1593 mit dem Bau der Festung beginnen. Es wurde fast die ganze Halbinsel ummauert. Bis 1968 war sie noch bewohnt. Heute ist die Festung verlassen.

Die Menschen leben jetzt im kleinen Dorf Assos am Hafen, das stark unter dem Erdbeben gelitten hat. Am Hafen erinnert eine Gedenktafel an die französische Aufbauhilfe. Das Dorf ist **malerisch.** Am Hafen kann man in einem Café relaxen, kleine Boote dümpeln in der Bucht, Blumen zieren das Dorf, Kriegerdenkmäler stehen am Platz, den eine alte Kanone und ein Anker schmücken. Assos ist überwiegend das Ziel von Ausflüglern, wie man schon am beeindruckend großen Parkplatz erkennen kann. Die Festung ist nur zu Fuß zu erreichen.

Auf dem Weg zur Festung kommt man an der **Kirche Panagía Plakoula** vorbei. Sie wurde 1873 errichtet. Das Ikonenrelief, das neben dem Eingang der Kirche eingemauert ist, wurde unten am Meer gefunden.

In der **Festung** trifft man auf die Ruinen der Zitadelle und neben der Treppe auf die Überreste der katholischen Kirche San Marco, die 1604 errichtet wurde. Auch Teile des Gefängnisses, das bis 1815 in Betrieb war, sind noch zu erkennen. Unten zwischen den Feldern liegt die von Gräbern umgebene Kirche Profítis Ilías aus dem Jahr 1889. Im unteren Teil des weitläufigen Geländes weiden Schafe und Ziegen unter Olivenbäumen.

Unterkunft

- **Linardos Apartments,** Tel./Fax 26740-51563, Handy 693652 2594, im Winter in Athen Tel./Fax 210-6522594, www.linardos apartments.gr. DZ, Bad, Balkon, Blick auf die Bucht, Küchenecke, TV, AC, 40–80 €.

Im malerischen Assos

Strände

An der Felsküste bei Assos liegen einige nur vom Meer her zu erreichende kleine Buchten. In dieser Region leben aber auch die scheuen, vom Aussterben bedrohten **Mönchsrobben,** und es erscheint fragwürdig, ihnen ihre letzten Refugien auch noch streitig zu machen. Kefaloniá bietet nun wirklich genug andere schöne Möglichkeiten zum Baden. In Assos selbst kann man an einem schmalen Strandstück ins Wasser, es gibt aber bessere Bademöglichkeiten.

416ko Foto: vb

Rundwanderung auf der Festung Assos

- **Route:** Parkplatz Assos – Panagía Plakoula – Festungseingang – Aussichtspunkt – Festungstor hinter dem Gefängnis – Parkplatz Assos
- **Strecke:** breitere Pisten und schmale Fußwege, Höhenunterschied: 150 m
- **Landschaft:** Kiefernwald, im Festungsareal Olivenhaine und Macchia
- **Dauer:** ca. 1½ Std.
- **Ausrüstung:** Wasser, Verpflegung, Sonnenschutz
- **Anfahrt:** Parkplatz am Ortseingang von Assos

Zum Festungseingang

Man folgt der breiten Piste, die durch Kiefernwald vom Parkplatz aus nach oben zur **Kirche Panagía Plakoula** und weiter den Berg hoch bis zum Eingang der alten Festung führt.

In der Festung

Durch das Haupttor gelangt man auf einen breiten Weg, dem man nach rechts folgt. Er endet am höchsten Punkt der Festung auf einem Aussichtspunkt mit einer **Turmruine.** Nun geht man wieder zurück zum Eingang, vor dem Trampelpfade links hoch zur Mauer und über den **Festungseingang** führen. Von hier hat man eine schöne Aussicht auf das Dorf. Dann folgt man dem Hauptweg den Hang hinunter. Zunächst kommt man an einer Zisterne vorbei. Links des Weges liegt die Ruine des **alten Gefängnisses.** Weiter abwärts, kurz hinter dem Gefängnis, zweigt ein Pfad nach links ab. Hier befindet sich ein Tor in der Festungsmauer, hinter dem ein alter Fußweg beginnt.

Rückweg

Auf den ersten 100 m ist der Weg nicht einfach zu finden. Viele Pfade führen den Hang hinunter. Sie treffen weiter unten aufeinander. Dann beginnt der alte Weg, der sich am sonnigen, mit wenigen Kiefern bewachsenen Südhang entlangzieht. Von hier hat man eine herrliche Aussicht auf die Bucht Ag. Kyriakí. Kurz bevor der Weg auf die Piste mündet, über die man hochgekommen ist, zweigt rechts ein schmaler Fußweg zu einem **Aussichtspavillon** ab. Hinter diesem Pavillon führt der schmale Pfad weiter durch den Wald abwärts. Kurz vor dem Parkplatz mündet er erneut auf die Piste.

Fiskárdo

Der kleine Hafen von Fiskárdo hat sich zur Urlauberstadt entwickelt. Die Neubauten wurden zwar dem Ortsbild angepasst, aber das Dorf hat sich verändert. Im Sommer ist es fest in englischer Hand. Man sieht nur noch wenige Fischerboote im Hafen dümpeln, dafür aber zahlreiche **Segelboote und Jachten.** Von hier legt regelmäßig die Fähre zu den Nachbarinseln Lefkáda und Itháki ab. Die Landschaft, die den kleinen Hafenort umgibt, ist leicht hügelig und mit Macchia, Oliven und Zypressen überzogen.

Der Name Fiskárdo geht auf den Normannen **Robert Guiskard** zurück, der im 11. Jh. Kefaloniá eroberte. Er starb, als er 1085 auf seinem Schiff hier vor Anker lag. Vermutlich wurde *Guiskard* auf der Halbinsel beim Leuchtturm in einer dreischiffigen Basilika beigesetzt. Eine Ruine des ehemaligen Gotteshauses existiert noch.

Zu venezianischer Zeit wurde auf dem Kap der kleine **Leuchtturm** erbaut. Ein neuerer Turm, der unweit aus den Büschen ragt, verrichtet heute seine Arbeit.

Museum

Gleich neben der Schule befindet sich ein kleines Museum, das über die Lebensgewohnheiten der vom Aussterben bedrohten **Mönchsrobben** informiert. 1998 lebten in den Gewässern im Norden Kefaloniás 25 Exemplare. Wer das seltene Glück haben sollte, eine Robbe zu Gesicht zu bekommen, sollte dem scheuen Tier nicht allzu dicht auf die Pelle rücken.

- **Geöffnet:** Während der Saison Mo–Fr 10–18 Uhr, Sa, So 10–14 Uhr, Spendenbox, Eintritt frei, Informationen: Tel./Fax 26740-41081, www.fnec.gr.

Essen und Trinken

- **Tselenti,** am Platz, schönes altes Gebäude, nette Musik, Preise hoch.

Internet

- Am Hafen bei **Nautilus Travel.**

Strände

Fóki

Eine malerische, kleine Bucht mit felsenumrahmtem hellen, feinen Kiesstrand. In der Bucht stehen hinter dem Strand uralte Olivenbäume, dahinter führt die Straße entlang. Auf den Felsenkaps

106ko Foto: vb

wächst Zypressenwald, und der Blick fällt auf die Nachbarinsel Itháki. Auffällig zurückhaltend ist die Bebauung, nur eine unscheinbare Bar an der Straße lässt die Bucht, in der oft Holzboote dümpeln, unberührt erscheinen. Die kleine Idylle hat einen Haken: einsam ist diese Bucht nun mal ganz und gar nicht, meist ist sie überfüllt.

- **Service:** Bar.
- **Anfahrt:** Parkmöglichkeiten nur an der Straße.

Emblisi

Auch hier ist leider während der HS mehr als genug los. Diese Bucht ist umrahmt von weißen, flachen Felsenplatten und hat einen ausgesprochen schönen weißen Kiesstrand zu bieten sowie hellblau erstrahlendes Wasser. Hinten stehen einige alte Olivenbäume, auf den Kaps wächst Phrygana. Im Hinterland wurde kräftig gebaut. Der Blick fällt nach Lefkáda, von wo hier ein Hauptstromkabel ankommt. Daher gilt Ankerverbot. Hinten im Tal steht auch eine Trafoanlage.

- **Service:** Strandsäuberung, Taverne mit WC in 800 m Entfernung, Liegen und Schirme während der HS.
- **Anfahrt:** Parkplatz, rund 20 Minuten zu Fuß v. Fiskárdo.

Die Bucht Fóki bei Fiskárdo im Oktober

Dafnoúdi

Diese sehr malerische Bucht liegt etwas versteckt hinter dem Weiler Markandonáta. Sie hat ihre Fans, ganz einsam ist man hier trotz mühevoller Anreise selten. Der schneeweiße Kiesstrand ist von bewaldeten Felsenkaps umgeben, am Horizont erspäht man Lefkáda. Das Wasser ist leuchtend blau, teilweise mit Algen. Der Strand ist sonnig.

- **Service:** keine Einrichtungen.
- **Anfahrt:** Eine kleine Straße führt von Markandonáta aus abwärts, die letzten 10 Min. muss man über einen hübschen Fußpfad (gute Schuhe tragen!) zurücklegen, der Strand ist markiert.

Alatiés

Die reizvolle Küstenlandschaft mit bizarren kahlen Felsen umgibt eine winzige Sandbucht. Am Hang hinterm Strand erhebt sich eine Taverne, vor der Terrassen mit Bäumen angelegt wurden; hier werden während der HS Liegen und Schirme angeboten. Wenige Meter oberhalb des Parkplatzes beginnt ein Pfad zu einem herrlichen Aussichtspunkt mit Blick auf die Felsküste. Im Hinterland entstanden zahlreiche Ferienvillen aus den einstmals verfallenen Bauernhäusern. Der sehr kleine Strand ist recht schnell überfüllt.

- **Service:** Taverne, WC, Umkleidekabine, Liegen und Schirme, Strandsäuberung.
- **Anfahrt:** markierte Straße bis zur Taverne, Parkplatz.

Ag. Jerusalim

Zwei ruhigere Kiesstrände, die aber auch nicht ganz so schön wie die anderen Buchten im Norden sind, befinden sich in dieser Bucht mit kleinem Hafen. Vorgelagert ist der Bucht eine kahle Felseninsel, umgeben ist sie von steilen, mit Phrygana bewachsenen, trockenen Hängen. Die Taverne ist das einzige Gebäude in der Bucht.

- **Service:** Taverne, WC.
- **Anfahrt:** Parkplatz.

Varí, Komitáta und Neochóri

Die Dörfer des Nordens wurden bei den Erdbeben 1953 nur leichter beschädigt, weswegen man hier noch schöne alte Steinhäuser vorfindet. In Varí sind in der **Kirche Panagía Kougiana** volkstümliche Fresken erhalten.

Hoch oben, weit von der Küste entfernt, trifft man auf die Dörfer Komitáta und Neochóri. Den Besuchern bietet sich von hier eine wunderschöne Aussicht nach Itháki.

Strände

Entlang der Ostküste finden sich zahlreiche, hübsche kleine Buchten mit weißen Kiesstränden. In dieser Region liegen aber auch Wasserhöhlen, in denen die **Mönchsrobben** versuchen, ihren Nachwuchs großzuziehen, und dabei stören Urlauber, insbesondere wenn sie per Boot unterwegs sind, doch sehr. Staubpisten führen an einigen Stellen an die Küste hinunter, an Stellen, an denen die Robben schon lange Reißaus genommen haben. Hier stört man sie nicht.

Ag. Sofía, Chorgotá

P

Eine gute Straße führt von Komitáta aus zur Bucht **Ag. Sofía,** in der man zwei weiße Kiesstrände neben alten Fischerhäuschen findet. Holzboote dümpeln in der Bucht. Das Hinterland ist teilweise leider abgebrannt.

- **Service:** keine Strandsäuberung, keine Einrichtungen.
- **Anfahrt:** Ag. Sofía: Straße von Komitata aus, Parkmöglichkeiten.

Die Nachbarbucht **Chorgotá,** die man nur zu Fuß erreichen kann, taucht im Film „Corellis Mandoline" auf. Uralte Olivenbäume stehen auf Privatgrundstücken hinter dem weißen, nur teilweise öffentlichen Kiesstrand. Der Anlegesteg, der zur Filmkulisse gehörte, war nicht für die Ewigkeit gebaut und ist verrottet.

- **Anfahrt:** Kurz vor der letzten Kurve vor Ag. Sofía führt in spitzem Winkel eine kleine Straße hinunter.

Es führen noch einige schlecht befahrbare Pisten zu kleinen **Kieselbuchten** an der Ostküste hinunter.

LIXOÚRI UND DIE HALBINSEL PALIKÍ

Landschaft

Bizarre **Erosionsfelsen** durchziehen den trockenen Südteil der Halbinsel, die zum Golf von Argostóli hin grün ist und flach abfällt, zur Westküste aber steil ansteigt. Die spärlich bewachsene Felsküste im Westen ist nur an wenigen Stellen zugänglich.

Tipps für die Region

Verkehrsmittel

- Die **Schiffsverbindungen** zwischen Argostóli und Lixoúri sind gut (↗ Kapitel „Reisetipps A–Z").
- Die **Busverbindungen** sind schlecht.
- **Taxi:** Lixoúri, Tel. 26710-95700.
- **Mietfahrzeuge:** Wer wirklich etwas sehen will von der Region, dem rate ich zum selbstgesteuerten Fahrzeug, z.B. bei Porto Lixoúri, Tel./Fax 26710-92933, Handy 6972205505, www.lixouri-carhire.com (↗ auch Kapitel „Reisetipps A–Z, Mietfahrzeuge").
- **Tankstellen** findet man rund um Lixoúri.

Einkaufen

In einem größeren **Supermarkt** im nördlichen Ortsteil kann man Waren für den täglichen Gebrauch kaufen. In Lixoúri werden in kleinen Läden schöne Souvenirs angeboten.

425ko Foto: vb

Aktivitäten

In den Reisebüros werden die gleichen **Bootsausflüge** wie von Argostóli aus angeboten, z.B. bei Perdikis Travel an der Uferpromenade, Tel. 26710-91097, Fax 92503. Man bietet neben Schiffs- und Flugtickets auch Zimmer, Mietfahrzeuge und Ausflüge an.

Nützliche Adressen

- **Krankenhaus:** Das Krankenhaus von Lixoúri ist 24 Stunden täglich geöffnet und ausgeschildert, Tel. 26710-91233 oder 92222. Ein weiteres Krankenhaus liegt in Argostóli, Tel. 26710-24641.
- **Touristenpolizei,** Argostóli, Tel. 26710-22815.
- **Polizei:** in Lixoúri, Tel. 26710-91207.
- **Geld:** Es gibt mehrere Banken mit Automaten in Lixoúri.

Lixoúri

Lixoúri ist die zweitgrößte Stadt der Insel. Die 6000 Einwohner sind Nachkommen der Bevölkerung der antiken Stadt Pale, die etwas weiter nördlich auf einem Hügel lag. Von Pale ist heute nicht mehr viel zu sehen. Lixoúri wurde 1867 und 1953 durch Erdbeben zerstört, weshalb heute nur noch wenige alte Gebäude stehen. Das Stadtbild ist nicht gerade schön. Der Ort wird durch einen im Sommer meist ausgetrockneten Fluss in zwei Hälften geteilt. Das Zentrum mit dem Platz liegt im Süden. Hier herrscht reges Leben und eine angenehme Atmosphäre. Der Ort ist sehr griechisch geprägt, die Einwohner sind nett und gastfreundlich.

Die einzige Attraktion ist das Museum in der **Villa Iakovatos.** Die großzügige Villa im neoklassizistischen Stil hat dank guter Bauweise das letzte Erdbeben überstanden. Das Museum beherbergt eine Bibliothek mit rund 20.000 Büchern, Fotos der Spenderfamilie und alte Ikonen.

- **Geöffnet:** Di–Fr 8.30–13.30, Sa 9.30–12.30 Uhr. Eintritt frei.

Unterkunft/Essen und Trinken

- **Hotel La Cité,** Lixoúri, Tel. 26710-92701 Fax 92702, www.lacitehotellixouri.gr, nette kleine Zimmer, Bad, Balkon, vom 3. OG mit schöner Aussicht, hübscher Garten mit Pool, EZ 40–55 €, DZ 50–70 € mit Frühstück.
- **Novita,** am Hafen, sehr gute Küche, guter Service, guter Wein, Preise hoch.

Internet

- **Anemos Café** an der Uferpromenade.

Strände

Lépeda

Der Strand, der Lixoúri am nächsten liegt, ist vor allem während der HS ziemlich voll. Der hübsche, rote Sand ist von bizarren Felsenhalbinseln unterteilt. Hinter dem Strand ziehen sich Häuser in üppig grünen Gärten am Hang entlang. Der Blick fällt auf das gegenüberliegende Lássi, im Hintergrund überragt das Bergmassiv des Enos die Szenerie.

- **Service:** Umkleidekabine, Taverne, WC, Volleyballnetz, Telefon, Strandsäuberung, einfach zu erreichen für Leute mit Gehbehinderung, Liegen und Schirme.
- **Anfahrt:** Parkplatz.

Ag. Ioánnis und Ag. Geórgios

Einige Ministrände mit rotem Sand ziehen sich an der Küste entlang. In den letzten Jahren wurde hier eine von überall her gut sichtbare Hotelstadt der Superlative mit rund 1500 Betten aus dem Boden gestampft, weshalb die Strände mehr als gut besucht sind.

Zwischen Xi und Kounopetra

Der südliche Teil der Halbinsel Palikí wird von kleinen Erosionsfelsen in teils bizarren Formen geprägt. Sie sind spärlich mit Gräsern oder gar nicht bewachsen. An der Südküste fallen diese Felsen sehr reizvoll zum Meer ab. Hier zieht sich ein schmaler Streifen mit rotem Sand vor den weißlichen Felsen entlang. Der **Fels von Kounopetra** war in früheren Jahren eines der Inselphänomene, weil er unaufhörlich wackelte. Nach dem Erdbeben von 1953 senkte sich der Boden, und der Fels kam zur Ruhe. Schön ist der kleine Hafen am Kap von Kounopetra.

Unterkunft/ Essen und Trinken

- **Remetzo Studios,** Tel. 26710-93002, Fax 92537, Handy 6937 247955, www.kefalonia-remetzo.com. In kahler Umgebung, abgelegen, neue Häuser mit Garten direkt hinterm Strand Nikólaos, Vrachinari; Taverne, DZ, Bad, Balkon, Küchenecke, AC, 40–60 €.
- **Taverne Spiaggia,** neben dem Bachufer am Strand Vatsa gelegen, eine Bauernfamilie baut Biogemüse an und hat aus Holz und Schilf eine Taverne am Ende der Welt gebaut, nette Atmosphäre, www.vatsa.gr.

Strände

Xi und Kounopetra

Große Hotelanlagen sorgen dafür, dass man am Strand Xi selten alleine ist. Der geschwungene, schmale, rote Sandstrand, hinter dem sich kahle, weiße Erosionsfelsen erheben, ist glücklicherweise unverbaut. Die Hotelanlagen erstrecken sich im kahlen Hinterland, das nur spärlich mit Gras bewachsen ist und von vielen Erosionshügel durchzogen wird. Auch westlich vom felsigen Kap Xi mit seinen schneeweißen Hängen erstreckt sich ein sehr schmaler Sandstreifen, der allerdings meist übervoll mit Seegras beladen ist, und erst kurz vor dem Kap Kounópetra, an dem ein hübscher kleiner Hafen zu finden ist, wird der rote Sandstreifen dann wieder etwas breiter.

● **Service:** abschnittsweise Strandsäuberung, Duschen, WC, Umkleidekabinen, Kiosk, Telefon, Taverne, Großhotel, Liegen, Schirme.

● **Anfahrt:** Parkplatz, markiert, Bus von Lixoúri.

Vatsa/Ag. Nikólaos

Bei der Taverne Spiaggia mündet ein schilfumstandener Bach ins Meer. Hinten liegen Gemüsefelder in der Ebene. Vor der Taverne zieht sich ein kleiner Sandstrand entlang, der aber nur genossen werden kann, wenn die Besitzer der Taverne diesen Strand vom Seegras befreien, was sie während der HS auch tun.

● **Service:** einfach zu erreichen für Leute mit Gehbehinderung, Taverne, WC, Pension, Liegen und Schirme.

● **Anfahrt:** Straße, markiert als „Vatsa“.

Vrachniari Ag. Nikólaos

Bei der Taverne Remetzo, etwas weiter südlich gelegen, findet man eine geschwungene flache Bucht mit Sandstrand, als „Vrachinari“ ausgeschildert. Hinter dem Strand sind neue Pensionen entstanden, und um sie herum wurden Gärten angelegt in der sonst mit Schilf, Gras und Sträuchern bewachsenen, flachen, kahl wirkenden Landschaft.

● **Service:** einfach zu erreichen für Leute mit Gehbehinderung, Taverne, WC, Pensionen, Liegen und Schirme.

● **Anfahrt:** Parkplatz, markiert ist die Taverne Remezzo.

Géro Gómbo und das Moní Kipoureon

Eine schlechte Piste führt zum **Leuchtturm** Géro Gómbo. Die Landschaft ist kahl und felsig. Hinter dem Turm beginnt die unwegsame Felsküste.

Malerisch sind die Sonnenuntergänge am **Moní Theotókou Kipoureon.** Es wurde im 18. Jh. von einem Mönch, der im benachbarten Moní Ag. Paraskevís Tafioú lebte, gegründet. Von jenem Kloster sind heute nur noch ein paar Ruinen erhalten. Auch das Moní Kipoureon wurde durch das Erdbeben 1953 zerstört. 1964 baute man zunächst die Kirche wieder auf. In den letzten Jahren wurde vom einzigen Mönch, der die Anlage bewohnte, ein ganzer Klosterkomplex angefügt. Eine wertvolle Ikone von *E. Tzanes* aus dem Jahr 1663 wurde dort aufbewahrt. Aber nun zerfällt die Anlage schon wieder.

Strände

Langadákia
P

Eine von bizarren Felsen umrahmte, kleine Kiesbucht in kahler Umgebung, der ein Felseninselchen vorgelagert ist. Beliebt bei den Einheimischen, viel Seegras.

- **Service:** keine Einrichtungen, keine Strandsäuberung.
- **Anfahrt:** Parkplatz, Strand ist als „Gerogombo" markiert.

Platiá Amos

Wer Mühen nicht scheut, kann einen der schönsten einsamen Strände auf Kefaloniá ergründen. Es warten türkisblau schimmerndes Wasser, braun gemusterte Kieselsteinchen und Einsamkeit, denn der Treppenweg ist sehr anstrengend und in schlechtem Zustand. Das nehmen trotz Traumstrand doch nicht allzu viele Badefreunde auf sich ... Badeboote verirren sich relativ selten hierher, denn die nächsten Häfen liegen weit entfernt. Am Strand teilweise auch Sand und zu Beginn Felsen im Wasser, hinten in den Felsen auch Höhlen, in denen man Schatten finden kann.

- **Service:** keine Einrichtungen.
- **Anfahrt:** An der Straße hinter dem Kloster Kipoureon befindet sich im Niemandsland ein Schild, bei dem eine schlechte Piste abzweigt. Gute Fahrkenntnisse und ein sehr robustes Fahrzeug sind hier notwendig. Es kann auch sein, dass diese Piste nach den Wintergewittern für Fahrzeuge unpassierbar wird. Am Ende der Piste beginnt ein Treppenweg mit mehreren hundert Stufen. 2011 war der Pfad für sportliche Menschen noch passierbar.

Kondogenáda und Ag. Thékli

Auf dem Weg zum beliebten Strand Petani kann man einen Abstecher nach Kondogenáda machen. Das Dorf zieht sich wie ein Amphitheater den Hang hoch. Ganz oben erhebt sich die Ruine einer Windmühle, die man erreicht, indem man dem Schild „nice view" folgt. Von hier aus fällt der Blick nach Lixoúri und auf das gegenüberliegende Lássi. Nach Norden kann man bis nach Livadi schauen.

Unterkunft/ Essen und Trinken

- **Taverne To Keli,** einfache Ausflugstaverne, direkt neben der Kirche auf einer Terrasse mit sehr schöner Aussicht.
- **Niforos Apartments,** Tel. 26710-97471 oder 97250, Fax 97350, Handy 6936879355. Oben am Pass mit herrlicher Aussicht auf die Küste beim Strand Petaní, Pool, DZ, Bad, Küchenecke, 50–75 €.

Strände

Petaní

Ein weiterer Bilderbuchstrand, den Kefaloniá zu bieten hat, ist diese von steilen, weißen Felswänden umgebene, geschwungene Bucht mit türkisblauem Wasser. Der Blick fällt auf Felsenkaps und vorgelagerte Inseln. Am Sandstrand, der mit Kieseln durchzogen ist, wurden mehrere Häuser errichtet. Auch oben an der Serpentinenstraße, die durch den mit Phrygana bewachsenen Hang steil abwärts führt, sind Pensionen entstanden. Petaní ist sehr beliebt und während der HS gut besucht.

Wer es ruhiger haben möchte, kann versuchen, den schmalen Buchtabschnitt Ag. Elénis zu erreichen. Die Felswände ragen hier fast senkrecht auf und Teile dieses schneeweißen, kleinen Sandkieselstrandes sind daher meist verschattet.

- **Service:** Am Hauptstrand Strandsäuberung, Telefon, Tavernen, WC, Pension, Liegen und Schirme. Ag. Elénis: keine Einrichtungen.
- **Anfahrt:** zum Hauptstrand Petaní führt eine markierte Straße, Parkplatz. Ag. Elénis wird durch eine kleine Betonstraße von Damoulianáta aus erschlossen, die allerdings noch steiler ist, gute Fahrkenntnisse sind notwendig.

Der Strandabschnitt Ag. Elénis

Livadi und Athéras

Das **nördliche Ende der Bucht** von Argostóli wird Livadi genannt. Im Winter und nach Regenfällen ist die ganze Ebene in einen Sumpf verwandelt. Am Strand stehen die Ruinen eines alten Gefängnisses. Hier wurden zuletzt von der Militärjunta Anfang der 1970er Jahre politische Gefangene unter miserablen Bedingungen gefangen gehalten.

Athéras und der Strand bei der **Kirche Ag. Spiridoúnas** gehören zu den ruhigsten Ecken der Insel.

Strände

Athéras

Der Blick vom grauen, flachen Sandstrand dieser tief eingeschnittenen Bucht fällt auf eine kahle Felseninsel und die malerische Kirche Ag. Spiridoúnas am Buchtrand, vor der in einem kleinen Hafen bunte Boote dümpeln. Hinter dem Strand liegt in einer Wiese eine Taverne im breiten Tal, im Hinterland erheben sich mit Macchia bewachsene Berge. Es geht hier ruhiger zu.

- **Service:** einfach zu erreichen für Leute mit Gehbehinderung, keine Strandsäuberung, Umkleidehaus, Cafébar, WC, während der HS Liegen und Schirme, kleiner Hafen.
- **Anfahrt:** Parkplatz.

418ko Foto: vb

417ko Foto: vb

Rundfahrten

Die in den vorangegangenen Kapiteln näher beschriebenen Orte sind mit **Sternchen*** markiert.

Große Tour durch den Südosten

Diese lange Rundreise (110 km), für die man frühmorgens aufbrechen sollte, führt von **Argostóli*** über **Skála, Póros** und **Sámi** wieder zurück nach Argostóli. Sie kann auch von jedem anderen Ort aus, der auf der Strecke liegt, begonnen werden. Da es keine Möglichkeit gibt, die Tour abzukürzen, ist man von morgens früh bis in den Abend hinein unterwegs. Die Fahrt führt zu den Highlights der Insel und kann als **erste Orientierung** auf Kefaloniá genutzt werden.

Von **Argostóli*** fährt man nach **Peratáta*** auf die **Festung Ag. Geórgios*.** Danach folgt man der Hauptstraße über **Kateliós*** nach **Skála*.** Die Küstenstraße führt am Hafen von **Póros*** vorbei in das Dorf hinein. Hinter Póros zieht sich die Straße durch eine Felsenschlucht nach **Tzanáta*,** einem unscheinbaren Binnendorf, bei dem die prächtigste mykenische Grabanlage zutage kam, die auf den Ionischen Inseln gefunden wurde. Man folgt nun der Straße nach rechts hoch über einen Pass nach **Sámi*.** Rund um Sámi gibt es sehr viel zu sehen, u.a. die alte **Akropolis*,** die **Höhle Melissáni*** oder den **Strand Antisamos*.** Nun folgt man der Straße mit schöner Aussicht über den Pass am Enos und durch die **Hochebene Omalon*** nach Argostóli.

Tour über die Halbinsel Palíki

Man startet mit der kleinen Fähre in Argostóli, überquert den Golf und erreicht **Lixoúri*.** Dann folgt man der Straße südwärts in Richtung Xi nach Mantzavináta. Ein Abstecher zum **Kap Kounópetra*** ist wegen der schönen Aussicht lohnend. Man fährt zurück auf die Hauptstraße, passiert Chavriáta und biegt kurz vor dem Ortseingang von Chavdáta nach links zum Kloster **Moní Kipoureon*** ab. Dann führt die Straße ins Dorf Kaminaráta. Man fährt hier links weiter nach **Ŕífi,** und auch hier hält man sich zunächst links, um dann kurz darauf nach rechts nach **Ag. Thékli*** abzubiegen. Man fährt nun links weiter, den Schildern „Petani" hinterher. Ein kleiner Abstecher in Vovikes nach rechts ins Dorf **Kondogenáda*** lohnt sich wegen der schönen Aussicht. Man fährt dann nach Vovikes zurück und folgt der Straße zum Strand von **Petáni*** hinab. Danach wählt man oberhalb des Strandes eine neue Straße nach links, an der Argostóli ausgeschildert ist. So erreicht man eine Straße in der Ebene bei **Livádi.** Nach links kann man noch einen

Der Traumstrand Koróni zwischen Lourdáta und Kateliós

Abstecher ins abgelegene Dorf **Athéras*** und zur malerischen **Kirche Ag. Spiridoúnas*** am kleinen Fischerhafen unternehmen. Dann fährt man zurück, trifft bei Livádi auf die Hauptstraße, der man nach links folgt und über die man in **Katochóri*** auf die große Straße trifft, die hoch oben am Hang in den Felsen hineingesprengt ist; dieser folgt man nach rechts. **Kouroukláta** und **Fársa** kleben am Steilhang. Der Straße folgend, erreicht man wieder Argostóli.

Tour durch den Inselnorden

Eine Rundfahrt durch den Inselnorden beginnt in **Ag. Efimía*.** Man folgt der kleinen Serpentinenstraße hoch ins Dorf **Neochóri*.** Die Straße, von der der Blick aufs benachbarte **Itháki** fällt, führt hoch oben an der Ostseite der Insel entlang durch kleine Dörfer. Man fährt von **Vasilikádes** weiter nordwärts und zweigt nach knapp 5 km nach rechts auf eine kleine Straße nach **Matsoukáta** ab. Sie führt am **Strand Fóki*** vorbei nach **Fiskárdo*.** Für eine **Badepause** bieten sich die Strände **Fóki, Emblisi*** oder **Dafnoúdi*** an.

Die **Rückfahrt** erfolgt entlang der Westküste. Einen Abstecher nach **Assos*** sollte man nicht versäumen. Am Ende der Tour erreicht man einen Aussichtspunkt an der Straße mit Blick auf den **Mýrthos Beach*,** den man von Divaráta aus über eine kleine Straße erreichen kann. Von **Divaráta** führt auch eine Straße nach Ag. Efimía, zum Ausgangspunkt dieser Tour.

119ko Foto: vb

DIE INSEL IM ÜBERBLICK

- **Einwohner:** 3000
- **Fläche:** 93 km²
- **Höhe:** 809 m
- **Tel.-Vorwahl:** 26740
- **PLZ:** 28300

Mythologie

In mykenischer Zeit herrschte **König Odysseus** von Ithaka aus über ein großes Reich – laut griechischer Mythologie. Daher interessieren sich Archäologen schon seit Langem für die Insel. Nachgewiesen ist, dass Itháki zu jener Zeit bewohnt war, aber spektakuläre Funde hat man bisher nicht gemacht.

Praktische Tipps

Verkehrsmittel

Näheres zur **Anreise** und zu den **Fähr- und Schiffsverbindungen** ist im Kapitel „Praktische Reisetipps A–Z" detailliert beschreiben.

- Der **Bus** fährt wochentags dreimal täglich die Strecke Kióni – Fríkes – Stavrós – Vathí. Der Fährhafen Píso Aetos ist nicht per Bus zu erreichen.
- **Taxi:** in Vathí: (jew. Handy-Nr.) Paraskevas 6976697758, Spiros 6974648253, Lolos 6976670427, Rofeis 6945700314. Weitere Taxis für den Inselnorden in Stavrós.
- **Mietfahrzeuge:** Autos, Mofas und Fahrräder werden in Vathí angeboten von Alpha Cars, Tel. 26740-33243 oder 32850, Handy 6977407388, www.alphacarsgreece.com (⇗ auch Kapitel „Reisetipps A–Z").
- **Tankstellen:** in Vathí und zwischen Stavrós und Fríkes.

Infos

- Bei der **Touristenpolizei,** Tel. 26740-32205.

Einkaufen

Große Supermärkte gibt es auf Itháki nicht, man kauft im **Tante-Emma-Laden** oder beim **Händler an der Straße.** In Vathí gibt es mehrere **Souvenirgeschäfte.**

Aktivitäten/ Nachtleben

- **Autos, Mofas und Fahrräder:** bei Alpha Cars, Tel. 26540-33243 oder 32850 zu mieten.
- **Bootsausflüge** und **Motorboote** zum Mieten bieten die Reisebüros in Vathí an, www.ithakiholidays.com oder www.ithaca.com.gr. Hübsch ist der Bootsausflug rund um Itháki mit einem Ab-

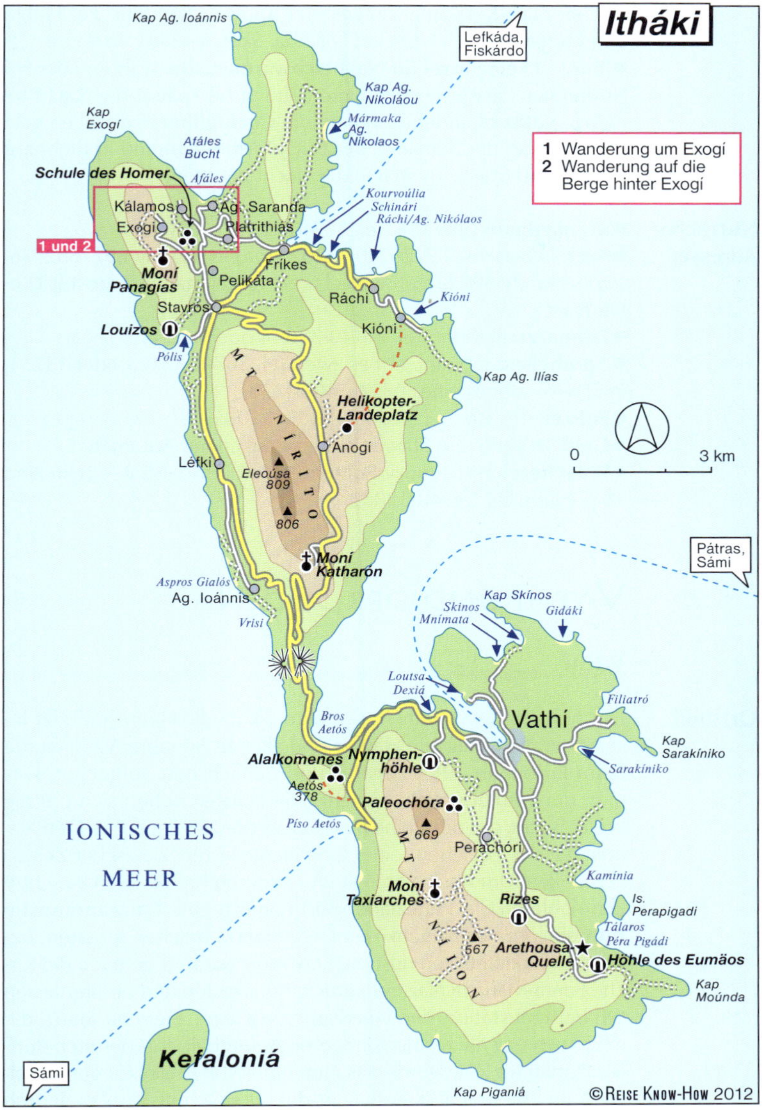
Itháki
1 Wanderung um Exogí
2 Wanderung auf die Berge hinter Exogí
1 und 2
Kap Ag. Ioánnis
Lefkáda, Fiskárdo
Kap Ag. Nikoláou
Mármaka
Ag. Nikolaos
Kap Exogí
Afáles Bucht
Afáles
Schule des Homer
Kálamos
Ag. Saranda
Exogí
Platrithiás
Kourvoúlia
Schinári
Ráchi/Ag. Nikólaos
Fríkes
Moní Panagías
Pelikáta
Ráchi
Kióni
Stavrós
Louizos
Kióni
Pólis
Kap Ag. Ilías
MT. NÍRITO
Helikopter-Landeplatz
Anogí
0
3 km
Léfki
Eleoúsa
809
806
Moní Katharón
Pátras, Sámi
Aspros Gialós
Ag. Ioánnis
Vrisi
Kap Skínos
Skinos
Mnímata
Gidáki
Loutsa
Dexiá
Filiatró
Vathí
Bros Aetós
Kap Sarakíniko
Sarakíniko
Alalkomenes
Nymphen-höhle
Aetós
378
Paleochóra
669
Píso Aetós
IONISCHES MEER
MT. NÍION
Perachóri
Kaminia
Moní Taxiarches
Rizes
Is. Perapigadi
Tálaros
Péra Pigádi
567
Arethousa-Quelle
Höhle des Eumäos
Kap Moúnda
Kefaloniá
Sámi
Kap Pigagniá

stecher nach Kefaloniá. Ein weiterer Bootsausflug führt zur Höhle von Meganísi, nach Nidrí auf Lefkáda, Skorpios und Madouri.

• Itháki ist **keine Insel für Nachtschwärmer,** aber während der HS ist durchaus geräuschvolle Unterhaltung bis spät in die Nacht hinein in **Vathí** zu finden. Schön ist die **Cocktailbar** in der alten Villa Drakoulis an der Stirnseite der Bucht. Am Buchtrand in Richtung Loútsa wird Musik bis spät in die Nacht geboten.

Nützliche Adressen

• **Krankenhaus:** in Vathí, Tel. 26740-32222, 33175.

• **Arzt:** in Stavrós, Tel. 26740-31207, *Antonis*, Handy 6977682776; *Viron,* Handy 6972375386. Fachärzte findet man in Argostóli (Kefaloniá).

• **Zahnarzt:** in Vathí, Tel. 26740-33444 oder 32644.

• **Apotheken:** In Vathí gibt es zwei, Tel. 26740-33105 oder 33251, in Stavrós gibt es eine, Tel. 26740-31333.

• **Polizei:** in Vathí, Tel. 26740-32205, 33035.

• **Geld:** In Vathí und Stavrós gibt es Banken mit Automaten.

• **Wäschereien:** Laundry Polifimos, Vathí, Mo–Sa 8–13Uhr und 18–21 Uhr, Tel. 26740-32032.

Vathí und der Süden

Vathí

Ortsbild

Das hübsche Dorf Vathí ist seit dem 16. Jh. die Hauptstadt der Insel. Aber die wenigsten Häuser sind älter als 50 Jahre: Vathí wurde beim Erdbeben 1953 zerstört und danach neu aufgebaut, was man der Siedlung nicht ansieht. Die Häuser ziehen sich um die breite Bucht, der die kleine Insel Lazaretto vorgelagert ist. Den Namen hat das Inselchen seiner Geschichte in venezianischer Zeit zu verdanken. Um Itháki vor Pest und anderen Krankheiten zu schützen richteten die Venezianer dort nämlich eine **Quarantänestation** ein, auf der Neuankömmlinge Station machen mussten, bevor sie Itháki betreten durften. Das Wort Lazarett geht auf die Kirche Santa Maria di Nazaret zurück, der ältesten und berühmtesten Quarantänestation der Venezianer vor ihrer eigenen Stadt, die man auch erst nach einem längeren Aufenthalt dort betreten durfte. In späterer Zeit wurde das Gefängnis von Itháki auf dem Inselchen untergebracht. Heute liegt die unbewohnte Insel malerisch

712ko Foto: vb

und ruhig in der Hafeneinfahrt von Vathí. Eines der wenigen Gebäude, die dem Erdbeben trotzten, ist die neoklassizistische Villa Drakoulis an der Stirnseite der Bucht. Heute ist ein Café dort untergebracht.

Sehenswertes

Im **Archäologischen Museum** sind zahlreiche Fundstücke vom Berg Aetós ausgestellt. Dort wurde ab dem 7. Jh. v. Chr. der Gott Apollon verehrt. Präsentiert werden u.a. Bronzegefäße, Münzen, Keramiken, Murmelketten aus dem 8. Jh. v. Chr. und Bronzefiguren, die an Dreifüßen festgemacht waren, aus dem 8.–6. Jh. v. Chr.

- **Geöffnet:** Di–So 8.30–15 Uhr, Eintritt frei, Tel. 26740-28300 oder 32000.

Im **Nautischen und Folkloremuseum** werden Trachten, Porzellan, Spitzen, Stickereien, Möbel, Musikinstrumente, Schifffahrtbücher, Kapitänsuniformen, Zeichnungen von alten Schiffen und Hausrat aus vergangenen Zeiten ausgestellt.

- **Geöffnet:** Di–Sa 8.30–14.30 Uhr, Eintritt 2 €, Tel. 26740-33398.

Blick auf Vathí

Unterkunft

Das Preis-Leistungsverhältnis der meisten Unterkünfte in Vathí ist eher schlecht.

- **Hotel Omirikon,** Tel. 26740-33596, Fax 33130, www.omirikon hotel.com, schöne Anlage am Buchtrand, hübsche Terrasse mit Pinien, Bad, Balkon, AC, TV, Telefon, DZ 90–140 €, Vierer-Zimmer 100–180 €.
- **Calypso Apartments,** Perachóri, Tel. 26740-33138, Fax 23934, www.ithaki-calypso.com. Hoch über der Bucht mit schöner Aussicht gelegen, einfache DZ, Bad, Balkon, Bar, ohne Frühstück 25–55 €, mit Küchenecke 40–65 €, Frühstück 7 € pro Person, etwas bessere DZ mit Küchenecke 80–105 €, Vierer-Zimmer 50–90 €, besser ausgestattet 100–135 €.
- **Odyssey Apartments,** Tel. 26740-33400, Fax 32668, im Winter in Athen Tel. 210-8212180, Fax 8238909, www.ithaki-odyssey.com. Am Buchtrand in Richtung Loútsa gelegen, schöner Garten, Pool, Kinderspielplatz, einfache, aber nett eingerichtete DZ, Bad, Balkon, AC, TV, Küchenecke, mit Frühstück 55–110 €, Apartments mit zwei Zimmern 70–140 €, mit drei Zimmern 90–170 €.
- Preisgünstigere **Privatzimmer** werden über die beiden ortsansässigen Reisebüros vermittelt: Polyctor Tours, www.ithakiholidays.com, Tel. 26740-33120; Delas Tours, www.ithaca.com.gr, Tel. 26740-32104.
- Über das Internet werden **Appartements** und **Häuser** angeboten: www.ithacagreece.com.

Essen und Trinken

- **Taverne o Nikos,** gute griechische Küche, sehr beliebt, oft voll, Preise o.k.
- **Sirenes,** an einem kleinen Platz im Dorf gelegen, griechische und italienische Gerichte, lecker, Preise gehoben.
- **Taverne Kochyli,** liegt am Wasser, gute griechische Küche, Preise gehoben.

Internet

- Im **Café Nirito** oder im **WiFi-Netcafé** am Hafen.

Ziele in der Umgebung

Loutsa

Seitlich der Bucht liegt in 2 km Entfernung vom Dorfzentrum der Strand Loutsa. Dahinter kann man auf einem Hügel die spärlichen Reste einer **kleinen Festung** aus venezianischer Zeit besichtigen. Mehrere alte Kanonen weisen aufs Meer.

Arethousa-Quelle, Marathias und Rizes-Höhle

Eine kleine Straße führt von Vathí aus südwärts nach Marathias. Marathias ist kein Dorf, man findet hier nur einige verstreute Häuser zwischen Feldern und Wiesen, die im Frühjahr herrlich blühen. Von der Straße nach Marathias zweigt ein Fußweg ab, der zur **Rizes Cave,** einer Tropfsteinhöhle, führt, und wenig später erreicht man einen schmalen markierten Pfad, der von der Straße abzweigt und der zur **Arethousa-Quelle** führt. Hier soll der Schweinehirt Eumäos die **Schweine von Odysseus getränkt** haben. Die Quelle liegt in einem felsigen, trockenen Tal. Wasser kann man nur mittels einer Flasche hochziehen. Der schmale, sonnige Fußweg ist mit „Arethousa-Fountain" markiert. Der Höhenunterschied beträgt ca. 300 m. Der Pfad zur Quelle führt durch trockenes, mit Phrygana bewachsenes Gebiet. Weiter unten befindet sich ein sonniger Kiesstrand. Man benötigt für den Spaziergang ca. 2 Std. Die Straße geht dann kurz vor Marathias in eine Piste über. An einer markanten Ruine beginnt ein Pfad zu einem Bauernhaus, hinter dem der Pfad dann steil einen felsigen Hang hinabführt zur **Höhle des Eumäos.** Dieser Ort ist nur von geübten Wanderern zu erreichen.

Nymphenhöhle

Die sehenswerte **Tropfsteinhöhle** war in den letzten Jahren wegen archäologischer Ausgrabungen für Touristen nur selten zugänglich. Den Höhleneingang, der zuletzt nicht verschlossen war, kann man betreten, aber man kommt nur wenige Meter weit. Dann erreicht man senkrechte Höhlenabbrüche, an denen die Lastenaufzüge und Leitern der Archäologen beginnen. In den letzten Jahren wurden hier bei Grabungen kleinere Fundstücke aus dem 4. und 5. Jh. v. Chr. geborgen. Sie sind nun im Archäologischen Museum zu sehen. **Es ist verboten, die Höhle weiter zu betreten,** nicht ohne Grund, denn es kam bei ihrer Erforschung bereits zu ernsthaften Unfällen. Man befindet sich hier an der Decke einer tief abfallenden Halle. Mit starken Taschenlampen kann man hübsche Tropfsteine vom Logenplatz am Eingang an der Decke und an den gegenüberliegenden Wänden erkennen. Auch diese Höhle wird mit Odysseus in Verbindung gebracht. Hier soll er seine Schätze versteckt haben. Informationen im Archäologischen Museum in Vathí, Tel. 26740-32795.

Berg Aetós

Heinrich Schliemann suchte auf diesem Berg vergeblich nach dem Palast des Odysseus. Erst in den letzten Jahren fanden Forscher Spuren, die darauf hinweisen, dass es in dieser Gegend schon zu mykenischer Zeit eine Siedlung gab, die allerdings nicht auf der Bergspitze, sondern unweit der Straße am Pass lag. Einfacher zu belegen war, dass in antiker Zeit eine Stadt auf dem Berg existierte. Die Reste der **Stadtmauer,** deren älteste Teile aus dem 8. Jh. v. Chr. stammen, sind gut zu erkennen. Ein Spaziergang auf den Berg Aetós lohnt sich vor allem wegen der grandiosen Aussicht auf Kefaloniá.

Am Pass beginnt ein markierter Pfad. Er zieht sich nach rechts steil aufwärts und führt an Resten einer Festungsmauer vorbei zum Gipfel. Die alten Mauerreste aus mykenischer Zeit unweit der Straße am Pass sind eingezäunt. Die ältesten Teile stammen aus dem 14. Jh. v. Chr.

Paleochóra und Perachóri

In **Paleochóra** befand sich zu byzantinischer und venezianischer Zeit die Hauptstadt der Insel. Im 16. Jh. wurde Vathí gegründet, und Paleochora verlor schnell an Einfluss. Heute ist es ein verlassenes Ruinendorf. Ein hübscher Fußweg führt von der Marienkirche in Perachóri, die oberhalb des Friedhofs zu finden ist, hierher. Der Pfad führt steil den Hang hoch an der alten Kirche vorbei und zieht sich nach rechts. Gleich hinter der Kirche gabelt er sich. Der rechte Pfad führt zur Panagia-Kirche, deren sehenswerten Fresken am Templon vermutlich aus dem 15./16. Jh. stammen. Der linke Weg führt nach Perachóri zur Kirche Ag. Ioánnis. Die Fresken dieser sehenswerten Kirche stammen aus dem 15. Jh., sie waren jahrelang der Witterung ausgesetzt. Mittlerweile sind die Kirchen aber renoviert.

Hinter der Kirche führt, wenn man eine Terrasse nach oben steigt, ein schmaler, nicht leicht zu findender Trampelpfad waagerecht am Hang entlang zu einer Hausruine. Danach führt der Pfad an einem alten Baum vorbei weiter am Hang entlang zu zwei Dreschplätzen und abwärts zu einer Kapelle, dann links weiter zur **Nymphengrotte.**

Perachóri ist von Weinbergen umgeben. Von den Tavernen aus hat man eine schöne Aussicht nach Vathí hinunter.

Von Perachóri führt eine Piste hoch ins Bergland zum verlassenen **Kloster Moní Taxiarches.** Das Kloster wurde 1645 gegründet und bereits Anfang des 20. Jh. verlassen. Das Erdbeben 1953 zerstörte den größten Teil der Anlage. Heute findet hier am 1.5. ein Fest statt, sonst trifft man hier meist keine Menschenseele.

Essen und Trinken

●In Perachóri lohnt es sich, im **Café O Venus** am oberen Dorfende eine Rast einzulegen, wegen der herrlichen Aussicht von der Terrasse, einfache, griechische Speisen. Abends ist bei den Griechen die etwas tiefer gelegene **Taverne Kalioras** mit griechischer Küche sehr beliebt.

Strände

Sarakíniko

Spärlich bewachsene Hügel umgeben die felsumrahmten Buchten, in denen sich zwei Kiesstrände befinden. Am Hang erhebt sich eine Hotelanlage zwischen Olivenbäumen, in einer Bucht liegen Boote vor Anker, und Enten bevölkern den Strand. Die Bucht wird nicht gesäubert, und das hätte sie dringend nötig.

●**Service:** keine Einrichtungen.

●**Anfahrt:** wenig Parkmöglichkeiten, zu Fuß über den Steinstrand der Hafenbucht, dann über einen Fußweg über das Felsenkap.

Filiatró

Im Sommer wurde in dieser Bucht ein wilder Campingplatz betrieben, deren Betreiber sehr zum Ärger der anderen Inselbewohner versuchte, sein Müllproblem durch den „Winterwind" lösen zu lassen, zuletzt war Campen verboten. Die hübsche Bucht ist im Sommer sehr voll, in der NS ist es ruhiger. Hinter dem weißen Kiesstrand erstreckt sich eine Wiese unter Olivenbäumen. Mit Phrygana spärlich bewachsene weiße Felsenkaps umrahmen die Bucht.

●**Service:** Liegen, Schirme, Tretboote, Kanus, Bar, WC, Dusche.

●**Anfahrt:** Parkplatz, kein Bus.

Gidáki

Einer der schönsten Strände der Insel ist dieser von steilen Felsen umgebene weiße Sandkieselstrand. Hinten in der Bucht erheben sich einige Bäume, das Wasser schimmert blitzblau.

●**Service:** in der HS Taverne

●**Anfahrt:** Zu erreichen ist die Bucht per Badeboot, das während der HS täglich und in der NS mehrmals wöchentlich fährt, oder über einen Pfad vom Skínos-Strand aus.

Skínos

Der schön gelegene weiße Kiesstrand ist von grünen Hügeln umgeben. Hinten in der Bucht erstreckt sich leuchtend grüner Kiefernwald rund um eine Privatvilla. Das Privatgrundstück ist durch eine 1 m hohe Steinmauer vom Strand abgegrenzt. Der Strand mit seinem türkisblauen Wasser ist aber öffentlich zugänglich.

●**Service:** keine Einrichtungen, sauber.

Anfahrt: Kurz vor dem Eingang zur Villa zweigt ein Trampelpfad zum Bootsanleger und zum Strand ab. Bis zum Nachbarstrand Mnímata führt eine Teerstraße, die in eine schlecht befahrbare Piste übergeht. Es gibt auch keinen Parkplatz vor dem Villeneingang.

Mnímata

Der hübsche, weiße Kiesstrand, hinter dem schattenspendende Bäume stehen, ist meist sehr voll. Das Wasser leuchtet tief blau, der Blick fällt auf die Berge von Itháki. Auch hier erstreckt sich ein Privatgrundstück hinterm Strand.

- **Service:** keine Einrichtungen, sauber.
- **Anfahrt:** Siehe Anfahrt von Skínos, eine Straße führt direkt hierher, sehr kleiner Parkplatz.

Loutsa

Vom kleinen, meist überfüllten Strand, am seitlichen Rand der Hafenbucht von Vathí gelegen, hat man eine schöne Sicht auf die Berge von Itháki und auf die Insel Skartsoumbonísi. Ein schmaler, grauer Sandkieselstrand zieht sich neben einem Bootsanlegesteg vor Olivenbäumen entlang.

- **Service:** Bootsanleger, WC, Taverne.
- **Anfahrt:** der Buchtstraße folgen, Parkplatz.

Dexiá/ Hafen des Phorkys

Eine sehr ansprechende Bucht, die von Vathí durch einen hohen Hügel auf dem sich eine restaurierte Windmühle erhebt, getrennt ist. Die Straße führt seitlich am Strand vorbei, hinter dem hellen Kiesstrand befindet sich ein terrassierter Olivenhain. Hier wurde Sand aufgeschüttet, und man kann unter den Bäumen liegen. Der Blick fällt auf die hohen gegenüberliegenden Berge von Itháki und die hübsche Insel Skartsoumbonísi. Oft ist die Bucht, die auch in der Odyssee erwähnt wird, sehr voll. Badeschuhe sinnvoll.

- **Service:** Strandsäuberung, Motor- und Tretboote, Kanus, Kajaks, Liegen, Schirme, Zimmervermietung, Strandbar.
- **Anfahrt:** von Vathí aus zu Fuß in knapp 30 Min. oder per Bus, Parkmöglichkeiten nur am Straßenrand.

Píso Aetós

Vor hohen Bergen, rund 300 m nördlich des Fähranlegers gelegen, zieht sich der schmale ruhige Kiesstrand mit Blick auf Kefaloniá unterhalb eines spärlich bewachsenen Hangs entlang.

- **Service:** Kiosk und Telefon am Hafen, seitlich Taverne mit schattigen Terrassen und WC.
- **Anfahrt:** Unweit des nahe gelegenen Hafens kann man parken, von dort aus ist der Strand über einen Trampelpfad zu erreichen.

Die Inselmitte

Ag. Ioánnis, Moní Katharón

Am Pass gegenüber der Taverne To Chani wurde ein kleines **Aussichtsrondell** mit herrlichem Blick nach Kefaloniá errichtet. Der Weiler **Ag. Ioánnis** besteht nur aus wenigen Häusern. Die Attraktion ist der unterhalb gelegene Strand Aspros Gialós.

Das **Moní Panagía Kathariotissa,** wie das Kloster richtig heißt, liegt in herrlicher Lage hoch über der Küste. Den schönsten Blick hat man unweit des Campanile hinunter nach Vathí. Die Kirche wurde 1696 erbaut, das Kloster 1703 gegründet. Beim Erdbeben 1953 erlitt die Anlage starke Schäden. Schatz des Klosters ist die Marienikone. Ein Mönch lebt noch hier und empfängt Besucher.

- **Geöffnet:** täglich von Sonnenaufgang bis Sonnenuntergang, 13–16 Uhr geschlossen, Wickelröcke liegen aus.

Essen und Trinken

- **Aussichtstaverne To Chani** am Grat unterhalb des Klosters und oberhalb von Ag. Ioánnis, geöffnet ab 13 Uhr.

Strände

Aspros Gialós, Ag. Ioánnis

Dies ist einer der schönsten Strände auf Itháki. Schneeweiße, kleine runde Kieselsteinchen bilden ein flaches, rundliches Kap, umgeben von türkisblau schimmerndem Wasser. Der Blick fällt nach Kefaloniá, das Meer wirkt von hier aus wie ein Gebirgssee. Hinter dem Strand am grünen Hang wurden prächtige Villen mit hübsch angelegten Gärten errichtet, zahlreiche Pfauen leben hier. In der HS ist dieser Strand sehr voll, in der NS gut besucht, Hunde sind am Strand nicht erlaubt.

Die kleinen schönen Buchten rundherum haben einen Haken: Sie sind sehr schlecht zu erreichen. Nach griechischem Gesetz müssen alle Strände für die Öffentlichkeit zugänglich sein – vom Wasser her. Wenn der Zugang vom Land her über privaten Grund führt, kann der Eigentümer diesen Weg sperren, und genau dies geschieht hier.

- **Service:** Liegen und Schirme, Strandsäuberung.
- **Anfahrt:** Straße von Léfki aus, Parkplatz an der Windmühlenruine, dann Treppenweg.

426ko Foto: ah

Anogi und Léfki

Anogí ist **eines der ältesten Dörfer** der Insel. Hier herauf zogen die Menschen im Mittelalter, um sich vor den Piraten in Sicherheit zu bringen. Die Umgebung ist felsig. Am Dorfrand erhebt sich der hübsch geformte, 8 m hohe Fels Araklis. Die Hauptattraktion ist die Marienkirche, die schon zu byzantinischer Zeit errichtet wurde. Die meisten der sehenswerten Fresken wurden im 16./17. Jh. gemalt. Die Ikonen stammen aus dem 15./16. Jh.

Ein Pfad führt vom Dorf zu den Ruinen der mittelalterlichen Siedlung. Infos zum Pfad und den Kirchenschlüssel gibt es im Cafeníon neben der Kirche.

Im 16. Jh. gründeten Bewohner von Anogí an der Westküste den Ort **Léfki,** da sie an den Westhängen der Berge gute Ackerflächen fanden. Toll sind die Sonnenuntergänge, die man abends von hier beobachten kann.

Eidechse beim Sonnenbad

Stavrós und die Pólis-Bucht

Auch Stavrós wurde im 16. Jh. gegründet. Hierher zogen sowohl Leute aus Anogí als auch aus Exogí. Im Dorfzentrum erstreckt sich ein hübscher Platz mit einem kleinen Park und einer Büste von Odysseus, dessen Reise hier auf einer Tafel erläutert wird. Es ist aber durchaus umstritten, ob die Route genau so verlief, wie es hier aufgezeichnet wird, es gibt da verschiedene Theorien.

Unterhalb von Stavrós erstreckt sich die Polis-Bucht. In der **Louizos-Höhle** am Rand der Bucht fanden Archäologen Gegenstände aus mykenischer Zeit, die im Archäologischen Museum von Pilikata ausgestellt sind. Die Höhle stürzte bei mehreren Erdbeben ein.

Unterkunft/ Essen und Trinken

- **Rooms Villa Elias,** Stavrós, auf dem Weg zum Museum, Tel. 26740-31751, www.ithacagreece.com/menue/accomodations/stavros/st.eliasvilla, ruhige Lage, einfache große DZ, Bad, Küchenecke, AC, 35–55 €.
- **Cafenion To Kentro** am zentralen Platz mit netter Terrasse, hier sitzen abends die alten Männer.

Verkehrsmittel

- **Taxi:** Taxistand bei der Kirche in Stavrós. Handy: *Dimas* 6944 296623, *Efpraxia* 6945877518, *Kostas* 6944790943.

Strände

Pólis

In der langgezogenen, von steilen, mit Phrygana bewachsenen Bergen umgebenen Bucht mit Blick auf Kefaloniá zieht sich ein heller Strand mit Kieseln und Steinen vor Schilf und Gras entlang. Badeschuhe können nicht schaden. Am Straßenende liegen unter großen Bäumen die Kirchenruine Ag. Andreas aus dem 18. Jh. und eine Taverne hinter dem kleinen Fischerhafen, an dem auch Motorboote vermietet werden. Am gegenüberliegenden Buchtrand liegt die eingestürzte Louizoshöhle, aus der Archäologen zu Beginn des 20. Jh. zahlreiche antike Fundstücke bargen. Sie ist markiert, aber zu sehen gibt es dort nichts. Unweit hiervon erheben sich Kiefernbäumchen auf kleinen Felsen, von denen aus man mit Plastikschuhen ins Wasser gelangen kann, lauschige Fleckchen, die allerdings nicht unentdeckt geblieben sind. Der große Strand in der Bucht ist selten voll, aber auch nicht schön.

- **Service:** WC, Taverne, Umkleidekabine.
- **Anfahrt:** Straße von Stavrós, Parkplatz.

Fríkes, Ráchi und Kióni

Vom Hafen **Fríkes** legen Fähren nach Fiskárdo und Lefkáda ab. Er wurde in den letzten Jahren vergrößert. Im 16. Jh. ließen sich die ersten Bewohner aus Exogí hier nieder.

Ráchi liegt auf einem Bergrücken mit **schöner Aussicht** auf Kióni. Unten bei der Kirche Ag. Nikólaos wurde eine Meerwasserentsalzungsanlage gebaut. Da es aber billiger ist, Trinkwasser per Schiff anzuliefern, verrottet die Anlage allmählich.

Kióni ist das schönste Dorf auf Itháki. Es wurde im 16. Jh. gegründet, aber auch hier stehen nur noch wenige alte Häuser. Am südlichen Dorfrand führt ein Fußweg zu drei **Windmühlenruinen,** die auf einem Kap liegen. Der neu errichtete Kirchturm ist allerdings wenig gelungen. Von Kióni führt ein markierter Fußweg hoch nach Anogí.

Unterkunft/ Essen und Trinken

- **Captain's Apartments,** Kióni, schöne Lage mit Ausblick auf die Bucht, Tel. 26740-31481, Fax 31090, www.captains-apartments.gr. Die einzelnen Apartments sind unterschiedlich ausgestattet, Bad, Küche, Balkon, Telefon, TV, AC, Zweier 50–75 €, Dreier 55–85 € und Vierer 65–100 €.
- **Hotel Nostos,** Fríkes, Tel. 26740-31644, Fax 31716, Handy 6944 277495, www.hotelnostos-ithaki.gr. Gute Küche, schöner Pool, nette, aber einfache DZ mit Bad und Balkon 80–110 €, EZ 55–80 € mit Frühstück.

Strände

Kourvoúlia und Schinári

Die beiden von bizarren Felsen umrahmten Kiesbuchten, die an der Straße nach Kióni liegen, sind beliebt und oft voll. Kourvóulia wird von einer Mauer begrenzt. Ein Kiosk befindet sich direkt an der Straße. Hunde, Wassersport und Campen verboten.

- **Service:** sauber
- **Anfahrt:** Ein markierter Fußpfad führt von Fríkes aus hierher, es gibt kaum Parkmöglichkeiten.

Ráchi/Ag. Nikólaos

Weiter entfernt von der Straße liegen diese beiden felsenumrahmten Buchten mit weißem Kiesstrand. Der Blick fällt auf die Nachbarinsel Lefkáda. Während der HS sind die Strände gut besucht, aber ansonsten eher ruhig.

- **Service:** keine Einrichtungen.

● **Anfahrt:** Die Nordbucht ist über einen Fußpfad von der Hauptstraße aus zu erreichen. Er führt durch ein Privatgrundstück oberhalb der anderen Bucht zu einer Betonstraße, die von Ráchi aus zum Hafen hinunterführt. In einer scharfen Kurve noch vor dem Hafen zweigt nach links der Weg ab zum Strand.

Kióni

Hinter dem Hafen von Kióni führt die Straße an der Küste entlang. Unterhalb befinden sich einige winzige Kieselbuchten zwischen Felsen, allesamt sehr beliebt und in der HS sehr voll. Eine kleine Kieselbucht liegt unterhalb des Friedhofs, während der HS gibt es hier einen Kiosk, mit Bootsanlegesteg und Blick auf Kióni, befindet sich unterhalb der Wendeplatte am Ende der Straße. Vom Strand aus führt ein Fußpfad zu den Windmühlen auf dem Kap. Die Bucht ist baumbestanden, Badeschuhe empfehlenswert.

● **Service:** Kiosk.

● **Anfahrt:** über Küstenstraße, Bus.

Der Norden

Platrithías und Pelikáta

Bei der Streusiedlung Platrithías markiert ein Wegzeiger die **„Schule des Homer"**. Das Schild weist auf den hübschen Ort hin, an dem die Reste der frühchristlichen Kirche Ag. Athanassios liegen. Ob Homer jemals hier war, ist zweifelhaft. Archäologen machten Funde aus der Zeit um 2700 v. Chr. Im 2. Jahrtausend bestand hier eine Siedlung, von der jedoch nichts mehr zu sehen ist.

In Pelikata befindet sich das zweite **Archäologische Museum** der Insel , in dem eine sehr freundliche und gut informierte Dame arbeitet. Gezeigt werden Gegenstände aus mykenischer Zeit sowie Keramikgefäße und Dreifüße aus der Bronzezeit (3000–2000 v. Chr.). Letztere wurden als Preise bei Sportwettkämpfen vergeben. Ein schönes Fundstück ist der beidseitig bemalte Teller aus dem 7. Jh. v. Chr. Im Museum sind außerdem die Funde aus der Louizos-Höhle aus dem 9. und 8. Jh. v. Chr. zu bewundern.

Die Ausstellung ist chronologisch geordnet. Eine kleine Tonscherbe aus dem 1. oder 2. Jh. v. Chr., die in der Louizos-Höhle gefunden wurde, trägt die Aufschrift „ΕΥΧΗΝ ΟΔΥΣΣΕΙ" („Odysseus geweiht"). Das beweist eigentlich nur, dass im 1. Jh. v. Chr.

Odysseus auf Itháki verehrt wurde, sie wird aber als Beweis dafür präsentiert, dass Itháki auch die Insel ist, auf der Odysseus in mykenischer Zeit gelebt haben soll.

- **Geöffnet:** Di–So 9–14 Uhr (teils flexibel gehandhabt), Eintritt frei, Tel. 26740-31305, Handy 6945840055.

Exogí und Kálamos

Auch **Exogí** bot den Menschen im Mittelalter Schutz vor den Piraten. Die blaue Kuppel der Kirche Ag. Marina überragt das kleine Dorf, das schon wegen der Aussicht einen Besuch wert ist. Zwischen Ruinen führen alte Pflasterwege durch grüne, verwilderte Gärten. Am Friedhof trifft man auf eigenartige Pyramiden. Die erste ließ ein gewisser Herr *Papadopoulos* 1933 über dem Grab seiner Mutter errichten. Auch sein eigenes Grab ziert eine Pyramide. Oberhalb des Dorfes kann man das **Moní Panagías** besuchen. Es steht seit dem Zweiten Weltkrieg verlassen.

Kálamos ist ein beinahe verlassener Weiler am Hang. Obstbäume und verwilderte Gärten bestimmen das Bild. Auf einem Privatgrundstück werden „Volkskunstmonumente" ausgestellt, wie ein Obelisk aus Mühlsteinen, eine alte Olivenölpresse, Plastiken und bäuerliches Gerät z.T. mit Widmungen versehen wie „An die Generation, die auf Itháki das Land kultivierte". Am Ende der Straße erreicht man das schöne Brunnenhaus mit einem Gedicht von *Raftopoulos*.

Strände

Afáles

P

In der tief eingeschnittenen Bucht mit leuchtend blauem Wasser ist nur ein sehr kleiner naturbelassener Strand zu finden, Sand mischt sich mit Kieseln und teils großen Steinen. Einige kleine, schöne Strände in der großen Bucht sind nur per Boot erreichbar. Hier ist Ruhe angesagt.

- **Service:** keine Einrichtungen.
- **Anfahrt:** markiert, Parkplatz, Treppenweg.

Mármaka

P

Die beiden ansprechenden Kieselstrände ganz im Norden der Insel sind von Fríkes aus am einfachsten zu erreichen. Der nördliche Strand befindet sich in einer geschwungenen Bucht. Hinter dem Kieselstrand befindet sich ein Lagunensee, vorgelagert ist dem

428ko Foto: vb

Ithâki

Strand eine kleine Insel mit Kirchlein. Hinter dem südlich davon gelegenen Strand stehen Eukalyptusbäume. Auf dem Kap südlich der Strände erhebt sich eine private Villa. Die Kieselsteine sind teils recht grob, und Plastikschuhe erleichtern das Baden. Die beste Badestelle befindet sich unweit des Caravan-Kiosks.

- **Service:** keine Einrichtungen.
- **Anfahrt:** Beide Strände sind über eine schlecht befahrbare Piste nur mit robustem Fahrzeug und guten Fahrkenntnissen von Ag. Saránda aus, von Fríkes aus übers Wasser oder über eine neu gebaute Schotterpiste zu erreichen.

Das Dorf Exogí

Wanderung um Exogí

- **Route:** Kreuzung Platrithías - Kálamos - Exogí - Kreuzung Platrithías
- **Strecke:** über die Straße, eine sonnige Piste und herrliche, alte Wege; Höhenunterschied 200 m
- **Landschaft:** Olivenhaine und verwilderte Gärten, lohnend!
- **Dauer:** rund 2 Std.
- **Ausrüstung:** Wasser, gute Schuhe, lange Hose
- **Anfahrt:** von Stavrós aus am Museum vorbei Richtung Exogí, an der Gabelung, bei der die Straße nach Exogí links abzweigt, halb rechts Richtung Kalamos halten. An der Kreuzung parken.
- **Hinweis:** Diese Tour eignet sich als Abendspaziergang.

Zum Brunnenhaus von Kálamos

Man folgt der Straße, an der „Kálamos“ markiert ist. Nach 300 m zweigt man an einer Gabelung links ab und trifft auf die oben erwähnten **„Volkskunstmonumente“.** Nach weiteren 300 m folgt die nächste Gabelung, an der man sich rechts hält. Die Straße führt zwischen Gärten hindurch und endet beim alten **Brunnenhaus.**

Nach Exogí

Hinter dem Brunnenhaus beginnt ein leicht ansteigender Weg, der nach wenigen Minuten auf eine Mauer zuführt. Man folgt der **roten Markierung** nach links weiter. Kurz darauf trifft man auf eine Piste, der man nach links folgt. Wenig später liegt linker Hand ein **Haus** an einer Straße, die hier endet. An dieser Stelle zweigt der rot markierte Pfad nach rechts hoch ab. Er trifft auf einen breiten, überwucherten Weg, dem man rechts hoch folgt. Von diesem zweigt bald schon nach links der gut erhaltene alte Pflasterweg ab, der steil den Berg hochführt. Bei einer Gabelung geht es links weiter. An einem **Schrein** wandert man rechts aufwärts bis zur Straße, der man nach rechts folgt. In der ersten Kurve zweigt rechts ein Weg ab. Er trifft auf einen Pfad, dem man links aufwärts folgt. Man trifft bei einem **Haus mit Pool** auf die Straße. Gegenüber setzt sich der Pflasterpfad fort. Ein Pfad zweigt nach links ab. Man folgt weiter dem Weg, der geradeaus den Hang hochführt und bald wieder auf die Straße trifft. Auch hier setzt sich der Weg auf der gegenüberliegenden Straßenseite fort. Er führt zwischen alten Ruinen hindurch an einem großen Feigenkaktus vorbei. Man überquert erneut die Straße und folgt dem Pfad, der nochmals eine Straße quert. Der Treppenweg setzt sich weiter fort und gabelt

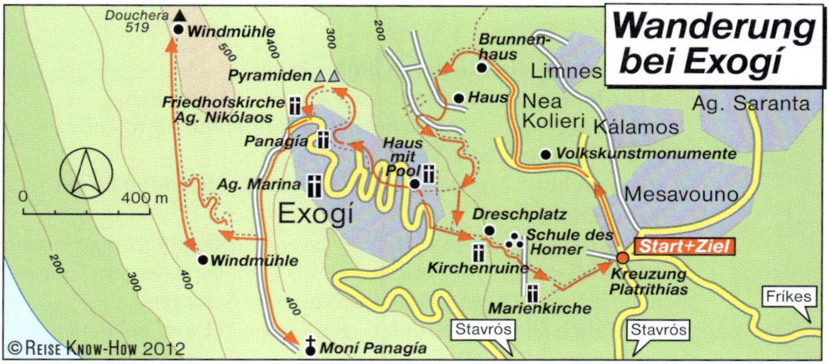

sich, man biegt rechts ab. Nach wenigen Metern windet sich der Weg nach links über Treppen hoch und trifft am Grat oberhalb einer **Kirche** auf die Straße, auf der man wenige Meter weiter rechts nach rechts auf einen alten Weg abbiegt. Er führt an einem **Weinberg** vorbei mit Aussicht zu den beiden **Pyramiden.** Hinter diesen trifft der Weg auf einen Parkplatz neben der Kirche **Ag. Nikólaos.**

An dieser Stelle kann man die nachfolgend beschriebene „Wanderung auf die Berge hinter Exogí" einschieben.

Rückweg durchs Dorf Exogí abwärts

Nun folgt man nach links der Straße abwärts. In einer Kurve liegt die **Kirche Panagía,** kurz darauf folgt die Hauptkirche des Dorfes, **Ag. Marina.** Man folgt der Straße abwärts, zweigt am Haus mit dem Pool auf den Pfad nach links ab, wendet sich neben dem Pool auf den Weg nach rechts, um in der Kurve wieder auf die Straße zu treffen. Von ihr zweigt wenige Meter weiter abwärts der Pfad ab, über den man hochkam. Am Schrein vorbei zieht der Pfad sich nach rechts. Rechter Hand sind die **Ruinen** einer Kirche zu erkennen, links liegt ein **Dreschplatz.** Der Weg windet sich über Stufen den Hang hinab. Der Fußpfad überquert einen breiten Weg. Folgt man ihm nach links, erreicht man nach 5 Min. die **Schule des Homer,** dann wandert man zurück und folgt dem Pfad weiter abwärts. Rechts oben liegt in einem Olivenhain eine weiße **Marienkirche.** Der Pfad wird enger und führt in ein Tal hinunter, wo er sich gabelt. Nach rechts kann man einen Abstecher zur **Quelle Melanethros** unternehmen. Dann folgt man links dem Fußpfad das Tal abwärts, der unten auf eine Betonstraße trifft. Folgt man dieser nach rechts, gelangt man wieder zum Ausgangspunkt.

Wanderung auf die Berge hinter Exogí

- **Route:** Exogí – Windmühlen – Moní Panagía – Exogí
- **Strecke:** breite Piste, schmale, teils überwucherte Fußwege; Höhenunterschied 200 m
- **Landschaft:** Zypressenwald, Phrygana, verwilderte Felder
- **Dauer:** 2 Std.
- **Ausrüstung:** Sonnenschutz, Wasser, Verpflegung, lange Hose
- **Organisation:** Tour am besten als Abendspaziergang unternehmen, dann liegen Teile des Weges im Schatten
- **Anfahrt:** Die Wanderung beginnt oben in Exogí bei der Friedhofskirche.

Zu den Windmühlen

Folgt man der Betonstraße hinter der Friedhofskirche von Exogí aufwärts, die bald schon in eine Schotterpiste übergeht, zweigt nach 15 Min. rechts ein rot markierter, überwucherter Pfad ab, der durch die stacheligen Kräuter der Phrygana den Hang hochführt. Man hat einen schönen Blick auf Exogí. Nach 15 Min. gabelt sich der Pfad. Links sieht man in etwa 200 m Entfernung eine **Mühle,** auf die man nun zugeht. Von dort hat man einen schönen Blick auf Kefaloniá. Dann geht man wieder zurück zur Gabelung und folgt dem Pfad, der von dieser Seite aus geradeaus am Hang entlang weiterführt. Man kommt an Terrassen vorbei und erreicht die **Ruinen** eines Hauses. Die bis zu dieser Stelle gute Markierung endet hier. Von der Hausruine aus kann man die **zweite Mühle** und ein Gemäuer, das in ca. 200 m Entfernung halb rechts liegt, sehen. Man geht auf die Mühle zu. Einige unscheinbare Pfade führen in Richtung des Gemäuers. Die Mühle, auf die man weiter zugeht, verschwindet aus dem Blickfeld, wird aber nach fünf Minuten wieder sichtbar. Von der Mühle hat man einen wunderschönen Blick auf die Inseln nördlich von Itháki und auf Kefaloniá. Nun geht man wieder zurück zur Hausruine, folgt dem Pfad abwärts zur Gabelung und geht von dort wieder hinunter zur Staubpiste.

Zum Kloster

Man folgt der Piste den Hang hoch. Sie führt auf das verlassene Marienkloster zu. Am Rande des Klosterhofs stehen Kiefern, die zu einer Pause einladen. Dann folgt man der Piste wieder den Hang hinunter zur Friedhofskirche von Exogí.

Wandern bei Kerí: Blick auf die Felseninsel Mizíthres

500ko Foto: vb

Die Insel im Überblick

- **Einwohner:** 35.000
- **Tel.-Vorwahl:** 26950
- **Fläche:** 402 km²
- **PLZ:** 29000, Zante: 29100
- **Höhe:** 756 m

Zante

Ortsbild

Zante oder **Zákynthos-Stadt** war eine der schönsten Städte der Region, bevor sie 1953 bei einem starken Erdbeben und dem anschließenden Großbrand völlig verwüstet wurde. Nur drei Gebäude überstanden das Katastrophenjahr. Heute sind ausschließlich Neubauten in Zante zu finden. Zahlreiche Gebäude wurden im **neoklassizistischen Stil** wieder aufgebaut, aber es wurden auch moderne Gebäude errichtet. Plätze und Straßen wurden an den ursprünglichen Orten wieder neu angelegt.

Erste Orientierung

Es ist nicht schwer, sich in Zante zurechtzufinden. Die Stadt liegt am Fuße eines steilen Hügels, auf dem sich die Reste der mittelalterlichen Festung befinden. Sie zieht sich 2 km am Meer entlang, ist aber nur 200 bis 400 m breit. Das Zentrum der Stadt bilden der **Solomos-Platz** und der **Ag.-Markos-Platz,** die beinahe ineinander übergehen. Sie befinden sich hinter dem nördlichen Ende des Hafens. Über die **Uferpromenade** quält sich von Süden her der Verkehr ins Zentrum. Am nördlichen Stadtrand zeigt die Promenade ihr schöneres Gesicht. Die Stadt dehnte sich in den letzten Jahren v.a. nach Süden aus, denn die Erosionsfelsen, die im Norden dichter ans Meer rücken, brechen immer mal wieder ab und verschütten den Hang.

Vom Zentrum führt eine kleine Straße am Ufer entlang nach **Kryoneri** und zum **Kap Akrotirio.** Auf der Rückseite des Kaps steigt die Straße an. Hier, am Stadtrand, stehen Häuser und Villen im Grünen. Sie ziehen sich bis **Bóchali,** einer Art Vorstadt, die sich vor dem Eingang zur alten Festung auf dem Hügel erstreckt. Auch dieses Viertel liegt im Grünen. Von hier aus hat man eine tolle Aussicht auf die Stadt. Bóchali ist auch über eine Straße direkt vom Zentrum aus zu erreichen. Die südlicheren Stadtteile von Zante sind einfacher und ärmlicher.

■ **Übernachtung**
3 Pension Fiore
4 Pension Vasilikí Xenos
6 Plaza Hotel
7 Pension Zouridis

■ **Essen und Trinken**
1 Taverne Arekia
2 Taverne Alivizos
5 Café Latas

Ⓜ 8 Solomos-Museum, Ag. Markos (San Marco)
Ⓜ 9 Byzantinisches Museum

Hinweg, 1 Möglichkeit
Rückweg, 2 Möglichkeiten: wie Hinweg oder am Theater vorbei

Kap Skinári
Kefaloniá
Blaue Grotten
Bootsausflug
Korithi
Is. Ag. Nikólaos
Ag. Nikólaos
Elies
Varvara
Is. Mikro
Makrís Gialós
Moní Ag. Andreas
Skinári
Volimes
Ano Volimes
Xíngi
Navágio
Moní Spileotissa
Alykés Bucht
Alikanás
Moní Ag. Geórgios
Orthoniés
Anafonítria
Moní Anafonítria
Moní Ag. Ioánnis Prodrómou
Alykés
Alikanás
Katastári
Gerakári
Is. Ag. Ioannis
Pórto Vrómi
756
Pigadakia
Mariés
3
Kalithea
Exo Chóra
Girio
Skoulikado
Ag. Marina
Loúcha
Ag. Pándes
Kambi
Ag. Léon
Moní Iperagáthou
Kilióméno
IONISCHES MEER
Limnionas
Porto Roxa
Is. Korakonisi
Agalás
Spileo Damenou
Kap Plakaki
1 Wanderung zur Kirche Panagía Skopiótissa
2 Rundwanderung um Kerí
3 Rundwanderung um Loúcha
Campingplatz

Zákynthos
Kylíni
0
3 km
Amoúdi
Gerakári
Psaroú
Drosiá
Pachís Ammos
Katragáki
Amboula
Boúka
Plános
Tsiliví
Kipseli
Plános
Tsilivi
Akrotírio
Tragaki
Bóchali
Sarakinado
Zante
Argási
Argási
1
Langadakia
Macherádo
Ambelokipi
Lagopodo
Moni
Eleftherotria
Kaminia
Xirokastelo
Pórto
Zóro
Kalamáki
Skopós
491
Iónio
Banána
Ag. Nikólaos
Mouzaki
Laganás
Kalamáki
A. Vasilikós
Pórto
Róma
Sekánia
Laganás
Dáfni
Vasilikós
Ag. Sóstis
Lithakiá
Arkadianos
Pórto Koúkla
Is. Pelouzo
Gérakas
Kaminia
Limni
Keriou
Pórto Keri
Is. Marathonisi
Marathiá
Skopós
413
Marathiá
Bootsausflug
Keri
Leuchtturm
Kap
Kerí
Is.
Myzithres
2

503ko Foto: vb

Sehenswertes

Byzantinisches Museum

Interessant ist die Ausstellung für alle, die sich für die kunstgeschichtliche Entwicklung der sakralen Malerei in Griechenland interessieren, denn auf den Ionischen Inseln gab es eine Weiterentwicklung, die u.a. auch den Einfluss Venedigs erkennen lässt. Das Museum soll bald umgebaut werden.

Im Erdgeschoss sind **Ikonen und Altarwände** aus zerstörten Kirchen ausgestellt. Interessant sind Fotos, die den Zustand von Altarwänden und Kirchen vor und nach dem Erdbeben zeigen. Im ersten Obergeschoss werden Marmorbruchstücke aus hellenistischer, römischer und byzantinischer Zeit präsentiert. Beeindruckend ist ein Freskenraum, in dem die Klosterkirche Ag. Andreas bei Volímes nachgebaut wurde. Die aus dem 17. Jh. stammenden Fresken wurden von den Wänden der Originalkirche abgelöst. In den letzten Jahren wurden viele alte Fresken, meist aus dem 17./ 18. Jh. stammend, hier zusammengetragen. Beeindruckend sind auch die Fresken aus der Apsis der zerstörten Kirche Saviour, die

Blick von Bóchali auf Zante

in der venezianischen Festung stand. Diese Fresken stammen aus dem 12. Jh. In zwei Räumen sind Ikonen der Kretischen Schule aus dem 15.–17. Jh. ausgestellt. Dann folgen Räume mit Werken von *N. Koutouzis* (1741–1813) und *N. Katounis* (1767–1834), die der Ionischen Schule zugerechnet werden. Am Ende des Rundgangs trifft man auf ein eindrucksvolles Modell von Zante vor dem Erdbeben 1953.

● **Geöffnet:** Di–So 8.30–15 Uhr, Eintritt 3 €, Senioren 2 €, Studenten und Kinder frei.

Solomos-Museum

In diesem Museum findet man **persönliche Gegenstände** berühmter Menschen, die auf Zákynthos lebten. Im Erdgeschoss befinden sich die **Sarkophage** der Dichter *A. Kalvos* und *D. Solomos.* Der Text der griechischen Nationalhymne ist ein Gedicht von *Solomos,* der auf der Insel aufwuchs.

● **Geöffnet:** täglich 9–14 Uhr, Eintritt 4 €, ermäßigt 2 €.

Platz und Kirche Ag. Markos

Der zentrale Platz der Stadt befindet sich vor der Kirche Ag. Markos, auch St. Markus oder San Marco genannt. Er geht über die breite Odos Dimokratias in den Solomos-Platz über. Die Kirche Ag. Markos wurde 1518 erbaut und nach dem Erdbeben im alten Stil neu aufgebaut. Sie ist eine **römisch-katholische Kirche,** in der aber auch eine Ikone mit Votivtäfelchen zu finden ist, was eigentlich nur in orthodoxen Kirchen Brauch ist.

Kirche Ag. Nikólaos

Die Kirche, die heute am Hafen von Zante steht, ist eine gelungene Rekonstruktion des alten Gotteshauses, das nach dem Erdbeben als Ruine zurückblieb. Es wurde 1560 von der Fischergilde auf einer **kleinen Insel** errichtet. Da die Trümmer, die zahlreiche Erdbeben in den letzten Jahrhunderten verursachten, immer ins Meer gekippt wurden, entstand in Laufe der Zeit ein großer Platz, der die ehemalige Insel mit der alten Küste verbindet – der Solomos-Platz. 1583 war der auf Zakynthos verehrte heilige Dionysios hier *papás* (Pfarrer).

Kirche Kyria ton Angelon

Die Kirche mit den schönsten Steinmetzarbeiten ist die kleine 1687 von der Gilde der Barbiere gestiftete Marienkirche Kyria ton Angelon. Sie wurde 1953 beim Erdbeben stark beschädigt. Die Renovierung ist hervorragend gelungen. Am Portal sind neben

Byzantinische Malerei, der Kretische Stil und die Ionische Schule

Die Malerei nimmt in der orthodoxen Kirche eine zentrale Stellung ein. Das Bild ist nicht Schmuck, sondern ein Mittel den Geist des Heiligen zu vergegenwärtigen. Der Maler wird nach orthodoxer Auffassung **göttlich inspiriert** und ist daher in der Lage, ein Bild zu schaffen, das Himmel und Erde verbindet. Wenn sich der Gläubige in ein solches Bild versenkt, soll er Kontakt mit dem Jenseits bekommen.

Daher entwickelte sich im **Byzantinischen Reich** eine symbolische Malerei, die keinen Wert auf die realistische Darstellung des Objekts legt. Die Heiligen werden perspektivisch verzerrt mit entrücktem Blick gemalt.

Als 1453 Byzanz von den muslimischen Osmanen erobert wurde, flüchteten viele orthodoxe Maler nach Kreta, das seit 1204 von den katholischen Venezianern regiert wurde. Während sich die orthodoxe Kirche und Sakralmalerei im Osmanischen Reich fremden Einflüssen verschloss, waren auf Kreta bald schon Einflüsse der venezianischen Kunst zu finden. Im 16. Jh. entwickelte sich die **Kretische Schule.** Ihre bekanntesten Vertreter waren *M. Damaskinos* und *E. Tzanes.*

Als dann 1669 auch Kreta an die Osmanen fiel, flüchteten diese Maler auf die Ionischen Inseln in venezianisches Gebiet, wo sich ein neues Zentrum der orthodoxen Sakralmalerei bildete. Im 18. Jh. setzte sich ein neuer Stil durch: die **Ionische Schule.** Den Anfang bildeten die Maler *P. Doxaras* und *S. Plakotos,* es folgten *N. Doxaras, N. Koutouzis* und *N. Kantounis.* Ihre Malerei lässt barocke Einflüsse aus Venedig erkennen.

1830 kam es zur Neugründung Griechenlands auf einem Gebiet, das lange Jahre unter osmanischer Herrschaft gestanden hatte. Das Zentrum der orthodoxen Kirche etablierte sich also dort, wo kein Einfluss von außen zugelassen wurde. Das junge Land war auf der Suche nach einer nationalen Identität und griff auf byzantinische Traditionen zurück. So setzte sich im 19. Jh. der byzantinische Stil in der **orthodoxen Malerei Griechenlands** durch. Die Ionischen Inseln wurden erst 1864 in den griechischen Staat eingegliedert. Inzwischen kann man sehen, dass sich die konservativ orientierte Richtung der orthodoxen Kirche auf dem Festland auch auf den Ionischen Inseln wieder durchsetzt. Neue Sakralmalerei wird wieder in byzantinischem Stil ausgeführt.

Sonne, Mond und Sterne auch die Gottesmutter mit Kind und zwei Engel dargestellt. Am Seitenportal sind der Doppeladler, das Wappen des byzantinischen Königshauses sowie der Erzengel Michael zu sehen. Auch auf der Rückseite der Kirche ist an der Apsis eine Steinmetzarbeit eingefügt.

Roma's Mansion

Das kleine **Privatmuseum** informiert seit 2007 in einer hübschen alten Villa über die Familie *Roma,* die bedeutende Persönlichkeiten hervorbrachte wie *Dionysios Roma* (1771–1857), der im griechischen Unabhängigkeitskampf eine wichtige Rolle spielte, oder *Alexandros Roma* (1863–1914), der Parlamentspräsident und Justizminister in Athen war.

● **Geöffnet:** April bis Oktober Mo–Sa 10–14 Uhr, Eintritt 5 €, man wird in einer 20-minütigen Führung durchs Haus geleitet.

Kirche Ag. Dionysios

In den letzten Jahren wurde neben dieser Kirche, die das religiöse Zentrum der Insel bildet, ein Kloster erbaut. Um 1950 am südlichen Ende des Hafens fertiggestellt, überstand die Kirche das starke Erdbeben. Ihr schlanker, hoher Turm ist eines der prägenden Merkmale der Stadt. Das Kircheninnere wurde erst in den letzten Jahren ausgemalt. In der Kapelle rechts befindet sich der Sarkophag mit den Gebeinen des heiligen Dionysios. Er ist mit einer Klappe ausgerüstet, sodass die Gläubigen die Gebeine des Heiligen küssen können.

Ein Besuch dieser Kirche lohnt sich weniger wegen der alten Kunstwerke, vielmehr ist die Atmosphäre im dunklen, hohen Kirchenraum mit der goldüberzogenen, feingeschnitzten Ikonostase anziehend. Im angeschlossenen Kloster werden für besonders interessierte Besucher Kirchengegenstände in einem kleinen **Museum** ausgestellt.

● **Geöffnet:** täglich 9–12 und 17.30–20 Uhr, Eintritt 2 €.

Kirche Stavromenos und Brunnenhaus

Am **Kap Akrotirio** nördlich der Stadt erhebt sich die hübsche Kirche Stavromenos aus dem 16. Jh. Sie ist in Privatbesitz. Trotzdem werden hier oft Taufen und Hochzeiten gefeiert. Die Felsen, die sich auf dem Weg zur Kirche erheben, werden Kokkinos Vrachos genannt. Vor diesen Felsen liegt das venezianische Brunnenhaus, von dem früher die Schiffe mit Süßwasser versorgt wurden. Das Viertel ist auch nach diesem Brunnen benannt: **Kryoneri** bedeutet

502ko Foto: vb

so viel wie „kaltes Wasser". Schön ist ein Abendspaziergang an der Uferpromenade entlang nordwärts. Am Kap findet man Steinmäuerchen und Bänke mit herrlichem Blick auf die Stadt, die Skopos-Halbinsel, nach Kylíni und zum Énos auf Kefaloniá.

Bóchali und Strani-Hügel

Von Bóchali aus hat man die schönste Aussicht auf die Stadt. Die Villen des **Vororts** liegen auf der Rückseite des Hügels zwischen üppig grünen Gärten. An der Hangkante vorne haben sich Tavernen und Cafés niedergelassen. Das Viertel wurde im 16. Jh. erstmals urkundlich erwähnt. Auf der Rückseite des Hügels trifft man auf einen weiteren Aussichtspunkt, den Lofos Strani. Von der Straßenkreuzung im Zentrum von Bóchali folgt man der Straße nur wenige Meter in Richtung Tsilivi. Nach 20 m zweigt nach

Die Kirche Ag. Nikólaos

rechts ein Weg ab, der an Parkbänken vorbei zum Denkmal für den Dichter *Solomos* und zum Aussichtsplateau führt. *Solomos* schrieb hier oben die „Hymne an die Freiheit", die später zum Text der griechischen Nationalhymne erwählt wurde. Ein Holzklotz aus dem Baum, unter dem *Solomos* sich inspirieren ließ, befindet sich im Solomos-Museum.

Ein Besuch des oberen Teils von Bóchali zu Fuß ist im **Stadtspaziergang** (⇗ unten) mit eingebaut. Überragt wird der Vorort von der **venezianischen Festung.** Unterhalb des Festungseingangs haben sich einige Bars, Cafés und Tavernen mit herrlicher Aussicht auf die Stadt etabliert.

Spaziergang durch die Stadt

Die im Folgenden mit **Stern*** gekennzeichneten Sehenswürdigkeiten sind weiter vorn im Kapitel detaillierter beschrieben.

Durchs Zentrum

Man startet am Hafen und überquert den Solomos-Platz. Zunächst trifft man auf eine **Bronzefigur,** die Jugendstilfiguren ähnelt. Diese „Freiheitsstatue" wurde 1960 errichtet und erinnert an alle Griechen, die in Kriegen, in denen sich das Land seine Unabhängigkeit erkämpfte, den Tod fanden. Rechts am Platz liegt die **Kirche Ag. Nikólaos*.** Gleich anschließend trifft man auf das **Bibliotheksgebäude.** Auf dem Platz erinnert eine Statue an den Dichter *Solomos*. Am oberen Ende befindet sich links das **Byzantinische Museum*.** Man folgt der Fußgängerzone am OTE-Telefonamt vorbei und erreicht den Platz Ag. Markos. Dort liegen das **Solomos-Museum*** und die **Kirche Ag. Markos*.**

Man biegt vor der Kirche nach rechts ab. So gelangt man zur **Kirche Mitropolis.** Diese wurde nach dem Erdbeben neu gebaut. Vor dieser Kirche biegt man nach rechts in die Odos Kapodistriou ein. Die zweite Straße, die nach links abzweigt, ist die Odos Louka Karer. Sie führt zur **Kirche Kyria ton Angelon*.** Man geht nun zurück über die Odos Karer zur Odos Kapodistriou, spaziert an der **Kirche Mitropolis** geradeaus vorbei und erreicht eine lebendige Kreuzung. Man folgt der stark befahrenen Straße nach links und wandert die erste kleine Querstraße, die Odos Vendoti, rechts hoch bis zur Odos Therianou, der man nach links folgt, bis man auf den Kalvos-Platz trifft. Hier stand die alte Kirche Ag. Nikólaos, die beim Erdbeben zerstört und am Hafen wiedererrichtet wurde. In dieser Kirche lag der Dichter *A. Kalvos* begraben. Heute erin-

501ko Foto: vb

nert am alten Standort von Ag. Nikólaos eine **Gedenktafel** an ihn. Seine sterblichen Überreste liegen im Solomos-Museum.

Nach Bóchali

Man geht oben am Platz entlang und folgt nicht der Treppe, sondern der Odos Viagini nach rechts, an deren Ende man wieder nach rechts in die Odos Argasari einbiegt. Sie führt aufwärts zu einer Kreuzung. Man wählt halblinks die Odos Pikridiotissis, die hoch zur **Kirche Pikridiotissa** auf eine Aussichtsterrasse führt.

Man folgt der Straße nach dem Abstecher auf den Kirchplatz weiter den Hang hoch. Sie führt nach Bóchali. Zwischen Bäumen zweigt nach rechts ein Fußweg ab. So erreicht man den alten Pflasterweg, der links hoch zur **Venezianischen Festung*** (⇗ Kasten) führt und rechts hinunter auf den Kirchplatz von Bóchali.

Nach einem Festungsbesuch, für den man mindestens eine Stunde einplanen sollte, folgt man dem Pflasterweg abwärts auf den **Platz von Bóchali.** Mehrere Cafés bieten sich für eine Pause an. Die Aussicht auf die Stadt ist beeindruckend. Auch die **Kirche Panagía Chrysopigis** lohnt einen Blick.

Die Venezianische Festung in Bóchali

Bequemer Abstieg

Der bequemere Abstieg zur Stadt erfolgt über den Weg, der bei der modernen Bar unweit des Festungseingangs beginnt und über den man hochgekommen ist. Man folgt diesem Weg abwärts, bis man wieder über die Odos Pikridiotissis auf die Odos Argasari und die Odos Viagini auf den **Kalvos-Platz** trifft.

Steile Alternativroute

Für Freunde schmaler, steiler Pfade bietet sich eine Alternative an. Hierzu sind aber Trittsicherheit und gute Schuhe gefragt, denn der schmale Pfad führt steil im Kiefernwald abwärts zum Amphitheater. Um zu diesem Fußpfad zu gelangen, geht man an der Kirche von Bóchali vorbei abwärts. Die kleine Straße führt zu einigen Häusern, die weiter unten am Hang stehen. Zwischen zwei Häusern zweigt nach rechts ein sehr schmaler Weg ab, der von Gartenzäunen flankiert wird. Am Ende der Zäune beginnt rechts der teils überwucherte Fußweg. Man folgt ihm den Hang hinunter, muss am steilen Hang teils umgestürzte Bäume umgehen, hält sich vor dem Amphitheater rechts und trifft an einem Hauseingang auf eine kleine Treppe, die zur Straße Odos Konidi hinunterführt. Sie windet sich nach links und trifft auf die Odos Therianou, der man nach rechts folgt. Am Ende der Odos Therianou erreicht man den **Kalvos-Platz.**

Rückweg

Man schlendert über den Platz abwärts und trifft unten auf die stark befahrene Odos Tertseti, der man nach rechts folgt. Man biegt in die zweite Querstraße nach links ein und kommt am **Rathausplatz** heraus, einer Verbreiterung der Odos 21. Maiou, die sich für einen Einkaufsbummel eignet; nach links führt sie wieder zum Ausgangpunkt Markos-Platz.

Praktische Tipps

Verkehrsmittel

Näheres zur **Anreise** und zu den **Fähr- und Schiffsverbindungen** ist im Kapitel „Praktische Reisetipps von A–Z" beschreiben. Zwischen Athen und Zákynthos besteht eine direkte **Busverbindung.**

● **Bus:** Gute Verbindungen bestehen im Süden in den Sommermonaten etwa von Zante nach Laganás, Tsiliví, Kalamáki, Argási und Alykés. Schlecht sind die Verbindungen zu den Bergdörfern und zum Hafen von Skinári. Am Busbahnhof werden Busfahrpläne kostenlos verteilt. Der Busbahnhof ist umgezogen. Nun fahren die Busse unweit des Krankenhauses am Stadtrand und nicht mehr hinter dem Hafen ab.

- **Taxi:** Radiotaxi, Tel. 26950-48400.
- **Mietfahrzeuge:** Das größte Angebot ist in Laganás zu finden. In der Stadt selbst: Sakis Auto Moto Rentals, Tel. 26950-23928, Fax 22770, Zante Voyage, Tel. 26950-25360, Fax 25361, www.zantevoyage.gr.
- **Tankstellen** findet man am Stadtrand in Richtung Argási, Laganás und Alykés.

Rundgang durch die Venezianische Festung

Zum Ergründen der venezianischen Festung sollte man sich Zeit nehmen. Von den einzelnen Gebäuden ist nicht viel übrig, aber die Aussicht auf das Umland macht den Besuch zu einem Erlebnis.

Am höchsten Punkt des Hügels befand sich zu antiker Zeit die Stadt Psophida. Erdbeben haben dazu geführt, dass ältere Siedlungsreste spärlich sind. Die Mauern, deren Reste man hier vorfindet, wurden im 17. Jh. von den **Venezianern** erbaut. 1812 brachten die Engländer ihr Militär auf der Festung unter. Dabei wurden viele ältere Gebäude zerstört. Seit 1984 graben Archäologen im Festungsareal. Sie fanden Belege dafür, dass der Berg durchgehend von prähistorischer bis in die byzantinische Zeit bewohnt war.

Man betritt die Festung durch **drei Tore.** Am dritten Tor kann man das Wappentier der Venezianer, den geflügelten Löwen erkennen. Nun folgt man nach rechts der Festungsmauer. Von der Kirche Ag. Ioánnis Theologos ist nicht mehr viel übrig. Man hat aber an der Mauer dahinter eine schöne Aussicht auf Bóchali. Dann erreicht man kurz vor der Eckbastion die **Reste** eines **Brunnens** und der **Kirche Yperagias Theotókou Lavrentenas.** 1478 erstmals erwähnt, wurde sie im 19. Jh. völlig zerstört. Man folgt weiter der Mauer am städtischen Brunnen vorbei und sieht dann zwischen den Bäumen die Ruine des **Doms Pantokrátoras** liegen. Diese Kirche wurde zu byzantinischer Zeit erbaut. Sie hatte einen kreuzförmigen Grundriss. Teile der Gemäuer stammen aus dem 12. Jh. Unterhalb der Kirche kann man die Ruinen eines **Offiziersgebäudes** der Engländer erkennen. Man folgt weiter der Festungsmauer den Berg hoch und erreicht eine weitere Bastion. Dahinter trifft man auf die **Ruinen des Klosters San Francesco.** Das Areal wurde von den Engländern neu bebaut. Nun geht man auf das einzige gut erhaltene Gebäude zu: Das **venezianische Pulvermagazin** ist von einer Mauer

Infos

Ein EOT-Büro gibt es in Zante nicht, aber die **Touristenpolizei** stellt auch kostenloses Infomaterial zur Verfügung und beantwortet Fragen. Sie ist im gleichen Gebäude wie die Polizei zu finden, Tel. 26950-2448-3/-4/-9.

umgeben, die vor Feuer schützen sollte. Direkt davor stand der Sitz des Burgherren. Er wurde wohl schon im 6. Jh. erbaut und diente diesem Zweck, bis 1767 ein starkes Erdbeben das Gebäude zerstörte. Geht man geradeaus weiter, kommt man an ein kleines **Tor** in der Burgmauer, das zum öffentlichen Magazin führt. Hier finden sich schöne **Steinreliefs** an der Außenseite der Festungswand. Um sie zu sehen, geht man nach rechts hoch zum Ende des Geländers. Von unten kann man sie besser sehen. (Dazu muss man nach Verlassen der Festung unterhalb des Eingangs dem Betonweg vor dem obersten Haus nach rechts folgen, von dem kurz darauf ein Fußweg rechts abzweigt, der unterhalb der Mauer durch den Wald führt. Zu sehen sind der geflügelte Löwe und Wappen, lateinische Inschriften und die Jahreszahl 1646.)

Vom Geländer folgt man der Festungsmauer aufwärts zur Südspitze. Rechts werden in einem neuen Gebäude Getränke angeboten. Man hat eine schöne Aussicht über den Flughafen bis nach Laganás. Dann geht man wieder zurück, am Pulvermagazin und am Tor vorbei und folgt der Festungsmauer abwärts. Hinter einem runden Aussichtsposten in der Mauer erreicht man die **Ruine einer englischen Kaserne.** Gleich dahinter liegt im Wald die **Ruine der Kirche Ag. Ioánnis Prodromos** aus dem 15. Jh. Eine Apsis, der Türstock und Mäuerchen, die den Grundriss der Kirche erkennen lassen, sind noch erhalten. Ein Weg führt von hier abwärts am WC vorbei zum alten Gefängnis. Gleich daneben lag einst die Kirche Ag. Barbara. Am gut erhaltenen Pulvermagazin vorbei gelangt man auf eine **Bastion,** von der aus man eine schöne Aussicht auf die Stadt hat. Einige rostige Kanonen liegen am Boden. Dann geht man am Gefängnis vorbei und erreicht die Festungstore und Vorhöfe, über die man die Festung wieder verlassen kann.

• **Geöffnet:** Di–So 8.30–14 Uhr, im Sommer auch länger, im Winter bis 13 Uhr, Eintritt 3 €, Kinder unter 18 Jahren und Studenten frei.

Unterkunft

- **Pension Zouridis,** Odos L. Karer, Tel. 26950-44691, Handy 6974 667013, kleine Zimmer, Bad, teils Balkon, mit Küche, Aufzug, AC, Heizung, ganzjährig geöffnet, unten gibt es ein großes Wohnzimmer, zu dem Gäste Zutritt haben, DZ 35–60 €, EZ 20–40 €.
- **Plaza Hotel,** an der Uferpromenade, Tel. 26950-45059, Fax 48909, www.plazazante.gr. Neu saniertes Stadthotel, modern eingerichtete DZ mit Bad, Balkon, die meisten mit Meerblick, AC, Telefon, TV, Minibar, Föhn, Safe, EZ 50–55 €, DZ 65–80 €, Suite 90–120 € mit Frühstück.
- **Pension Fiore,** hinter dem Kap in Akrotirio, oberhalb der Piano-Bar, Tel. 26950-23119, mavra_xenos@hotmail.com, einfache DZ, Bad, Balkon, schöner Blick, 25–40 €, mit Küche 30–45 €.
- **Pension Vasilikí Xenos,** liegt hinter dem Kap in Akrotirio, Tel. 26950-44436, Fax 27956, Handy 6997026960, sakis004@yahoo.gr. Einfache DZ, Bad, Balkon, Küche, ruhig gelegen, schöne Aussicht, DZ 30–40 €.

Essen und Trinken

- **Café Latas,** in Bóchali am Kirchplatz; leckere Orangenmousse u.a. süße Spezialitäten; gehobene Preise, aber dafür entschädigen die nette Bedienung und die Aussicht.
- **Alivizos,** Taverne, in der am späten Abend *kantates* gesungen werden, die italienisch beeinflusste Volksmusik der Insel, gute griechische Küche, hohe Preise.
- **Arekia,** urige Taverne mit einfachen, preiswerten griechischen Speisen. Man sitzt auf Bänken, die Wände sind mit Teppichen bekleidet, es gibt Wein vom Fass, und am späten Abend werden *kantates* gesungen. Hier treffen sich gute Musiker, die Atmosphäre ist eher die einer Kneipe als die eines Restaurants.

Einkaufen

In der **Odos 21. Maiou** reiht sich ein Laden an den anderen. Hier findet man neben einem gut sortierten **Zeitungsladen** mit internationaler Presse auch stilvolle Souvenirgeschäfte und Geschenkboutiken wie z.B. das Celini. Auch in der **Odos El. Venizelou** trifft man auf Geschäfte. Hier befinden sich z.B. eine **gute Bäckerei** und mehrere Läden, die die süßen Inselspezialitäten Mandolato und Pasteli anbieten. Einen **Supermarkt** (Lidl) findet man an der Ausfallstraße Richtung Laganás. Mo, Do und Sa findet vormittags ein **Gemüsemarkt** unweit der südlichen Hafenmole statt, ausgeschildert als „Laiki Agora“.

Aktivitäten/ Nachtleben

- Ein **Kino** wird im Gebäude der Bibliothek betrieben.
- Im neuen **Amphitheater** finden im Sommer (mit schöner Aussicht auf Stadt und Meer) Konzerte und andere Veranstaltungen statt.
- Als **Bademöglichkeit** bietet sich das Strandbad an. Geöffnet täglich 8–20 Uhr. Schöner sind jedoch die Bademöglichkeiten außerhalb der Stadt.
- **Tennisplätze** findet man beim Strandbad. Der **Tennisclub** am Stadtrand ist ausgeschildert.
- In Zante bieten **Pferdedroschken** in der Stadt ihre Dienste an. Achten Sie auf den Zustand der Tiere, der ist teils sehr gut, teils aber auch miserabel.
- **Ausflüge** werden in den Reisebüros angeboten (⇗ auch www.tsilivi-travel.gr/excursions) z.B. bei Smile Tours, Tel. 26950-29061, Fax 29062, täglich 9–14 Uhr. Im Angebot sind z.B. eine Inselrundfahrt per Bus, eine Inselumrundung per Boot (sehr beliebt, diese Tour bietet z.B. Ionian Cruises für 25 € an, Tel. 26950-42556 o. 23984, kxionis@otenet.gr), Griechischer Abend in Kambi, ein Bootsausflug von Límni Keríou zu den Felsentoren und Grotten bei Kerí (15 €, lohnend) und Marathonisi oder Bootsausflüge zum Schiffswrackstrand (sehr hübsch, ⇗ auch Skinari), ein Tagesausflug nach Kefaloniá (38 €, lohnend) oder nach Olympia (40 €, anstrengend, aber lohnend für Urlauber mit geschichtlichem Interesse). Von der Turtle Tour rate ich ab, sie gleicht eher einer Hetzjagd. Wer die Wasserschildkröten sehen will, mietet sich am besten ein Tretboot, davor haben die Tiere keine Angst.
- An der **Straße zwischen Zante und Argási** haben sich zahlreiche **Bars** und **Clubs** etabliert, die zum Ziel für Nachtschwärmer werden können. Viele fahren aber auch nach **Laganás,** dem Zentrum des Nachtlebens auf Zákynthos.

Nützliche Adressen

- **Krankenhaus:** am Stadtrand, ausgeschildert, Tel. 26950-59100.
- **Ärzte:** Wer einen Facharzt benötigt, sollte sich bei der Touristenpolizei danach erkundigen. Dort erhält man Informationen über Augen-, HNO-, Zahn- und Kinderärzte mit englischen und deutschen Sprachkenntnissen.
- **Apotheken:** Viele Apotheken, auch Notdienste.
- **Polizei:** Odos Lomvardou 62, am Hafen, Tel. 26950-22100. **Touristenpolizei,** im gleichen Gebäude, Tel. 26950-2448-3/-4.
- **Geld:** zahlreiche Banken und Bankautomaten, z.B. am Solomos-Platz.

Argási und der Osten

Landschaft

Die Nordseite der Halbinsel ist üppig grün bewachsen, während südlich des markanten Gebirges trockene Phrygana und Erosionsfelsen hinter den Sandstränden das Bild prägen.

Tipps für die Region

Verkehrsmittel

- Die **Busverbindung** zwischen Zante und Argási ist gut. Viermal täglich fährt während der HS auch ein Bus bis Pórto Róma. In der NS fahren weniger Busse.
- **Taxi:** Radiotaxi, Tel. 26950-48400.
- **Mietfahrzeuge:** großes Angebot in Argási.
- **Tankstelle:** in Argási und Vassilikós.

Aktivitäten/ Nachtleben

- In den Reisebüros werden die gleichen **Touren** wie unter „Zante" beschrieben angeboten.
- Ein **Wassersportzentrum** wird am Stand Ag. Nikólaos/Vasilikós betrieben.
- Nachtschwärmer kommen in **Argási** voll auf ihre Kosten. Auch hier hat man sich auf „Action und Fun" eingestellt.

Nützliche Adressen

- **Krankenhaus:** in Zante, Tel. 26950-59100.
- Die niedergelassenen **Ärzte** machen mit Werbeschildern in den Orten auf sich aufmerksam.
- **Apotheke:** in Argási.
- **Geld:** Bankautomat in Argási.
- **Touristenpolizei:** Zante, Tel. 26950-24483/4.
- **Wäscherei:** Laundry Self Service, Argási, tägl. 10–14 und 18.30–22 Uhr, Tel. 26950-26337, Handy 6978674683, im Zentrum an der Stichstraße, die von der Küstenstraße ins Landesinnere abzweigt.
- **Internetcafé:** In Argasi, aber auch im Supermarkt bei Ag. Nikólaos kann man ins Netz.

Argási und der Berg Skopos

Argási ist fest in touristischer Hand. Die einzige Sehenswürdigkeit ist die Ruine einer Brücke aus venezianischer Zeit. Hinter dem Ort erhebt sich der markante Berg Skopos. Er ist von Argási aus über einen Fußweg zu erreichen (⇗ unten).

107ko Foto: vb

Argási und der Hafen von Zante bei Sturm

Strände

Argási

Hinter dem sehr schmalen Sandstrand ziehen sich über mehrere Kilometer zwischen Bäumen gelegene Hotelanlagen, Bars und Tavernen entlang. Bei starkem Wind ist vom Strand kaum mehr etwas übrig, das Meer verschluckt ihn dann regelrecht. Während der gesamten Badesaison ist dieser Strand überfüllt.

- **Service:** Dusche, WC, Telefon, Strandsäuberung, einfach zu erreichen für Leute mit Gehbehinderung, Supermarkt, Telefon, Hotels, Liegen und Schirme, Volleyballnetz, Wassersport, Bootsanlegesteg.
- **Anfahrt:** Bus, kaum Parkmöglichkeiten.

Wanderung zur Kirche Panagía Skopiótissa

- **Route:** Argási – Aussichtspunkt bei der Kirche Panagía Skopiótissa und zurück
- **Strecke:** über eine sonnige Schotterpiste, einfach zu finden, Höhenunterschied 400 m
- **Landschaft:** durch Macchia, schöne Aussicht
- **Dauer:** 2–2½ Std.
- **Ausrüstung:** Wasser, Verpflegung, Sonnenschutz
- **Anfahrt:** Per Bus oder Auto. Am Ortsende von Argási steigt die Straße an und durchquert eine Schlucht. Danach ist links die Taverne Theodorítsis markiert. Genau gegenüber beginnen an der Hauptstraße zwei Straßen. Man wählt die rechte und durchquert ein breites Eisentor.

Die Straße geht später in eine Piste über. Bei einer Gabelung geht man rechts weiter. An einem Steinbruch wandert man rechts aufwärts und später an einer Kirchenruine vorbei bis zu einigen **Sendemasten.** Hier zweigt man nach links hoch ab, hält sich nochmals links und erreicht 10 Min. später die weiße, kleine **Kuppelkirche** des Klosters, die 1953 beim Erdbeben stark beschädigt wurde; damals wurde sie mit Betonstreben stabilisiert. In den letzten Jahren wurde die Anlage aufwendig renoviert. Man erreicht sie gut eine Stunde nach dem Start. Hinter der Kirche führt ein Fußpfad zu einem sehr schönen **Aussichtspunkt** unterhalb des Felsengipfels, der selber nicht zugänglich ist. Auf dem selben Weg kehrt man wieder zurück zum Ausgangspunkt der Tour.

Die Küste bei Vasilikós und Gérakas

Im Osten von Zákynthos, bei der Streusiedlung Vasilikós, trifft man auf beliebte Sandstrände. Hier brüten aber auch die Unechten Karettschildkröten *(Caretta caretta),* und zwar zeitgleich mit der Badesaison. Ihre Anzahl ist in den letzten Jahren stark gesunken, was unbestritten mit der Entwicklung des Massentourismus zusammenhängt. Tierschützer erhielten viele Jahre lang wenig Gehör und insbesondere die Geschäftsleute, die mit den Touristen ihr Geld verdienen, wehrten sich vehement gegen den Tierschutz. 1990 wurde trotz des Widerstandes ein **Meeresnationalpark** eingerichtet. Seither müssen Geschäftsleute und Urlauber mit Einschränkungen rechnen, und die meisten Urlauber tun sich auch nicht schwer damit, den Anweisungen der Parkwächter Folge zu leisten. Viele Gäste informieren sich am Informationsstand in Gérakas und unterstützen Projekte der Tierschützer.

- Der **Infostand** in Gérakas hat während der HS täglich von 11 bis 18 Uhr geöffnet, er lohnt einen Besuch; weitere Infos unter www.earthseasky.org. Am Strand befindet sich ein Wachhäuschen des Nationalparks. Dieses ist ganzjährig besetzt und kontrolliert, dass kein Sand, keine Felsen und keine Pflanzen entwendet werden.

Spaziergang

Einen einstündigen Spaziergang, der die Schildkröten nicht stört, kann man auf den **Klippen von Gérakas** unternehmen. Man folgt dem Erdweg, der an der Schranke oberhalb des Strandes nach rechts (Blick zum Meer) zu schönen Felsformationen führt. Nach 15 Min. erreicht man eine Gabelung. Der Weg links führt an die Felsen ans Meer mit schöner Aussicht, der Weg nach rechts führt zur Villa Róma mit altrosa Mauern und trifft dort auf die Straße, der man nach rechts zum Ausgangspunkt des Spaziergangs folgt.

Unterkunft/ Essen und Trinken

- **Fiore Rooms,** Tel. 26950-35468 Fax 35204, Handy 6945894807, www.zanteisland.com/wohnungen. Am Strand von Kamínia, nette Dreier-Zimmer, Bad, Balkon, Küchenecke, TV, AC, Garten (hier Liegen und Schirme gratis), Meerblick, 35–90 €.
- **Studios Levantino,** Tel. 26950-35366, Handy 6974512933, www.levantino.gr, im Winter in Athen Tel. 210-7789200, Fax 747 4483. Direkt am Strand von Kamínia, neben Fiore, einfache Zimmer, AC, Küchenecke, TV, Bad, Balkon mit Meerblick, schöner Garten, Strandbar, DZ 40–110 €.
- Leser empfahlen mir folgende Unterkünfte: www.villakaterina.com und www.daphnes-zakynthos.com.
- Oberhalb vom Kamíniastrand hat man von den **Tavernen To Agnadi** und **H ΘΕΑ** (die Küche von H ΘΕΑ liebt Mayonnaise) eine schöne Aussicht auf die Küste.
- **Taverna I Mikri Platia,** an der Straße zwischen Gérakas und Pórto Róma, nur abends, schöne Aussicht, gute griechische Küche.

Einkaufen

- **Hanne Mi,** Gérakas, schöne, aber teure Keramikwaren. Bietet auch Workshops an, Tel. 26950-35012, Handy 6973529818, www.ceramichannemi.com.

504ko Foto: vb

Strände

Kamínia

Hinter der mittelgroßen Bucht mit Sandstrand, in der sich eine Wiese mit Bäumen und in angelegten Gärten Pensionen und Tavernen befinden, ziehen sich steile, bewaldete Hänge hoch zur Hauptstraße. Aus dem Wald ragen Hotelanlagen. Der Strand ist beliebt und während der HS voll.

- **Service:** Strandsäuberung, Dusche, WC, Strandbar, Liegen und Schirme, Bootsanlegesteg.
- **Anfahrt:** Parkplatz.

Pórto Zóro

Am Buchtrand vor dem Sandstrand ragen Felseninseln aus dem Wasser. Hinter dem Strand wachsen Tamarisken, dort liegt auch ein größeres Hotel mit öffentlicher Taverne und Terrasse. Die umliegenden Hänge sind steil und grün. Auch hier kann es während der HS sehr eng werden.

- **Service:** Strandsäuberung, WC, Taverne, Liegen und Schirme.
- **Anfahrt:** Parkplatz.

Der Strand von Ag. Nikólaos bei Vasilikós

Iónio/ Banána

Ein Bilderbuchstrand: Kilometerlang zieht sich der weiße Sand bei Vasilikós an der Nordküste entlang, die Strände – wie sie auch immer heißen – gehen alle ineinander über. Am Iónio-Strand mischt sich feiner Kiesel unter den Sand. Hinter dem Strand ziehen sich dünenartige, spärlich bewachsene Hänge hoch, an der Hangkante reihen sich Tavernen und Hotels in Gärten unter Bäumen aneinander. Am Banána Beach ist der Sand etwas feiner, dafür ist es auch voller. Oben auf der Hangkante wächst Kiefernwald. Das Wasser leuchtet blitzblau. An verschiedenen Stellen bieten Strandbars ihre Dienste an. Es gibt sehr volle Abschnitte, aber aufgrund der Länge des Strandes verteilen sich die Besucher auch.

- **Service:** Strandsäuberung, Liegen und Schirme, Tavernen, Dusche, WC, Telefon, Volleyballnetz, Wassersport.
- **Anfahrt:** Parkplatz; Bus.

Ag. Nikólaos

An der Bucht, die von einem flachen kahlen Kap mit strahlend weißer Kirche begrenzt wird und hinter der ein Urlauberdorf mit Hotels, Pensionen und Tavernen in bunten Gärten entstanden ist, zieht sich einer der meistbesuchten Sandstrände der Region entlang. Hier kann es schon mal eng werden, die „Action and Fun"-Urlauber kommen aber voll auf ihre Kosten. Hinter dem Strand wurden zahlreiche Palmen gepflanzt.

- **Service:** Hotels, Strandsäuberung, Supermarkt, Bar, Taverne, Liegen und Schirme, Wassersport.
- **Anfahrt:** Parkplatz, Bushaltestelle.

Pórto Róma

Hinter dem sehr schmalen Strand mit grobem Sand erhebt sich eine mit Phrygana bewachsene Böschung, der Blick fällt auf den kleinen Hafen, ein kleines Kap und auf den Hotelstrand Mávratzis. Oberhalb des Strandes trifft man auf eine Taverne mit schöner Aussichtsterrasse. Hier ist es deutlich ruhiger als an den benachbarten Stränden.

- **Service:** Strandsäuberung, Taverne, WC, Liegen und Schirme, seitlich kleiner Hafen.
- **Anfahrt:** Bus (fährt selten), Parkplatz.

Gérakas, Dáfni, Sekánia

Hier befinden sich die Brutstätten der vom Aussterben bedrohten *Caretta caretta*. An diesen Schildkrötenstränden ist vom 1.6. bis 31.10. nachts der Aufenthalt verboten. In Gérakas findet man oberhalb des Strandes ein Informationscenter, das einen Besuch lohnt. Wer den Tieren helfen will, sollte ihre Brutplätze ganz meiden.

Laganás und die südliche Ebene

Landschaft

Dicht mit **Olivenbäumen** bewachsen ist die stark zersiedelte Küstenebene rund um Laganás. In der Ebene wächst auch viel **Wein.** Die Bachläufe sind von Schilf umgeben. Die Region rund um den **Flughafen** ist eher kahl. Hier wurden auch zahlreiche weniger hübsche Gewerbebauten errichtet.

Tipps für die Region

Verkehrsmittel

- Die **Busverbindungen** von Zante nach Kalmáki und Laganás sind in der Badesaison gut, alle anderen Verbindungen schlecht.
- **Radiotaxi,** Tel. 26950-48400.
- Ein großes Angebot an **Mietfahrzeugen** findet man in Laganás und Kalamáki.
- **Tankstellen** findet man in Límni Keríou, in Lithakiá, zwischen Lithakiá und Agalás unweit der Gabelung in Richtung Kilíómeno, an der Hauptstraße zwischen Laganás und Zákynthos-Stadt unweit des Flughafens, in Kalamáki und in Laganás.

Aktivitäten/ Nachtleben/ Einkaufen

- Auf **Action- und Fun-Tourismus** ist man in Laganás eingestellt.
- **Gokart:** Gokart for Small Drivers, in Laganás.
- **Reiten:** bei Laganás existieren mehrere Reitställe. Wer die Schildkröten schonen will, verzichtet auf Ritte am Strand entlang, welche die Nester der Tiere zerstören.
- **Wassersport:** ist nach der Einrichtung des Nationalparks in Laganás verboten. Per Bus kann man an den Strand Ag. Nikólaos oder Tsiliví fahren. Für Wassersportler ist der Transfer kostenlos. Was den Schildkröten übrigens nicht schadet, sind Fahrten im Tretboot.
- **Tauchen:** In Limni Keríou gibt es das von deutschen Tauchlehrern geleitete Nero Sport, Tel. 26950-49125 oder 28481, Handy 6976078176, www.nero-sport.de.
- **Mountaunbikes** und andere **Fahrräder:** ein großes Angebot bei Dennis Bikes, in Laganás an der Hauptstraße.
- **Ausflüge:** In den Reisebüros werden die gleichen Touren wie unter „Zante" beschrieben angeboten.
- **Nachtschwärmer** kommen in Laganás voll auf ihre Kosten. Beliebt ist u.a. die Bar auf der **Insel Ag. Sóstis.**
- **Einkaufen:** In allen Touristenorten säumen Souvenirgeschäfte die Straßen.

Nützliche Adressen

- **Krankenhaus:** Zante, Tel. 26950-59100.
- Die niedergelassenen **Ärzte** machen mit Werbeschildern in den Orten auf sich aufmerksam.
- **Touristenpolizei:** Zante, Tel. 26950-2448-3/-4.
- **Geld:** Banken und Automaten in Laganás, Kamináki und am Flughafen.
- **Wäscherei:** in Laganás Laundry Service hinter einer Tankstelle an der Hauptstraße, ausgeschildert, Mai bis Oktober täglich 9–21 Uhr, Tel. 26950-53526, Handy 6937358319.
- **Internetcafés:** in Kalamáki und Laganás.

Die Bucht von Laganás

Alte Fotos beweisen, was man vermutet: Früher war die Bucht von Laganás eine Traumbucht. Heute gleicht der Traum manchmal einem Albtraum, so voll ist der Strand. Das Dorf **Laganás** ist unruhig, denn zahlreiche Urlauber setzen auf geräuschvolle Unterhaltung mit „Wein und Gesang".

Am Strand von Laganás brüteten früher die meisten Karettschildkröten. Heute werden die Tiere durch den Massentourismus massiv gestört. Dass zu ihrem Schutz ein **Meeresnationalpark** eingerichtet worden ist und es daher verboten ist, mit Speedbooten durch die Bucht zu rauschen, nimmt man hier nur zähneknirschend zur Kenntnis.

Auch **Kalamáki** hat sich stark entwickelt, aber hier geht es etwas ruhiger zu als im Nachbarort. Eine hübsche Ecke ist der Hafen Ag. Sóstis mit der vorgelagerten Insel, auf der eine beliebte Bar liegt.

Internet

- **Sofias,** Kalamáki, an der Straße nach Laganás.
- **Cyberland,** Laganás, liegt versteckt. An der kleinen Kreuzung, an der die Straße von Ag. Sóstis (der Campingplatz ist hier markiert) auf die Hauptstraße in Laganás trifft, folgt man der Verlängerung der kleinen Querstraße in die Gegenrichtung, hält sich bei Onar zunächst rechts und dann links.

Strände

Kalamáki

Auch hier brüten trotz Tourismus nach wie vor **Schildkröten,** und der Strand ist nachts vom 1.6. bis 31.10. gesperrt. Wer den Tieren helfen will, sollte diesen Strand meiden.

505ko Foto: vb

Laganás

An den Strand von Laganás verirrt sich heute kaum mehr eine Schildkröte. Früher war dies der Strand, an dem sich die meisten Nester befanden, aber die Schutzmaßnahmen für die Tiere haben hier zu spät eingesetzt, und Geschäftsleute und Massentourismus haben die Schildkröten vertrieben. Wegen der Tiere ist es heute allerdings untersagt, in dieser Region Wassersport zu betreiben. Es dürfen nur Kanus und Tretboote angeboten werden. Ruhe hat man aber deshalb hier noch lange nicht, es gibt wenige Strände in Griechenland, die während der Badesaison so überfüllt sind wie dieser. Hinter dem kilometerlangen Strand reiht sich Hotel an Hotel, erst ziemlich weit in östlicher Richtung, kurz vor Kalamáki, weicht die Bebauung den Dünen. Das Hinterland ist flach und grasbewachsen. Eine Straße führt rund 500 m landeinwärts parallel zum Strand durch die Reste des Küstenwäldchens nach Kalamáki.

Der Strand von Laganás in der Nebensaison

● **Service:** Dusche, WC, Hotels, Supermarkt, Tavernen, Bars, Telefon, Strandsäuberung, Kanus, Tretboote, Schirme und Liegen.
● **Anfahrt:** Bus, kein Parkplatz.

Ag. Sóstis

Der lange Sandstrand zieht sich von Laganás aus bis zum Hafen Ag. Sóstis, dem die malerische gleichnamige Insel vorgelagert ist. Die Insel, auf der eine Bar betrieben wird, ist über einen Steg mit dem Hafen verbunden. Ruhe ist auch hier nicht angesagt. Das Hinterland ist dicht bebaut mit Hotels und Pensionen.
● **Service:** Liegen und Schirme, WC, Telefon, Hotels, Campingplatz, Tavernen, Bars.
● **Anfahrt:** über die Straße, die am Campingplatz entlangführt. Sie endet am Hafen.

Macherádo und Umgebung

Macherádo lohnt einen Besuch für alle, die sich für Kirchen interessieren. Am Dorfrand findet man die **Ypapandis-Kirche** aus dem 16. Jh. mit schönen Steinreliefs an der Fassade. Ihr Steinglockenturm mit Durchgang ist der höchste Turm dieser Art, der auf Zákynthos zu finden ist.

Die **Kirche Ag. Mávra,** die mit ihren Malereien über lange Jahre viele Besucher angezogen hat, brannte vor einiger Zeit aus; die Malereien wurden zerstört. Die Kirche wurde nach altem Vorbild wieder neu aufgebaut und renoviert.

Ag. Marina wird im Kapitel „Nordostküste" beschrieben.

Moní Eleftherotria

Aus der Ferne sieht das 1961 gegründete Kloster Moní Eleftherotria am Rande des Dorfes wie eine mittelalterliche Burg aus, die in Weiß und Rot erstrahlt und aus den Olivenhainen hervorragt. Im Kloster leben heute dreizehn Nonnen, die Touristen freundlich empfangen. In der Kirche befindet sich die alte Altarwand aus der Marienkirche von Pigadákia, die beim Erdbeben zerstört wurde. In der Kapelle neben der Hauptkirche lagert eine Reliquiensammlung mit Knochen und Zähnen von verstorbenen Heiligen. Auch eine Sammlung von Steinen aus heiligen Stätten haben die Nonnen angelegt und zeigen sie stolz den Besuchern.

● **Geöffnet:** täglich 8.30–12 und 16–18.30 Uhr. Wenn die Kirchtür nicht offen steht, kann man am Portal daneben klingeln. Während der Saison liegen Wickelröcke aus.

506ko Foto: vb

Dörfer der Umgebung

Zwischen den Dörfern **Lagopodo** und Macherádo wachsen mehr als 40 verschiedene Orchideenarten. Im April und Mai blühen die meisten.

Oberhalb des neuen Dorfes **Langadakia** liegen die sehenswerten Ruinen des alten Ortes, der bei dem Erdbeben 1953 zerstört wurde. Die alten Gemäuer werden langsam von Pflanzen erobert.

Hinter Macherádo windet sich die Straße hoch ins Bergland nach **Kilióméno.** Die Straße bietet eine herrliche Aussicht auf die Ebene.

Essen und Trinken

- **Taverne Kasteli,** an der Straße zwischen Macherádo und Kilióméno, tolle Aussicht.

Das Kloster Moní Eleftherotria

Lithakía, Límni Keríou und Marathiá

Unweit von Lithakía liegt der Tsivouli Park. Ein englisch-schweizer Paar hat im Hinterland zwischen Olivenhainen eine **Emu-Farm** eröffnet. Man kann die Tiere ansehen und Emu-Produkte kaufen.

Hinter dem Strand von **Límni Keríou,** an dem sich eine Tauchschule etabliert hat, befindet sich ein von Schilf umgebener See. Hier quillt neben Wasser auch Pech aus den Quellen, die den See speisen. Pech wurde früher für den Schiffsbau benötigt und war ein begehrter Rohstoff. Die Pechquellen vom Límni Keríou wurden schon im 5. Jh. v. Chr. genutzt. Heute lohnt sich die Pechgewinnung jedoch nicht mehr. Eine Pechquelle wurde gefasst und man kann sie sich ansehen. Sie ist als „Herodoto's Spring" an der Straße markiert.

Hinter Límni Keríou liegt an der steilen Küste versteckt **Marathiá,** eine ruhige Streusiedlung mit kleinen Kiesstränden und schöner Aussicht auf die vorgelagerte Schildkröteninsel.

Unterkunft

- **Anatoli Studios,** Tel. 26950-43227, Handy 6944628698, www.zanteweb.gr/zakynthos.zante/en/anatoli. Nette Zimmer, Bad, Balkon, Küchenecke, schöne Aussicht, TV, AC, Mückenschutz, ruhige Lage, man benötigt ein Fahrzeug. DZ 40–80 €, Vierer-Zimmer 50–100 €.
- Schöne **Steinhäuser** in ruhiger Lage für zwei bis sechs Personen werden ebenfalls im abgelegenen Marathiá für 50–140 € vermietet, Tel. 26950-43314, Handy 6974277964, www.argastaresvillas.com. Zwei DZ, Wohnzimmer mit Doppelbett und offenem Kamin, Bad, AC, Küche, TV, überdachte Terrasse, schöner Garten.
- **Villa Panorama,** Límni Keríou, Tel. 26950-28940 o. 43280, Fax 25308, Handy 6972852552, www.villapanorama.gr. DZ mit Bad, Balkon mit Meerblick, TV, AC, Küche 32–70 €, Dreier-Zimmer 38–85 €, Vierer 44–100 € ohne Frühstück.

Essen und Trinken

- Im Binnendorf Lithakiá findet man das hübsch ausgebaute **Litrouvío,** Tel. 26950-55081; hier werden sehr leckere Vorspeisen serviert.
- **Taverne Scirocco,** Limni Keríou, ein deutsch-griechisches Paar betreibt dieses beliebte und gute Lokal direkt neben den Pechquellen.
- **Anemomylos,** Taverne mit schöner Aussicht, oberhalb einer Olivenpresse an der Straße nach Límni Keríou gelegen.

Strände

Lithakiá/ Arkadianós

Der schmale, sandige Strand, hinter dem sich eine Mauer erhebt, auf der die Straße verläuft, ist meist sehr voll. Man hat eine hübsche Aussicht auf die vorgelagerten Inseln. Tavernen, Bars, Pensionen und Hotels reihen sich aneinander und überziehen die grüne Ebene im Hinterland.

- **Service:** Taverne, Pensionen, Hotels, Telefon, Liegen und Schirme, Motorboot, Tretboote, Kanus, Strandsäuberung.
- **Anfahrt:** wenig Parkmöglichkeiten.

Pórto Koúkla

Dieser öffentlich zugängliche Hotelstrand ist zwar sehr beliebt, aber hier herrscht eher eine ruhigere Atmosphäre. Hier mischen sich in den schmalen Sandstreifen Steine, der mit Schilf bewachsene Hang hinter dem Strand ist terrassiert. Auch dort werden Liegen angeboten. Der Blick fällt auf die vorgelagerten Inseln.

- **Service:** Liegen und Schirme, Tretboote, Bar, WC, Bootsanlegesteg.
- **Anfahrt:** Parkplatz am Hotel.

Pórto Kerí

Neben dem Hafen findet man einen schmalen Streifen grauen Sandstrand, etwas weiter nördlich mischen sich immer mehr Kieselsteine unter den Sand. Hinten im Tal erstreckt sich der schilfumgebene See mit den Pechtümpeln. Dieser Strand gehört sicher nicht zu den Highlights der Insel, aber er ist relativ ruhig. Die Bootsausflüge zu den Höhlen von Kerí lohnen sich!

- **Service:** Tavernen, Cafés, Pensionen, Supermarkt, Telefon, Tauchkurse, am breiteren Strandabschnitt Liegen und Schirme, Tretboote, Kanus, Motorboote.
- **Anfahrt:** Bushaltestelle, Parkplatz.

Marathiá

An der Küste hinter Límni Keríou trifft man auf mehrere kleine, hübsche, weiße Kieselbuchten, die relativ ruhig geblieben sind. Hinter diesen Stränden erheben sich Hänge mit alten Olivenbäumen, in denen verstreut Häuser liegen.

- **Service:** oben an der Straße eine Taverne mit WC, Pensionen und Hotels am Hang oberhalb.
- **Anfahrt:** Parkmöglichkeiten nur am Straßenrand.

DIE NORDOSTKÜSTE UND IHR HINTERLAND: TSILIVÍ, ALYKÉS, SKINÁRI

Landschaft

Hinter den langgstreckten Sandbuchten von Tsiliví und Alykés sind Touristenstädte entstanden. Die hügelige, stark zersiedelte Ebene im Hinterland ist von dichtem **Olivenwald** überzogen. Zwischen den beiden großen Buchten zieht sich ein schmaler, von Felsen durchsetzter **Sandstrandstreifen** vor kleinen Küstensiedlungen mit Feldern entlang. Nördlich von Alykés rückt das **Gebirge** an die Küste. Kleine Orte ragen aus dem Grün der steilen Hänge.

Tipps für die Region

Verkehrsmittel

- Die **Busverbindung** von Zante nach Tsiliví und Alykés sind gut. Die kleinen Küstendörfer werden während der HS auch mehrmals täglich per Bus angesteuert, in der NS dagegen ist die Verbindung schlecht. Sehr schlecht ist auch die Verbindung nach Norden zum Hafen Skinari Ag. Nikólaos. Der Bus fährt hier nur zweimal täglich.
- **Radiotaxi:** Tel. 26950-48400.
- **Tankstellen** findet man in Tsiliví, bei Plános, bei Pachi Ammos, bei Tragáki, bei Ag. Nikolaos am Hafen und zahlreiche an der Hauptstraße bei Sarakinádo auf dem Weg nach Katastári.

Aktivitäten/ Nachtleben/ Einkaufen

- In Tsiliví, Alikanás und Alykés hat man sich auf **„Action and Fun"-Tourismus** bestens eingestellt.
- In den Reisebüros werden die gleichen **Touren** wie unter „Zante" beschrieben angeboten.
- **Bootsausflüge:** Fahrten zu den blauen Grotten (8 €) und zum Schiffswrack-Beach (8 €) werden vom Hafen Ag. Nikólaos bei Skinári angeboten. Die gleiche Tour wird in Koríthi beim Leuchtturm offeriert (15 € für beides). Die Glasbodenboote fahren alle 5–10 Min. von 9 bis 18 Uhr. Lohnend! Wer diese Tour übers Reisebüro bucht, landet in einem größeren Schiff, die kleinen Boote fahren nur in Skinári, Ag. Nikólaus Skinári oder in den Häfen von Pórto Vrómi, erreichbar über Anafronítria oder Mariés, ab.
- **Nachtleben:** Nachteulen kommen v.a. in **Tsiliví** auf ihre Kosten, aber auch in **Alykés** und **Alikanás** wird viel Unterhaltung geboten.
- **Einkaufen:** In den Touristenorten reihen sich zahlreiche Souvenirshops aneinander.

Nützliche Adressen

- **Krankenhaus:** Zante, Tel. 26950-59100.
- Die niedergelassenen **Ärzte** machen mit Werbeschildern in den Orten auf sich aufmerksam.
- **Touristenpolizei:** Zante, Tel. 26950-2448-3/-4.
- **Geld:** Banken und Automaten in Tsiliví und Alikanás.
- **Wäschereien:** Miele, in Tsiliví, an der Straße in Richtung Plános, tägl. 10–14 und 19–23 Uhr und Laundrette an der Hauptstraße im Zentrum.
- **Internetcafés:** in Alikanás, Tsiliví und Alykés.

Tsiliví

In **Tsiliví** hat sich eine Hotelstadt gebildet, mit zahlreichen Tavernen, Reisebüros und Souvenirläden. Mit der Ruhe an diesem Ort ist es nun leider endgültig vorbei.

Essen und Trinken Internet/ Einkaufen

- **Internetcafés:** neben der Wäscherei Miele in Tsivilí liegt das Trianon Internetcafé, sodass man seine Wäsche gut mit einem Ausflug ins World Wide Web verbinden kann.
- **Trenta Nove** in Tsivilí bietet Keramikwaren, schöne Stoffprodukte und Karaghiozis-Figuren aus dem traditionellen griechischen Schattentheater an. Auch ein **Restaurant** findet man hier.

Strände

Tsiliví/ Plános/ Boúka

In der riesigen, geschwungenen Bucht erstreckt sich ein breiter, kilometerlanger Sandstrand. Am felsigen Kap ragen einige Felseninseln aus dem Wasser. Das flache, hügelige Hinterland ist mit Olivenbäumen überzogen, vom Strand aus sieht man es aber nicht, denn hinter dem Strand ziehen sich Hotels, Pensionen, Tavernen und Bars entlang. Das Strandleben gleicht dem von Laganás: sehr voll und viel „Action and Fun". Der Ostteil der Bucht ist feinsandig, im Westen teils auch mit Kieseln gemischt.

Boúka, ganz im Nordwesten gelegen, ist ruhiger. Der Strand ist aber recht kurz, und in den Sand mischen sich Steine. Hinter dem Strand erhebt sich eine kleine Mauer, auf der Schatten spendende Bäume stehen. Ein kleiner Fischerhafen liegt nahe dem Kap.

- **Service:** Strandsäuberung, Supermarkt, Taverne, Dusche, WC, Telefon, Liegen, Schirme, Volleyballnetz, Wassersport, Bootsanlegesteg.
- **Anfahrt:** Bushaltestelle, Parkplatz.

Kipséli, Gerakári und Ag. Marina

Einen Abstecher lohnen die Dörfer Kipséli und Gerakári. Die alten Häuser liegen auf grünen, von Olivenbäumen bewachsenen Hügeln. Herrlich ist die Aussicht von Ano Gerakári aus. Dort thront die **Kirche Ag. Nikólaos** oben auf der Kuppe. Vom Kirchplatz hat man eine tolle Aussicht.

Helmis Natural History Museum

Ein gut gemachtes **Naturkundemuseum** ist im netten Dorf Ag. Marina unterhalb von Loúcha am Hang zu finden, empfehlenswert vor allem mit Kindern. Gezeigt wird u.a. ein riesiger Ammonit aus Madagaskar. Man kann sich hier auch bei *Panajotis Chelmis* über die Orchideen der Insel informieren. Im Obergeschoss wurde eine Cafeteria mit schöner Aussicht eingerichtet.

- **Geöffnet:** Mo–Do 9–13 Uhr, So 9–18 Uhr, Eintritt 3 €/Kinder 1,50 €, www.museumhelmis.gr.

Auch die Küste mit ihren kleinen Stränden ist einen Besuch wert. Schöne Flecken finden sich bei **Pachís Ammos** und **Psaroú.** In der HS ist viel los, aber dies ist dennoch eine der wenigen Ecken auf der Insel, in der Individualreisende in Ruhe Urlaub machen können.

Unterkunft/ Essen und Trinken

- **Taverne Fioro tou Levante in Ano Gerakári,** neben der Kirche Ag. Nikólaos, tolle Aussicht.
- **Taverne Ladofánaro,** „Das Öllämpchen", in der Ebene unterhalb des Dorfes Ag. Marina gelegen, hat nur abends, in der NS zudem nur am Wochenende, geöffnet. Hierher zieht es die Griechen selbst.
- **Apartments Kolevris Labros** oder **Vikos,** Drosiá, Tel. 26950-61005 oder 63783, Fax 43062. Schöne Anlage, direkt am Strand, man benötigt ein Fahrzeug, da recht abgelegen, hübscher Garten mit Strandbar, einfache DZ, Bad, Balkon, Küchenecke 30–50 €, einfache Vierer-Zimmer 30–60 €, schön eingerichtete, große Maisonetten für zwei Personen mit einem zusätzlichen Sofabett für zwei Personen in der Küche 40–80 €. Nette Besitzer.
- **Guesthouse Anatoli Labreon,** Zimmer in stilvoll sanierten alten Häusern, schöne Aussicht auf die Ebene, Pool, AC, TV, Internet, Waschmaschine, Safe, mit Frühstück EZ 40–50 €, DZ 50–60 €, Dreier-Zimmer 70–85 €, Vierer-Zimmer 80–100 €. Man benötigt ein Fahrzeug. Die Anlage liegt gegenüber vom Helmis Museum. www.anatolilabreon.gr, Tel. 26950-62389, Handy 6973233056.

Strände

Amboula

Am Hang hinter dem beliebten kleineren Sandstrand, der mit Kieselsteinen durchsetzt ist, ragen zahlreiche Gebäude zwischen dem Schilf und den Bäumen hervor. Am Rand der Bucht erstrecken sich felsige Kaps, man hat eine schöne Aussicht auf Kefaloniá.

- **Service:** Strandsäuberung, Telefon, Dusche, Taverne, WC, Liegen und Schirme.
- **Anfahrt:** Stichstraße, die von der Küstenstraße abzweigt.

Pachís Ammos und Drosiá

Ein schmaler Sandstreifen, der immer wieder von Felsen unterbrochen wird, zieht sich vor der hügeligen Küstenlandschaft entlang, die hinter dem Strand an einem kleinen, steileren Felshang endet. Im Hinterland wurde in den Olivenhainen sehr viel gebaut. Die Kirche Ag. Charalámbos thront auf einer Klippe mit schöner Aussicht oberhalb vom Strand Pachís Ammos. Rund um Drosiá ziehen sich hinter den Klippen Felder und Weinberge entlang, aber es wurde viel gebaut, überwiegend Hotels und Pensionen. Einige liegen mit schöner Aussicht und in ruhiger Lage direkt am Strand. Einsam ist man hier während der HS nicht, aber dies ist eine Ecke, in der man gut relaxen kann. Ein eigenes Fahrzeug ist ratsam, Busbenutzer benötigen viel Geduld ...

- **Service:** Taverne, Dusche, WC, Unterkünfte, Supermarkt und Telefon 500 m entfernt, Liegen und Schirme, kleiner Hafen.
- **Anfahrt:** Stichstraße, die von der Küstenstraße abzweigt.

Psaroú

Ein sehr schönes Fleckchen, aber nicht geeignet für Hundebesitzer – die Vierbeiner sind verboten. Eine kleine Stichstraße führt zu einem Fischerhafen. Der malerische, kleine Sandstrand ist unterhalb des felsigen Kaps zu finden, auf dem eine hübsche Kapelle steht, er ist über eine weiter nördlich gelegene Stichstraße zu erreichen. Hinter dem Strand erstrecken sich mit Schilf bewachsene Hügel, das Hinterland ist mit Feldern bedeckt. In der Bucht trifft man auf eine nette Taverne mit Garten.

- **Service:** Telefon, WC, Snackbar, sauber.
- **Anfahrt:** Stichstraße, die von der Küstenstraße abzweigt.

Fischerboot

Amoúdi/ Gerakári

Zahlreiche Hotels und Pensionen im Olivenwald erstrecken sich im Hinterland hinter diesen Stränden, die daher auch meist recht gut besucht sind. Ein schmaler Sandstreifen, von felsigen Kaps durchbrochen, hinter dem sich gras- oder schilfbewachsene Hänge erheben, bildet kleine Buchten. An der Taverne Akrogiali führt die Straße direkt hinter dem Strand entlang.

- **Service:** Strandsäuberung, Liegen und Schirme, Taverne, Hotel.
- **Anfahrt:** Bus, Parkplatz.

Alykés, Alikanás und Katastári

Alykés und Alikanás ziehen sich hinter dem Strand an der riesigen Bucht entlang. Die beiden **Touristendörfer** werden durch einen Bach getrennt, der von einer steinernen Bogenbrücke überspannt wird. Die Brücke wurde noch von den Engländern errichtet und ist heute hübsch renoviert als Fußgängerbrücke.

Früher wurde hier in der Nähe von Alykés in flachen Wasserbecken **Salz** gewonnen. Die Seen trocknen im Sommer aus, und nach Regenfällen bildet sich Morast. Mückenschutz kann hier nicht schaden.

Internet

- **Internetcafé** am Strand von Alikanás beim Hotel Valais, Tel. 83223. In Alykés kann man im Hotel Astoria ins Netz.

051ko Foto: vb

Moní Ag. Ioánnis Prodrómou

Nördlich von **Katastári** liegt neben der Hauptstraße dieses schöne alte **Wehrkloster.** Gegründet wurde es im 16. Jh., in den letzten Jahren wurde es renoviert. Ein Mönch lebt hier zurückgezogen und empfängt manchmal Touristen.

Strände

Alikanás/ Alykés

In der riesigen Bucht mit breitem, langen Sandstrand mündet ein Bach ins Meer, im Hinterland des westlichen Teils erstrecken sich zeitweise ausgetrocknete Salzseen. Dahinter steigen die Hänge an, zwischen Olivenhainen überblickt man von Katastári die weite Ebene. Hinter Katastári beginnt das Bergland. Am östlichen Ende der Bucht finden sich ein hübscher Fischerhafen vor dem Kap und eine Kapelle. Daran anschließend beginnt die fast lückenlose Bebauung der Bucht: Hotels, Bars, Tavernen in einer kahlen Umgebung in Alikanás und mit grünen Gärten in Alykés. Im östlichen, übervollen Teil der Bucht ist der Sand fein, während sich im westlichen Teil grober Sand unter Kiesel mischt. Hier ist es etwas ruhiger, aber auch nicht gerade einsam. Auch diese Bucht bietet ihren Gästen mehr als genug „Action and Fun".

- **Service:** Strandsäuberung, Taverne, Dusche, WC, Bar, Telefon, Hotels, Supermarkt, Liegen, Schirme, Wassersport, Motorboote.
- **Anfahrt:** Parkplatz, Bushaltestelle.

Skinári, Koríthi und Ag. Nikólaos

Oberhalb der Küstenstraße liegen einige beinahe **verlassene Bauerndörfer** zwischen Olivenbäumen, Zypressen und Macchia. Der kleine Weiler **Mikronisi** liegt auf einem Felsenkap. Nur wenige Häuser finden hier Platz. Ein alter Wachturm wird heute von einem Bauern als Speicherraum genutzt.

Die Dörfer **Skinári** und **Koríthi** bestehen überwiegend aus alten **Häusern.**

Neu sind dagegen die Häuser am Hafen von **Ag. Nikólaos** bei Skinári. Dieser Hafenort ist zwar gewachsen, wird aber im Winter nicht bewohnt, und „Flair" hat der Ort nicht. Hier legen die Fähren nach Kefaloniá ab. Es werden auch **Bootsausflüge** zu den blauen Grotten, den Felsentoren am nördlichen Kap und zum Strand Navágio organisiert. Die gleichen Ausflüge werden auch hinter Koríthi, unweit des Leuchtturms, angeboten. Bei einer bunten Windmühle bietet sich ein herrlicher Blick nach Kefaloniá.

Askos Stone Park

In Varvara oberhalb von Ag. Nikólaos in den Bergen (ausgeschildert) liegt dieser liebevoll angelegter **Privatzoo** mit Kaninchen, Eseln, Schafen, Ziegen, Pferden, Hirschen, Schildkröten etc. Ein gutes Ziel für Familien mit Kindern.

- **Geöffnet:** Mai bis Sept. 9–19 Uhr, April und Oktober 10–17 Uhr; Eintritt 8,50 €/5 € für Kinder, www.askos.gr.

Unterkunft

- **Pension Panorama,** südlich des Hafens von Ag. Nikólaos, Tel. 26950-31013, Fax 31017, www.zanteweb.gr/zakynthos.zante/en/panorama-studios, panorama-apts@ath.forthnet.gr. Einfache Zimmer, Bad, Küchenecke, AC, im OG Balkon, EZ 25–45 €, DZ 25–50 € mit Frühstück.
- **Windmills Potamitis Brothers,** unten liegt der Bootsanlegesteg für Ausflüge zum Schiffswrackstrand, oben auf der Felskante thronen zwei Windmühlen und eine Taverne mit zwei Zimmern, die man mieten kann, Tel. 26950-31241, Fax 31132, Handy 69720 55711, www.potamitisbros.gr. Die kleinere, bunte Mühle hat die schönere Aussicht, die größere steht weiter hinten, ist dafür aber nicht so eng. In die Mühlen sind Küche und Wohnzimmerchen, Bad und ein Schlafzimmerchen hineingebaut, die Balkone mit schöner Aussicht sind klein, außerdem gibt es zwei nette DZ über der Taverne für 50–70 €, Vierer-Zimmer 120–150 €, kleinere Mühle 90–100 €, größere Mühle 100–130 €. Man benötigt ein Fahrzeug, die Mühlen liegen weit außerhalb, aber wegen der Bootsausflüge ist man doch nicht einsam tagsüber, abends ist es aber ruhig. Hier kann man schöne Sonnenuntergänge genießen.

Strände

Xíngi

P WC

Die schöne, von steilen weißen Felswänden umrahmte Bucht mit weißem, steilem Kieselstrand ist über einen Treppenweg zu erreichen. In der Nachbarbucht entspringt eine Schwefelquelle in einer Höhle. Auch sie wurde zugänglich gemacht. Der unangenehme Geruch, der durch das schwefelhaltige Wasser entsteht, schreckt die Leute keineswegs ab, ihm wird Heilwirkung nachgesagt, und daher suchen v.a. griechische Urlauber diesen Strand auf, die ein Wehwehchen kurieren wollen.

- **Service:** Imbissstand am Parkplatz, WC und Taverne oben auf dem Kap in 1 km Entfernung.
- **Anfahrt:** Parkplatz, dann Fußpfad.

Makrís Gialós

Der weiße Kiesstrand zieht sich vor einer Felswand entlang, seitlich des Strandes führt die Straße vorüber. Am Kap hat das Meer Höhlen aus dem Fels gespült. Während der Badesaison ist der Strand sehr beliebt. Oberhalb der Straße sind Pensionen zu finden.

- **Service:** Kiosk, Taverne und WC ca. 100 m entfernt, Liegen und Schirme, Wassersport, Anlegesteg, Strandsäuberung, Ausflüge zu den Blauen Grotten.
- **Anfahrt:** Parkplatz.

Ag. Nikólaos

Zwischen dem Fähr- und dem Fischerhafen, von dem aus auch die kleinen Ausflugsboote zum Kap Skinári ablegen, findet man einen sehr schmalen Kiesstreifen. Hinter dem Strand erhebt sich eine Mauer, darauf stehen Bänkchen unter Bäumen, und dahinter zieht sich die Straße entlang. Hinter der Straße liegen Tavernen.

Auch ganz im Norden, unterhalb der Taverne mit Windmühlen am Kap Skinári, kann man von Felsen aus ins Wasser gelangen. Es gibt aber bessere Strände auf Zákynthos.

- **Service:** Kiosk, Tavernen, Telefon, WC.
- **Anfahrt:** Parkplatz, Bus (selten).

Die Bergdörfer

Landschaft

Der Nordwestteil von Zákynthos ist gebirgig. Teils ist das **Bergland** mit Kiefernwald bedeckt, teils mit Macchia, es finden sich aber auch zahlreiche **Weinfelder** und **Olivenhaine.** Spektakulär ist die Westküste mit ihren steilen Felsabbrüchen, Felseninseln und Aussichtspunkten aufs Meer.

Tipps für die Region

Verkehrsmittel

- Die **Busverbindungen** sind schlecht.
- **Radiotaxi:** Tel. 26950-48400.
- Wer wirklich etwas sehen will von der Insel, dem rate ich zum selbstgesteuerten Fahrzeug. **Mietfahrzeuge** werden in den Bergdörfern selbst nicht angeboten.
- **Tankstellen:** in Ag. Léon, Volímes und am Hafen Ag. Nikólaos.

Einkaufen

In Volímes und Anafonítria bieten Händler **Teppiche, Stickereien** und andere **Souvenirs** am Straßenrand an. Ein größerer Teil der Ware sind Industrieprodukte. Es werden aber auch Handarbeiten

254ko Foto: vb

angeboten. In Kambi und anderen kleineren Dörfern bieten Bauern **Wein** und **Honig** am Straßenrand an. Für Waren des täglichen Bedarfs stehen kleine **Tante-Emma-Läden** zur Verfügung, die mittags teils geschlossen sind. Gut und günstig bieten die **Bäckereien** in Volímes und in Ag. Léon ihre Backwaren an. Dort bekommt man auch Kaffee und Erfrischungsgetränke.

Aktivitäten

- **Bootsausflüge** werden von Pórto Vrómi aus zum Schiffswrackstrand angeboten.
- In den Reisebüros der Touristenorte an der Küste werden Busrundfahrten durch die **Bergdörfer** offeriert.

Nützliche Adressen

- **Krankenhaus:** Zante, Tel. 26950-59100.
- **Touristenpolizei:** Zante, Tel. 26950-24483/4/9.
- **Geld:** Kein Geldautomat.

Blick auf die Felsen Mizíthres bei Kerí

Kerí und Agalás

Beim **Leuchtturm** hinter dem Dorf **Kerí** bietet sich ein wunderschöner Blick auf die Steilküste und die beiden bizarren Felseninseln Große und Kleine Myzíthra, die den steilen Kalkwänden vorgelagert sind. In hübscher Lage befindet sich eine Ausflugstaverne, die von Urlaubern zum Sonnenuntergang aufgesucht wird. Hier kann bei gutem Wetter auch die größte griechische Flagge der Welt bewundert werden. Stolz wird über den Eintrag ins Guinnessbuch der Rekorde berichtet.

Hinter **Agalás** befindet sich die **Höhle Spileo Damenou,** die aus zwei übereinanderliegenden kleinen Höhlen besteht. Eine Straße führt zum Parkplatz bei einer Taverne, an der ein Fußweg beginnt. Über diesen Weg erreicht man die Höhle in fünf Minuten. An der linken Seite führt ein Kletterweg hoch zur oberen Höhle. Beide Löcher sind nicht allzu spektakulär. Eine Taschenlampe ist nicht notwendig, da die Höhlen nicht tief sind. Rund um Agalás haben Waldbrände der Natur mächtig zugesetzt.

Kap Akti Plakaki

Von Agalás aus wurde eine neue Straße zur Küste gebaut. Sie endet an einem Parkplatz mit schöner Aussicht auf eine vorgelagerte Felseninsel. Man erreicht das Kap folgendermaßen: In Agalás an einer Gabelung links halten. Die Straße führt an die Küste hinunter und endet an einem Aussichtspunkt oberhalb einer Felswand. Von dort führt ein steiler Treppenpfad, durch die Felswand hinunter auf ein schneeweißes, kahles Felsenkap. Achtung: die Geländer sind nicht überall stabil!

Rundwanderung um Kerí

- **Route:** Kerí – Aussichtspunkt beim Skopos – Aussichtspunkt bei den Myzithres – Leuchtturm – Kerí
- **Strecke:** über Pisten und kleine Straßen
- **Landschaft:** an Feldern vorbei, durch Macchia und Kiefernwälder zu schönen Aussichtspunkten
- **Dauer:** 2½–3 Std.
- **Ausrüstung:** Wasser, Verpflegung, Sonnenschutz
- **Anfahrt:** man startet am Dorfplatz in Kerí

Hinweis: an den Aussichtspunkten an der Steilküste gibt es keine Geländer oder sonstige Absicherungen

Zum Aussichtspunkt

Am Dorfeingang zweigt von der Hauptstraße kurz vor dem Platz nach links eine kleine Straße an einem Kriegerdenkmal (ΘΥΜΑΤΑ ΠΟΛΕΜΩΝ) ab. Nach knapp 20 Min. zweigt in einer Linkskurve nach rechts ein Weg ab, der durch Kiefernwald führt. Diese Stelle sollte man sich für den Rückweg merken. Nun aber wandert man auf der Straße noch ein kleines Stück aufwärts. An der ersten Gabelung wandert man halblinks weiter. An der zweiten Gabelung, hinter einem ausgedienten Imbisswagen, wandert man zunächst geradeaus, also nicht links hoch, denn wenige Meter weiter zweigt von der Straße rechts abwärts eine Schotterpiste ab. Sie führt zu einer Gabelung. Hier links halten. Rechter Hand liegen bald schon Weinstöcke in einem kleinen Tal. Nun bleibt man immer auf dem Hauptweg, der nach rund 1 km erste Blicke auf das Meer freigibt. Nach links biegen immer wieder Wege ab, die man ignoriert. Ein Weg kreuzt, und danach beginnt ein Stück, bei dem noch Waldbrandspuren sichtbar sind. Über den nächsten Betonweg, der kurz vor einer Kurve steil links nach oben führt und den man rund 30 Min. nach dem Imbisswagen erreicht, wandert man hoch und trifft oben an eine Stelle mit hübscher Aussicht. Links des Weges, der nun bald wieder zu einer kleinen Straße wird, liegt ein Bauernhaus. Die kleine Straße führt nun wieder abwärts, man hält sich links und erreicht bald schon wieder den Imbisswagen. Man wandert weiter auf der kleinen Straße, hält sich an der Straßengabelung halbrechts und man erreicht die scharfe Kurve, durch die man schon beim Aufstieg kam. Nun zweigt man nach links auf die Schotterpiste ab. Nach ca. 25 Min. erreicht man eine scharfe

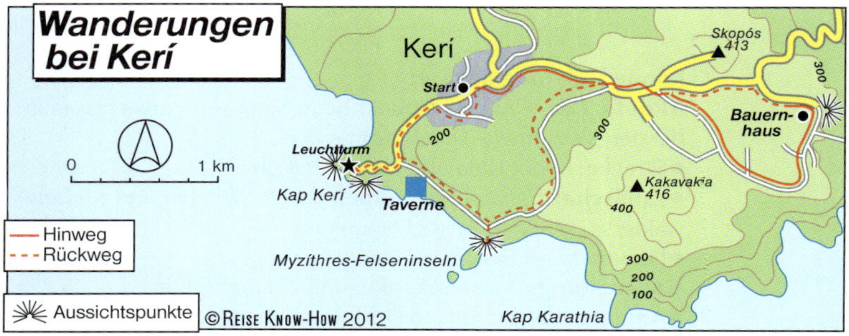

Rechtskurve. Hier sind die Felsen nur mit niedriger Phrygana bewachsen. Trampelpfade führen an die ungesicherte Hangkante. Der Abstecher lohnt, denn unterhalb der Felswand liegen die **Myzíthres-Felseninseln.**

Zum Leuchtturm Man folgt dem Weg noch ein Stück weiter, bis er unweit einer Taverne auf die Straße trifft. Von der Terrasse dieser Taverne hat man eine traumhafte Aussicht. Danach wandert man auf der Straße nach links hoch zum Leuchtturm. Rechter Hand liegt eine Höhle, gegenüber beginnt ein Fußweg, der zum Parkplatz am Leuchtturm führt. Hinter dem Parkplatz geht man einen der Pfade den Hang hinunter und hält sich relativ weit links. Ein Maschenzaun sperrt den Abhang vorne ab. Am Ende des Zauns liegen **Felsennadeln,** die man über einen Pfad erreicht. Man muss eine tiefe Spalte von 30 cm Breite überqueren und gelangt zu einem herrlichen Aussichtspunkt auf die Myzíthres. Auch hier ist das Gelände nicht abgesichert. Schließlich führt der Weg an **Ruinen** vorbei auf die **Felsspitze.** Von hier fällt der Blick nach Nordwesten an der Felsenküste entlang. Man folgt dem linken Pfad aufwärts zu einem weiteren ungesicherten Aussichtspunkt und weiter zum Parkplatz.

Zurück nach Kerí Man wandert die Straße abwärts an der Taverne vorbei. Am Dorfrand von Kerí zweigt eine Straße nach rechts ab. Man trifft auf die ersten Häuser. Im Dorf biegt man zunächst nach rechts und kurz darauf nach links ab. So gelangt man zur Hauptstraße, der man noch wenige Meter nach rechts folgt, bevor man den Dorfplatz wieder erreicht.

507ko Foto: vb

Kiliómeno und Ag. León

Kiliómeno ist ein nettes Dorf. Im Zentrum befindet sich die sehenswerte Kirche **Ag. Nikólaos.** Auf dem Kirchplatz steht ein alter Brunnen, wie er auf Zákynthos üblich ist. Der abseits stehende Kirchturm wurde 1893 erbaut, aber nie fertiggestellt – ihm fehlt die Spitze. Daher befindet sich oben eine kleine Plattform. Auch um die Glockenetage herum läuft ein hübscher Balkon mit schmiedeeisernem Geländer. Waldbrände haben die Umgebung um Kiliómeno teilweise zerstört.

Wandern bei Kerí: Blick auf die Insel Marathonísi, die aus dieser Perspektive wie eine versteinerte Caretta-Schildkröte aussieht

Das Bergdorf **Ag. Léon** ist für die meisten Urlauber eher Durchgangsstation, denn große Sehenswürdigkeiten fehlen.

Von hier aus zu erreichen und sehr beliebt ist die **Felsküste bei Límnionas.** Eine nette Ausflugstaverne bewirtet im Sommer die Ausflügler. Auch hier haben Waldbrände ihre Spuren hinterlassen.

Essen und Trinken

- **I Alitzerini,** Kiliómeno, Tel. 26950-43718, www.alitzerini.gr. Urige Taverne, nur abends, in der NS nur am Wochenende geöffnet, einfache griechische Speisen; es werden *kantates* gesungen. Das Lokal ist umgezogen, es liegt jetzt in einer Querstraße.
- **Strandtaverne Limniónas,** gut und beliebt.

Strand Limniónas

Das Hinterland ist abgebrannt, aber am Kap von Limniónas haben einige leuchtend grüne Kiefern das Inferno überlebt. Auf dem Kap wurde eine nette Taverne errichtet, die kleine Felsenbucht eignet sich zum Schnorcheln, eine Wasserhöhle kann man schwimmend in geringer Entfernung erreichen. Ins Wasser gelangt man von einer Leiter aus, ein Teil der Felsen ist mit Beton terrassiert worden. Die Bucht ist sehr beliebt und in der HS sehr voll.

- **Service:** gute Taverne, WC, Parkplatz.
- **Anfahrt:** Straße von Ag. Léon, Parkplatz.

Loúcha und das Moní Iperagáthou

Loúcha ist eines der **ursprünglichsten Bauerndörfer** in den Bergen. Die alten Gemäuer werden überwiegend von älteren Menschen bewohnt. Hinter dem Ort erstreckt sich ein schönes Hochtal, in dem u.a. Wein angebaut wird. Man trifft auf Zypressenwäldchen, Nuss- und Olivenbäume, Felder und Wiesen.

Hinter dem Tal führt ein Feldweg zum Kloster **Moní Iperagáthou.** Es wird von Nonnen bewohnt, die Touristen in die Kirche einlassen. Eine Spende ist hier angebracht. Eine Tafel informiert über die jüngere Geschichte: „Hier war die erste Station der Alliierten Soldaten auf den Ionischen Inseln, die während der deutschen Besatzung aufgebaut worden ist.“ Die Alliierten Soldaten versteckten sich hier vom 26. April 1944, bis sie die Insel unter Kontrolle hatten.

Essen und Trinken

- **Taverne von Loúcha,** hübsche Terrasse, angeboten werden Kleinigkeiten, Preise o.k., sehr nett.

Rundwanderung um Loúcha

- **Route:** Wanderung um Loúcha mit Abstechern in ein Hochtal, zum Moní Iperagáthou und zu einem Aussichtsplateau
- **Strecke:** schöne Tour über alte, schmale, steinige Fußwege und Pisten
- **Landschaft:** durch ein altes Bauerndorf und ein wunderschönes mit Feldern überzogenes Hochtal und auf einen mit Phrygana bewachsenen Bergrücken
- **Dauer:** Rundwanderung 45 Min., empfehlenswerter Abstecher ins Tal 45 Min., von dort ist noch ein Abstecher von 1½ Std. zum Kloster möglich, Abstecher zum Aussichtsplateau 45 Min.
- **Ausrüstung:** in Loúcha lohnt ein Besuch im herrlichen Dorfcafé, für die Touren benötigt man aber trotzdem Wasser, Verpflegung, Sonnenschutz, gute Schuhe und lange Hosen
- **Anfahrt:** In Loúcha folgt man der Straße zur Kirche und am Cafénion daneben beginnt die Tour.

Rundtour

Man folgt der Straße an der Kirche und der Taverne vorbei. Nach wenigen Metern ist nach rechts der „Leader"-Weg markiert.

Abstecher ins Tal und zum Kloster

In rund 45 Min. kann man von hier noch einen lohnenden Abstecher durch das landschaftlich schöne Hochtal bei Loúcha unternehmen. Wer das Kloster Moní Iperagáthou besuchen möchte, muss sich noch rund 1½ Std. Zeit nehmen.

Man folgt dazu weiter der Straße, bis diese in eine Schotterpiste übergeht, die durch das Tal führt. Nach rund 20 Min. trifft man am Talende auf **Wald,** die Piste steigt nun an. Wer das Kloster nicht besuchen will, dreht hier um und wandert durch das Tal auf gleichem Wege wieder zurück.

Wer das **Kloster** besuchen will, wandert weiter auf der Piste aufwärts durch den Wald, der bald einer kahlen Hochebene weicht, hält sich nach 20 Min. rechts und wandert weitere 15 Min. geradeaus weiter. Dann zweigt man nach links ab, man kann das Kloster schon sehen. Auf demselben Weg geht es zurück nach Loúcha.

Rundtour

Nach diesem Abstecher wählt man nun an der oben beschriebenen **Gabelung** den „Leader"-Weg, der das Tal durchquert. Im Tal kann man nach links noch einen Abstecher vom neu gepflasterten Weg zu einer alten Kirche machen.

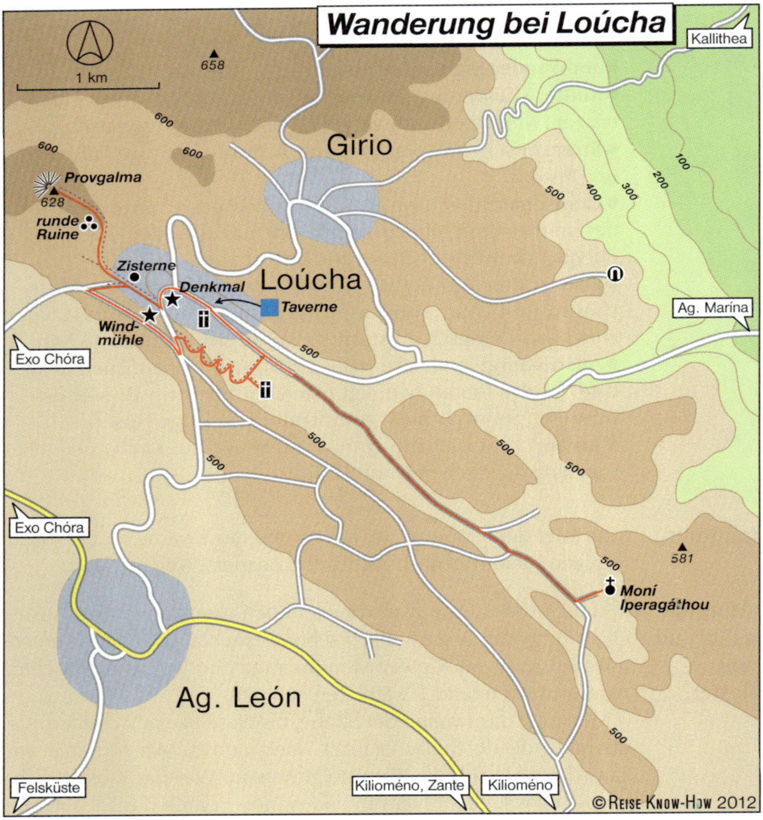

Der Pflasterweg führt über Treppen und **Serpentinen** mit schöner Aussicht aufwärts zur Straße. Ihr folgt man wenige Meter nach links und zweigt oben auf die Straße nach rechts in Richtung Exo Chóra ab, wandert an der **Windmühle** vorüber am Grat entlang. 5 Min. nach der Mühle zweigt nach rechts ein Weg ab, den ein **„Einfahrt verboten"-Schild,** an einer Kette über den Weg gespannt, absperrt. An der gegenüberliegenden Straßenseite befindet sich hier ein Eisenzaun. Diesen, für Fahrzeuge gesperrten Weg, der bald in einen Fußweg übergeht, wählt man. Nach 5 Min. zweigt an einer alten **Zisterne** nach links ein alter Weg ab.

509ko Foto: vb

Abstecher zum Aussichtsplateau Provgalma Der alte Pfad ist verwildert und zugewachsen, aber man wandert neben der zugewachsenen Trasse entlang auf der Spur, die die Bauern hinterlassen haben. Vor einer Steinmauer verzweigt sich der Pfad und führt links auf alte Mauern zu. Hier wandert man aber nicht nach links, sondern man hält sich rechts. Oberhalb der Weiden wird der felsige Weg wieder besser, er ist **rot markiert.** Nach 10 Min. erreicht man eine runde **Ruine.** Hier endet die Markierung. Der Pfad führt aber weiter aufwärts, und nach weiteren 10 Min. erreicht man ein **Plateau** mit Aussicht. Man kann über schmale Pfade noch weiter aufwärts wandern, wir würden hier aber zur Umkehr raten. Man wandert den gleichen Pfad wieder abwärts zur alten Zisterne.

Rundtour Nun folgt man weiter dem **steinigen Fußpfad,** der an der oben beschriebenen Gabelung an der Zisterne in die andere Richtung steil abwärts führt, und trifft nach 5 Min. bei einem **Denkmal** auf die Straße, der man noch einige Meter nach links abwärts folgt, bis nach rechts die kleine Dorfstraße zur Kirche abzweigt, dem Ausgangspunkt dieser Tour.

Berglandschaft bei Loúcha

Exo Chóra und Kambi

Beliebt sind die **Sonnenuntergänge** an den Klippen bei Kambi. Mehrere Tavernen laden zu diesem abendlichen Naturschauspiel ein. Auf dem Weg zum Felsenkap liegen unterhalb der Straße **Mykenische Gräber,** die aber ausgeraubt waren, als man sie entdeckte. Oben am Kap hat man den schönsten Blick von der Taverne Cross. Hinter der Taverne steht ein großes **Kreuz** mit einer unbeschrifteten Marmortafel. Laut Taverneninhaberin erinnert es an die Opfer des Zweiten Weltkriegs.

Exo Chóra ist ein nettes, kleines, von Feldern umgebenes Dorf, in dessen Umgebung einige **Brände** in den letzten Jahren große Waldflächen zerstört haben.

Essen und Trinken

- **Taverne Cross,** Kambi, tolle Aussicht, einfache, aber gute griechische Küche, Preise o.k.
- Etwas gemütlicher geht es in der weiter unten, direkt an der Felskante gelegenen **Taverne Sunset** zu. Auch von hier hat man eine schöne Aussicht, und man wird nett bedient.

Mariés, Anafonítria und Orthoniés

Eine der beiden Buchten von Pórto Vrómi ist von **Mariés** aus erreichbar, die andere von Anafronítria. Die Buchten sind nicht miteinander verbunden. An der südlichen, die man von Mariés aus erreicht, steht eine Tafel am Hafen, die erklärt, dass hier **Maria Magdalena** ihren Fußabdruck hinterließ. Im Dorf Mariés steht ihr zu Ehren eine Kirche, die im 15. Jh. errichtet wurde. Auch in der Nordbucht von Pórto Vrómi gibt es einen kleinen Hafen. Auf der Anfahrt von Anafronítria kommt man an einem schönen Aussichtspunkt vorbei, der auf Klippen neben einer S-Kurve liegt. Hier kann man in Ruhe schöne Sonnenuntergänge erleben.

In **Anafonítria** verwandeln zahlreiche **Teppichverkäufer und Souvenirshops** das ganze Dorf in eine Art Supermarkt. Viele Ausflugsbusse.

Moní Anafonítria

Am Dorfrand liegt das **Kloster** Moní Anafonítria, das im 15. Jh. gegründet wurde. Es ist eine der wenigen Anlagen, die durch das große Erdbeben nicht zerstört wurden. Die dreischiffige Basilika mit Holzdecke, die Mönchszellen und der rechteckige Wehrturm, der die Anlage überragt, wurden vor einigen Jahren renoviert. Das Kloster hat Festungscharakter; im Wehrturm sind sechs Schießscharten zu erkennen. Als der **heilige Dionysios** hier lebte, gewährte er einem Mörder Asyl und rettete ihn dadurch vor der Todesstrafe.

- **Geöffnet:** Mo–Sa 9–13 Uhr. Um angemessene Kleidung wird gebeten.

Hinter dem Kloster ist der **Schiffswrackstrand** markiert, aber hier beginnt die Straße nach Pórto Vrómi, von dem aus Boote zum Strand starten, nicht aber die Straße zum Aussichtspunkt auf den Strand; diese beginnt auf der anderen Seite des Dorfes.

Moní Spileotissa bei Orthoniés

Hinter Orthoniés befindet sich das 1588 gegründete Klösterchen Moní Spileotissa. 1953 wurden beim Erdbeben Teile der Anlage zerstört. Damals lebten 21 Mönche hier. Heute stehen die Gebäude nach der Renovierung verlassen da. Die **Marienikone** wurde in einer Höhle am Berghang gegenüber gefunden. Hinter dem hübschen Klösterchen befinden sich eine alte Windmühle und ein Dreschplatz.

Strand

Pórto Vrómi

Pórto Vrómi besteht aus zwei felsenumrahmten Buchten, die nicht über Land miteinander in Verbindung stehen, da eine steile Felswand sie trennt. Die nördlichere Bucht ist von Anafonítria aus zu erreichen, markiert ist hier „Navágio", denn am Hafen in dieser Bucht legen Ausflugsboote zum benachbarten Traumstrand ab. Hier ist nur ein sehr schmaler, bescheidener Kieselstreifen zu finden. Etwas besser ist der Kieselstrand in der Nachbarbucht, die von Mariés aus zu erreichen ist. Am Ende eines tief eingeschnittenen Tales gelangt man hier ins Wasser. Aber auch hier zieht sich ein Betonpier seitlich an der Bucht entlang, von dem aus Ausflugsboote zum viel schöneren Navágio ablegen.

- **Service:** Bootsausflüge von beiden Buchten aus, Bootsanlegesteg; von Mariés aus zu erreichen: Taverne, WC, Kanus, Tretboote.
- **Anfahrt:** eine Bucht erreicht man über eine Straße von Mariés aus, die andere über eine Straße von Anafonitria aus.

Moní Ag. Georgíos und Navágio

Eine kleine Straße führt von Anafonítria nach Norden zum **Kloster Moní Ag. Geórgios,** das im Sommer fest in touristischer Hand ist, denn die meisten Busse legen auf ihrer Rundfahrt hier eine Pause ein. Die Anlage wurde im 16. Jh. erbaut, trug aber beim Erdbeben 1953 starke Schäden davon. Die Wohngebäude, die daraufhin neu aufgebaut werden mussten, gruppieren sich um den hübschen Innenhof, über dem sich der Wehrturm erhebt. Das Kloster wurde in früheren Jahren mehrmals Opfer von Überfällen, woraufhin es festungsartig ausgebaut wurde. Der **heilige Gerasimos,** der sich später auf Kefaloniá niederließ, lebte mehrere Jahre in dieser Anlage. Das bewohnte Kloster liegt neben einem Pinienhain. Ein Weg führt von dort zu einem hübschen Dreschplatz mit Pavillon. In der Kirche findet man Ikonen und Bilder, die den Einfluss der Venezianer in der Kunst erkennen lassen.

Ein Teil der Anlage steht während der Saison ganztägig für Besucher offen; um angemessene Kleidung wird gebeten.

Aussichtspunkt

Etwas weiter nördlich erreicht man den Aussichtspunkt, von dem aus man den schönsten Blick auf den **Schiffswrack-Strand Navágio** hat. Der Strand ist nur vom Meer aus zu erreichen. Weiße, steile Felswände umrahmen die traumhaft schöne Bucht. 1980 soll dieses Schiff, das mit Schmugglerware beladen war, von der Küstenwache aufgebracht worden sein. Die Besatzung flüchtete und das Schiff strandete äußerst malerisch mitten auf dem Sandstrand dieser abgelegenen, nur vom Meer aus zugänglichen Bucht. Am Aussichtspunkt wird eine Taverne betrieben, und zahlreiche Souvenirverkäufer werben um Kundschaft.

Strand

Navágio/ Schiffswrack-Beach

Dies ist einer der bekanntesten Strände Griechenlands überhaupt, und er ist wirklich ein Traum. Allerdings haben recht viele Menschen den gleichen Traum, und die trifft man dann alle hier. Von schneeweißen, senkrechten Felswänden eingerahmt, taucht der weiße Sandkieselstrand in türkisblau schimmerndes Wasser ein. Am Rande der Bucht hat die Brandung Wassergrotten ausgehöhlt. Hinten auf dem Strand liegt ein gestrandetes Schiffswrack. Zu erreichen ist dieser Strand nur per Ausflugsboot. Daher ist er morgens und abends so gut wie menschenleer, aber dann verschatten

316ko Foto: vb

die senkrechten Felswände den Strand. Ich rate dazu, einen Bootsausflug mit einem der kleinen Boote von Ag. Nikólaos oder vom Kap Skinári aus zu unternehmen, den man auch gut mit einem Besuch der blauen Grotten kombinieren kann. Wer dort zwischen 9 und 10 Uhr startet, muss die Bucht nur mit wenigen „Mitbadern" teilen, gegen 11.30 Uhr erreichen dann zahlreiche größere Boote die Bucht, dann ist es Zeit, den Traumstrand wieder zu verlassen ...

- **Service:** keine Einrichtungen.
- **Anfahrt:** per Boot.

Volímes und Umgebung

Auch in Volímes bieten zahlreiche Teppichverkäufer und Souvenirshops ihre Ware feil. Der Ort ist von steinigen Feldern und kahlen Hügeln umgeben. Einen Besuch wert ist die **Ruine** des **Moní Ag. Andreas.** Aus der Anlage wurden in den letzten Jahren die Fresken der Kirche abgelöst. Sie befinden sich heute im Museum von Zákynthos-Stadt. Im Hof trifft man auf Säulenreste und einen alten Brunnen. Das Kloster wurde Ende des 16. Jh. von *Theodoris* und seinen Enkeln *Kallinikos* und *Anastasios Yiannoulis* errichtet. Man erreicht das Kloster nur zu Fuß.

Strand Navágio – der Schiffswrack-Beach

121ko Foto: vb

Anhang

Literaturtipps

- *Lawrence Durrell:* **Schwarze Oliven. Korfu – Insel der Phäaken,** rororo Taschenbuch. Durrell beschreibt seinen Aufenthalt auf Korfu in den 1930er Jahren.
- *Gerald Durrell:* **Meine Familie und anderes Getier,** Ullstein. Der jüngere Bruder von *Lawrence Durrell* beschreibt seine Kindheitserinnerungen an das Korfu der 1930er Jahre. Nur noch antiquarisch erhältlich.
- *Gerald Durrell:* **Vögel, Viecher und Verwandte,** Rowohlt Verlag. Fortsetzung von „Meine Familie und anderes Getier". Nur noch antiquarisch erhältlich.
- *Hubert Eichheim:* **Griechenland,** C.H. Beck Verlag. Der Autor arbeitete am Goethe-Institut in Athen und gibt einen guten Einblick in die griechische Gesellschaft heute.
- *Louis de Bernières:* **Corellis Mandoline,** Fischer Verlag. Ein hervorragendes Buch, ein Roman mit historischem Hintergrund über die Insel Kefaloniá. Es wurde vor einigen Jahren verfilmt. Sehr lesenswert, ideal als Urlaubslektüre. (Der Film zeigt wunderschöne Bilder von Kefaloniá, ist aber ansonsten etwas kitschig geraten.)
- *Hilary Whitton Paipeti:* **Companion Guide to the Corfu Trail,** nur im Buchhandel auf Korfu erhältlich. Englischsprachiger Wanderführer durch Korfu. Beschreibung des Korfu-Nord-Süd-Wanderwegs, der ohne das Buch nur schwer zu finden ist. Mit hilfreichen Karten. Ich habe Teile dieses Nord-Süd-Trails abgewandert und fand die Touren sehr schön. Informationen auch über www.travelling.gr/corfutrail (Englisch), Tel. 0030-26610-52833.
- *Ronnith Neumann:* **Tod auf Korfu** und **Die Orakel von Korfu,** Krimis mit Lokalkolorit, List Taschenbuch.
- **Kauderwelsch Griechisch – Wort für Wort,** Reise Know-How Verlag. Mit den bewährten Sprechführern aus der Kauderwelsch-Reihe gewinnt man einen ersten Einblick in die Sprache und ist schnell in der Lage, die wichtigsten Situationen auf Reisen zu meistern. Ergänzend macht der **AusspracheTrainer** auf Audio-CD die wichtigsten Redewendungen hörbar. Mit der CD-ROM **Kauderwelsch digital,** einer Kombination von Buch und AusspracheTrainer, kann man Griechisch bequem am heimischen PC lernen.

Seite 430: Felsen bei Gérakas, Zákynthos

Kleine Sprachhilfe Griechisch

Diese kleine Sprachhilfe kann nur einige wichtige Begriffe und Redewendungen vermitteln. Wer mehr lernen möchte, sollte auf den Kauderwelsch Band 4 „Griechisch – Wort für Wort" aus dem Reise Know-How Verlag zurückgreifen (↗ „Literaturtipps").

Das griechische Alphabet

In der dritten Spalte steht, wie die Buchstaben ausgesprochen werden, „th" wie im Englischen:

Α, α	Alpha	a
Β, β	Beta	w
Γ, γ	Gamma	gh, j
Δ, δ	Delta	th, weich
Ε, ε	Epsilon	e, ä
Ζ, ζ	Zeta	s, weich
Η, η	Ita	i
Θ, θ	Theta	th, hart
Ι, ι	Jota	i
Κ, κ	Kappa	k, kj
Λ, λ	Lambda	l
Μ, μ	My	m
Ν, ν	Ny	n
Ξ, ξ	Xi	x
Ο, ο	Omikron	o
Π, π	Pi	p
Ρ, ρ	Rho	r
Σ, σ	Sigma	s, hart
Τ, τ	Tau	t
Υ, υ	Ypsilon	i
Φ,φ	Phi	f
Χ, χ	Chi	ch
Ψ, ψ	Psi	ps
Ω, ω	Omega	o

Manchmal kommen in der griechischen Sprache auch **Buchstabenfolgen** wie diese vor:

ΜΠ, μπ	b
ΝΤ, ντ	d
ΤΖ, τζ	j, dsch
ΤΣ, τσ	ch, z, ts
ΕΥ, ευ	ef
ΑΥ, αυ	af
ΟΥ, ου	u
ΓΚ, γκ	g
ΓΓ, γγ	ng
ΑΙ, αι	ä
ΟΙ, οι	i
ΕΙ, ει	i

Notwendiges

Hallo (Du/Sie)	ja su/ja sas
Guten Morgen	kali méra
Guten Tag	kali spéra
Gute Nacht	kali níchta
Ja	nä, ne
Nein	óchi
(Ich) bitte	parakaló
(Ich) danke	efcharistó
Einverstanden	endáxi
nichts	típota
Ich suche	psáchno
Entschuldigung	signómi
Es hat (gibt) nicht ...	then échi ...
geschlossen	klistó
geöffnet	anichtó
besetzt	piasméno
frei	elefthero
Ich will ...	thélo
Ich möchte ...	tha íthela
Ich nehme ...	pärno
groß	megálo
klein	mikró
schön	oräa
gut	kaló
schlecht	kakó
Was ist das?	ti íne aftó?
Wohin gehst Du?	pu pas?
Wohin gehen Sie?	pu páte ?
Wie heißt Du?	pos se léne?
Wie heißen Sie?	pos sas léne?
Von wo bist du?	apó pu íse?
Von wo sind Sie?	apó pu íste?
Von welchem Ort (Stadt)?	apó pió méros?
Ich verstehe Sie nicht	then sas katalavéno
Ich verstehe wenig Griechisch	katalavéno líga eliniká

Zahlen

0	midén
1	éna
2	dío
3	tría
4	téßera
5	pénde
6	éxi
7	eftá
8	ochtó
9	enjá
10	déka
11	éndeka
12	dódeka
13	deka tría
14	deka téßera
15	deka pénde
16	deka éxi
17	deka eftá
18	deka ochtó
19	deka enjá
20	íkosi
30	triánta
40	saránda
50	penínda
60	exínda
70	efdomínda
80	ochdónda
90	eneninda
100	ekató
200	dia kóßia
300	tria kóßia
900	enja kóßia
1000	chílja
2000	dío chiljádes
wieviel...?	pósso...?

Wochentage

Montag	Deftéra
Dienstag	Tríti
Mittwoch	Tetárti
Donnerstag	Pémbti
Freitag	Paraskeví
Samstag	Sáwato
Sonntag	Kyriakí

Zeitbegriffe

heute	símera
gestern	(e)chtéß
morgen	áwrio
Tag/e	méra/méres
Woche/n	efdomáda/ efdomádes
Monat/e	mínas/mínes
Jahr/e	chrónos/chrónja
Stunde/n	óra/óres
Minute/n	leptó/leptá
früh, morgens	proí
mittags	mesiméri
nachmittags	apóghefma
abends	vrádi
nachts	níchta
jetzt	tóra
später	argótera
Wann ...?	ti óra...?, póte...?
Wie spät ist es?	Ti óra íne?

Einkaufen

Wieviel kostet ...?	pósso kostísi ...?
Rechnung	logariasmós
sehr teuer	polí akriwó
billig	ftinó
billiger	ftinótero
Ich miete, vermiete	nikiáso
Ich kaufe	agoráso
Ich bezahle	pliróno
Bezahlen Sie ...?	plirónete ..?

Transport

Ticket	isitírio
Zug	tréno
Bus	leoforío
Bahnhof	stathmós
Haltestelle	stási
Schiff	plío, karávi
Hafen	limáni
Flugzeug	aeropláno
Flugplatz	aerodrómio
Motorrad	motosikléta, michaní
Fahrrad	podílato
Auto	aftokínito
Ich gehe	pijäno
Ich fahre	odigó

Orientierung

links	aristerá
rechts	dexiá
geradeaus	efthía
gegenüber	apénadi
neben	dípla
unten, unter	káto
oben, über	páno
Wo ist ...?	pu íne ..?
Eingang	ísodos
Ausgang	éxodos
Straße	odós, drómos
Platz	platía
Stadt	póli
Dorf	chorió
Kirche	eklisía
Kloster	moní
Heiliger	Agios (Ag.)
Bank	trápesa

Post	tachi dromío
Kiosk	períptero
Läden	magasiá
Telefon	tiléfono
Meer	thálassa
Küste, Strand	paralía

Unterkunft

Hotel	xenodochío
Pension	pansión
Zimmer	domátio
Schlüssel	klithí
WC	tualéta
Bad	bánjo
Dusche	dusch
Handtuch	petséta
Seife	sapúni
Klopapier	chartí ijías

Essen und Trinken

Wasser	neró
Brot	psomí
Fische	psária
Fleisch	kréas
Auberginen	melizána
Zucchini	kolokithákia
Käse	tirí, kaséri
Schafskäse	féta
Oliven	eliés
Kartoffeln	patátes
Grüne Bohnen	fasolákia
Wassermelone	karpúsi
Honigmelone	pepóni
Trauben	stafília
Feigen	síka
Äpfel	míla
Eier	avgá
Wurst	lukánika
Honig	méli
Salz	aláti
Zucker	sáchari
Milch	chála
Eis	paghotó
Tee	tschái
Bier	bíra
Wein	krasí
Orangen-limonade	portokaláda
Zitronen-limonade	lemonáda
kalt	krío
warm	sestó
Guten Appetit	kalí órexi

Krankheit

Krankenhaus	nosokomío
Arzt	jatrós
Apotheke	farmakío
Zahnarzt	odondíatros
Augenarzt	ofalmíatros
Kinderarzt	pädíatros
Sonnenbrand	engáfma ilíu
Zahnschmerzen	ponódondos
Kopfweh	ponokéfalos
Es schmerzt mich	mu ponái

HILFE!

Dieser Reiseführer ist gespickt mit unzähligen Adressen, Preisen, Tipps und Infos. Nur vor Ort kann überprüft werden, was noch stimmt, was sich verändert hat, ob Preise gestiegen oder gefallen sind, ob ein Hotel, ein Restaurant immer noch empfehlenswert ist oder nicht mehr, ob ein Ziel noch oder jetzt erreichbar ist, ob es eine lohnende Alternative gibt usw.

Unsere Autoren sind zwar stetig unterwegs und versuchen, alle zwei Jahre eine komplette Aktualisierung zu erstellen, aber auf die Mithilfe von Reisenden können sie nicht verzichten.

Darum: Schreiben Sie uns, was sich geändert hat, was besser sein könnte, was gestrichen bzw. ergänzt werden soll. Nur so bleibt dieses Buch immer aktuell und zuverlässig. Wenn sich die Infos direkt auf das Buch beziehen, würde die Seitenangabe uns die Arbeit sehr erleichtern. Gut verwertbare Informationen belohnt der Verlag mit einem Sprechführer Ihrer Wahl aus der über 220 Bände umfassenden Reihe „Kauderwelsch" (siehe unten).

Bitte schreiben Sie an: REISE KNOW-HOW Verlag Peter Rump GmbH, Postfach 140666, D-33626 Bielefeld, E-Mail: info@reise-know-how.de

Danke!

Kauderwelsch-Sprechführer – sprechen und verstehen rund um den Globus

Afrikaans • Albanisch • Amerikanisch - *American Slang, More American Slang,* Amerikanisch oder Britisch? • Amharisch • Arabisch - Hocharabisch, für Ägypten, Algerien, Golfstaaten, Irak, Jemen, Marokko, • Palästina & Syrien, Sudan, Tunesien • Armenisch • *Bairisch* • Balinesisch • Baskisch • Bengali • *Berlinerisch* • Brasilianisch • Bulgarisch • Burmesisch • Cebuano • Chinesisch - Hochchinesisch, kulinarisch • Dänisch • Deutsch - *Allemand, Almanca, Duits, German, Nemjetzkii, Tedesco* • *Elsässisch* • Englisch - *British Slang, Australian Slang, Canadian Slang, Neuseeland Slang,* für Australien, für Indien • Färöisch • Esperanto • Estnisch • Finnisch • Französisch - für Restaurant & Supermarkt, für den Senegal, für Tunesien, *Französisch Slang, Franko-Kanadisch* • Galicisch • Georgisch • Griechisch • Guarani • Gujarati • Hausa • Hebräisch • Hieroglyphisch • Hindi • Indonesisch • Irisch-Gälisch • Isländisch • Italienisch - *Italienisch Slang,* für Opernfans, kulinarisch • Japanisch • Javanisch • Jiddisch • Kantonesisch • Kasachisch • Katalanisch • Khmer • Kirgisisch • Kisuaheli • Kinyarwanda • *Kölsch* • Koreanisch • Kreol für Trinidad & Tobago • Kroatisch • Kurdisch • Laotisch • Lettisch • Lëtzebuergesch • Lingala • Litauisch • Madagassisch • Mazedonisch • Malaiisch • Mallorquinisch • Maltesisch • Mandinka • Marathi • Mongolisch • Nepali • Niederländisch - *Niederländisch Slang,* Flämisch • Norwegisch • Paschto • Patois • Persisch • Pidgin-English • *Plattdüütsch* • Polnisch • Portugiesisch • Punjabi • Quechua • *Ruhrdeutsch* • Rumänisch • Russisch • *Sächsisch* • *Schwäbisch* • Schwedisch • *Schwiizertüütsch* • *Scots* • Serbisch • Singhalesisch • Sizilianisch • Slowakisch • Slowenisch • Spanisch - *Spanisch Slang,* für Lateinamerika, für Argentinien, Chile, Costa Rica, Cuba, Dominikanische Republik, Ecuador, Guatemala, Honduras, Mexiko, Nicaragua, Panama, Peru, Venezuela, kulinarisch • Tadschikisch • Tagalog • Tamil • Tatarisch • Thai • Tibetisch • Tschechisch • Türkisch • Twi • Ukrainisch • Ungarisch • Urdu • Usbekisch • Vietnamesisch • Walisisch • Weißrussisch • *Wienerisch* • Wolof • Xhosa

sound))) trip®
in cooperation with
(((piranha)))
Musik im
REISE KNOW-HOW Verlag
REISE KNOW-HOW
East Africa
Northern Africa
South Africa
The Andes
Argentina
Australia
The Balkans
Baltic States
Barbados
Oriental Belly Dance
Northeast Brazil
Canada
Chile
China
Colombia
Cuba
Finland
Iceland
India
Ireland
Israel
Japan
Mexico
New Zealand
Norway
Russia, St. Petersburg
Scotland
Switzerland
Turkey
Uruguay
Die Compilations der CD-Reihe sound))) trip stellen aktuelle, typische Musik eines Landes oder einer Region vor.
Im Buchhandel erhältlich | Unverbindl. Preisempf.: EURO 15,90 [D]
Kostenlose Hörprobe im Internet.
www.reise-know-how.de

Register

A

Achai-Bucht 230
Acharávi 173
Achillion 143
ADAC 49
Aetós 365
Afiónas 186
Ag. Efimía 336
Ag. Geórgios 204
Ag. Geórgios Págon 186
Ag. Górdis 150
Ag. Ilías 267
Ag. Ioánnis 369
Ag. León 421
Ag. Marina 411
Ag. Martinos 175
Ag. Matthäos 151
Ag. Nikítas 276
Ag. Nikólaos 223, 320, 414
Ag. Spiridoúnas 172
Ag. Stefanos 165, 185
Ag. Thékli 354
Agalás 418
Akrotirio 387
Albanien 126
Alexander der Große 85
Alikanás 413
Alikes 206
Almyros 173
Alte Festung 105
Alykés 244, 413
Anafronítria 426
Anapaftiria 170
Anglokastro 190
Anjou 87
Ano 150
Anogi 370
Anreise 18
Antinioti-See 172
Apollon-Tempel 269, 310
Apotheken 37
Archäologie 109, 116, 301
Archäologisches Museum Argostóli 289
Archäologisches Museum Lefkáda 239
Arethousa-Quelle 365
Argási 396
Argirádes 204
Argostóli 285
Aríllas 185
Artemis-Tempel 118
Ärzte 37
Asiatisches Museum 108
Askos Stone Park 415
Assos 342
Atháni 268
Athen 20, 85
Atheras 355
Ausflüge, Korfu-Stadt 124
Auto 21
Avithos-See 320
Avliotes 182

B

Backgammon 56
Baden 52
Barbáti 160
Bäume 76
Befreiungskrieg, griechischer 90
Behinderte 25
Bella Vista 192
Benítses 146
Benzin 21
Besatzung, deutsche 91
Billigfluglinien 19
Blumen 77

Boccia 52
Bóchali 388
Bond, James 187
Bootsausflüge 52
Boúkaris 202
Boule 52
Bräuche 99
Briefmarken 51
Bronzezeit 83, 256
Buchung 23, 60
Burg Anglokastro 190
Bürgerkrieg 92
Bus 20, 50
Byzantiner 87, 386
Byzantinisches Museum 113, 384

C

Camping 62
Canal d'Amour 181
Chlómos 202
Chortáta 274
Christen 86
Cicero 85, 167

D

Davgáta 340
Demeter-Tempel 294
Diebstahl 51
Digaléto 320
Dilináta 340
Dinatí 328
Divaráta 338
Dokumente 25
Doukádes 192, 196
Doukáto-Kap 269
Drakopouláta 336
Drimónas 274
Drogarati-Höhle 330
Durrell, Lawrence 164

E

Éfgiros 264
Eichen 76
Einkaufen 26
Einreisebestimmungen 25, 70
Elisabeth von Österreich 145
ELPA 48
Emus 407
Energiegewinnung 82
Engländer 90
Englischer Friedhof 115
Englouví 280
Énos-Bergmassiv 320
EOT 39
Erdbeben 75, 93
Erikoúsa 185
Erimítis 230
Eriva 175
Ermones 137
Essen 28
Exánthia 274
Exo Chóra 426
Exogí 374

F

Fähre 21
Fahrrad 52
Fauna 78
Feiertage 32
Felsentor 227
Ferienwohnungen 61
Feste 32, 99
Festivals 54
Festung Ag. Geórgios 302
Festung Assos 342
Festung Griva 243
Festung Santa Mávra 242
Festung Sordatos 320
Festung Tekes 243

Fieroulas 151
Fisch 29
Fiskárdo 345
FKK 34
Fleisch 29
Flora 76, 321
Flug 18, 22
Flughäfen 19
Folkloremuseum Itháki 363
Franzosen 89
Freizeit 52
Fremdenverkehrsämter 38
Fríkes 372
Friní 245
Frühstück 28
Fternó 263

G

Gáios 222, 229
Gardiki 201
Gastoúri 143
Gastronomie 28
Gebirge 74
Geld 35, 49
Géni-Halbinsel 261
Geografie 74
Gerakári 411
Gérakas 398
Géro Gómbo 353
Geschichte 83
Gestik 64
Gesundheit 37
Getränke 31
Gifttiere 37, 79
Golf 53
Gorgo-Giebel 109
Gouverneurspalast 108
Gouviá 134
Griechisch 433
Gyros 180

H

Häfen 24
Handy 60
Haustiere 26
Heimatmuseum Paxos 223
Heimatmuseum Sinarádes 141
Hera-Tempel 116
Hochkulturen 83
Höflichkeit 64
Höhlen 74, 170, 258, 330, 365, 418
Honig 268
Hornviper 79
Hotels 61
Hygiene 38

I

Ikonen 384
Informationen 38
Insekten 78
Internet 39
Ionische Schule 386
Ipsos 136
Itháki 359

K

Kaffee 31
Kaiser's Bridge 146
Kaisers Thron 140
Kalamáki 403
Kalámi 165
Kalamítsi 274
Kálamos 374
Kalligóni 244
Kambi 426
Kanóni 116
Kap Ag. Theodori 291
Kap Akrotirio 387

Kap Akti Plakaki 418
Kap Arkoudila 208
Kap Doukáto 269
Kap Drastís 182
Kap Poúnda 230
Kap Xifadoura 230
Karamanlis, Konstantin 93
Karamanlis, Kostas 95
Karavómilos-See 331
Kardaki- Tempel 117
Kariá 279
Kariótes 244
Karneval 100, 264
Karten 40
Kasino 53
Kassiópi 167
Katastári 413
Katavothres 290
Katavoulos 160
Kateliós 308
Kato Garoúna 150
Katoméri 258
Kávos 208
Kefaloniá 283
Kefaloniá-Tanne 320
Kerasia-Quelle 267
Kerí 418
Kiliómeno 406, 421
Kinder 41
Kino 54
Kinopiástes 141
Kióni 372
Kipséli 411
Kirche Ag. Analipsis 222
Kirche Ag. Apostoli 222
Kirche Ag. Barbara 294
Kirche Ag. Dionysios 387
Kirche Ag. Iason kai Sossipatos 118
Kirche Ag. Ioánnis 258
Kirche Ag. Marina 224
Kirche Ag. Markos 385
Kirche Ag. Mávra 242
Kirche Ag. Minas 242
Kirche Ag. Nikólaos 330
Kirche Ag. Paraskeví 267
Kirche Ag. Spiridoúnas 113
Kirche Ag. Stefanos 224
Kirche Askitariou 179
Kirche Il Conde 224
Kirche Isódia Theotókou 242
Kirche Kyria ton Angelon 385, 387
Kirche Mitropolis 115
Kirche Panagía Kremasti 115
Kirche Panagía Plakoula 342
Kirche Panagía Tenedou 115
Kirche Pantokrátoras 142
Kirche San Giacomo 115
Kirche Stavromenos 387
Kirche Ypapandis 405
Kirche, orthodoxe 87, 97
Kiting 54
Kleiderordnung 65
Klima 42
Klippen von Erimítis 230
Kloster ↗ Moní
Kolivàta 255
Komitáta 347
Kondogenáda 354
Kontókali 134
Korfu 103
Korfu-Stadt 104
Koríthi 414
Korruption 95
Kouloúra 165
Kounopetra 351
Kounopetra-Fels 284
Kourkoumeláta 300
Koutavos-Lagune 293
Krani 294
Krankenhäuser 37, 47
Kräuter 268
Kreditkarte 35, 49

Kretischer Stil 386
Kreuzzüge 87
Kricket 52
Kriminalität 51
Krinias 175
Krise 95
Kultur, minoische 83
Kultur, mykenische 83, 314
Kunst 109, 386
Kunsthandwerk 27
Kutschfahrten 54

L

Lafki 175
Laganás 403
Lagopodo 406
Lagunensee Antinioti 172
Lakíthra 300
Lákka 233
Lákones 192
Landkarten 40
Langadakia 406
Lássi 298
Lebensmittel 26
Lefkada 235
Lefkáda-Stadt 237
Léfki 370
Lefkími 206
Liapádes 192
Ligiá 250
Límni Keríou 407
Límni Korissia 201
Linienflug 19
Literaturtipps 432
Lithakia 407
Livadi 355
Livathinata 331
Livathos 298
Lixoúri 350
Loggia Nobile 113
Lokale 28, 64
Longós 229, 231
Loúcha 422
Louizos-Höhle 371
Lourdáta 306
Loutsa 364
Loútses 170

M

Macchia 76
Macherádo 405
Madoúri 257
Maestro-(EC-)Karte 35, 49
Makedonien 85
Makrádes 192
Makratika 224
Malerei, byzantinische 386
Mandolato 27
Marandochóri 264
Marathiá 407
Marathiás 205, 365
Mariés 426
Markópoulo 309
Märkte 26
Mathráki 185
Mäuseinsel Podikonísi 124, 142
Maut 21
Mazarakáta 301
Medusa 112
Meereshöhlen 258
Meerestiere 80
Meerwassermühlen Katavothres 284, 290
Megali Grava 170
Meganísi 258
Megas Soros 320
Melissani-Höhle 330
Menekrates-Kenotaph 113

Mentalität 101
Mesis 132
Messongí 155
Metaxas 91
Metaxáta 301
Mietfahrzeuge 43
Mikronisi 414
Mikrós Gialós 263
Militär 278
Militärdiktatur 93
Molos 206
Mon Repos 116
Monasteraki 320
Mönchsrobben 80, 343, 345
Moní Ag. Andreas 429
Moní Ag. Asomáton 281
Moní Ag. Geórgios 250
Moní Ag. Georgíou 428
Moní Ag. Ioánnis Prodromou 414
Moní Ag. Ioánnis Theologos 281
Moní Ag. Patéron 250
Moní Anafronítria 426
Moní Andreas Milapidia 302
Moní Eleftherotria 405
Moní Faneroménis 245
Moní Iperagáthou 422
Moní Katharón 369
Moní Kipoureon 353
Moní Myrtiotissa 137
Moní Panagía Kathariotissa 369
Moní Pantokrátoras 175
Moní Pantokrátoras (Nymphes) 178
Moní Pernarakia 374
Moní Sisíon 306
Moní Spileotissa 427
Moní Theotókou Agrilion 330
Moní Theotókou Atrou 315
Moní Theotókou Thermaton 337
Moní Vlachérna 124, 142
Moraítika 155
Moral 101
Mountainbikes 52
Müll 82
Muscheln 146
Museum Schloss Mon Repos 116
Musik 54
Mykenische Gräber 301, 314, 426
Mythologie 116, 360

N

Nachtleben 46
Nacktbaden 34
Napoleon 90
Nationalparks 321, 398, 403
Naturkundemuseum 340, 411
Naturphänomene, Kefaloniá 284
Naturschutzgebiete 172, 293
Nautisches Museum Itháki 363
Navágio 428
Néa Períthia 170
Neochóri 347
Nerikos 244
Nero 85, 167
Neue Festung 107
Nidrí 256
Nikiána, 250
Nisi Karavi 187
Nissáki 160
Normannen 87
Notfälle 47
Nymphenhöhle 365
Nymphes 179

O

ÖAMTC 49
Ökologie 81
Oliven 78
Olivenholzprodukte 27
Olivenmuseum 141
Omalon-Hochebene 320

Onassis-Familie 257
Orchideen 78, 115
Oros 158
Orthoniés 426
Osmanen 88
Ostern 99
Osteuropäische Zeit 70
Othoní 185
Oziás 224

P

Pachis Ammos 411
Pági 187
Paleochóra 366
Paleokastrítsa 190
Paleopoli 117
Palikí 349
Palio Karavómilos 331
Palio Piríthia 170
Palio Sinies 160
Panagía 223
Pannenhilfe 48
Pantokrátoras 175
Papandréou, Andreas 94
Papandréou, Georg 93
Papiere 21, 25
Paragliding 54
Paramónas 151
Parteien 94
Pauschalreise 60
Paxos 218
Pélekas 140, 187
Pelikáta 373
Peloponnesische Kriege 84
Perachóri 366
Pérama 142
Peratáta 302
Perigiáli 250
Perivóli 205
Perouládes 182
Perser 84
Pesáda 301
Petalia 175
Petrití 202
Pflanzenwelt 76, 321
Phonografisches Museum 239
Phrygana 76
Pinakothek 109
Pirgí 176
Pkw 21
Platrithías 373
Podikonísi 124, 142
Pólis-Bucht 371
Politik 98
Póndi 265
Póros 263, 313
Pórta 165
Post 51
Prassoúdi 151
Profítis Ilías 279
Proni 314
Provgalma 425
Psaroú 411
Pyrovouni 319

Q

Quellen 255, 267, 365

R

Ráchi 256, 372
Reisedokumente 21
Reisekosten 21, 36
Reisezeit 42
Reiten 54
Religion 65, 97
Reptilien 79
Retsína 31

Rizes-Höhle 365
Róda 175
Rollstuhlfahrer 25
Römer 85, 167
Ropa-Tal 137
Roúdi 326
Rundfahrten Kefaloniá 356
Rundfahrten Korfu 210
Rundfahrten Lefkáda 282
Rundgang Korfu-Stadt 119

S

Salamis 84
Salzsee Alykés 244
Sámi 329
Säugetiere 80
Schiff 21
Schiffswrack-Strand Navágio 428
Schildkröten 80, 293, 309, 398
Schlangen 37, 79, 285
Schlangenkult 309
Schnorcheln 56
Schwimmen 52
Seelöwen 125
Segeln 55
Seife 130
Sicherheit 51
Sidári 181
Siesta 66
Simítis, Kostas 95
Sinarádes 141
Sissi 145
Sitten 64
Sívota 264
Sívros 267
Skála 310
Skinári 414
Skopos 396
Skorpione 37
Skorpios 257
Sokraki 178
Solomos-Museum 385
Sordatos 320
Souvenirs 27
Sparta 85
Spartílas 176
Spartochóri 258
Speisen 28
Sperrnummer Geldkarten 49
Spezialitäten 28, 30
Spitzen 27
Sport 52
Sprache 57
Sprachhilfe 433
Staatsbankrott 95
Stadtstaaten 83
Stavrós 371
Steinzeit 83
Sternwarte 321
Stickereimuseum 279
Strani-Hügel 388
Studentenrevolte 94
Surfen 56

T

Tanzen 56
Tauchen 56
Tavli 56
Taxis 20, 50
TCS 49
Tee 31
Telefonieren 58
Tennis 56
Teppiche 27
Tierwelt 78
Toiletten 38
Touristeninformationen 39
Touristenpolizei 48

Travellerunterkünfte 62
Trimodi 175
Tripitos 227
Tropfsteinhöhlen 74, 330, 365
Tsiliví 410
Türkei 91
Tzanáta 317

U

Umgangsformen 64
Umweltschutz 81
Unterkunft 60

V

Vafkerí 281
Valsamáta 327
Varí 347
Vasilikí 265
Vasilikós 398
Vathí 258, 362
Váthos 137
Velliaitatika 230
Venezianer 88
Venezianische Festung Zante 392
Verhaltenstipps 64
Verkehrsmittel 50
Verkehrsregeln 21
Verkehrsverbindungen 18
Versicherungen 66
Versicherungskarte, Europäische 37
Vido 124
Viglatsouri 160
Vlichó 261
Vögel 80, 207
Volímes 429
Volleyball 57
Vorwahlnummern 58

W

Wandern 57
Wasser 38, 81
Wasserfälle 179, 256, 267
Wassersport 57, 233
Wehrmacht 92
Weihnachten 99
Wein 27, 31, 78, 296
Wetter 42
Wildpferde 321

X

Xi 351

Z

Zákynthos 379
Zákynthos-Stadt 380
Zante 380
Zeitungen 69
Zeitverschiebung 70
Zelten 62
Zigos 178
Zoll 70
Zoo 415
Zypernkrise 94

404ko Foto: vb

Die Autorin

Margret van Blokland, geboren 1964, ist Architektin und begleitet für verschiedene Firmen auch Reisegruppen als Reiseleiterin. Schon seit 1985 bereist sie regelmäßig die griechische Inselwelt. Für den Reise Know-How Verlag schrieb sie auch das Buch „Rhodos".